Confiar no tiene precio

Confiar no tiene precio

La confianza en el capitalismo y las políticas públicas

JORDI GUAL

DEBATE

Papel certificado por el Forest Stewardship Council®

MIXTO
Papel | Apoyando la silvicultura responsable
FSC® C117695

Penguin Random House Grupo Editorial

Primera edición: abril de 2024

Printed in Spain – Impreso en España

ISBN: 978-84-19399-00-7
Depósito legal: B-1.830-2024

Compuesto en Promograff - Promo 2016 Distribucions
Impreso en Black Print CPI Ibérica
Sant Andreu de la Barca (Barcelona)

C 3 9 9 0 0 7

Índice

TERCERA PARTE

¿Pueden los estados restablecer la confianza?

Per a l'Anna, pel seu suport en els moments difícils i per tenir sempre els peus a terra quan la sort m'ha acompanyat

Introducción

La confianza no tiene precio, pero sí mucho valor

Las criptomonedas querían prescindir de la confianza

Satoshi Nakamoto es el pseudónimo de quien o quienes inventaron las criptomonedas. En 2008, Nakamoto publicó un ya famoso artículo en el que introducía el concepto del Bitcoin y proponía una metodología para los pagos y cobros por internet. En sus palabras, «se trataba de un sistema electrónico de pagos basado en la prueba criptográfica en lugar de la confianza, que permitía a dos partes interesadas transaccionar directamente sin necesidad de contar con un tercer participante de confianza».[1]

El movimiento de las criptomonedas tuvo en sus orígenes —y aún mantiene en parte— un claro componente filosófico-político de carácter libertario. Sus creadores y partidarios trataban explícitamente de construir un sistema que no estuviera bajo la supervisión de los gobiernos, los bancos y otros organismos convencionales. Se trataba de un movimiento que cuestionaba y rechazaba el orden establecido. Como ilustra la cita de Nakamoto, el objetivo era crear mecanismos de transacción alternativos que permitieran prescindir de la confianza social tejida a lo largo de siglos en prácticamente todas las sociedades del planeta.

Las criptomonedas capturaron la imaginación de millones de personas en todo el mundo. El número de transacciones se incrementó de manera espectacular, surgieron nuevos activos digitales y vivimos un periodo de rápido aumento de las cotizaciones de los denominados criptoactivos. La expansión de este nuevo mercado coincidió en el tiempo, y no por casualidad, con unos años de gran crecimiento de la liquidez en los mercados financieros mundiales y unos tipos de interés muy bajos que propiciaban la toma de riesgos y las inversiones especulativas. El auge de las criptomonedas y los criptoactivos era el resultado de la conjunción de esa exuberancia financiera, una nueva y poderosa tecnología,[2] y las consecuencias de la gran crisis financiera de 2007-2008, que había mermado gravemente la confianza de la ciudadanía en la economía de libre mercado y su sistema financiero.

El mundo «cripto» se expandió durante quince años, pero en 2022 sufrió un serio revés con el radical cambio de signo de la política monetaria por parte de la Reserva Federal de Estados Unidos. El castillo de naipes se derrumbó en sólo ocho meses, con caídas del orden del 75 por ciento de la cotización de Bitcoin y la quiebra de importantes compañías del sector. La gota que colmó el vaso fue el escándalo de FTX, una de las empresas líderes, cuyo fundador y «gurú», Sam Bankman-Fried, acabó siendo condenado por multimillonarios delitos de fraude y lavado de dinero. Estos acontecimientos socavaron profundamente la confianza en los criptoactivos. En pocos meses, su valor de mercado, que había llegado a ser de 2,5 billones de dólares, cayó en picado. Resulta irónico que un sistema que nació para prescindir de la confianza entre las partes se encontrara en el disparadero justo por la falta de confianza de la población en el mismo.

La confianza es valiosa, aunque no tenga precio

Los creadores de las criptomonedas aspiraban a realizar transacciones en las que la confianza no fuera necesaria, a pesar de que en nuestra sociedad la confianza lo impregna todo. Por ejemplo, cuando se nombra o se ratifica a una persona en un cargo es habitual que dé las gracias por la confianza depositada en ella. También es muy normal que, cuando se nombra a un consejero o director general de una compañía familiar, se hable de «una persona de la confianza de la familia».

Lionel Barber, el que fuera editor del *Financial Times* durante quince años, tomó las riendas del periódico en 2005 con una determinación: convertirlo en «la organización de noticias más fiable de todo el mundo».[3] Su propósito tenía sentido. Somos lectores habituales de un periódico porque confiamos en él. Sabemos que lo que publica ha sido contrastado, que no trata los temas sin tener un buen conocimiento de ellos. La veracidad y la profesionalidad son la divisa de una prensa de fiar. Son atributos que nos inspiran confianza.

La necesidad de transmitir confianza es omnipresente. Recuerdo vivamente un almuerzo familiar, con motivo de una celebración especial en un prestigioso restaurante. En dicha ocasión me sorprendió que, antes de la comida, los comensales fuéramos invitados a recorrer la cocina del establecimiento. Era, sin duda, una muestra de transparencia, otro atributo clave para generar confianza en los demás.

Todos, en definitiva, hemos deseado en alguna ocasión ganarnos la confianza de alguien. Y no sólo queremos transmitir confianza, pues en muchas ocasiones precisamos depositarla en los demás, en nuestras relaciones cotidianas o para llevar a cabo proyectos en común. Y viceversa, queremos ser dignos de la confianza que se ha depositado en nosotros. Los ejemplos son innumerables y la confianza es, si cabe, aún más importante en las relaciones personales. Sólo hace falta un momento de reflexión para concluir que la vida sería mucho más severa, por no decir insoportable, si no tuviéramos alguien en quien confiar.

La economía tiene fama de ser una ciencia lúgubre, que trae malas noticias recordándonos siempre que los recursos son escasos y que todo cuesta. Es bien sabido que a los economistas nos gusta decir que nada es gratis. Sin embargo, y a pesar de ser economista, en este libro analizo la confianza, un bien que no se puede comprar pero que tiene un gran valor. Y es que todos sabemos que la vida está llena de cosas muy valiosas que no tienen precio. Dos de ellas, transcendentales, son el amor y la amistad. Una tercera, que les va a la zaga en importancia, es la confianza.

La confianza juega un papel esencial en las economías capitalistas de las democracias liberales. Es fundamental, en primer lugar, para que los intercambios comerciales y los mercados funcionen adecuadamente. Además, también es clave para que las principales instituciones de una economía de libre mercado, las empresas y los poderes públicos, contribuyan positivamente al progreso económico y social.

Para que el capitalismo genere riqueza y bienestar, garantizando la cohesión social y la preservación del medio natural, es decir, de una manera sostenible, es imprescindible que la sociedad confíe en sus empresas, en el liderazgo de los políticos y en las políticas públicas que estos impulsan. Así pues, para un gobernante, gozar de la confianza de la ciudadanía tampoco tiene precio.

Por desgracia, en las últimas décadas las democracias liberales han padecido una erosión continuada de la confianza social. Se ha deteriorado tanto la confianza en los demás como la confianza en las instituciones, especialmente en los partidos políticos, así como en las políticas económicas y sociales de los gobiernos. Las grandes empresas también han sufrido pérdidas significativas de reputación.

En este libro argumento que la degradación de la confianza en los demás tiene su raíz en la creciente complejidad social y cultural de las democracias liberales. Ni el liberalismo político en el que se fundamentan, ni sus instituciones políticas y sociales han sido capaces de ofrecer unos valores morales y un marco institucional suficientemente robustos ante los extraordinarios cambios tecnológicos, demográficos, culturales y económicos de las últimas décadas. La consecuencia ha sido una tensión política y social creciente conforme los ciudadanos han percibido que el sistema político y económico no satisface sus expectativas, ni responde a los retos planteados por las disrupciones de la tecnología y la economía. En muchas democracias liberales, la sociedad se ha fragmentado y la polarización política supone que la búsqueda del bien común ya no es un objetivo compartido en la sociedad.

Esta erosión de la confianza en los demás repercute negativamente en la confianza de la sociedad en sus instituciones públicas. Además, la confianza en estas ha empeorado por el fracaso de las políticas implementadas por los gobiernos. Las políticas económicas no han dado respuesta a los anhelos y las expectativas de la ciudadanía. En ocasiones, con una visión de corto plazo, han sido miopes y se han orientado a mantener el crecimiento económico a toda costa. Se trata de políticas acomodaticias que evitan tensiones sociales y contentan a la población, pero que son perjudiciales para la sociedad y su economía a largo plazo. La gran crisis financiera de 2007-2008 es el ejemplo paradigmático de cómo políticas públicas complacientes condujeron a una crisis económica muy grave y generaron una gran desconfianza en la economía de mercado y, de manera indirecta, en el propio sistema político. En otros casos, la actuación de la Administración, por ejemplo en las políticas fiscales y regulatorias, ha sido utilizada por los partidos políticos con objetivos de clientelismo político para favorecer a sus bases electorales o a segmentos sociales específicos.

En este libro pretendo resaltar que las sociedades con mayor confianza social son precisamente aquellas en las que las políticas del Estado compensan de manera más efectiva las tendencias del capitalismo a generar desigualdad económica e inseguridad entre los ciudadanos. Asimismo, a lo largo del texto hago hincapié en que para recoser la confianza de nuestras sociedades es preciso llevar a cabo políticas que recuperen el sentido de comunidad y de destino compartido. Las políticas económicas y sociales deberían siempre pasar el control de la búsqueda del bien común y la orientación al largo plazo, y enfatizar que existe un objetivo colectivo que preservar, al tiempo que se mantiene un marco político que no renuncia al individualismo político y moral en sociedades en las que conviven tradiciones culturales diversas. Esta tarea no es sencilla, pero es preciso destacar que los seres humanos no somos sólo *Homo œconomicus*, guiados por nuestros intereses materiales personales; al contrario, somos seres sociales, preocupados por el bienestar de los demás y con múltiples dimensiones e intereses que van más allá de los materiales.

El ser humano se realiza de verdad cuando lleva a cabo proyectos compartidos con familiares, amigos o socios, y con el resto de los ciudadanos en asociaciones diversas a nivel de barrio, de comunidad, e incluso de país. Estos proyectos pueden ser empresariales, cívicos o sociales y tener o no una contrapartida económica. En todo caso, constituyen instrumentos para la realización social. El reconocimiento personal en dignidad e identidad es tan o aún más importante que el bienestar material en las prioridades vitales del ser humano. Para que estos proyectos surjan y se desarrollen es fundamental no poner trabas, y fomentar el asociacionismo y la organización de la sociedad civil, así como impulsar la participación en lo público, no sólo desde los organismos oficiales, sino también con la implicación directa del sector privado.

El capitalismo fracasa si no hay confianza social

La primera parte del libro examina el papel imprescindible de la confianza para que el capitalismo funcione de manera adecuada. La economía de libre mercado no opera en un marco teórico de individuos aislados, sino en entornos sociales concretos, determinados históricamente, con vínculos diversos entre las personas. El capitalismo es un sistema muy eficiente de producción y distribución de recursos, pero su correcto funcionamiento requiere que en cada sociedad específica en la que opera predominen unos valores que aseguren que los resultados del sistema conducen a la estabilidad política y social.

Los valores, y las normas y convenciones sociales que de ellos se derivan, garantizan que la gran capacidad del capitalismo para generar riqueza no se vea contrarrestada por los efectos negativos de algunos rasgos de la naturaleza humana, como el egoísmo y la codicia. La confianza ocupa un lugar preeminente entre los valores que favorecen el desarrollo de un capitalismo sostenible.

Como seres sociales que somos, la confianza en los demás surge del altruismo innato en nosotros. Nos importan, claro está, nuestros familiares y amigos. Sin embargo, para que la confianza social aumente es clave que el alcance de la benevolencia sobrepase el círculo cercano, que se prolongue a terceros, que vaya más allá de la preocupación individual y se extienda al bien común.

Es imposible que la confianza florezca sin un mínimo de altruismo. Como veremos en el capítulo 1, además de la generosidad, factores como la honradez, la veracidad y la voluntad de cumplir los compromisos, de honrar la palabra dada, también impulsan la confianza. Confiamos en quien conocemos poco cuando creemos que dice la verdad, que cumplirá su palabra, que es honesto y generoso. Estos valores son importantes en sí mismos, y además contribuyen a extender la confianza mediante la reciprocidad, la expectativa de que el comportamiento altruista será correspondido. Ese conocido adagio «Hoy por ti, mañana por mí».

La confianza en los demás, en quienes no forman parte de nuestro círculo de familiares o amigos, es un bien de enorme valor. Mejora la convivencia y la cohesión social, facilita las transacciones comerciales y profesionales, y es fundamental para cualquier proyecto colaborativo. Además, es clave en el mundo empresarial. Todos nos beneficiamos de un clima de confianza interpersonal y debemos estar interesados en que se extienda en nuestra sociedad. Pero si esto es así, ¿por qué los avances son tan lentos? ¿Por qué incluso retrocedemos?

La confianza no es una mercancía que se pueda comprar o vender. Es más, si le ponemos un precio, deja de ser confianza. Sin embargo, que no tenga precio no significa que sea gratuita, que no cueste nada. Por eso es difícil que se extienda.

Cuando depositamos nuestra confianza en otra persona asumimos un riesgo. Si no cumple con nuestras expectativas o si incumple su palabra, es probable que tengamos un perjuicio y nos arrepintamos de haber confiado. De manera similar, cuando alguien confía en nosotros, cuando nos hace depositarios de su confianza, asumimos un compromiso. Y aunque no cobramos por ello, tampoco es una acción gratuita, pues con ella adquirimos la obligación moral de cumplir con las expectativas que esa persona ha puesto en nosotros. En definitiva, sin benevolencia es imposible que la confianza florezca porque, aunque no tenga un coste monetario directo, tiene un coste emocional y moral.

La confianza es un bien social o, como decimos los economistas, un bien público. El rabino Jonathan Sacks afirmaba que el amor, la amistad y la confianza son bienes distintos a los demás, no sólo porque tienen valor a pesar de no tener precio, sino porque son bienes cuyo valor se acrecienta cuando los compartimos.[4] En efecto, como se expone en el capítulo 2, las personas no invertimos suficientemente en confianza, pues no tenemos en cuenta que al confiar en alguien promovemos que esa persona también confíe en los demás, y viceversa, cuando honramos la confianza que en nosotros se ha depositado. Es lo que en economía se denomina una externalidad positiva, que habitualmente lleva a una provisión insuficiente del bien, en este caso, de la confianza.

La extensión de la confianza en los demás y la consecución de un elevado grado de confianza social era algo más sencillo en sociedades culturalmente más homogéneas, puesto que eran muchos los valores compartidos. Lo mismo sucedía con las normas sociales aceptadas colectivamente como correctas o apropiadas. Sin embargo, como veremos en el capítulo 3, las democracias liberales actuales operan en un entorno radicalmente distinto, caracterizado por la multiculturalidad y la convivencia de múltiples estilos de vida, en el marco del liberalismo político y moral que ha dominado Occidente en las últimas décadas. Dicho marco, basado en la libertad individual, la tolerancia y el respeto de los derechos de los demás, ha promovido una pauta de valores que ha sido clave para la convivencia democrática, pero también ha ofrecido un patrón muy limitado como guía para el comportamiento de los ciudadanos, generando un entorno social más difícil para el despliegue de la confianza.

Una mayor confianza social no sólo facilita las transacciones comerciales en una economía de mercado, sino que también constituye un factor esencial para el adecuado funcionamiento de las instituciones sociales y, de manera especial, de las empresas y las instituciones públicas.

El capitalismo se desarrolla mediante la interacción de múltiples agentes económicos individuales que toman sus decisiones con autonomía atendiendo a las señales de precios de los mercados, pero también a través de instituciones —empresas, organismos del sector público, entre otras—, en el seno de las cuales muchas veces se toman decisiones tanto con base en criterios económicos como en procedimientos ajenos al mercado. En ese sentido, en el capítulo 4 veremos que si existe confianza social es más fácil que la confianza interpersonal se desarrolle dentro de las empresas. Esto facilita que los empleados se comprometan con la empresa y que esta a su vez tenga en cuenta en sus decisiones a todos sus grupos de interés (*stakeholders*), corrigiendo la primacía del accionista y el cortoplacismo de la empresa capitalista pura. En una sociedad con mayor confianza social es más factible impulsar con éxito empresas con propósito. Para esta clase de empresas los beneficios no son un objetivo en sí mismos, sino un medio para conseguir su fin último: la atención a alguna necesidad o problema de nuestra sociedad, entre las que se incluyen la preservación de la cohesión social y el medio natural, dos áreas que tales empresas pueden abordar de manera explícita.

La mayor confianza social también es clave en las instituciones públicas, y ello en dos sentidos, como expondremos en el capítulo 5. En primer lugar, porque, al igual que en las empresas, una mayor confianza en los demás facilita el funcionamiento más efectivo del sector público, disminuyendo los comportamientos corruptos y discriminatorios y aumentando la profesionalidad, la transparencia y la rendición de cuentas. Además, y de manera muy singular, la mayor confianza social también favorece que los ciudadanos confíen más en las políticas económicas y sociales que despliegan las autoridades. A la confianza en las políticas públicas se dedican la segunda y la tercera parte del libro.

Las políticas financieras han erosionado la confianza en el libre mercado

En el capítulo 12.7 de las *Analectas* de Confucio, uno de sus discípulos le pregunta sobre lo que precisa un gobernante para tener éxito. El maestro responde, escuetamente: «Suficiente comida, suficientes armas y la confianza del pueblo». El discípulo insiste: «Si tuvieras que prescindir de una de estas tres cosas, ¿qué dejarías de lado?», a lo que Confucio responde: «Las armas». El discípulo no ceja: «Si tuvieras que prescindir de una de las dos restantes, ¿cuál dejarías de lado?», y Confucio afirma: «La comida; al fin y al cabo, todo el mundo tiene que morir más tarde o más temprano. Pero sin la confianza del pueblo, ningún Gobierno puede mantenerse». Efectivamente, la confianza de la población tampoco tiene precio para un gobernante. Tiene un valor inestimable.

La confianza en las instituciones públicas, especialmente en los partidos políticos, se ha deteriorado en los últimos años. Las diferencias entre países en los niveles de confianza se explican en gran medida por la corrupción y la eficiencia de las instituciones. Sin embargo, estos factores se modifican de manera muy gradual en el tiempo y el factor determinante de la creciente desconfianza por parte de la población ha sido la insatisfacción con los resultados de las políticas públicas, muy en especial las políticas monetarias y del sector financiero.

El paradigma económico que ha inspirado las políticas públicas es lo que habitualmente se entiende como economía ortodoxa, que combina las aportaciones de raíces keynesiana y neoclásica. Cuando hablo de paradigma ortodoxo, por tanto, no me refiero al neoliberalismo. El neoliberalismo se ha usado muy a menudo como un hombre de paja por parte de aquellos que son contrarios al libre mercado y partidarios de la intervención estatal en la economía con objetivos políticos. Lo que entiendo por economía ortodoxa son las ideas de la corriente principal de la ciencia económica desde mediados del siglo XX. Teorías que, desde el trabajo pionero de economistas como Marshall y Pigou, siempre han reconocido la existencia de fallos del mercado y la necesidad de intervenir en la economía para corregirlos. En el ámbito macroeconómico, esta visión ortodoxa abrazó el activismo en política económica tras las aportaciones de J. M. Keynes.

En realidad, que el neoliberalismo es un hombre de paja lo demuestra el hecho de que las ideas neoliberales se han aplicado en muy pocas economías, fundamentalmente en Estados Unidos y el Reino Unido. En la mayoría de las más avanzadas, las autoridades intervienen en los mercados, a veces de modo significativo, como es el caso de Francia y otros estados de Europa continental basados en la economía social de mercado. Es bien sabido que en el propio seno de la Unión Europea conviven distintos modelos económicos, con mayor o menor énfasis en la libertad de mercado frente a la regulación y la protección social, y con resultados económicos dispares.[5] Por tanto, el verdadero debate se debe centrar en los objetivos y la naturaleza de esa intervención y en si ha sido acertada o equivocada.

En la segunda parte del libro examino las políticas financieras (monetarias y regulatorias) que se han desplegado en las economías avanzadas, antes y después de la gran crisis financiera de 2007-2008. Esta crisis marca un claro punto de inflexión en la confianza de la sociedad en la economía capitalista, por lo cual es importante analizar sus causas, así como las políticas poscrisis para evaluar su impacto en la opinión de los ciudadanos, tanto sobre el sistema económico vigente como sobre la capacidad de los líderes políticos y los gestores de las políticas económicas de administrarlo adecuadamente.

La conclusión es que las políticas financieras han sido una causa muy importante de la creciente desconfianza de la sociedad en el sistema económico, pues han sido a medio y largo plazo muy contraproducentes, al generar una deuda excesiva, crisis financieras recurrentes y graves recesiones económicas. Esta alta inestabilidad ha provocado un serio rechazo social del capitalismo y una profunda falta de confianza en él. Las políticas monetarias y regulatorias desempeñaron un papel central en la gestación de la gran crisis financiera de 2007-2008 y han sido determinantes tanto en el largo periodo de tipos de interés prácticamente nulos que se ha vivido en las economías avanzadas como en el rebrote inflacionario del periodo 2022-2023.

Lo anterior ha sucedido en esencia por la orientación al corto plazo de estas políticas, que han sucumbido a la presión social y política, con una tendencia a mantener los tipos de interés excesivamente bajos y a tratar de impulsar la actividad económica mediante la generación de crédito y deuda. Dicho de otro modo, las políticas monetarias han sido muy laxas y complacientes durante demasiado tiempo, encaminadas más a contentar a la población que a generar un entorno de estabilidad económica y financiera a largo plazo. Las políticas regulatorias, por su parte, permitieron un crecimiento excesivo del sector financiero, infravalorando muchas veces los fallos del mercado en una actividad, la financiera, en la que las asimetrías de información entre los agentes son generalizadas y difíciles de corregir.

A pesar de que el dinero y el crédito se fundamentan en la confianza, el sector financiero tiene unas características que provocan un marcado recelo en los ciudadanos, como veremos en el capítulo 6. Estas reticencias incluso han aumentado debido al creciente peso que han tenido las finanzas en el capitalismo. En el capítulo 7 exploraremos tanto las políticas monetarias crecientemente expansivas que se implantaron a finales de los años noventa, como el proceso previo de liberalización del sector (finales de los ochenta), que aportó eficiencias, pero también un crecimiento desproporcionado de las finanzas y una acumulación de riesgos fuera del radar de las autoridades. Como consecuencia, estas políticas acabaron provocando la gran crisis financiera de 2007-2008 y la Gran Recesión, que en Europa se prolongó varios años.

La gran crisis financiera de 2007-2008 no sólo redujo la confianza en el capitalismo, también impactó de lleno en la credibilidad de los economistas y de su marco analítico, al que antes me he referido. Sin embargo, a pesar de que incluso la reina de Inglaterra preguntó por qué la crisis no pudo ser prevista y evitada, el acto de contrición de los economistas fue breve y lacónico, con escasa incidencia en las prácticas de la profesión y los programas de investigación. No fue, por tanto, sorprendente que las políticas poscrisis siguieran los patrones marcados en décadas anteriores: la misma filosofía de políticas monetarias y regulatorias, redobladas y aumentadas.

Las consecuencias adversas de las políticas financieras poscrisis las veremos en los capítulos 8 y 9. La política monetaria no convencional, aunque inevitable tras la gran crisis financiera de 2007-2008, se prolongó demasiado tiempo, generando un entorno de tipos de interés bajísimos que, sin promover la inversión productiva, penalizaron el ahorro y provocaron nuevas burbujas de activos e inversiones puramente especulativas. Además, condujeron a la política monetaria a un callejón sin salida, de manera que, ante acontecimientos imprevistos y adversos, como la covid-19 o la guerra de Ucrania, la única alternativa fue una nueva y extraordinaria actuación de los bancos centrales que desembocó en una espiral inflacionaria. El endurecimiento posterior de la política monetaria ha sorprendido negativamente a los ciudadanos. Es un nuevo y exigente entorno financiero que puede generar episodios de fuerte inestabilidad financiera, una recesión económica y, en último término, deteriorar aún más la confianza de la ciudadanía en los órganos rectores de estas políticas, los bancos centrales.

¿Pueden los estados restablecer la confianza?

La tercera parte del libro examina en qué medida los estados pueden, mediante otras políticas económicas que se deciden a nivel de cada país con menores restricciones del entorno internacional, contribuir a restablecer la confianza social que se ha ido perdiendo por la inestabilidad económica ocasionada por las políticas financieras. En concreto, se estudian las políticas presupuestarias y las políticas de redistribución de renta, puesto que son las principales áreas de política pública que podrían mitigar los impactos de la evolución del capitalismo más financiero en el tejido social.

El diagnóstico sobre estas políticas es que, en términos generales, se han revelado incapaces de modificar la tendencia a la desconfianza generada por la evolución del capitalismo. De todos modos, el análisis muestra que los resultados difieren por países. Aquellos que disponen de mayor nivel de confianza social son también los que de manera más efectiva consiguen, con sus políticas fiscales y redistributivas, mitigar o contrarrestar los impactos negativos de la inestabilidad financiera.

El capítulo 10 expone que, en líneas generales, las políticas fiscales han sido laxas, con un sesgo claro hacia el déficit, encaminadas, al igual que las financieras, más a contentar a los electorados en el marco de la competencia política que a generar un entorno de estabilidad económica y financiera a largo plazo. Han sido políticas orientadas a la gratificación inmediata. Los gobiernos tienden a ceder ante la presión política y electoral tomando medidas que a la larga acaban siendo negativas para el propio electorado al que se ha tratado de satisfacer, lo que no deja de ser irónico. En este ámbito son pocos los países que disponen de instituciones suficientemente robustas para evitar que la dinámica política lleve a la sociedad a tomar decisiones que resultan atractivas en el corto plazo, pero que se evidencian imprudentes o contraproducentes desde una visión de largo plazo. Son precisamente los países con un mayor nivel de confianza social aquellos que también son capaces de fijar políticas orientadas a la estabilidad, huyendo del cortoplacismo. Políticas que permiten al sector público ejercer un contrapeso, aunque sólo sea parcial, a la inestabilidad generada por las políticas financieras. Estos países, los denominados frugales, gozan de altos niveles de renta per cápita. Sin embargo, y en contra de una opinión muy extendida, no son frugales porque son ricos y se lo pueden permitir, sino precisamente lo contrario. Su elevado nivel de bienestar obedece en gran medida a que sus finanzas públicas se han orientado a lo largo de los años hacia la estabilidad.

En cuanto a las políticas redistributivas, el capítulo 11 muestra que estas han conseguido reducir en gran medida las desigualdades de renta provocadas por el libre mercado, pero a menudo han sido incapaces de promover la justicia y la inclusión social. Por ello, no han podido revertir la creciente insatisfacción con las políticas públicas de gran parte de la sociedad. Las políticas de redistribución, pese a su reconocida importancia en muchos países avanzados, no han sido percibidas como efectivas. Esto ha ocurrido porque, en un ejercicio de clientelismo político, las medidas han beneficiado a segmentos muy concretos de la población y no necesariamente a los colectivos más necesitados. Algo parecido ha sucedido muchas veces con las políticas de regulación, mediante las cuales el Estado puede intervenir en los mercados con objetivos de redistribución. A veces las regulaciones han sido incorrectas desde la perspectiva técnica, pero el problema fundamental es el uso de la regulación con objetivos políticos, para captar votos o fidelidades, en lo que acaba siendo otro tipo de clientelismo político e incluso una patrimonialización del Estado. En lugar de perseguir el bien común, las políticas redistributivas y regulatorias han sido capturadas por los intereses de los partidos y sus aparatos, así como por las élites funcionariales.[6] Estos comportamientos generan desconfianza, escepticismo y cinismo en la ciudadanía. Es importante resaltar, de nuevo, que aquellos países con mayores niveles de confianza social destacan como sociedades en las que la conjunción de las políticas redistributivas y regulatorias han sido más efectivas, promoviendo no necesariamente la igualdad de rentas, sino unos objetivos más ambiciosos de inclusión y justicia social.

En el capítulo 12 se considera otra de las grandes políticas económicas, la política comercial, en este caso a través del análisis del proceso de integración comercial y económica en el seno de la Unión Europea. Es bien sabido que las políticas de liberalización comercial están sufriendo un serio retroceso en todo el mundo occidental, a veces con el argumento de que ese tipo de políticas están en la raíz de la creciente desigualdad social e incluso de la fuerte polarización política. Este es un diagnóstico controvertido, puesto que las tendencias a la desigualdad en el capitalismo pueden estar asociadas a otros fenómenos, como el cambio tecnológico. En cualquier caso, la trayectoria de la Unión Europea es reveladora puesto que es una historia de éxito de la aplicación de la política de libre comercio que auspicia la economía ortodoxa. Es una integración regional (una globalización a escala continental) que ha generado confianza en la población esencialmente porque tiene una dimensión política y ha permitido tanto unas compensaciones para los posibles perdedores de la integración como un relato político que diera sentido al proceso de apertura a otros países. Para que este proceso tuviera éxito ha sido necesaria mucha confianza mutua, aunque hará falta mucha más en los próximos pasos que los retos geopolíticos, económicos y tecnológicos plantean a Europa.

La desconfianza en el capitalismo y el papel de la ciencia económica

A juzgar por la creciente desconfianza que genera el capitalismo y las dificultades de la política económica para contrarrestar estas tendencias, ¿debemos concluir que el paradigma intelectual de la economía ortodoxa que ha informado estas políticas ha fracasado?

Hablar de fracaso tal vez resulte excesivo, pero lo cierto es que sí se ha producido un serio desencanto con la ciencia económica. Una posible explicación es que las prescripciones de política económica basadas en la economía ortodoxa no han atendido con suficiencia a la «economía política». Siguiendo los principios de la economía neoclásica, se han centrado en las consecuencias de eficiencia de las políticas sin tomar explícitamente en consideración sus impactos en términos de equidad, sus consecuencias políticas. Un ejemplo claro es la liberalización del comercio internacional. Si se lleva a cabo sin un relato político y sin compensar a los posibles perdedores, como ocurre con la globalización, se produce una reacción adversa de los sectores afectados, que acaba siendo manipulada por fuerzas políticas populistas y, a menudo, compartida por amplias capas de la sociedad. Como ya he dicho, el caso de la Unión Europea es una historia de éxito precisamente por la gestión política del proceso de integración económica. Con el enfoque que preconiza este libro, las consideraciones de equidad, justicia y el bien común deberían ocupar un lugar destacado en el momento de diseñar e implementar la política económica.

Una segunda explicación es que la economía ortodoxa se ha dejado guiar en exceso en sus recomendaciones de política económica por lo que John Kay y Mervyn Knight denominan los modelos de «un mundo pequeño».[7] Es decir, esquemas teóricos y estilizados que sirven para analizar conceptualmente la realidad y las alternativas de política económica, pero cuya aplicación empírica y práctica adolece de numerosas carencias metodológicas, como se discute en el capítulo 8. El uso de los modelos teóricos formales debe ser muy prudente, puesto que la economía real es, naturalmente, «un mundo grande». Este ha sido el gran problema, por ejemplo, del diseño de la política monetaria.

La economía es cambiante, y está sujeta a transformaciones tecnológicas y cambios culturales e institucionales. Los modelos difícilmente pueden establecer regularidades empíricas sólidas o captar todos los fenómenos relevantes. Tampoco es nada sencillo escoger entre los distintos modelos disponibles. Por todo ello, la gestión de las políticas económicas se debe abordar con un amplio arsenal de instrumentos de análisis, y la crisis financiera y sus secuelas debieran haber supuesto una importante lección de humildad para la profesión de economista y para la ciencia económica. Por ello, es alentador ver que, en octubre de 2023, la propia presidenta del Banco Central Europeo (BCE) declarase en una entrevista al *Financial Times* que «lo que deberíamos haber aprendido es que no podemos fiarnos sólo de los casos de libro de texto y los modelos puros. Tenemos que pensar con un horizonte más amplio».[8]

La confianza es un valor social imprescindible para afrontar la transformación de la sociedad

Como en épocas anteriores de la historia, vivimos unas décadas de profundos cambios tecnológicos y sociales. El mundo afronta nuevas transformaciones —el reto del cambio climático, la eclosión de las tecnologías de la información y la inteligencia artificial, entre otras—

que alteran nuestras sociedades y sus escalas de valores, como en su día lo hizo, por ejemplo, la revolución industrial.

Algunos analistas piensan que el desasosiego social y las tensiones políticas en los países desarrollados tienen su origen predominantemente en fenómenos económicos, como la globalización o la gran crisis financiera de 2007-2008, y en las consecuencias de estos acontecimientos en la desigualdad económica y social entre las personas.[9] Otros se centran más en cuestiones culturales y otros factores que también son muy importantes para las personas, y tienen que ver con el reconocimiento de su identidad y el respeto de su dignidad.[10]

Tanto unos como otros tienen, probablemente, parte de razón. El análisis que aporto en este libro sostiene que sin una base de valores que permitan desplegar la confianza en los demás y fortalecer la confianza social, el capitalismo no es capaz de hacer frente a estos drásticos cambios en el entorno y, al mismo tiempo, mantener un grado suficiente de cohesión social y sentido de pertenencia e inclusión por parte de los ciudadanos. Cuando la confianza social se robustece, hay más confianza en las instituciones y sus políticas. También se genera una mayor exigencia de transparencia, de rendición de cuentas y más presión para que las políticas se orienten al bien común, lo que puede crear un círculo virtuoso entre la calidad de las políticas públicas y la confianza social. La confianza es, por tanto, un valor social imprescindible, inestimable. No tiene precio, pero sí mucho valor. Es clave para que tengamos un capitalismo que al mismo tiempo genere riqueza y sea compatible con la justicia social y el funcionamiento de una democracia liberal vigorosa.

Al iniciar esta introducción veíamos que los creadores de las criptomonedas trataron, al introducirlas, de prescindir de la confianza social en las relaciones económicas entre las personas. Al hacerlo, cometieron un grave error, puesto que no habían entendido la verdadera función de la confianza en las relaciones humanas, incluidas las comerciales.[11] La creencia de que es posible sustituir la confianza entre las partes por el uso de un código informático encriptado es errónea porque tratar de prescindir de la confianza significa no valorar la honestidad y socavar la relación social basada en la veracidad y el respeto de los compromisos alcanzados. Si la seguridad y el buen término de la transacción se fundamentan en la encriptación, las partes implicadas pueden considerar que no tienen ya ninguna obligación con sus socios comerciales. Dejan de ser socios, para pasar a ser «códigos», indistinguibles unos de otros, con la idea de que el sistema es infalible, perfecto,[12] y nunca será necesario el contacto humano. Pero prescindir de la confianza nos conduciría, de hecho, a una economía y una sociedad menos libre y más injusta.

El error de los creadores de las criptomonedas no es muy diferente, de todos modos, del que cometen aquellos que piensan que la economía capitalista puede funcionar únicamente con las señales de precios que dan los mercados dejados a su aire; de los que creen que la única obligación de un empresario respecto de sus trabajadores es pagarles el salario de mercado de cada momento; de quienes piensan que el hecho de haber adquirido un producto y abonado su precio les permite disponer de él sin ningún tipo de restricción; de los ciudadanos que creen que sus obligaciones con el resto de la sociedad terminan en el momento en que acaban de pagar sus impuestos.

No es así. En la práctica totalidad de las transacciones económicas, el precio no lo es todo. De hecho, si los agentes creen que el precio lo es todo, la relación no es fructífera y los incentivos y las motivaciones de las personas tienden a empeorar.[13] Las transacciones económicas se enmarcan en unas normas e instituciones sociales, y tanto la confianza entre las partes como la confianza social son esenciales para que esas normas sean compartidas por muchos ciudadanos, de modo que los intercambios económicos y sociales conlleven el progreso de la sociedad.

PRIMERA PARTE

Sin confianza el capitalismo no funciona

La confianza no tiene precio, pero sí mucho valor. Es esencial para la cooperación y el funcionamiento armónico de la economía de libre mercado. Sin embargo, no se desarrolla fácilmente en nuestras sociedades. En esta primera parte exploraremos qué es la confianza (capítulo 1), así como los factores que facilitan la presencia de este valor en la sociedad y aquellos que frenan su expansión (capítulo 2). Para que haya confianza se requiere que las personas sean generosas, puesto que depositar la confianza en alguien significa asumir un riesgo y recibirla representa contraer una responsabilidad, como mínimo moral.

Cuando la confianza en terceros pasa a ser un valor extendido, deviene un valor social de gran utilidad, puesto que facilita el progreso económico y social, así como la confianza de las personas en las instituciones y empresas. En el capítulo 3 analizaremos aquellos elementos culturales e institucionales que facilitan que una sociedad disponga de este valor. En los entornos multiculturales de muchas democracias liberales, mantener la confianza social es un gran reto. El liberalismo es el marco moral y político en el que se basan nuestras sociedades. Durante años ha sido un sólido marco de convivencia, pero la complejidad de las sociedades modernas dificulta la existencia de valores compartidos sobre los que edificar relaciones de confianza.

Además de los mercados, las instituciones desempeñan un papel fundamental en el capitalismo, tanto las públicas, partidos políticos y administraciones, como las privadas, en especial las empresas. La confianza en las empresas es, en parte, consecuencia de la confianza social, pero tiene determinantes propios. En el capítulo 4 veremos que las empresas pueden generar confianza en la sociedad. Los ciudadanos confiarán en ellas si comprueban que tienen un claro propósito de contribuir a resolver los problemas de la sociedad y actúan en consecuencia. En el capítulo también se destaca que la confianza y el compromiso dentro de la empresa es determinante para que esta estrategia de empresa con propósito sea exitosa.

La confianza de la ciudadanía tampoco tiene precio para los dirigentes de un país. Esta parte termina con el examen, en el capítulo 5, de los factores que, más allá de la confianza social que ya existe, promueven que los ciudadanos confíen en sus políticos y organismos públicos. La confianza no sólo depende de los valores de honestidad, profesionalidad y trato no discriminatorio que los ciudadanos exigen de los servidores públicos, sino también de la efectividad de las políticas públicas que despliega el Estado. Estas se tratan en el resto del volumen.

1

La confianza no tiene precio

> Es imposible ir por la vida sin confiar en alguien: es ser prisionero en la peor de las celdas, uno mismo.
>
> GRAHAM GREENE[1]

El ministerio del miedo, una novela de Graham Greene, se desarrolla en pleno bombardeo de Londres, en el invierno de 1940. Arthur Rowe, el protagonista, es un periodista que ha pasado unos años en un psiquiátrico tras un juicio en el que se le acusó de haber envenenado a su esposa que padecía una grave enfermedad, tal vez terminal. Al recuperar la libertad, Rowe vive de manera solitaria, con sentimiento de culpa, sin poder confiar en nadie, «en su celda», y desesperado especula incluso con quitarse la vida.

Casualmente se ve inmerso en una trama de espionaje. En una feria consigue un premio que contiene un microfilm cuyo destinatario era un espía alemán. Acosado por la red de colaboradores nazis en la retaguardia británica, conoce a una pareja de hermanos exiliados de Austria, Anna y Willi Hilfe, y decide confiar en ellos. Como argumenta el narrador: «Llega un momento en que uno debe romper las barreras de la prisión, sea cual sea el riesgo. Ahora, con precaución, [Rowe] intentó ganar la libertad».[2]

Aunque Green consideraba que *El ministerio del miedo* es una novela de «entretenimiento», continúa siendo de interés ochenta años después de su publicación. Es un *thriller* psicológico que nos permite explorar cómo un hombre trata de recobrar la confianza en las personas. Anna Hilfe le da a Rowe esa oportunidad. A lo largo del relato manifiesta hacia él diversas muestras de apoyo. Le ayuda, y en el momento culminante de la trama Rowe decide confiar en ella.

La vida no merece la pena si no puedes confiar en nadie. Algo así expresa el narrador de *El ministerio del miedo*. La frase refleja un rasgo fundamental de la naturaleza humana: una vida en la que constantemente necesitáramos protegernos de nuestros conciudadanos, de los que no pudiéramos fiarnos, sería un martirio. Sería imposible ser feliz. De hecho, el proyecto de investigación clínica de muy largo plazo que se inició en Harvard en los años treinta y dirigió durante muchos años el psiquiatra George Vaillant corrobora la importancia de tener alguien en quien confiar para llegar a ser feliz. La investigación, que hoy en día dirige Robert Waldinger, ha examinado los factores que determinan la felicidad en diversas generaciones de personas a lo largo de más de ochenta años. Una de sus principales conclusiones es que mantener relaciones personales estrechas o, dicho de otro modo, saber que tenemos a alguien en quien confiar, es un elemento determinante para que seamos felices.[3]

Algo parecido confirman las investigaciones recientes en relación con la felicidad. Cuando se examina por qué el grado de percepción de felicidad varía entre países, se observa que la confianza en nuestros conciudadanos es determinante.[4] Otros factores relevantes que destacan las investigaciones son la generosidad, el apoyo de familiares y amigos, la libertad, la salud y el nivel de renta. El análisis de la importancia relativa de estos elementos muestra el papel central de los aspectos sociales que, en conjunto, tienen un peso equivalente al efecto combinado de la salud y la renta.

Sin confianza no hay cooperación

La confianza es, por otro lado, fundamental para llevar a cabo algo que nos distingue como especie: la acción conjunta, la cooperación para conseguir un objetivo compartido. Los expertos en cognición social y psicología evolutiva, como el profesor Michael Tomasello, muestran que los simios tienen muchos rasgos de inteligencia similares a los humanos, pero no son capaces de cooperar, por ejemplo, cuando cazan en grupo.[5] Si bien los simios efectúan deducciones lógicas e incluso leen la mente de sus congéneres, cuando llevan a cabo una tarea colaborativa como la caza consideran al resto de simios de una manera puramente instrumental, además de, naturalmente, competir en el momento de repartirse la presa. Estas características han limitado severamente el progreso de su especie en contraposición a los humanos. Al igual que Tomasello, otros investigadores han documentado, mediante experimentos con niños y simios jóvenes, que para los humanos la acción de colaborar no sólo implica una actividad de cognición social (interpretar las intenciones de los demás), sino que constituye el establecimiento de una relación social que los niños valoran por sí misma. Es decir, no es instrumental. Dichos estudios documentan que la relación de cooperación que somos capaces de establecer ya en edades muy tempranas se fundamenta en el reconocimiento y la evaluación de las intenciones de los demás, la conciencia de que se comparten objetivos (la intencionalidad compartida) y la generación de unas normas asociadas a esta relación. Como discutiremos luego, estos son aspectos centrales de la confianza.

Como es sabido, muchos economistas tienden a pensar que cooperamos (y confiamos) porque somos conscientes de que no nos podemos valer únicamente por nuestros propios medios y anticipamos que la cooperación nos reportará beneficios. Este es el paradigma estándar de la economía moderna: el ser humano actúa de forma racional y tiene en cuenta su propio interés. Busca la cooperación sólo «si le sale a cuenta».[6]

Sin embargo, otras ciencias sociales consideran que la sociabilidad es algo intrínseco y definitorio del ser humano. No sólo nos importa nuestro propio bienestar, sino también el de aquellos con quienes interaccionamos. La confianza surge así en las relaciones interpersonales y es mucho más que un simple cálculo egoísta. El verdadero reto es explicar cómo se resuelve, para cada uno de los individuos, el dilema entre el interés propio y los intereses del grupo o colectivo al cual cada uno se adscribe de manera más o menos natural.

En ese sentido, el psicólogo Jonathan Haidt entiende que la sociabilidad es el resultado de la evolución, siguiendo las tesis de la selección natural de Darwin. Dicha selección habría favorecido primero a los individuos con mayor propensión a no ser solitarios y, a continuación, entre los diversos grupos, a aquellos en cuyo seno se dan más comportamientos cooperativos. Haidt argumenta que la selección natural tiene lugar no sólo a nivel individual, sino también a nivel de grupo gracias a factores como la intencionalidad compartida destacada por Tomasello y la evolución genética y cultural en paralelo (la coevolución) de los colectivos humanos.[7] Estos factores propician la formación de grupos humanos y culturales que desempeñan un papel importante en los intereses del ser humano, más allá del interés en uno mismo. La selección natural a nivel de grupo se enfrenta a un poderoso contraargumento cuando se basa en exclusiva en la genética: los polizones impiden que los grupos basados en el altruismo prosperen. Sin embargo, este no es necesariamente el caso cuando la selección natural interacciona con los rasgos culturales que se transmiten en los grupos. Estos componentes culturales son normas e instituciones informales del grupo que limitan los comportamientos no altruistas en su seno.[8]

A menudo se tilda a Adam Smith, el fundador de la economía moderna, de liberal acérrimo, con el argumento de que defendió la eficiencia de la economía de libre mercado a partir del comportamiento egoísta de las personas. Sin embargo, la realidad es que el gran pensador escocés destacó en sus obras que existen otras motivaciones humanas muy importantes que, entre otras consecuencias, facilitan que surja la confianza entre los individuos.[9] Gracias a ello, es posible mantener colaboraciones y operaciones comerciales prolongadas que, en definitiva, permiten el adecuado funcionamiento, fluido y ágil, de una sociedad y una economía con intercambios económicos libres y descentralizados.

La simpatía es un concepto fundamental para Adam Smith. La entiende como la reacción humana de acompañamiento a los sentimientos de los demás. Es ponerse en su lugar y compartir alegrías, penas y otras pasiones. Es obvio que, si este concepto es esencial para Smith, ello significa que pensaba que no nos guiamos sólo por nuestro propio interés, sino también por el bien del prójimo. De hecho, afirma que «el gran precepto de la naturaleza es amarnos a nosotros mismos sólo como amamos a nuestro prójimo o, lo que es equivalente, como nuestro prójimo es capaz de amarnos».[10] Para Smith, la simpatía con los sentimientos y las pasiones de los demás y su aprobación o desaprobación depende del juicio que hacemos sobre sus motivaciones o causas. Es decir, por qué están alegres, tristes, enojados o avergonzados, por ejemplo. Lo aprobamos si compartimos, en mayor o menor medida, esa motivación. Si consideramos que hay proporción entre la causa y el sentimiento. Para que surja la confianza, como examinaré más adelante, es imprescindible que nos importe el bienestar del prójimo, pero también el proceso de evaluación de los sentimientos y las intenciones del otro, lo que Smith incorpora en su análisis de la simpatía y la aprobación.

En definitiva, como su amigo el filósofo David Hume, Smith creía que tenemos amor propio, pero también amor por los demás, de tal modo que no debe confundirse el amor propio, razonable y necesario, con el egoísmo. Hume y Smith no atribuían esos rasgos clave de la naturaleza humana al proceso darwiniano de selección natural, pero sí fueron conscientes de su gran importancia como factor que potencia la sociabilidad de las personas y permite el surgimiento de la confianza en las relaciones humanas.

De hecho, cuando años después Friedrich A. Hayek examina la relación entre la razón y la emoción, así como el papel crucial de la evolución cultural, argumenta que Darwin leyó y fue influido precisamente por las obras de Adam Smith.[11] Hayek, gran economista y filósofo político, en este caso con credenciales liberales fuera de toda duda, siempre defendió una visión del ser humano que va mucho más allá del puro egoísmo. En sus palabras:

> Se confunde a menudo el que la persona tiene que poder decidir libremente sus objetivos con la creencia de que, si se le permite hacerlo, escogerá o debiera escoger únicamente unos fines egoístas. La libertad de escoger los objetivos propios es, sin embargo, tan importante para la persona más altruista, para la cual las necesidades de otras

personas ocupan un lugar prioritario en su escala de valores, como para cualquier persona egoísta.[12]

Smith escribió *La riqueza de las naciones* años después de las primeras ediciones de *La teoría de los sentimientos morales*, y era muy consciente de que la falta de confianza dificulta el progreso económico, dado que este está profundamente ligado a la colaboración y los intercambios comerciales, ambos potenciados por la sociabilidad de las personas. La confianza permite cerrar tratos comerciales y acuerdos entre personas, entre empresas e incluso entre países. Esto es así porque los contratos y las leyes nunca contemplan todos los supuestos posibles. La confianza es el lubricante de las relaciones económicas y profesionales, como reafirmó hace medio siglo Kenneth Arrow, uno de los artífices del análisis económico contemporáneo.[13]

La confianza se construye entre personas, entre personas e instituciones y entre instituciones, que, naturalmente, pueden ser empresas o estados. Facilita las relaciones no sólo económicas, sino también diplomáticas. En septiembre de 2021, por ejemplo, el mundo fue testigo de una importante crisis diplomática entre diversos socios de la OTAN, con un enfrentamiento entre Francia y varios países anglosajones: Estados Unidos, Australia y el Reino Unido. El motivo fue la ruptura del contrato de suministro de submarinos que habían firmado franceses y australianos en 2019 y su sustitución por un acuerdo, denominado Aukus, entre los tres países anglosajones. En palabras del ministro francés de Asuntos Exteriores, Jean-Yves Le Drian, el acuerdo se había alcanzado de manera secreta y suponía un incontestable «quebrantamiento de la confianza».[14] Como es bien sabido, las relaciones diplomáticas entre Francia con Estados Unidos y con el Reino Unido han sufrido a lo largo de las últimas décadas varios episodios de desavenencias. Los más conocidos son los que tuvieron lugar bajo la presidencia del general De Gaulle. Restañar las heridas del episodio australiano precisará grandes esfuerzos diplomáticos.

La importancia de la confianza entre las personas y la confianza en las instituciones fue reconocida por los científicos sociales a lo largo de la segunda mitad del siglo XX, y ello ha permitido acumular evidencia sobre su evolución y sus factores determinantes, especialmente en las sociedades desarrolladas. El grueso de esta evidencia proviene de encuestas que no están exentas de limitaciones, pero que a lo largo de los años se han ido perfeccionando en un esfuerzo encomiable de cooperación internacional, tanto en el ámbito académico —la red internacional que coordina la publicación de las encuestas mundiales de valores— como con la participación del sector público.[15] La fiabilidad de estas encuestas ha sido corroborada también por los resultados obtenidos mediante experimentos con un número elevado de personas en múltiples países.[16]

En un capítulo posterior revisaré con cierto detalle esta evidencia empírica, así como el impacto de la confianza en el desarrollo económico y social. Por ahora, a título introductorio, merece la pena resaltar dos hechos. En primer lugar, que los datos para Estados Unidos muestran un porcentaje de población que dice confiar en sus conciudadanos relativamente bajo (37 por ciento) y decreciente desde hace aproximadamente treinta años, como han documentado el politólogo Robert Putnam[17] y otros investigadores. En segundo lugar, que para Europa no es posible establecer un comportamiento tendencial similar y lo que sobresale son las grandes divergencias entre países. Los datos para España muestran un 41 por ciento de la población que cree que se puede confiar en la mayoría de la gente. En términos comparativos, en la Unión Europea este porcentaje está en un rango intermedio, lejos de los países nórdicos, que se sitúan entre el 55 y el 75 por ciento, pero encabezando el grupo intermedio en el que también están países centrales de la Unión, como Alemania, Francia e Italia. El grupo de cola comprende países con porcentajes inferiores al 20 por ciento, como Grecia, Portugal y algunos países del Este de Europa (tabla 1.1).[18]

Para profundizar en la naturaleza de la relación de confianza es preciso empezar por la confianza más fundamental, la que se puede dar entre personas, la confianza interpersonal.

País	%
Dinamarca	73,9
Finlandia	68,4
Suecia	62,8
Holanda	55,4
Alemania	44,6
España	41,0
Chequia	36,8
Hungría	27,2
Italia	26,6
Francia	26,3
Polonia	24,1
Bulgaria	17,1
Portugal	16,9
Rumanía	12,7
Grecia	8,4

TABLA 1.1. La confianza en los demás en la Unión Europea.*

La confianza en los demás

Confiar en alguien es tener la expectativa fundada de que dicha persona no nos defraudará.[19] Es una expectativa razonable. No es, por tanto, una pura esperanza o deseo. Tampoco es una cuestión de creencias o de fe. Es una expectativa que se puede basar en la experiencia pasada o bien en algún indicador presente que permite formarse una idea de la fiabilidad del otro. No defraudar, por otro lado, significa actuar como se espera de uno en el marco de la relación interpersonal, con un sentido compartido de justicia o equilibrio en dicha relación.

* FUENTE: World Values Survey Ola 7: 2017-2022. Online Data Analysis 16/8/2023, Pregunta 57: «En términos generales, ¿cree usted que uno puede fiarse de la mayoría de la gente o que se tiene que ser muy cuidadoso en el trato con los demás? Porcentaje de personas que creen que uno se puede fiar».

En el ámbito de las relaciones económicas se pueden distinguir distintos tipos de interacciones. La cuestión de la confianza surge de manera natural, como ya hemos visto, en una relación de colaboración, puntual o prolongada, para la consecución de un objetivo compartido. En la colaboración, la expectativa es que cada una de las partes implicadas aportará lo que le corresponde; lo que se ha acordado, aunque a menudo ese acuerdo sea implícito.

La relación también puede ser de delegación, cuando confiamos nuestros intereses a alguien y esperamos que los tendrá en cuenta y no antepondrá sus intereses a los nuestros.[20] Delegar probablemente sea la relación de confianza paradigmática. Cuando delegamos en alguien nuestra potestad de decidir estamos dispuestos a que esa persona tome determinadas decisiones en nuestro nombre. Creemos que será un buen fiduciario. Es decir, alguien que administra nuestros bienes o derechos en nuestro beneficio y no en provecho propio.

Finalmente, la relación puede ser de intercambio de bienes o servicios. Es decir, una relación de transacción, en la que esperamos que nuestra contraparte sea veraz y no nos engañe. Las transacciones pueden ser puntuales o recurrentes, como las que se dan, por ejemplo, entre una empresa y sus proveedores. Un caso especial de este último tipo de transacción sería lo que se denomina una «transacción jerárquica», en la que una de las partes ocupa una posición preeminente de tal modo que tiene el poder de decisión ante contingencias imprevistas.[21] El ejemplo típico es, por supuesto, la relación laboral en el seno de una empresa. Se trata de una relación de subordinación en la que, más allá de la normativa legal aplicable, la empresa dispone de un amplio margen de maniobra para establecer las condiciones de la contraprestación en aquellos ámbitos no formalizados con antelación. La confianza requiere que la parte subordinada confíe en la razonabilidad o justicia de las decisiones que adopte la parte dominante. Esta es una perspectiva interesante para el caso de la confianza en el sector público, dado que típicamente las relaciones de los ciudadanos con las instituciones públicas son, o bien de delegación, o bien de transacción jerárquica.

Las relaciones interpersonales en las que surge la relación de confianza implican por lo general un grado sustancial de incertidumbre, con lo que ello supone de riesgo o vulnerabilidad para quien deposita la confianza en un tercero. Victoria Camps afirma con acierto que «sólo un dios o una promesa divina están en condiciones de no defraudar, a diferencia de lo terrenal, donde el futuro es incierto y las alegrías que suscita la confianza son dudosas e inconstantes».[22] La incertidumbre surge por la dimensión temporal de la relación (una transacción secuencial que se completa a futuro, por ejemplo) o por la falta de información sobre las acciones que está efectivamente llevando a cabo la persona en la que se ha confiado. Confiar, en palabras de Anette Baier, significa «retardar por un tiempo el pasar cuentas». Supone, por tanto, asumir una vulnerabilidad, dado que quien confía está a expensas de la actuación de la persona en la que ha confiado. Significa asumir un riesgo. Uno, por otra parte, muy distinto al riesgo general derivado de acontecimientos fuera de nuestro control. Se trata de un riesgo asociado al comportamiento concreto de aquella persona en la que confiamos, dado que puede no conducirse como esperamos, o no ser sincera en el uso de la información de la que dispone.[23]

Por lo general, esperamos que la contraparte cumplirá lo acordado, o lo que esperaríamos si no hay un acuerdo formal. El Gobierno francés no esperaba que el Gobierno australiano rompiera su contrato. Evidentemente, esta acción no es ilegal, pues el contrato contemplaba esa posibilidad con las debidas penalizaciones, pero la confianza no es una cuestión de legalidad. Es normal que antes de la firma de un contrato de tal alcance se lleven a cabo negociaciones con diversos proveedores, pero no lo es que, una vez firmado, y ya en periodo de implementación, se negocie subrepticiamente una alternativa.

Quebrantar la confianza depositada en alguien es, por tanto, equivalente a incumplir un contrato formal, incluso puede ser peor. La confianza tiene un elevado componente de honestidad y cumplimiento: exige no engañar y ser leal. Cumplir, o tratar al máximo de cumplir, lo acordado implícitamente. Hay quien incluso habla de traición.[24] Sin embargo, esta calificación es probablemente excesiva, puesto que la traición tiene lugar cuando se actúa *en contra* de aquel a quien habíamos prometido lealtad. La confianza exige llevar a cabo los mayores esfuerzos para responder a las expectativas depositadas. En ocasiones el que confía se sentirá defraudado, ciertamente. Pero no necesariamente traicionado.

La frontera entre sentirse defraudado o traicionado es a veces tenue, una cuestión de percepción o valoración de las intenciones. En otros casos, la actuación contra los intereses del que confió es clara, como ejemplifica lo que le sucedió al famoso cantautor Leonard Cohen en los últimos años de su vida.[25] Su gestora profesional y persona de confianza durante casi diecisiete años, Kelley Lynch, que incluso había convivido con Cohen y su familia en una relación muy íntima, llegó a sustraer de sus inversiones financieras más de ocho millones de dólares. Un quebranto de tal magnitud sólo fue posible gracias a que la existencia de una relación personal y profesional de extrema confianza facilitó el uso de instrumentos jurídicos (sociedades de tenencias de activos) en los que, por razones fiscales, Lynch tenía un abrumador (y peligroso) control. Denominar abuso de confianza a lo experimentado por el célebre cantautor es, no cabe duda, quedarse corto, puesto que si bien la cuestión aún está *sub judice*, tiene toda la apariencia de tratarse de un desfalco, una traición en toda regla.

En economía existe una escuela de pensamiento que amplía la teoría económica neoclásica para examinar los fundamentos microeconómicos de las operaciones comerciales entre las personas y en las organizaciones. Se denomina «economía de los costes de transacción». En este campo, sin embargo, también se asume que los agentes persiguen el interés propio, contemplando incluso el comportamiento oportunista, con el uso de la astucia o el engaño (*guile* en inglés) en beneficio propio.[26] Naturalmente, al partir de estas premisas metodológicas, los propios creadores de la economía de los costes de transacción conceptualizaron la confianza como una actuación de maximización racional del interés propio, y hablaron de «confianza calculadora» (*calculativeness trust*): aquella que se basa en maximizar los beneficios propios a partir de diversas hipótesis sobre el comportamiento o la lealtad de los socios potenciales. Sin embargo, para muchos no economistas —y como veremos luego, cada vez más también en la propia ciencia económica—, la confianza calculadora es un oxímoron: ya no es confianza. Cuando una relación se basa en la confianza, no hay lugar para el comportamiento oportunista inherente al modelo económico estándar, basado en que los agentes persiguen únicamente intereses económicos y, además, tienen en cuenta sólo los propios y no los de terceros.

La confianza no puede ser, por tanto, un mero cálculo probabilístico, pues contiene componentes emocionales que no se pueden separar del cómputo racional. De hecho, parece irónico que fuera el propio Arrow quien reconociera implícitamente este extremo cuando afirmaba, en frase afortunada, que «la confianza no es un bien que se pueda comerciar con facilidad. Si la tienes que comprar, tendrás inmediatamente dudas sobre lo que has comprado».[27]

Es importante resaltar, por otra parte, que la confianza, al ser una cuestión de expectativas, no se trata sólo de las habilidades esperadas de la contraparte, de cuán capacitada esté o no, sino de confiar que tendrá la disposición para cumplir lo que se espera de ella, llevando a cabo sus mejores esfuerzos. Juzgamos, por tanto, la intencionalidad, las intenciones. Así es como actúa Arthur Rowe frente al comportamiento de Anna Hilfe en la novela de Greene. Ello, en definitiva, refuerza la idea de que la confianza reside allí donde la razón y el sentimiento confluyen.

Efectivamente, si lo que en último término hacemos en la relación de confianza es evaluar las intenciones de nuestra contraparte, estamos de acuerdo, al menos en parte, con el filósofo David Hume en que la confianza es una pasión o un sentimiento.[28] Como nos recuerda Baier, la confianza es la agradable sensación de que otros nos apoyan en nuestros esfuerzos.[29] Mientras que la desconfianza es la desagradable ansiedad que provoca el creer que pueden estar tramando nuestra caída o simplemente que sus intenciones son inescrutables, de tal modo que no sabemos que esperar. La confianza está definitivamente unida a la intencionalidad y por ello es difícil separar la pasión de la razón, y que la confianza sea calculadora y se pueda plasmar en algún tipo de probabilidad subjetiva.

He centrado el análisis en las relaciones económicas y comerciales, dejando fuera de la discusión las relaciones personales, de amistad o afectivas. Sin embargo, ello no significa que no surjan cuestiones afectivas o emocionales en la relación económica o comercial, como ilustra el caso extremo de Leonard Cohen. Como hemos visto, la tradición, desde la perspectiva de la economía, ha sido tratar de separar razón y emoción. Lo mismo ha sucedido en ocasiones en el mundo de la psicología y el comportamiento en las organizaciones, en el que se distingue entre la confianza basada en la cognición y la basada en el afecto.[30] Sin embargo, aunque sea difícil desde una perspectiva analítica, parece claro que es preciso tener en cuenta tanto los aspectos racionales como los emotivos de la relación de confianza. Discutiremos más adelante, en línea con el trabajo pionero de Robert Axelrod, que incluso en situaciones de máximo antagonismo social se pueden establecer lazos afectivos que facilitan el desarrollo de la confianza necesaria para que surja la cooperación.[31]

Más allá de la confianza calculadora de la economía de los costes de transacción, la economía moderna ha avanzado en el análisis de la confianza a partir del uso generalizado de la teoría de juegos[32] y el desarrollo de la economía conductual, realizando experimentos sobre el comportamiento de las personas en contextos de interacción económica y social. Los resultados de estos experimentos muestran que existen grandes discrepancias entre las previsiones de las teorías basadas en el comportamiento de pura racionalidad y maximización del bienestar propio y los resultados empíricos. Por ello, los economistas han desarrollado modelos de preferencias que van más allá del egoísmo. Sin esta ampliación del modelo económico convencional, la confianza es inexplicable para la ciencia económica.

La confianza no es compatible con el egoísmo

La cuestión de hasta qué punto perseguimos sólo nuestro propio interés puede examinarse en el marco de una relación comercial en la que los intereses entre las partes únicamente están parcialmente alineados. Es decir, una situación en la que se obtienen ganancias de la cooperación, pero también en la que hay cierto grado de conflicto, o de intereses contrapuestos, de tal modo que el comportamiento cooperativo no se consigue con facilidad.

En la economía experimental se han usado a lo largo de los años básicamente dos juegos que caracterizan de manera sencilla estas situaciones de intereses sólo parcialmente coincidentes, tan habituales en la vida económica y social. El primero de ellos es el juego del ultimátum. En este juego, dos jugadores deben repartirse una determinada cantidad de dinero, por ejemplo, veinte euros. Uno de ellos propone la partición y el otro debe decidir si la acepta. En el caso de no aceptarla ambos jugadores se quedan sin dinero.

Se trata, por tanto, de un juego de cooperación, dado que a ambos jugadores les interesa que haya una propuesta que se acepte. Sin embargo, los intereses están en parte enfrentados, ya que el que propone estará interesado en que la cantidad que se asigna a sí mismo sea máxima, en detrimento del segundo jugador. Así, el jugador que propone goza de un elevado poder en esta relación. Según el paradigma de la racionalidad máxima y la búsqueda del interés propio, el resultado de este juego debe ser que la oferta sea cercana a cero, supongamos de un euro, y que esta sea aceptada siempre por el segundo jugador, puesto que un euro es mejor que nada. No obstante, la evidencia experimental indica que este tipo de ofertas son rechazadas. Además, anticipando dicho rechazo, las ofertas tienden a ser superiores y se sitúan en promedio por encima de cuatro euros para que sean aceptadas.[33]

El jugador que propone, por tanto, no sólo tiene un alto grado de racionalidad, sino que además ya incluye en su decisión un reconocimiento de que el paradigma del interés propio es incorrecto. El que acepta la oferta lo hace si la considera mínimamente justa. De hecho, está dispuesto incluso a sacrificar ingresos para penalizar al otro jugador si considera que la oferta no es equilibrada. Estos resultados empíricos se cumplen también en juegos en los que las cantidades en disputa son mayores, si bien es cierto que el importe a partir del cual se acepta una oferta pueda bajar ligeramente en términos porcentuales. Por ejemplo, si el juego supone repartir cien euros en lugar de veinte, las ofertas por encima de quince euros suelen ser aceptadas.

El juego del ultimátum es útil para mostrar que, además del interés propio, nuestras preferencias deben incorporar otros factores. En este caso, cierta noción de lo que es un trato justo. Asimismo, es un juego en el que aparece el concepto de reciprocidad negativa, puesto que los jugadores están dispuestos a penalizar un comportamiento injusto incluso si ello les supone disminuir su propio bienestar.[34]

Una variante del juego del ultimátum es el juego del dictador. En este juego, el jugador que propone hace una oferta que debe ser forzosamente aceptada. Los experimentos muestran que, con este planteamiento, las ofertas son menores que en el caso del juego del ultimátum, pero siguen siendo positivas, especialmente cuando la cercanía o afinidad cultural entre los dos jugadores es mayor. Por tanto, el ofertante también tiene en cuenta algo más que su propio bienestar: una noción de justicia o quizá un sentimiento de culpa si la oferta está por debajo de lo que se considera correcto en el entorno social en el que se desarrolla el juego.

Para profundizar en el concepto de confianza la economía experimental ha examinado también el comportamiento de las personas en el denominado juego de la confianza,[35] llamado asimismo juego de la inversión.[36] Este juego ejemplifica lo que puede dar de sí la confianza racional y hasta qué punto es posible obtener un entorno cooperativo manteniendo los supuestos básicos de racionalidad e interés propio.

Supongamos que dos jugadores inician el juego con una dotación de diez euros cada uno. Imaginemos que el jugador 1 es el que se plantea si confiar o no. Debe decidir si envía dinero al jugador 2, el receptor de la confianza, al que no conoce. Si lo hace, el importe enviado se triplica y entonces el receptor ha de decidir si devuelve dinero al jugador 1 y qué importe si este es el caso. Este es claramente un juego de cooperación. Ambas partes están interesadas en que se lleve a cabo la transacción, si bien, como en el caso del ultimátum, los intereses de los jugadores no son por completo coincidentes.

En este juego el comportamiento racional de las personas, anticipando el comportamiento racional de la contraparte, ambas movidas por el interés propio, las conduce a una situación en la que no se envía dinero, no se deposita la confianza en la contraparte, y los dos jugadores pierden una oportunidad de cooperación que resultaría de beneficio mutuo. Cuando se han llevado a cabo pruebas experimentales de este juego, se ha comprobado que, incluso si se juega una sola vez, la gran mayoría de posibles jugadores 1 depositan su confianza en los desconocidos, con un envío medio de fondos de 5,16 euros. Asimismo, se comprueba que muchos de los depositarios de la confianza, pero no todos, responden de manera positiva a dicha confianza y devuelven una parte de los fondos.

Al igual que con el juego del ultimátum, es significativo que los resultados de los experimentos muestran que cuando las dos partes implicadas comparten una misma nacionalidad o raza, u otras características que denotan cercanía o afinidad cultural, se registra un mayor nivel de cooperación,[37] un claro indicativo de la presencia de mayores niveles de confianza social y, por tanto, de confianza interpersonal potencial.[38] La confianza, como hemos enfatizado, exige cierto sentido compartido de la justicia, y es intuitivo que ello tenderá a ser más fácil en sociedades que, a grandes rasgos, comparten una misma cultura y valores. Más adelante volveremos con más detalle sobre esta cuestión.

El juego se ha examinado también en casos en los que la relación entre ambas partes implica una interacción repetida. El cambio más significativo es que en estas circunstancias incrementa el comportamiento de reciprocidad positiva por parte de los receptores de los fondos.

La conclusión de estos estudios es que el modelo de *Homo œconomicus*, el de un agente que persigue sólo su propio interés, es claramente incompleto. Los resultados empíricos muestran que las personas aprecian algo más que su propio interés. Valoran que los resultados de la interacción social sean equilibrados en relación con alguna noción de justicia, así como la intencionalidad de las personas en sus comportamientos. Como ya anticipó Adam Smith, el juicio que efectúan sobre estas intenciones, así como la valoración que hacen de determinadas normas de convivencia social, como la reciprocidad, son también relevantes.

Altruismo y reciprocidad

En definitiva, la confianza no es un cálculo sobre lo que obtenemos de una relación. Su despliegue en nuestra sociedad requiere cierto grado de altruismo y reciprocidad. Además, dado que es una cuestión de expectativas, el juicio que hacemos de las intenciones de los demás es fundamental. Empezábamos este capítulo con la historia de Arthur Rowe, cuando trataba de recuperar la confianza en las personas y se apoyaba en Anna Hilfe, su nueva amiga austriaca, que le había dado muestras de afecto. A riesgo de arruinar al lector parte de la historia, al final de la novela Rowe trata de capturar al hermano de Anna, Willi Hilfe, ya que es miembro de la red de espías nazis. Puesto que ha establecido una relación de confianza con Anna, Rowe deja en manos de ella su propio revólver y la negociación para obtener el microfilm que está en poder de Willi. Al confiar en Anna, asume un claro riesgo.

Anna obtiene el microfilm, pero deja escapar a su hermano con el revólver. Sin embargo, le revela a Rowe el tren que Willi, en su escapada, va a tomar esa noche. Rowe está sorprendido por la acción de Anna, pero no considera que haya defraudado su confianza y cree que merece la pena confiar en ella, «si la vida tiene que continuar».[39] Anna tal vez no ha dado una respuesta perfecta a las expectativas generadas en Rowe, pero en su decisión de continuar confiando, él juzga las intenciones de ella. Lo ha intentado y ha hecho lo mejor que podía, dadas las circunstancias. Reconoce su voluntad de ayudarle y también el dilema moral de la joven, puesto que, en definitiva, debía enfrentarse a su propio hermano.

2

No confiamos lo suficiente

Se atribuye a Esopo, pero no parece estar demostrado, la fábula de la rana y el escorpión. La historia es muy sencilla. Un escorpión deseaba cruzar un río, pero no sabía nadar y decidió pedirle a la rana que le ayudase cargándolo en su espalda. La rana vaciló, puesto que temía que el escorpión la picase. El escorpión, sin embargo, le dijo que no tenía nada que temer ya que, si lo hiciera, ambos se ahogarían. La rana, convencida de que el escorpión no tendría interés en picarla, le permite que se suba a su espalda e inicia la travesía. A medio camino, sin embargo, el escorpión la pica y ambos se hunden en el torrente. La rana, a punto de morir, le pregunta al escorpión por qué lo ha hecho, a pesar de conocer las consecuencias, a lo que el escorpión responde que no ha podido evitarlo, puesto que forma parte de su carácter.

La rana es generosa y confía en el escorpión. Confía en su racionalidad, en que actuará conforme a sus intereses sin dejarse llevar por sus instintos. Por su parte, el escorpión, depositario de la confianza de la rana, asume un compromiso, que luego no respeta. La fábula nos muestra que confiar no es gratis. Quien deposita la confianza se arriesga y quien la recibe se compromete, al menos moralmente.

¿Cómo se genera confianza?

Veíamos en el capítulo anterior que Kenneth Arrow, uno de los artífices de la teoría económica contemporánea, era muy consciente de que poder fiarnos de los demás mejora la eficiencia de las transacciones.[1] Puesto que los mercados distan de ser perfectos como se asume en la teoría, en el mundo real la confianza, cuando está extendida en la sociedad, mitiga muchos problemas. Sin embargo, la confianza es un bien para el que no sólo no existe mercado, sino que comprarla o venderla en un mercado carece de sentido. Es antitético al propio concepto del bien. Si se ha de pagar o cobrar por ella, ya es otra cosa, pero no es confianza.

La confianza no tiene precio, aunque esto no significa que sea gratuita o que no tenga valor. Es bien sabido que confundir valor y precio es de necios. Cuando depositamos la confianza en alguien, no nos cuesta nada, es gratis. Sin embargo, nos puede salir cara en el caso de que nuestras expectativas se vean defraudadas, y no digamos si somos traicionados. Del mismo modo, si nos ofrecemos como depositarios de la confianza también lo hacemos sin esperar una retribución. A lo sumo, tenemos cierta expectativa de reciprocidad. Pero al ser receptores de confianza aceptamos que adquirimos un compromiso. Estamos en deuda moral con quien confía en nosotros. La fábula de la rana y el escorpión ilustra que la relación de confianza es costosa.

Tanto cuando confiamos como cuando alguien confía en nosotros, no estamos estableciendo una transacción comercial. Esto no significa, naturalmente, que en una relación económica no se pueda generar confianza, o que la propia relación no pueda surgir a partir de una confianza interpersonal inicial. Tampoco en este caso se paga o se cobra por la confianza, pero su valor es aparente para ambas partes en la relación, puesto que la hace más fluida ante los imprevistos no cubiertos por los contratos o las costumbres comerciales.

Para generar confianza es tan importante quien confía como en quien se confía, especialmente cuando la relación es de cooperación o delegación. Desde la perspectiva del que confía, cuando afrontamos una relación humana (sea o no comercial, también las personales o de amistad) y tenemos que decidir si confiar o no, en términos generales ello dependerá de nuestra disposición a confiar y de nuestras creencias sobre las características de la persona en la que hemos de depositar la confianza.

La disposición a confiar es una característica personal.[2] Es la propensión a asumir cierta vulnerabilidad dejando, al menos durante un tiempo, nuestros intereses en manos de terceros. Naturalmente, está influida por factores ambientales y culturales. Una misma persona puede, por norma, ser confiada y puede dejar de serlo en un entorno hostil o desconocido.

La disposición a confiar es, de hecho, la variable que tratan de medir las encuestas de confianza en terceros a las que nos hemos referido en el capítulo anterior. Sin embargo, algunos estudios que han combinado el análisis de encuestas con los experimentos han mostrado que estas últimas no siempre captan la disposición a confiar y que, por el contrario, pueden estar captando la tendencia a ser depositarios de la confianza.[3] Estos estudios señalan que podemos ser al mismo tiempo fiables como depositarios de la confianza de los demás, pero desconfiados en el momento de otorgar confianza. Ya hemos dicho que no es lo mismo confiar en alguien que ser digno de confianza. De hecho, y en coherencia con esta evidencia, las investigaciones han comprobado que tendemos a infraestimar la fiabilidad de los demás.[4] Es decir, confiamos menos de lo que debiéramos a juzgar por nuestra propia disposición a ser depositarios de confianza. Probablemente ello tiene que ver con la asimetría de los costes derivados de la relación: quien confía asume un riesgo, mientras que quien recibe la confianza adquiere una obligación moral. Esta asimetría de costes limita la expansión de la confianza interpersonal.

Las características de quien es depositario de confianza determinan su fiabilidad o confiabilidad. Los factores que determinan esa fiabilidad son fundamentalmente la percepción o creencia que tenemos de su integridad, su competencia y su disposición positiva respecto a nosotros, es decir, su buena voluntad o benevolencia.[5] Como hemos apuntado al hablar de las expectativas, la competencia o habilidad de una persona cumple un papel subsidiario en relación con su intencionalidad. Esta última es determinante. Se puede poner remedio con más facilidad a la incompetencia que a la mala voluntad,[6] y las expectativas en una relación de confianza se ajustan al grado de habilidad de la contraparte en una relación que normalmente no es puntual y se va ajustando a lo largo del tiempo.

Inicialmente podemos tener mucha o poca confianza en alguien. Por un lado, revisamos esa valoración a partir de nuestra experiencia general con las personas de una determinada sociedad (luego veremos que esta es una dimensión importante) y también de lo que nos dicen terceros en relación con la fiabilidad de la persona. Ese *de boca en boca* puede ser veraz, o no serlo, y filtramos esas opiniones precisamente según la confianza que nos merezcan las personas que las emiten. Por el otro, nuestra propia actitud al abordar la relación puede afectar a la predisposición y el deseo de nuestra contraparte a responder de manera positiva. Por tanto, en la relación de confianza es clave gestionar bien las expectativas, tanto por parte de quien otorga confianza como de quien la recibe. Nos disgusta de manera especial que no se cumpla con lo que esperamos cuando hemos depositado la confianza en alguien.[7] Ello actúa como un freno y puede alimentar la reciprocidad negativa.[8]

La relación de confianza se construye a través de la experiencia; con hechos más que con palabras, cumpliendo con las promesas efectuadas, con la palabra dada, satisfaciendo las expectativas que se han depositado en nosotros y no haciendo algo distinto de lo que se predica. Lo que en el mundo anglosajón resumen con la certera expresión *walk the talk*, algo así como «predicar con el ejemplo».

El grado en el que una persona es merecedora de confianza, su fiabilidad, es parte de su reputación personal y profesional. Es un activo que se acumula o se destruye a partir de la experiencia, entendida como los hechos percibidos por las partes que interaccionan. Y la medida de su acumulación o destrucción está dada más por la actuación diaria que por una acción premeditada y concreta.[9] Incluso se podría decir que es una cuestión de hábitos aristotélicos.

Esto no significa, como ya hemos indicado, que no se deba gestionar la relación, las expectativas. Algunos autores han examinado los principios que deben gobernar la conducta de alguien que desea que se confíe en él, que quiere ser un buen *trustee*.[10] Además de cumplir con la palabra dada, es importante asegurarnos de que la contraparte interprete bien lo que pretendemos, dado que la confianza tiene que ver con las intenciones. No debemos generar falsas expectativas, ni permitir que —intencionadamente o por negligencia— se creen expectativas irreales sobre nuestro comportamiento. En definitiva, se trata de no manipular a la contraparte para mejorar nuestra confiabilidad.

La confianza mutua

En algunos casos, especialmente cuando contemplamos relaciones de cooperación, la confianza puede devenir mutua o recíproca. De hecho, esto es imprescindible para que la relación sea fructífera. Se trata de cómo iniciar y sostener un proceso de cooperación que se apoya en la confianza mutua y la regenera y mantiene a lo largo del tiempo.

Para examinar esta cuestión, durante años la teoría de juegos y la economía conductual han llevado a cabo gran cantidad de experimentos que nos permiten explorar los determinantes de la confianza mutua y arrojar más luz sobre la racionalidad, las preferencias y las motivaciones de las personas. Para ello, uno de los utilizados es el conocido juego del dilema del prisionero, una situación hipotética en la que los intereses de los jugadores coinciden parcialmente.

En el juego, dos ladrones son detenidos por la policía y encarcelados en celdas separadas, sin comunicación alguna. El juez de guardia está convencido de que son los autores de un robo, pero carece de pruebas suficientes. A cada uno les ofrece dos alternativas: pueden confesar el delito o no hacerlo. Si ninguno de los dos confiesa, el juez les condenará por un delito menor, por el que recibirán una condena liviana, de un año de encarcelamiento. Si, por el contrario, ambos confiesan, se les condenará por el robo, pero la pena no será la máxima que se contempla para ese tipo de delitos, limitándose a seis años de prisión. Finalmente, si sólo confiesa uno, entonces recibirá una pena testimonial (tres meses de prisión) por haber ayudado a la justicia, mientras que el otro será castigado severamente (con la pena máxima de diez años de prisión).[11] Para cada una de las alternativas de decisión de los dos ladrones, las cifras del diagrama 2.1 indican primero la pena del ladrón 1 y luego la del ladrón 2.

		Ladrón 2	
		No confesar	*Confesar*
Ladrón 1	*No confesar*	(un año, un año)	(diez años, tres meses)
	Confesar	(tres meses, diez años)	(seis años, seis años)
Nota: Entre paréntesis, condenas que reciben para cada caso el ladrón 1 y el ladrón 2.			

Diagrama 2.1. El juego del prisionero.

La situación de los dos prisioneros no es, por tanto, un juego de suma cero. No se trata de que lo que uno gana, lo pierde el otro. Sus intereses no son totalmente opuestos. Lo que ocurre es que si actúan de manera egoísta, y cada uno anticipa dicho comportamiento en el otro, el resultado del juego es peor del que se daría si hubiera suficiente confianza entre ambos y acordaran implícitamente una solución cooperativa (y creyeran que en efecto sería implementada). En definitiva, el dilema del prisionero capta una situación de interacción entre las decisiones de dos agentes en la cual, si ambos colaborasen, saldrían beneficiados. Colaboración que sería factible si hubiera suficiente confianza recíproca entre ellos.[12]

Cuando suponemos que los jugadores son racionales y persiguen únicamente su propio interés, la solución del juego se basa en encontrar un par de estrategias que sean las mejores respuestas posibles a las potenciales estrategias del rival. Esto es lo que en la jerga de la teoría de los juegos se llama un «equilibrio de Nash». Cuando se juega una sola vez, este tipo de solución supone que ambos ladrones confiesan y no hay cooperación. Sin embargo, cuando se repite a lo largo del tiempo de manera indefinida, o lo que es equivalente, sin saber cuándo va a terminar, surge la posibilidad de una solución que permite obtener la cooperación, manteniendo siempre, claro está, los supuestos de racionalidad y egoísmo puro. La cooperación puede mantenerse, ya que, en caso de que una de las partes no coopere, la contraparte deja de cooperar, con lo cual los beneficios que obtiene el que rompe la cooperación hoy serán inferiores al valor presente de los costes de una situación permanente de no cooperación en el futuro. Si a los jugadores les importa el futuro, dicha solución cooperativa existirá. La clave, en el marco de los juegos no cooperativos repetidos, es la duración del juego y el valor del tiempo. En palabras de Axelrod, si el futuro importa lo suficiente hay incentivos a cooperar, puesto que los beneficios futuros de la cooperación exceden los réditos obtenidos de aprovecharse del prójimo en el corto plazo.

Con esas premisas, la cooperación es posible. Pero al igual que sucede en el caso de la economía de los costes de transacción, estamos ante una instancia de confianza calculadora. Como los agentes son totalmente racionales y egoístas, es preciso que el juego no tenga fin (o que su duración sea incierta) y que el futuro pese de manera significativa respecto del presente para que la cooperación se mantenga. Esta solución teórica de la interacción estratégica adolece, sin embargo, de un problema serio. Es un comportamiento que no concuerda en la práctica con lo que se observa en interacciones estratégicas de esta clase. Las investigaciones pioneras de Axelrod hace ya cuarenta años mostraron dos hechos remarcables que han incidido en la investigación posterior.

En primer lugar, que las estrategias utilizadas en la práctica son del tipo *tit for tat*. Esta es una estrategia basada en la reciprocidad, tanto positiva como negativa. En concreto, cooperar en principio y sólo desviarse por un periodo determinado, castigando a la otra parte en el caso de que precisamente incurra en el comportamiento no cooperativo. Esta estrategia tiene varias virtudes: es sencilla y fácil de entender y anticipar por la contraparte; facilita la cooperación inicial y el restablecimiento de la cooperación; finalmente, en caso de que en algún periodo alguien no coopere, no se deja pasar como si nada hubiera ocurrido. Incorpora, por tanto, cierto elemento de justicia en su versión de reciprocidad positiva y negativa.

El segundo hecho que hay que resaltar es que, incluso en contextos en los que el antagonismo es máximo, como las situaciones bélicas, se pueden generar lazos de empatía que modifican los términos del juego y atenúan el conflicto. El afecto, la involucración emocional, introduce ciertas dosis de altruismo y, por tanto, un poco de confianza mutua que facilita la cooperación.

Es decir, la estrategia *tit for tat* favorece la aparición de la confianza mutua. El roce hace el cariño. La cooperación sostenida en el tiempo crea lazos afectivos entre las partes que pueden facilitar que la cooperación se mantenga, como en el ejemplo de Axelrod en relación con el comportamiento de los bandos enfrentados en las trincheras de la Primera Guerra Mundial. Axelrod analiza la cooperación en un entorno muy exigente, el frente de batalla. En la guerra de trincheras, los batallones enfrentados durante largos periodos encontraron maneras de cooperar, sin comunicarse ni, naturalmente, pactar acuerdo alguno. Fue lo que con el tiempo se denominó una situación de «vivir y dejar vivir», que contrariaba a los estados mayores de ambos bandos.

Lo que sucedió en ese entorno tan poco propicio a la confianza fue que, con el surgimiento de la cooperación, se desarrolló un vínculo afectivo entre ambos bandos, de tal modo que si, por error, se producía una agresión por parte de uno de los contendientes, el bando agresor se interesaba y pedía perdón por el posible daño al enemigo. Es decir, la cooperación en el interés propio da lugar, con el tiempo, al surgimiento del interés en el prójimo. La cooperación acaba modificando la utilidad que los distintos resultados del juego generan a las partes, de tal modo que, conforme este avanza, les importa no sólo su propio bienestar sino también el de la contraparte. Se suaviza, por tanto, la confrontación de intereses, facilitando la cooperación, o disminuyendo los beneficios a corto plazo de dejar de cooperar.

Axelrod ya interpreta estos acontecimientos como un cambio en los resultados o pagos del juego repetido, de tal modo que los beneficios obtenidos por los jugadores dependen ahora también del bienestar del rival. Como indica el especialista en teoría de juegos Ken Binmore, si los jugadores fueran la Madre Teresa de Calcuta y san Francisco de Asís, dos altruistas perfectos, el dilema del prisionero dejaría de serlo, puesto que los pagos correspondientes a las distintas estrategias serían otros y no habría una contraposición de intereses.[13]

En definitiva, un modo de entender lo que sucede es pensar que, gracias a la cooperación, los agentes pasan a ser, al menos parcialmente, altruistas. Es decir, se establecen las bases de la confianza mutua en la medida en que aparece un factor crítico de la relación de confianza: la benevolencia, a la que hacía referencia en el capítulo anterior.[14] Pero, como veremos luego, la forma de introducir el altruismo no es trivial y la economía moderna ha adoptado diversas estrategias que conviene considerar. Por otro lado, incluso sin llegar al altruismo, la simple empatía generada por el conocimiento y la comunicación entre las personas constituye un factor que tiende a facilitar la cooperación, puesto que no es lo mismo no cooperar con alguien a quien no se conoce que con personas con las que se ha tenido cierta interacción.[15]

El propio Axelrod destaca, asimismo, que en su ejemplo se podía generar una espiral positiva de colaboración, al igual que una espiral contraria, negativa, de desconfianza y recriminación, susceptible de destruir el entorno cooperativo. Es preciso resaltar, por tanto, que el sostenimiento de la confianza mutua exige que ante acontecimientos que puedan desequilibrar la relación, el entorno cooperativo, ambas partes tengan comportamientos que favorezcan su robustez.

El serio deterioro de las relaciones diplomáticas entre Francia y el Reino Unido tras la salida de este último país de la Unión Europea constituye un claro ejemplo de cómo la desconfianza mutua puede acabar dominando una relación si las partes implicadas no toman las decisiones adecuadas, tanto sobre los asuntos de fondo como en relación con las cuestiones de forma y comunicación entre las partes. Quizá el punto álgido de crisis de la relación, que ya venía deteriorándose desde el Brexit, se alcanzó en noviembre de 2021, coincidiendo con la dramática tragedia en el canal de la Mancha en la que perdieron la vida veintisiete refugiados que trataban de alcanzar la costa británica.[16]

En los días posteriores al naufragio, el desencuentro entre ambos países llegó a su cota máxima por la concatenación de diversos factores. En primer lugar, las formas. En vez de utilizar canales gubernamentales discretos o bien vías diplomáticas, ambas partes recurrieron a declaraciones escuetas en redes sociales, en algunos casos incluso sin respetar la confidencialidad de las comunicaciones oficiales. En segundo lugar, se tomaron decisiones que, o bien quebrantaban la confianza mutua, o bien suponían directamente no respetar los acuerdos alcanzados. Ese era el caso del intento del primer ministro Boris Johnson de ignorar los acuerdos del Brexit en relación con Irlanda del Norte. Como ya hemos examinado, la negociación del tratado Aukus a espaldas de los franceses unos meses antes había supuesto una seria afrenta a la lealtad esperada. Finalmente, el clima de desconfianza mutua se va creando conforme las partes recriminan el comportamiento de los socios, desconfiando en público de sus intenciones. Por ejemplo, cuando el Reino Unido argumentó que Francia no llevaba a cabo los esfuerzos necesarios para controlar sus costas.

En definitiva, la cooperación entre personas, o países en este caso, se construye sobre una base de confianza mutua. Entre las personas, la confianza se puede edificar a partir del carácter social inherente al ser humano. Por supuesto, también entre países es posible generar ese clima de confianza. De hecho, en este caso la evidencia empírica muestra que es más fácil generar tal clima precisamente cuando existe una cercanía cultural entre las partes.[17] Pero en ambos casos ese entorno de cooperación requiere una atención al detalle de cómo nos comunicamos con nuestros socios, una lealtad continuada que permita el cumplimiento de los compromisos y un saber ponerse en la piel del otro para valorar cómo juzga nuestro comportamiento y nuestras intenciones, de tal modo que el espíritu de colaboración no se enrarezca en un clima de desconfianza.

Más allá del egoísmo

El análisis de la teoría de juegos y la economía conductual han contribuido a entender mejor la relación de cooperación, pero no hay duda de que es difícil captar la enorme riqueza de la interacción humana con modelos matemáticos. En cualquier caso, estas disciplinas han avanzado en el perfilado de un nuevo *Homo œconomicus-socialis* que ya no responde al esquema típico de los manuales introductorios de economía. Sin embargo, al abandonar el sencillo paradigma del interés propio y adentrarnos en el mundo del altruismo, nos encontramos con el dilema tolstoyano que destaca Samuel Bowles: si suponemos que la persona busca el interés propio, el modelo aplicable es uno y conocido.[18] Cuando asumimos preferencias de tipo altruista, cada altruista lo es a su manera, como las familias infelices de Tolstói. Las alternativas, como veremos, son numerosas.

Tomados en conjunto, los experimentos de la economía conductual con juegos de cooperación muestran que las personas tienen, efectivamente, un comportamiento racional,[19] pero que los factores que lo determinan van más allá del puro interés propio. Junto con la noción de justicia antes mencionada, los agentes incorporan a sus preferencias una valoración de las acciones de su contraparte, de tal modo que se tiende a premiar el comportamiento cooperador (reciprocidad positiva) y a castigar el comportamiento no cooperador o percibido como injusto (reciprocidad negativa). La evidencia experimental nos lleva a pensar, por tanto, que cuando se plantea ir más allá del modelo estándar de economía, basado en el interés propio, no es suficiente con suponer que las personas mostrarán cierto grado de altruismo (que les importa el prójimo), sino que las preferencias puedan tomar formas más complicadas.

La economía moderna incorpora esta evidencia mediante diversos mecanismos que, en la práctica, implican expandir las tradicionales funciones de utilidad del análisis económico. Así, en la literatura económica se han desarrollado varios planteamientos de lo que podríamos denominar «preferencias sociales». En algunos casos se ha supuesto directamente que la función de utilidad de los agentes incorpora en cierta medida el bienestar del conjunto de la población;[20] en otros, la función de utilidad puede incorporar alguna dimensión de justicia asignativa, es decir, una preferencia sobre cómo se distribuyen los recursos de la economía entre sus agentes.[21]

Un tercer enfoque metodológico supone incorporar directamente la reciprocidad, tanto en su vertiente positiva como negativa, en los modelos teóricos.[22] En este caso estamos hablando de añadir a la función de utilidad de un individuo A la asignación de otro individuo B, pero de tal modo que la valoración depende no sólo de la asignación en cuestión, sino también de las motivaciones o el comportamiento de B, vistos desde la perspectiva de A. Una vez más, los economistas avanzan siguiendo la estela de Adam Smith, tratando de incorporar de manera formal en el análisis la valoración sobre las intenciones de nuestros socios. O, visto de otro modo, tratando de incorporar la benevolencia.[23]

Finalmente, una alternativa que quizá puede ser más útil en el debate de la confianza consiste en incorporar la idea de que las personas tienen una visión ideal de sí mismas, de tal modo que si su comportamiento y sus decisiones no se ajustan a este ideal, ello les causa desazón o malestar. En el lenguaje de los economistas, les supone una disminución de utilidad. Este enfoque permite incorporar motivaciones que no tienen que ver ni con los intereses económicos, ni con el altruismo, sino que están relacionadas con la moral o con el sentido de pertenencia a un colectivo social y, en definitiva, a la identidad.[24]

En algunas de estas teorías las personas pueden tener un concepto social o altruista de sí mismas, y experimentan reducciones de utilidad si no siguen esta guía de comportamiento;[25] en otras, simplemente existe una norma de referencia aceptada y la utilidad se reduce si se actúa en contra de dicha norma.[26] George Akerlof y Rachel Kranton introducen preferencias de este tipo para incorporar en sus modelos normas asociadas con la identidad a la que cada persona se adscribe.[27] Su análisis es un intento de tener en cuenta en la teoría económica no sólo el interés por los demás, sino también la importancia que damos a factores no económicos como la identidad o el reconocimiento del grupo social del que nos sentimos parte. Akerlof y Kranton analizan los efectos, por ejemplo, en términos de la identidad racial.

En general, la introducción de este tipo de normas tiene sentido si responde a un mecanismo mediante el cual las «preferencias sociales» dominantes se traducen en guías para el comportamiento social.[28] Qué duda cabe de que la prevalencia de la confianza interpersonal se ve reforzada si existen este tipo de normas y son comúnmente aceptadas. En dichos casos, es mucho más fácil juzgar las intenciones de las personas con las que interaccionamos. Esta prevalencia es difícil en sociedades que son cada día más complejas. Sin embargo, cuando existen, actúan de punto focal, de contrato implícito que facilita la generación de confianza y confianza mutua.

En conclusión, en situaciones de interacción estratégica, cuando existen incentivos a cooperar, pero también a actuar sólo en beneficio propio, la evidencia empírica señala que un gran número de agentes se muestra favorable a la reciprocidad, tanto en su vertiente positiva, de premiar al que se muestra cooperador, como en su vertiente negativa, de castigar al que no coopera.[29] Por otro lado, como ya he señalado, incorporar el altruismo recíproco al modelo económico clásico es una vía importante, pero no la única, de modelar preferencias que difieren de la búsqueda del interés propio. Una alternativa que capta bien muchos comportamientos sociales que difieren del puro egoísmo son los ideales de conducta, o normas de comportamiento, que procuramos seguir.

A modo de resumen, podríamos decir que las «preferencias sociales» distintas del modelo estándar del interés propio tratan de captar la vertiente social de las motivaciones de las personas tal y como se derivan de la propia naturaleza humana y de su psicología. Incluyen aspectos como el concepto de lo que es justo, la valoración de la reciprocidad, y el respeto a la dignidad y a la identidad propia. Para cada grupo social estas «preferencias sociales» pueden generar unas normas de comportamiento esperado en el grupo que institucionalizan informalmente el esquema de valores dominante. Estas normas conforman un marco de actuación de las personas, facilitando su interacción social y el desarrollo de un entorno de confianza y cooperación. En ocasiones, incluso pueden transmitir indicaciones claras sobre el comportamiento esperable y considerado justo y equilibrado. Proporcionan, en definitiva, puntos focales que promueven la generación de confianza, o su restablecimiento en situaciones improvistas que podrían generar entre las partes dudas sobre la benevolencia de las intenciones, o cualquier otro elemento que amenazase con quebrar el clima de confianza mutua.

La infraprovisión de confianza

A pesar de que la confianza interpersonal es un valor muy positivo para el progreso económico y social, no hay razón alguna para que sea prevalente o ampliamente compartido en una sociedad. De hecho, puede suceder que las personas no inviertan lo suficiente en inspirar confianza en los demás. En su clásico artículo sobre los mercados de coches usados, el premio Nobel George Akerlof ya enfatizaba que si la información sobre los productos y servicios intercambiados es imperfecta (y este es el caso de los coches usados) la confianza es crucial para la disponibilidad de mercados que de otro modo no existirían.[30] La confianza funciona como una garantía informal y no escrita.

La generación de confianza es un caso claro de lo que los economistas denominamos una «externalidad positiva», un fallo de los mecanismos de mercado. Es decir, un efecto positivo de nuestra acción en los demás, por el que no se paga y que no incorporamos en nuestra toma de decisiones. Cuando decidimos confiar en alguien, en principio ello no significa que agotemos nuestra capacidad de confiar, que no podamos confiar en otras personas. Sin embargo, esa capacidad de confiar dependerá de nuestra experiencia otorgando confianza. Si sentimos una decepción, si aquella persona en la que hemos confiado no responde a nuestras expectativas, nuestra disposición a confiar será, sin duda, menor en el futuro. Se reduce nuestra capacidad de confiar. Por tanto, cuando honramos la confianza recibida estamos contribuyendo a mantener lo que podríamos denominar el capital de confianza de los demás. Este es un efecto positivo para la sociedad que, en principio, no tenemos por qué tener en cuenta cuando decidimos si honrar o no un compromiso moral que hemos aceptado.[31]

La externalidad positiva también surge desde la perspectiva del que decide confiar. Efectivamente, cuando confiamos tomamos un riesgo, pero también damos a los demás una oportunidad de responder a la confianza depositada. Es decir, una oportunidad de incrementar el capital de confianza, que es parte del capital social.[32] La externalidad positiva surge porque al decidir confiar en alguien sólo tenemos en cuenta, por lo general, nuestra valoración del riesgo que eso supone y que nuestras expectativas no se vean satisfechas.

En definitiva, no tenemos en cuenta que la generación de confianza no sólo nos beneficia a nosotros, sino también al resto de la sociedad. Por ello, en términos generales, se tenderá a crear poca confianza social, a pesar de que los problemas de incertidumbre con relación a la calidad de los productos y servicios, o al comportamiento de nuestros socios en las transacciones comerciales, son generalizados.

Además de generar externalidades positivas, la confianza tiene características de bien público, lo que produce un segundo fallo de mercado. Hay, pues, razones adicionales para una insuficiente provisión de confianza en la sociedad. La confianza social, esto es, la confianza interpersonal extendida en una sociedad es, como el ordenamiento jurídico o la defensa de un país, un bien público, es decir, un bien no excluible y no rival. Es no excluible porque un ciudadano se beneficia, quiera o no, de la confianza interpersonal presente en su entorno. Es no rival porque cuando alguien otorga la confianza o es depositario de la confianza de un tercero, no por ello se queda con menos capacidad de confiar o disminuye su confiabilidad.[33] En definitiva, se trata de un bien público prácticamente puro. Es más que probable, ya sólo por esta razón, que su provisión sea insuficiente. Además, estas dos características —la externalidad positiva en nuestras contrapartes cuando generamos confianza (otorgándola o recibiéndola) y el carácter de bien público— coexisten con una tercera que determina la expansión de la confianza social entre los ciudadanos de un país.

Ya vimos que la confianza se genera o se destruye en el marco de una interacción repetida. Para acumularse en positivo, precisa que las expectativas creadas sean corroboradas de manera razonable por la realidad de los hechos. Si este no es el caso, la disponibilidad a otorgar confianza puede reducirse. De hecho, tanto en sentido positivo como negativo, estamos ante una instancia de lo que en economía se denomina «efecto red».[34] En positivo, si los gestos de otorgar confianza son correspondidos y se afianzan las relaciones entre las personas, es decir, si la confianza es bien acogida por las contrapartes, es muy posible que se multiplique y, por ende, que se generalice en la sociedad. Y en sentido contrario, si la confianza no es corroborada por los hechos, las personas reducen sus expectativas, se socava el capital de confianza y la disponibilidad a confiar, al disminuir la probabilidad de interaccionar con contrapartes que satisfagan las expectativas. La sociedad acaba dominada por la desconfianza y el recelo.

Tenemos, por tanto, una externalidad positiva, características de bien público y un papel importante del efecto red en la expansión positiva o negativa de la disponibilidad a confiar y a ser confiable. Todo ello puede conllevar situaciones en las que se genera un entorno social con insuficientes niveles de confianza. De hecho, los trabajos pioneros de Putnam en las sociedades del sur de Italia muestran que se alcanza un equilibrio adverso en el cual la confianza interpersonal no se desarrolla y las personas revierten a los clanes familiares y al amiguismo como mecanismos alternativos de generación de entornos de cooperación, circunscribiéndose, de este modo, a círculos sociales reducidos.[35]

Compartir proyectos y construir confianza

Si, en efecto, hay una infrainversión en confianza, ¿cómo puede una sociedad conseguir que esta situación adversa se revierta? El análisis efectuado hasta aquí nos permite concluir que la generación de confianza interpersonal es prácticamente imposible en una economía de mercado si no hay amplias capas de la población con preferencias que vayan más allá del interés material y el egoísmo. Es decir, si no hay personas altruistas, con sentido cívico, que se preocupen de los demás y del bien común, de tal modo que en la sociedad se promuevan reglas y normas de convivencia que faciliten el establecimiento de relaciones de confianza.

Disponer de un proyecto compartido, ya sea de vida en común con nuestra pareja, de empresa con nuestros socios y colaboradores, o de barrio, comunidad o país, es un factor generador de confianza que puede tener efectos multiplicativos en toda la sociedad. Supone promover actitudes de altruismo, de apoyo, de colaboración y de preocupación por el bien común. Implica tener en cuenta, en nuestras decisiones, el bienestar de nuestra pareja, de nuestros socios y nuestros conciudadanos. El filósofo Robert Nozick lo plantea de manera clara a nivel de las relaciones personales: la existencia de un proyecto común permite reducir el comportamiento estratégico de las partes.[36] La confianza como emoción domina a la confianza calculadora. En el lenguaje de la teoría de juegos, modificamos, a través de cambios en nuestros sentimientos, los pagos del juego y su resultado. En el capítulo 4 argumentaremos que algo parecido puede suceder en el mundo de la empresa y veremos que el desarrollo de estrategias empresariales que sean competitivas de un modo sostenible exige crear un clima y una cultura empresarial de proyecto compartido, de objetivos comunes que alcanzar entre todos, mediante la confianza mutua y el compromiso. También a nivel de país en ocasiones ha sido posible crear esa visión de proyecto compartido. Aunque, naturalmente, esta es una situación más compleja ya que, por lo general, implica el desarrollo del orgullo de pertenencia, el patriotismo, que puede derivar con facilidad en la contraposición y el enfrentamiento con otras culturas y sistemas de valores.[37]

Aunque en el plano de país entrañe riesgos, el sentido de pertenencia y el reconocimiento social que supone participar en un proyecto compartido con otras personas es, junto con el refuerzo de las tendencias altruistas de las personas, el otro gran vector generador de confianza. Nótese que reconocer la importancia de este vector significa, de nuevo, abandonar el estándar del *Homo œconomicus*, que está motivado únicamente por aspectos materiales. En el capítulo anterior veíamos que el fundador de la ciencia económica Adam Smith era muy consciente de lo trascendentales que son las motivaciones no económicas en el comportamiento humano. Es imprescindible adoptar esta perspectiva para entender el papel que puede y debe desempeñar la confianza en nuestra economía y nuestra sociedad.

Manteniéndonos en el marco del individualismo moral típico del liberalismo, en el cual las personas no comparten más que unos valores básicos y sólo tienen en común el respeto a los valores de los demás en aras de la convivencia —la visión contractual de Kant o de Rawls—, podemos, sin embargo, actuar teniendo en cuenta no únicamente nuestros intereses sino también los de otras personas con las que compartimos un proyecto, ya sea empresarial o de otro tipo. Francis Fukuyama resalta que cuando la teoría económica habla de maximizar el bienestar, la unidad de cuenta es el individuo, pero también podría ser el grupo al cual uno pertenece.[38] Este es el tipo de análisis que la teoría económica más avanzada está desarrollando para incorporar lo que hemos denominado «preferencias sociales».

Así, la confianza en las relaciones no tiene por qué ser calculadora en su totalidad, como abogarían la economía neoclásica y la economía de los costes de transacción. Puede ser, en parte al menos, altruista en la medida en que se deposita por el bien del grupo o colectivo con el cual nos identificamos. Se obtiene así una recompensa no económica. Algo que, a pesar de que no es fácil de incorporar a los modelos económicos formales, los individuos valoran mucho, pues satisface una dimensión muy importante del ser humano: el sentido de pertenencia e identidad.[39] Los proyectos compartidos son iniciativas cívicas y sociales a través de las cuales muchas personas obtienen un reconocimiento social, ven acrecentada su autoestima y son reconocidas en su dignidad.[40]

3

La confianza promueve el progreso

En la sede central de las Naciones Unidas en Nueva York trabajan diplomáticos de los ciento noventa y tres estados miembros. La gran mayoría de las delegaciones están a menos de dos kilómetros de las oficinas de Manhattan. Durante años, estos diplomáticos gozaron de un privilegio peculiar: estaban exentos de abonar las multas de tráfico impuestas por las autoridades locales. Esta circunstancia ofreció a los economistas Ray Fisman y Ted Miguel un experimento natural para estudiar los efectos de la cultura y las normas sociales en el comportamiento de las personas.[1] Fisman y Miguel comprobaron que los diplomáticos que encabezaban el listado de multas procedían de países con niveles de corrupción elevados y bajo desarrollo económico. En el extremo opuesto, el comportamiento más respetuoso con las exigentes normas de tráfico de Manhattan lo tenían los diplomáticos de países avanzados como Noruega, Australia o Canadá, a pesar de que si recibían una multa no tenían por qué pagarla. Estos países también destacaban por sus bajos niveles de corrupción.

La investigación de Fisman y Miguel demostró de manera clara que las normas sociales afectan al comportamiento de las personas, más allá de la influencia de los aspectos puramente económicos, en este caso, la ausencia de penalización mediante una multa. El reto es entender los mecanismos a través de los cuales evolucionan las culturas y las instituciones, su impacto en el progreso económico y el papel de la confianza en esta dinámica social y económica.

La confianza como valor social

Cuando la confianza se encuentra ampliamente extendida en una sociedad, las personas tienen una disposición general a confiar en sus conciudadanos, más allá de los familiares o conocidos cercanos, y se muestran receptivas para ser depositarias de la confianza de terceros.[2] En una sociedad de este tipo se ha generalizado un modo de actuar considerado correcto, según el cual se espera que los compromisos se cumplan, y se respete lo acordado, aunque a menudo ese acuerdo sea implícito o una convención derivada del contexto social concreto. Hablamos entonces de un valor, de un principio o norma de actuación ampliamente compartido en la sociedad.

La confianza social, entendida como confianza interpersonal ampliamente generalizada, es, por tanto, un valor social. Es el concepto de *fides* acuñado durante la Ilustración: la idea de que los compromisos se cumplen y se respeta lo acordado.[3] Sus efectos beneficiosos en la sociedad se derivan de su impacto positivo en la cooperación y el desarrollo tanto económico como político.

En el ámbito económico, la confianza social facilita las transacciones comerciales, así como las relaciones laborales y profesionales, incluso las esporádicas, al poder prescindirse en muchos casos de contratos para conseguir que se cumplan los acuerdos, o bien siendo suficientes contratos más sencillos, al no tener que contemplar todo tipo de circunstancias posibles. De hecho, para el caso de Estados Unidos, la tendencia histórica hacia una reducción de la confianza social discurre en paralelo con el aumento de la conflictividad jurídica y la litigiosidad.[4]

Una elevada confianza social también facilita el desarrollo de instituciones robustas, tanto en el ámbito privado como en el público. En el seno de la empresa, la existencia generalizada de niveles elevados de confianza interpersonal es un factor facilitador de la coordinación entre los distintos agentes y, como veremos en el próximo capítulo, contribuye al desarrollo de una cultura empresarial más sólida y de organizaciones más grandes.[5] En el caso de las instituciones públicas, un alto grado de confianza social es, sin duda, un factor positivo. Si no hay confianza entre las personas será más difícil desarrollar instituciones de fiar, es decir, que sean creíbles en el sentido de tomar decisiones justas, que no sean vistas por la ciudadanía como discriminatorias o de parte. O, lo que es lo mismo, instituciones que respondan al bien común y no a intereses particulares.

La confianza social favorece, por tanto, la creación y el desarrollo de instituciones. Su impacto más general en la economía es más difícil de evaluar, puesto que es uno más de los componentes de la cultura o culturas presentes en una sociedad.

La cultura son los hábitos éticos de una comunidad que se transmiten de generación en generación. Aquellos valores y creencias que, de manera explícita o implícita, determinan los comportamientos que un grupo social, étnico o religioso, considera que son buenos, correctos o justos, en contraposición a los que se juzgan no apropiados desde el punto de vista ético.[6] Esta definición comprende aspectos morales y sociales. Es decir, lo que significa obrar bien o mal (cuestiones estrictamente morales sobre la concepción de la vida buena), pero también la visión sobre los valores sociales positivos asociados al comportamiento de las personas. Lo que es bueno o malo se determina en el seno de una cultura o tradición concreta, al igual que aquellos valores que son premiados y dignos de reconocimiento social frente a los que merecen el menosprecio de la comunidad o el grupo. Las «preferencias sociales», a las que me he referido en el capítulo anterior, en la discusión sobre el altruismo, forman parte de este concepto de cultura, puesto que en gran medida son expresión de los valores de los ciudadanos.

Esta noción de cultura es puramente descriptiva y no tiene carácter normativo. No tiene mucho sentido proceder a la valoración relativa de culturas dado que, por regla general, cada una de ellas responde a un marco moral distinto y genera un sistema de valores propio. Las comparativas entre culturas no se pueden hacer en un sentido moral: así como no existen culturas superiores moralmente, del mismo modo carece de sentido juzgar si una cultura es buena o mala. Este es, como se sabe, un debate con una larga y polémica historia en las ciencias sociales.[7] Otra cuestión, muy distinta y que revisaré más adelante, es el impacto de la cultura en la economía y, en particular, en el bienestar económico medido por indicadores habituales, como el nivel y el crecimiento del PIB per cápita o la longevidad y la salud de la población.

La confianza social es un elemento de la cultura de una sociedad y a menudo se ha agrupado con otros elementos culturales que también favorecen la cooperación, formando lo que se conoce como el capital social. Este concepto tiene en cuenta aquellas facetas de la cultura cuya acumulación y desarrollo en una sociedad facilitan el progreso económico gracias a que se encuentran en la base de la cooperación entre las personas. El capital social incluye «aquellos aspectos de la vida social, redes, normas, confianza, que permiten a los individuos cooperar con mayor efectividad para perseguir objetivos compartidos».[8] Para Putnam, el concepto descrito comprende tres elementos que acostumbran a estar correlacionados: la confianza social, la disposición a formar parte de asociaciones cívicas y la voluntad de trabajar en pro del bien común.

Lógicamente, la cultura de los colectivos o sociedades tiene otras dimensiones además de las que se incluyen en el capital social.[9] Facetas de la conducta y los valores tan importantes como la iniciativa, la disposición a la toma de riesgo, la actitud ante el trabajo y el esfuerzo, o ante el ahorro y la deuda, por mencionar algunos, tienen importantes raíces culturales y caracterizan a todo colectivo social. Algo similar cabe decir de la dicotomía entre la responsabilidad individual frente a la colectiva, la autosuficiencia del individuo y la tensión entre el egoísmo y la solidaridad.

Es obvio, además, que algunos valores que tal vez no contribuyen al desarrollo del capital social —como el individualismo— pueden tener un impacto positivo en la economía a través de otras vías; por ejemplo, favoreciendo la iniciativa empresarial, la responsabilidad propia en la toma de decisiones o la asunción de riesgo.

La cultura, por tanto, es un concepto amplio. Incluye valores y creencias que impactan de manera positiva en la economía a través de la generación de capital social, así como otros componentes no necesariamente asociados a la cooperación entre individuos, que también pueden ser positivos para la sociedad. No es descabellado pensar en una cultura en la que el individualismo dificulta la acumulación de capital social, pero a la vez genera un dinamismo que puede (o no) compensar el efecto de la insuficiente colaboración entre las personas.

En las ciencias sociales ha existido siempre, como mínimo desde los escritos de Max Weber, un gran interés en analizar la influencia de la cultura en el desarrollo económico y social. Esto se ha reflejado en trabajos de historiadores, sociólogos y otros científicos sociales. Desde la vertiente histórica, por ejemplo, David Landes ha documentado en detalle la tesis de que «la cultura marca toda la diferencia».[10] Este historiador económico muestra la importancia histórica del esfuerzo, la frugalidad, la honestidad, la paciencia y la tenacidad como valores de una cultura que fomentan el desarrollo económico y social. Por su parte, Joel Mokyr se ha centrado más recientemente en el impacto de la cultura entendida como la actitud de las personas ante la comprensión de los fenómenos de la naturaleza.[11] Según el autor, este es un elemento determinante de la innovación tecnológica y explica el progreso de las sociedades. En las ciencias políticas, un texto representativo es *Culture Matters. How Values Shape Human Progress*, editado por Laurence E. Harrison y Samuel P. Huntington y publicado en 2000. Se trata de un trabajo multidisciplinar que agrupa distintas sensibilidades en el análisis del impacto de la cultura en el progreso social. El libro aborda precisamente el reto de distinguir entre lo positivo y lo normativo, en la medida en que, si el progreso social se define como crecimiento económico, ello ya supone en sí mismo plantear como vara de medir de las culturas un baremo que responde a criterios desarrollados en las culturas occidentales. Sin embargo, como argumenta Harrison en la introducción al volumen, sin juzgar la superioridad de unas culturas sobre otras, parece claro que «una gran mayoría de los habitantes del planeta estarían de acuerdo en que: la vida es preferible a la muerte, la salud es preferible a la enfermedad, la libertad a la esclavitud, la prosperidad a la pobreza, la educación a la ignorancia y la justicia a la injusticia».[12]

En cualquier caso, el impacto de la cultura en el crecimiento económico es difícil de calibrar en términos empíricos porque, incluso si se adopta una definición precisa del concepto, las vías por las que puede incidir en el sistema económico son diversas.

La cultura impacta directamente en la actividad productiva y comercial de una sociedad, puesto que la actitud ante el riesgo, la disposición a cooperar, el espíritu cívico, la visión sobre el ahorro y la deuda, y otras muchas variables culturales, inciden en los comportamientos económicos y, por tanto, en los resultados de una economía. Además, como argumentó Douglas North, y está hoy ampliamente aceptado, la cultura constituye «el armazón sobre el que se edifican las instituciones de una sociedad».[13] Las instituciones, en la definición de North, son las restricciones que el ser humano ha diseñado para estructurar las interacciones económicas, políticas y sociales. En ocasiones son formales, como las leyes, las constituciones, la propiedad privada y los sistemas de gobernanza; en ocasiones informales, como las costumbres, los tabúes, las tradiciones o las normas de conducta a las que nos referíamos en el capítulo anterior. Las instituciones, en definitiva, emanan de la cultura y proporcionan los incentivos y el marco en el que se toman las decisiones en la sociedad. Y aunque se construyen a partir de la cultura, las propias instituciones también retroalimentan esos valores y creencias que la constituyen. Así pues, las instituciones tienen una incidencia directa en el desarrollo económico —como enfatiza la literatura desarrollada a partir de las contribuciones de Douglas North, Daron Acemoğlu y otros autores—,[14] lo cual significa que este es un segundo canal, indirecto, por el que la cultura tiene un impacto en el progreso económico y social.

Es innegable, por tanto, que el análisis empírico del efecto de la cultura en la economía es muy complejo. La investigación histórica de Landes destacó que algunos componentes de la cultura eran especialmente relevantes. Lo hizo mediante un enfoque metodológico clásico en historia: la narración y el análisis cualitativo. Posteriormente otros científicos sociales, como el politólogo Ronald Inglehart, desarrollaron indicadores agregados de las características culturales de cada país y examinaron su correlación con los niveles de vida. Inglehart sintetizó las características de la cultura en dos dimensiones.[15] En la primera, las sociedades podían ser tradicionales o seculares. Las tradicionales otorgaban un papel principal a la familia, las relaciones jerárquicas, la tradición y la conformidad social. En estas sociedades normalmente existe además un alto nivel de orgullo nacional. Por el contrario, las sociedades seculares son aquellas en las que predominan valores opuestos a los de la sociedad tradicional. La segunda dimensión de Inglehart se refería a la contraposición entre los valores orientados a la supervivencia y los valores relacionados con la autoexpresión. Los primeros enfatizan la seguridad física y económica, mientras que los segundos se centran en el bienestar subjetivo, la calidad de vida y la realización personal. Con datos de la Encuesta Mundial de Valores de finales del siglo XX, Inglehart clasificó las culturas de sesenta y cinco países en estas dos dimensiones, con resultados que establecían un agrupamiento intuitivo de países.[16] Los factores geográficos desempeñaban un papel significativo, pero el factor principal era la tradición religiosa dominante en cada sociedad. El análisis de Inglehart mostraba también que los indicadores de bienestar económico se asociaban positivamente a aquellos grupos de países en los que la sociedad tenía un carácter más secular y, además, primaban los valores de autoexpresión frente a los de supervivencia.[17] Inglehart trató de tener en cuenta y paliar la posible causalidad inversa, dado que el predominio de valores seculares y la autoexpresión puede ser también el resultado del nivel de bienestar alcanzado.

La investigación de los últimos veinte años en economía se ha orientado precisamente a examinar los problemas de causalidad e identificación de estos efectos en los estudios empíricos.[18] En particular, se ha tratado de aislar el efecto de la cultura y sus distintos componentes, y de distinguirlo del impacto de las instituciones mediante técnicas econométricas aplicadas a bases de datos históricas. La conclusión general es que la cultura y las instituciones evolucionan en paralelo y se influyen mutuamente. Sin embargo, la cultura se transmite de generación en generación y va conformando las instituciones. El conjunto de la evidencia empírica indica que los rasgos culturales pueden permanecer casi inalterables ante grandes cambios políticos e institucionales. Es el caso, por ejemplo, del periodo comunista en Europa oriental. Se trata de una época que, si bien alteró algo la cultura de los ciudadanos de la Unión Soviética, no modificó de manera radical sus valores y creencias.

Un contraste empírico potente del predominio de la cultura lo tenemos en la evolución de las naciones africanas en el periodo poscolonial. Se trata de un experimento natural que permite distinguir entre el efecto de la cultura y el de las instituciones de manera aún más clara que el periodo comunista en Europa oriental. El proceso de descolonización de África supuso el establecimiento de fronteras que separaron de manera arbitraria a grupos culturales y étnicos en distintas unidades institucionales. Muchas etnias y culturas quedaron situadas al mismo tiempo en dos países y, por tanto, bajo dos administraciones distintas. El examen de la evolución de estas naciones muestra que el determinante principal de los resultados económicos es la cultura y no la adscripción administrativa. Ello significa que el papel de la cultura es predominante en la coevolución y el proceso de influencia mutua con las instituciones.

Si regresamos al estudio de Fisman y Miguel con el que iniciábamos este capítulo, vemos también un ejemplo de la compleja interrelación entre cultura e instituciones. Los autores mostraron que cuando se eliminó la exención de la que disfrutaban los diplomáticos, el impacto en el número de multas fue radical, con una reducción muy acentuada. Sin duda, contar con la capacidad coercitiva y su impacto económico es un mecanismo de reducción de las infracciones más poderoso que las normas sociales o culturales de la sociedad. Sin embargo, la cuestión no es tan sencilla, puesto que, con gran probabilidad, la propia capacidad coercitiva (una institución formal) está en sí misma determinada por la cultura vigente.[19]

¿Cómo impacta la confianza en el desarrollo económico y social?

Puesto que la literatura sobre el impacto de la cultura en la economía es muy amplia, nos centraremos en la evidencia relacionada con el impacto de la confianza social, si bien no resulta fácil aislar componentes concretos de la cultura debido a la elevada correlación entre algunos de ellos. Por ello, un primer análisis, parecido al que llevó a cabo Inglehart, se ha de centrar en determinar los componentes de la cultura que son relevantes, examinar su interrelación y, en particular, establecer con qué otros componentes se asocia la confianza social. En su excelente revisión de la literatura académica sobre cultura e instituciones, Alesina y Giuliano establecen cinco valores o grupos de valores que se han utilizado de manera habitual en el trabajo empírico y que ofrecen una buena síntesis de los principales componentes de una cultura y enlazan bien con la clasificación de Inglehart. Son los siguientes: la relevancia en la sociedad de los lazos familiares; la importancia del individuo frente al colectivo; la prevalencia de la confianza en terceros; la existencia de una moral «generalizada» frente a una moral circunscrita al círculo de familiares o amigos; y la creencia en el papel determinante del esfuerzo en el trabajo como factor clave del progreso material de las personas frente a la alternativa de atribuir dicho progreso a la suerte o los contactos sociales.

En la práctica, el componente de moral «generalizada» está en gran medida correlacionado teórica y empíricamente con la confianza en terceros. Lo excluiremos de la exposición en aras de la sencillez, aunque incorpora valores interesantes, como el respeto a los demás y la importancia de transmitir el valor de la obediencia a los hijos. El diagrama 3.1 resume las correlaciones significativas entre los cuatro componentes seleccionados para la muestra de países utilizada por Alesina y Giuliano.

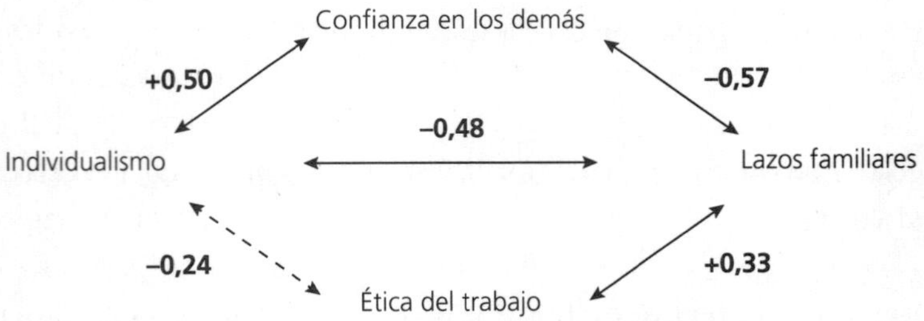

Las flechas continuas indican coeficientes de correlación estadísticamente diferentes de cero con un intervalo de confianza del 99 por ciento. Las discontinuas corresponden a un 90 por ciento. Si no hay flecha, significa que no hay correlación significativa. Los datos provienen fundamentalmente de cinco olas de la World Values Survey.

DIAGRAMA 3.1. La confianza y su relación con otros componentes de la cultura.*

* FUENTE: Adaptado de Alesina y Giuliano, «Culture and Institutions».

Es interesante comprobar la correlación positiva de la confianza con el individualismo y, por el contrario, cómo las sociedades caracterizadas por el predominio de estos dos componentes son sociedades en las que la familia goza de una menor importancia social. Asimismo, cabe observar que la consideración del trabajo como factor esencial para progresar en la vida no tiene una relación significativa con el binomio confianza-individualismo, mientras que sí lo tiene con la importancia de la familia.

La asociación de la confianza en los demás con una sociedad en la que domina el individualismo y no tanto la familia encaja razonablemente con un tipo de sociedad en la que se dan las condiciones para el desarrollo de una moral «generalizada» en lugar de una moral limitada al círculo familiar y de amistades. Del mismo modo, es interesante comprobar que el predominio del individuo sobre el colectivo —que podría hacer pensar en una menor preocupación por el bien común en este tipo de sociedades— cumple un papel positivo, dado que facilita la extensión de la confianza más allá de los círculos familiares. El individualismo es, ya sabemos, una parte esencial de la tradición política del liberalismo, que ha pasado a constituir la columna vertebral ideológica de las democracias liberales. Una de sus aportaciones ha sido facilitar el predominio de la moral «generalizada» en ellas. En culturas en las que predomina la responsabilidad moral circunscrita o limitada a un determinado grupo, como la familia,[20] será más difícil el desarrollo de la confianza frente a culturas en las que la responsabilidad moral es más amplia.

Estos resultados enlazan con la clasificación que hacía Inglehart cuando contraponía la sociedad tradicional, basada en la familia y los valores colectivos, a la sociedad secular. Recordemos que en el análisis de Inglehart la confianza social era menor en las sociedades tradicionales (también en aquellas fundamentadas en los valores de supervivencia, pero para esta variable cultural agregada los problemas de causalidad inversa con el progreso económico son más patentes). Por otra parte, sus resultados enfatizaban que la confianza en los demás es mayor en las sociedades de raíz protestante, o confuciana, y menor en sociedades de origen católico, ortodoxo e islámico, argumentando que, desde el punto de vista histórico, el papel de la religión ha sido crucial como vehículo de transmisión cultural.

La correlación negativa entre confianza en terceros y la importancia de los lazos familiares es corroborada por las investigaciones reportadas por Joe Henrich en su examen histórico de las raíces antropológicas de las diferencias psicológicas entre las culturas occidentales y las de otras muchas sociedades del planeta, actuales o pretéritas.[21] Henrich muestra que las sociedades que a lo largo de los siglos han mantenido una estructura de clanes, con fuertes lazos familiares y un papel primordial de las relaciones de parentesco en la organización social, han sido sociedades en las que el desarrollo de la confianza interpersonal y la iniciativa individual ha resultado difícil. Por expresarlo de manera sintética, la fortaleza de los lazos familiares, de los clanes y la estructura jerárquica ha centrado la relación social y la confianza en el seno de dichas estructuras, dificultando la extensión de la confianza a terceros, que no forman parte del grupo propio.

Henrich muestra evidencia de que el efecto no sólo se da en términos de confianza, sino también —y es lógico— en cuestión de valores morales. En sociedades basadas en el dominio de la relación de parentesco predomina una moral no «generalizada», anteponiendo los intereses de la familia o el clan a los intereses generales. El efecto de esta moral limitada o circunscrita es muy importante, puesto que determina que en este tipo de culturas la protección de los miembros del clan se anteponga al bienestar de la sociedad en general, en particular con respecto al juicio de valor sobre la realización de determinados actos que en otras culturas serían considerados inmorales. Lógicamente, con estas diferencias morales el concepto de confianza será distinto, puesto que las personas en estas sociedades tendrán otras expectativas en el momento de valorar si la actuación de terceros es justa o proporcionada. La noción compartida de justicia será, pues, diferente.

Además del papel de los distintos componentes de la cultura en la promoción y el refuerzo de la confianza social es preciso examinar también qué otros factores, en parte exógenos y en parte institucionales (y por ello endógenos, dado que la cultura afecta a las instituciones), pueden favorecer el desarrollo de la confianza y explicar parte de las diferencias en niveles de confianza social entre países y a lo largo del tiempo.[22]

Los trabajos empíricos muestran, en primer lugar, que las diferencias de niveles de confianza social entre países se pueden atribuir a las diferencias en niveles educativos, especialmente con relación a la educación primaria. La educación, sin embargo, proporciona un buen ejemplo de cuán difícil es distinguir el efecto de los rasgos culturales y el de los elementos institucionales. La educación puede ser considerada a corto plazo un factor exógeno y determinante de la confianza social. Sin embargo, algunas investigaciones históricas han documentado que determinadas culturas han propiciado en su seno la prioridad de la educación como un valor que preservar y promover.[23]

En segundo lugar, y en sentido contrario, la pertenencia a una minoría social que, por razones étnicas o de otro tipo, ha sido históricamente discriminada es un factor que tiende a generar en dicho colectivo una menor confianza interpersonal. Al mismo tiempo, claro está, refuerza la confianza dentro del colectivo frente a la confianza en personas ajenas a él. Un tercer factor es la homogeneidad étnica, cultural y de renta del barrio o la ciudad en la que se vive. Cuanto mayor sea dicha homogeneidad, más fácil será que exista confianza interpersonal extendida. Finalmente, y de manera coherente con esta última observación, la confianza interpersonal viaja mal y tiende a ser menor entre personas de distintas nacionalidades o razas. Esto no debería sorprendernos. En definitiva, como hemos destacado en el primer capítulo, el desarrollo de la confianza en los demás presupone cierto acuerdo sobre lo que es justo o equitativo: un sentido compartido de justicia, que naturalmente será más fácil que exista en sociedades culturalmente más homogéneas, con más valores compartidos.

Por lo que respecta al efecto de la confianza social en el crecimiento y en otras variables económicas, la evidencia empírica acumulada a lo largo de los años es clara; además, las técnicas econométricas modernas han permitido asegurar que los resultados son robustos y la magnitud de los efectos está bien estimada. La primera conclusión es que, en efecto, la confianza social tiene un impacto positivo en el crecimiento económico. Este efecto no es sorprendente, en la medida en que la confianza está en la raíz de la cooperación social. El examen empírico ha tratado de establecer la magnitud del efecto determinando con precisión la dirección de causalidad, de la confianza al crecimiento.[24] Las estimaciones de algunos autores muestran que incluso entre países desarrollados los efectos no son despreciables. Países como Francia o el Reino Unido podrían tener niveles de renta per cápita un 5 por ciento superiores si tuvieran los niveles de confianza social de Suecia.[25] Por otro lado, una mayor confianza social redunda también en efectos positivos en varias dimensiones económicas favorecedoras del crecimiento. Por ejemplo, el comercio internacional (en especial con países culturalmente cercanos), la productividad empresarial, el desarrollo del sector financiero y el propio progreso material individual.[26]

El impacto de la confianza en la expansión de los mercados financieros merece mención aparte. Los resultados empíricos muestran que la confianza interpersonal favorece la participación en los mercados bursátiles y el desarrollo de mecanismos legales de protección de accionistas y acreedores. Asimismo, la menor confianza entre personas de distintas culturas explica en parte el sesgo nacional del ahorro, así como el patrón de tenencias transfronterizas de activos financieros. Como examinaremos en mayor detalle en capítulos posteriores, en finanzas la confianza es el determinante clave de la competitividad de las entidades financieras.

En definitiva, la confianza social es un valor importante en el conjunto de componentes de una cultura. Su presencia en una sociedad está vinculada a otros factores culturales e institucionales, especialmente el peso de las relaciones familiares; asimismo, está determinada por algunos elementos parcialmente exógenos, relativos a la educación y la heterogeneidad de la sociedad. En cualquier caso, junto a otros elementos del capital social de un país (como el espíritu cívico), tiene un efecto beneficioso en el crecimiento y la actividad económica. Por otro lado, la evidencia muestra que la confianza interpersonal es más difícil de establecer entre personas de culturas distintas. Por ello, la generación de confianza social tenderá a ser más compleja en sociedades en las que convivan diversos grupos culturales y no exista una cultura históricamente dominante.

La confianza en las instituciones

La confianza interpersonal generalizada deviene, como hemos visto, en un valor social importante: la confianza social. En principio, cabría esperar que dicho valor se proyectase también en la confianza de los ciudadanos en las instituciones sociales. Por instituciones nos referimos aquí a las formales, es decir, el sistema legal y de gobernanza que rige en la sociedad, y su traducción en entidades concretas, como las empresas privadas o los organismos de la Administración. El concepto de instituciones tiene, pues, un sentido amplio. Incluye organismos como el Gobierno, los partidos políticos y la Administración en general, así como instituciones privadas (empresas, sociedad civil, etc.). También incorpora el conjunto de normas legales (por ejemplo, las normas de derecho —derecho anglosajón frente al derecho continental— o los sistemas hereditarios) y los sistemas de gobierno y regulatorio; asimismo, algunos aspectos de la política económica que están institucionalizados, como son el estado del bienestar o los sistemas de imposición progresiva. No incluiremos aquí, por otro lado, el conjunto de convenciones sociales y normas de comportamiento que una sociedad ha desarrollado, a diferencia de lo que se hace en la definición clásica de North antes mencionada. Estas convenciones y normas son instituciones informales. Como hemos visto en el capítulo anterior, estas normas de convivencia están vinculadas a las «preferencias sociales» de una comunidad y se despliegan en ella de una manera informal. Tiene sentido hablar de confianza en las instituciones y organismos de una sociedad (el Estado, el sistema de seguridad social, la policía, las empresas), pero no de confianza en las convenciones y normas que prevalecen de manera más o menos mayoritaria en ella. El trabajo empírico que hemos resumido en la sección previa se basa, lógicamente, en una definición parecida.[27]

La confianza generalizada entre las personas y la confianza social en las empresas y las instituciones son conceptualmente distintas, pero están interconectadas.[28] Una manera de verlo es que son sustitutivas. Es decir, si las instituciones son robustas y de fiar, no será necesario que las personas inviertan tanto esfuerzo en la generación de relaciones personales de confianza. Desde esta perspectiva, la confianza institucional sirve como contrapeso en la relación interpersonal. Si el entorno institucional es favorable, la persona tiene que demandar menos salvaguardas para cubrirse del riesgo de que la contraparte no cumpla lo esperado.[29] Sin embargo, lo que subyace tras esta afirmación es que las personas deben economizar en confianza, como si fuera un recurso escaso. No es obvio que lo sea. Sí es, por el contrario, y como hemos visto en el capítulo anterior, un recurso que aumenta con su uso,[30] por lo que la confianza interpersonal y la confianza en las instituciones se desarrollan en paralelo y son complementarias. En la práctica, como veremos en el capítulo 5, el análisis empírico muestra claramente que existe una correlación positiva entre la confianza en terceros y la confianza institucional, en sus distintas vertientes: confianza en la policía, la justicia y el Gobierno, entre otras.[31] Además, hemos visto que la cultura determina la naturaleza de las instituciones sociales, y que el efecto en sentido contrario es más acotado.[32] Es lógico, por tanto, que la confianza interpersonal o social conlleve una mayor confianza en las instituciones.

El examen de la confianza en dos de las principales instituciones de un país, las empresas y los organismos públicos, nos permitirá dirimir esta cuestión en los próximos capítulos. Como veremos, en las organizaciones privadas la confianza se despliega en gran medida a través de la creación de la cultura de la organización, y naturalmente esta tarea resulta mucho más fácil si ya existe un clima de confianza interpersonal en la sociedad. En el caso de las instituciones públicas la interrelación no es tan sencilla. De hecho, para el grueso de los países europeos hay una correlación positiva entre la confianza social y la confianza en las instituciones;[33] sin embargo, no es así en algunos países asiáticos en los que, a pesar de existir una elevada confianza interpersonal, esta no se traslada a la confianza en las instituciones.[34]

Las raíces culturales de la infraprovisión de confianza

Veíamos al iniciar este capítulo que el respeto de las normas de tráfico por parte de los diplomáticos de la ONU obedecía en gran medida a las normas sociales vigentes en sus países de origen. Los diplomáticos de países en los que se toleraban niveles más elevados de corrupción tendían a tener un comportamiento más transgresor. El examen detallado de los componentes de la cultura de una sociedad nos ha permitido profundizar en los factores que pueden explicar esas normas sociales.

Los estudios de diversos economistas, pero también de historiadores, antropólogos y otros científicos sociales, apuntan a que las culturas, a lo largo de un complejo proceso histórico, han tendido en distinta medida a promover lo que se denomina una moral «generalizada», que favorece la extensión de la confianza entre las personas y, con ello, y en confluencia con otros componentes de la cultura, el comercio y la actividad económica en general.

Tras analizar los elementos culturales que contribuyen a la generación de entornos favorables a la confianza nos podemos preguntar de nuevo cómo se puede corregir la infrainversión en confianza e incrementar la confianza social, de manera que ello redunde en más confianza en las instituciones, tanto públicas como privadas. En el capítulo anterior veíamos que es necesario contar con amplias capas de la sociedad dispuestas a ser altruistas y a contribuir al bien. El análisis que hemos efectuado en este capítulo establece otros factores que también será preciso tener en cuenta, puesto que la creciente desconfianza social es un fenómeno asociado a la complejidad de las sociedades contemporáneas, caracterizadas por la coexistencia de múltiples culturas y el dominio creciente del liberalismo político y moral como código de referencia o sistema de valores compartido en el que se fundamenta el ordenamiento político y legal.

Efectivamente, el problema de la infraprovisión de confianza era menor en sociedades en las que sus miembros compartían en gran medida un único sistema de valores. Este tipo de sociedades eran más homogéneas. En ellas imperaban unos valores que determinaban, de manera clara y aceptada por la mayoría, lo que era justo y los derechos y las obligaciones de las personas en la interacción social, más allá de lo que dictaba la normativa legal. Resulta lógico pensar que en ellas era más fácil desarrollar relaciones de confianza. Si compartimos valores —la noción de los comportamientos correctos y los que no son aceptables, lo que está bien y lo que está mal—, será más fácil que estemos de acuerdo en lo que es justo cuando se presenten situaciones imprevistas en nuestra relación. En muchas sociedades occidentales, y en especial en Estados Unidos, este es un contexto que nos retrotrae a los años posteriores a la Segunda Guerra Mundial que, en la terminología de Putnam en su reciente libro *The Upswing*,[35] coinciden con el periodo álgido del *we* (el nosotros). Una época en la que en la sociedad estadounidense existía un elevado sentido de comunidad, de destino compartido y, junto a todo ello, niveles elevados de confianza social que desde entonces no han hecho más que decrecer.

En ese contexto el marco de valores dominante era comunitarista. Es decir, los valores de las personas se derivaban en gran medida del propio grupo social al que pertenecían, que coincidía en aquella época con el conjunto de valores del país y que, por tanto, eran compartidos por toda la sociedad.[36] En un entorno como ese, el desarrollo de la confianza mutua surge de manera natural. En definitiva, desde la perspectiva comunitarista la comunidad es la fuente de valores para las personas y la confianza es un elemento clave para tejer las relaciones sociales que forman y mantienen la cohesión de la propia comunidad.

En el mundo occidental, sin embargo, hoy las sociedades son multiculturales, como resultado de los procesos de migración y globalización económica y cultural. Este es un fenómeno que afectó a Estados Unidos a partir de los años setenta, pero también a muchos países desarrollados que están integrados en la economía mundial. En el caso de España, estos cambios tuvieron lugar tras la transición política a la democracia y con la integración en las instituciones comunitarias en el último cuarto del siglo pasado. En las democracias occidentales, además, el creciente multiculturalismo coincide con el dominio del liberalismo político, que ha pasado a ser la filosofía en la que se fundamenta la organización política y social de los estados.

El liberalismo político, que es en gran medida un individualismo moral, es esencial para el funcionamiento armónico de las democracias liberales y la democracia representativa. Ha sido la filosofía moral que ha propiciado la defensa y el desarrollo de los derechos humanos fundamentales, de la libertad individual y del potencial de realización del individuo sin distinción de raza, género u origen social. Ha permitido la convivencia de personas con distintos estilos de vida, fundamentándola en el respeto mutuo y la tolerancia.

Sin embargo, el liberalismo moral ha conllevado también dos importantes factores de tensión en el organismo social. Por un lado, el marco liberal de nuestras sociedades modernas determina unos valores mínimos que rigen la convivencia, pero que son insuficientes como sistema de referencia para la toma colectiva de decisiones. Puesto que el liberalismo se basa en la libertad individual, el respeto y la tolerancia, por definición no se adentra significativamente en la determinación de lo público, de lo compartido, del bien común. Otra manera de verlo es que ese marco liberal tiende a fortalecer el «yo», el individualismo, a veces extremo, con riesgo de minimizar la contribución al bien común, y en ocasiones generando una desconfianza también frente a aquellos colectivos que tienen otros valores, distintos a los del grupo al que se pertenece. Además, ofrece un débil marco de referencia para muchos ciudadanos. Puede propiciar el relativismo moral, la crisis de valores y la erosión de la confianza en el sistema político-institucional, en el cual muchos ciudadanos no encuentran una referencia moral clara y sólida. Una situación que autores como Francis Fukuyama han calificado de «nietzscheana»,[37] puesto que no todo el mundo es un superhombre, capaz de tener una brújula propia, para saber vivir y construir un marco de referencia ética personal.

Los profundos cambios sociales, tecnológicos y económicos que experimentamos en estas primeras décadas del siglo XXI pueden generar angustia en muchas personas, una necesidad de buscar criterios morales claros para la formación de opinión y, en último término, la toma de decisiones. Sin referencias éticas claras, pueden surgir con facilidad alternativas nihilistas o materialistas, y el populismo encuentra un campo fértil de actuación. Rob Riemen ha resaltado de manera atrayente que la ausencia de valores universales compartidos ha generado la proliferación del hombre masa orteguiano, el dominio ideológico del materialismo más mezquino y la cultura del resentimiento.[38] Su impacto en términos de confianza social es relevante, ya que ello supone que muchos ciudadanos no acepten ni el poder establecido ni el sistema social y económico vigente y que lo pongan en tela de juicio (no sólo por sus impactos económicos, sino también por una cuestión de crisis de identidad) y se acojan a alternativas iliberales ofrecidas por políticos populistas.

En definitiva, en las sociedades contemporáneas, diversas y multiculturales en el mundo desarrollado, el mínimo común denominador de valores liberales compartidos forma el cimiento de la vida en común, pero es un conjunto muy reducido de unos pocos valores universales que a menudo ofrecen escasa guía para la conducta de las personas en sociedad. Un corolario del examen de la evidencia empírica que hemos efectuado en este capítulo es que solventar la infraprovisión de confianza es más difícil en sociedades con menos valores compartidos.[39] Por el contrario, en aquellas sociedades en las que, por razones históricas, el grado de multiculturalismo es menor y domina un esquema de valores concreto, es más fácil preservar la confianza social y promover el bien común. Como es lógico, el riesgo es que esa visión más comunitarista devenga o sea excluyente de otras visiones del mundo, otras maneras de vivir y entender la vida, e imponga una perspectiva poco universalista, lo que a veces se ha denominado una moral limitada.[40]

El rechazo de la imposición de sistemas de valores específicos, un marco estrictamente comunitarista, y la insuficiencia de los valores dominantes del liberalismo político y moral, unidos a la conclusión del capítulo previo, relativa a la imposibilidad de impulsar la confianza social si no existe en la ciudadanía un espíritu altruista y cívico, permiten reforzar la idea, a la que antes nos hemos referido, de que los progresos en el desarrollo de la confianza social tendrán que venir de la mano de iniciativas sociales basadas en lo que hemos denominado, de un modo genérico, «proyectos compartidos».[41]

Las sociedades occidentales ya son demasiado diversas para que los valores de una «mayoría» relativa se impongan al resto y, por tanto, tiene sentido plantear mejoras del orden liberal establecido en la línea de favorecer acciones e iniciativas que, por un lado, aminoren la tendencia al individualismo del sistema y, por el otro, le doten de contenidos y proyectos con los que los ciudadanos puedan identificarse. Estos proyectos pueden vehicular el deseo innato de la persona de realizarse socialmente. Por decirlo de otro modo, actuaciones que impregnen de altruismo nuestro marco de valores liberales y ayuden a canalizar las aspiraciones de realización social que laten en el ser humano: la necesidad de sentirnos útiles en la sociedad y de ser reconocidos en ella como miembros activos.

Mediante el impulso de proyectos compartidos, en el marco del liberalismo político se pueden favorecer la confianza y la confianza mutua promoviendo la participación de las personas en proyectos cívicos y empresariales que favorezcan la convivencia democrática en nuestras sociedades. Se trata de no poner obstáculos e incluso incentivar la participación en actividades en las que las personas no se guíen sólo por su interés particular, sino en las que también se preocupen por los demás y cooperen para un objetivo común. Estas contribuciones, además, permiten a muchas personas obtener un importante reconocimiento público, que complementa los ingresos económicos y puede llegar a ser incluso más valorado.

La confianza no tiene precio. Por ello es difícil que surja en sociedades como la nuestra, en las que las relaciones comerciales parecen omnipresentes. Compartir ilusiones y proyecto de vida, participar en proyectos empresariales con impacto positivo en nuestras sociedades y difundir iniciativas cívicas orientadas al bien común pueden ser estrategias eficaces, al alcance de todos, para construir colectivamente la confianza sobre la que se edifica el progreso social y económico de una sociedad.

4

¿Cómo pueden las empresas generar confianza?

Emmanuel Faber, entonces presidente y director general de Danone, concedió una entrevista a *El País* a mediados de 2019.[1] A la pregunta de si el mercado por sí solo crea riqueza y bienestar, el directivo respondía: «¿Usted lo cree? ¿Que el mundo va bien? ¿Que el mercado lo ha hecho bien? ¿Que la gente está contenta? ¿Que el mercado ha repartido de manera equitativa la riqueza? Hemos explotado los recursos durante cincuenta años, y ¿cree que las empresas preparan la contabilidad para dentro de cincuenta años, cuando ya no haya ni petróleo ni agricultura?».

Danone es una compañía global con presencia en cerca de ciento treinta países y una facturación aproximada de veintiocho mil millones de euros. Su papel en el sector alimentario es importante, con marcas líderes en, entre otros, los subsectores del yogur, el agua embotellada y la alimentación infantil. Las declaraciones del exdirector de la empresa entroncaban con una visión de la compañía que, desde hace más de medio siglo, resalta la necesidad de perseguir objetivos tanto económicos como sociales. Faber redobló ese enfoque. Para él, «el propósito de la compañía no es generar valor para el accionista sino proveer de alimentación saludable al mayor número de bocas posibles, beneficiando a todo el mundo, proveedores, consumidores y propietarios».[2]

Faber no sólo predicaba que Danone tiene unos objetivos sociales y medioambientales. Bajo su mandato, la compañía desinvirtió de segmentos de alimentación poco saludables, avanzó en el uso de plástico reciclado y tomó medidas para que su principal marca de agua embotellada tuviera un impacto nulo en términos de emisiones de carbono. Tal vez el momento álgido de esta estrategia se alcanzó cuando la compañía aprobó, con la práctica unanimidad de sus accionistas, convertirse en una «entreprise à mission», una nueva figura legal francesa que él mismo había impulsado. Este nuevo régimen jurídico permite a las compañías incorporar en sus estatutos legales propósitos empresariales distintos de la maximización de la rentabilidad de los accionistas. Los nuevos estatutos aprobados por Danone exigían a los directivos no sólo generar beneficios para los propietarios, sino hacerlo de manera que beneficiaran también la salud de sus clientes y la del planeta.[3]

La estrategia de Faber respondía a una visión muy personal del futuro de la industria alimentaria y del papel social de las empresas. Es verdad que en la sociedad se percibe una inquietud creciente por los problemas sociales y medioambientales, pero se trató de una apuesta estratégica arriesgada, ya que Danone compite con gigantes empresariales como Nestlé y Unilever. Desde hacía algunos años, Danone iba a la zaga de estas compañías en términos de resultados financieros. A mediados de 2020, el valor en bolsa en términos del múltiplo sobre beneficios (PER) era para Danone de 17, mientras que sus rivales se situaban en 19,5 (Unilever) y 23,9 (Nestlé).[4]

En las primeras semanas de 2021, un fondo de inversión activista, Bluebell, que disponía sólo de doscientos millones de euros del capital de Danone (un 0,05 por ciento de los cuarenta y un mil millones que entonces valía la compañía en bolsa), demandó el cambio de dirección en vista de sus endebles resultados financieros.[5] Y aunque Bluebell era un fondo muy pequeño, de sólo mil millones de activos, para el cual la inversión en Danone era muy significativa, su campaña tuvo eco en otros fondos activistas que contaban con mucha más presencia en términos de capital (Artisan, con un 3 por ciento, era el principal de estos fondos).

Tras unas semanas de fuertes tensiones corporativas, en marzo de 2021 Emmanuel Faber era relevado de su cargo y abandonaba la compañía a pesar de haber expresado su deseo de continuar como presidente no ejecutivo. En el transcurso de la batalla por el control de la dirección de Danone, los fondos activistas habían evitado atacar la estrategia social y medioambiental del gigante alimentario. Sus críticas se centraron en los problemas de gestión y en los pobres resultados económicos de la empresa en comparación con sus rivales, que también eran muy activos en los frentes social y medioambiental. En un contexto de mercados de capitales exigentes, en el que numerosos accionistas demandan retribuciones competitivas de sus inversiones, la caída de Faber ilustra las dificultades de gestionar una empresa con un modelo en el que, de manera explícita, se atienden diversas demandas de la sociedad y no sólo objetivos financieros.

El siglo XXI está siendo una época de profundas transformaciones económicas y sociales, con serias consecuencias en el mundo empresarial. Tendencias como la revolución digital, el cambio climático o el envejecimiento de la población en muchas sociedades se unen a los efectos de la globalización y a las secuelas de la gran crisis financiera internacional de 2007-2008, generando hondas repercusiones en la distribución de la renta y la riqueza, la sostenibilidad del estado del bienestar y la percepción ciudadana de inseguridad económica.

Este marco de incertidumbre genera desasosiego y una insatisfacción con el régimen económico imperante, el de una economía de libre mercado, aunque en la mayoría de los países occidentales esté atemperada por un estado del bienestar potente. El cuestionamiento del sistema afecta también al papel de las empresas, especialmente las grandes, como agentes económicos de primer orden en una economía capitalista. En capítulos posteriores abordaremos el reto que estas demandas de la sociedad suponen para los líderes políticos y las políticas públicas y en qué medida la respuesta política a estos grandes cambios sociales ha generado desconfianza en el liderazgo público. Pero, en parte por la desilusión respecto de lo que ha hecho el sector público, son muchos los ciudadanos que piensan que las empresas deberían contribuir a resolver los graves problemas sociales y medioambientales a los que nos enfrentamos. Este clamor es una interpelación directa al propósito de las empresas.

En sus posiciones más extremas, el cuestionamiento del papel de las empresas llega hasta el punto de atribuir al mundo empresarial, como punta de lanza de un capitalismo salvaje o neoliberal, la culpa por los principales problemas a los que nos enfrentamos. Los que así argumentan aseveran que el capitalismo es un sistema muy eficiente para generar riqueza pero, como norma, a costa de la explotación de las personas y la sostenibilidad de la vida en el planeta. Sin llegar a estos extremos, un académico reputado como el profesor Colin Mayer ha planteado que la empresa no debería basar sus beneficios en la generación de problemas para la sociedad, sino fundamentar su misión en encontrar soluciones rentables a las necesidades y los problemas sociales.[6]

En este capítulo profundizaremos en cuál debe ser el rol de las empresas frente a los retos de la sociedad y el papel de la confianza en el desarrollo de un modelo de empresa que responda a dichos retos. Considero que es el momento de apoyar sin ambages un nuevo paradigma de organización corporativa, más ajustado a las sociedades del siglo XXI. Una filosofía empresarial que, además de preocuparse de los accionistas, tenga en cuenta entre sus objetivos a empleados, clientes, proveedores y al entorno en el que las compañías desarrollan su actividad, es un planteamiento que genera beneficios a largo plazo para todos los colectivos que aportan valor a la empresa y que, por tanto, incide de forma positiva en los retos colectivos a los que nos enfrentamos como sociedad. Este modelo de empresa es lo que en la literatura clásica de estrategia empresarial se denomina el enfoque *stakeholder*[7] o de grupos de interés. En términos más actuales, podemos hablar de una «empresa con propósito» entendiendo como tal aquella cuya misión u objetivo es atender una necesidad o problema de la sociedad. Resaltaremos en la discusión posterior que el éxito de este modelo depende de la capacidad de la empresa de generar un entorno de compromiso y confianza dentro de ella, así como de algunos importantes factores institucionales.

¿Deben las empresas resolver los problemas de la sociedad?

En el verano de 2019, la Business Roundtable, que agrupa a las empresas más relevantes de Estados Unidos, dio un paso significativo. Mediante un comunicado oficial la asociación se adhería al modelo de empresa que genera valor para todos los *stakeholders*, tras muchos años de defender el paradigma dominante, es decir, el enfoque que pone al accionista en el centro y asume que el objetivo de las compañías debe ser la maximización del valor económico o accionarial.[8] Algunos analistas vieron motivos tácticos en el cambio promovido por la Business Roundtable. Podía ser una maniobra para mostrar sensibilidad ante las crecientes críticas al capitalismo por parte de distintos movimientos sociales y para anticiparse a las acciones de futuros gobiernos demócratas más radicales. En aquellos momentos, políticos como Elizabeth Warren o Bernie Sanders podían llegar al poder en Estados Unidos tras la era Trump. Otros argumentaron que se trataba de una declaración puramente retórica, puesto que lo importante no era tanto afirmar el principio como ver en qué se traducía en la práctica, dado que la implantación voluntaria del nuevo paradigma no era algo sencillo.

También hubo quien se opuso radicalmente al planteamiento de la Business Roundtable. El influyente Council of Institutional Investors lo hizo de manera inmediata, al igual que *The Economist.*[9] Este reconocido semanario económico defendió el paradigma dominante de los últimos cuarenta años, que a menudo se identifica con la figura de Milton Friedman.[10] *The Economist* argumentaba que los problemas del sistema no se resolvían cambiando los objetivos de las empresas, sino reforzando la democracia liberal como sistema de toma de decisiones colectivas, preservando el funcionamiento competitivo de los mercados y fortaleciendo los incentivos que proporciona la propiedad privada. Según el semanario, además eran necesarias una política económica correcta y una regulación adecuada que complementasen el funcionamiento libre de los mercados. Criticaba la propuesta de la Business Roundtable por el temor de que el nuevo paradigma significara volver al capitalismo «dirigido» de los años sesenta, que acabó generando problemas tanto de rendición de cuentas (¿qué objetivos se persiguen?, ¿quién los determina?) como de eficiencia.

El planteamiento netamente liberal de *The Economist* confiaba en los resultados que conlleva la economía de libre mercado, tal vez infravalorando que en muchos casos los fallos del mercado impiden la consecución de resultados óptimos. Además, también daba mucho crédito a la capacidad de las políticas públicas para corregir las insuficiencias del libre mercado. Para los partidarios de que las empresas tuvieran un papel más activo, la experiencia había mostrado que los gobiernos por sí solos —con regulación y políticas públicas— tienen enormes dificultades para hacer frente a los retos sociales y medioambientales de las sociedades modernas. Exigir a los gobiernos que lo hicieran tan bien como fuera posible no eximía a otros agentes sociales, como las grandes empresas, de la obligación de abordar con sus actuaciones algunos de los desafíos más urgentes. No se trataba de que las empresas sustituyeran a los gobiernos en la búsqueda del bien común, sino de que los complementaran.

Hubo quien aceptó el nuevo paradigma, pero a regañadientes, o como mal menor. Aquí se situaba el *Financial Times*, que defendió la necesidad de modificar los objetivos de la empresa para mitigar el riesgo de deslegitimación del sistema capitalista.[11] De hecho, el periódico lo planteaba como una externalidad negativa que las empresas imponían las unas a las otras, y hablaba de la tragedia de los comunes empresariales: cada empresa, al perseguir la maximización de su beneficio a corto plazo, impone un coste a las demás, pues contribuye a la deslegitimación del sistema. La visión del *Financial Times* era similar a la idea de maximizar el «valor para el accionista ilustrado».[12] Para los defensores de esta perspectiva, un accionista inteligente tiene en cuenta a todos los *stakeholders*, ya que, a largo plazo, ello acaba redundando en la maximización del valor de la compañía. Así pues, el *Financial Times* abogaba por buscar el beneficio con una orientación de largo plazo.[13] Se consideraba que, con este tipo de actuaciones, el capitalismo podía enfrentar las críticas de legitimidad que surgen ante las externalidades negativas provocadas por el sistema.

Este planteamiento es un claro avance, en la medida en que incorpora una visión de largo plazo, pero implícitamente está asumiendo que no existe contradicción entre los objetivos financieros y los objetivos no financieros. En términos populares, es la idea —recogida en la frase *Doing Well by Doing Good*— de que se pueden obtener buenos resultados financieros al mismo tiempo que se hace el bien social. Sin embargo, es obvio que esto no siempre es posible. Por poner un ejemplo sencillo, la producción de papel sin contaminar los ríos es más cara que si se permiten vertidos sin controles. Como han podido comprobar muchos empresarios, los productos menos contaminantes son más caros y no está claro que haya suficientes clientes dispuestos a pagar el sobrecoste de producción, de tal modo que su fabricación sea financieramente viable. En definitiva, el capitalismo ilustrado es positivo por su orientación al largo plazo y puede ser útil en muchas empresas. Pero para el capitalista ilustrado atender o resolver los problemas sociales no es un fin sino el medio para conseguir rentabilidad a futuro. Por tanto, la empresa perseguirá objetivos sociales más allá de sus obligaciones legales, pero sólo en la medida en que ello no vaya en detrimento de su rentabilidad a largo plazo.

El posicionamiento a favor del modelo *stakeholder* por parte de la Business Roundtable y otros organismos empresariales ha sido reforzado por campañas orientadas en el mismo sentido de influyentes empresas de fondos de inversión como BlackRock.[14] Esta compañía ha abogado a lo largo de los últimos años, a través de las conocidas cartas anuales de su fundador y principal ejecutivo Larry Fink, por la implicación de la empresa en los ámbitos sociales y medioambientales, teniendo en cuenta los intereses de todos los *stakeholders*.

El posicionamiento de la Business Roundtable y de BlackRock es relevante, pero no queda nada claro que estos cambios signifiquen, en la práctica, potenciar un modelo de empresa en el que todos los grupos de interés son verdaderamente tenidos en cuenta. Parece más bien una estrategia que incorpora las preocupaciones sociales de la ciudadanía, pero en el marco de la maximización del beneficio a largo plazo, en la línea del capitalismo ilustrado al que antes nos referíamos. Sin embargo, incluso en esta versión más tenue, el abandono del paradigma dominante encuentra fuertes resistencias. BlackRock, por ejemplo, se ha enfrentado a una fuerte oposición de líderes políticos republicanos en diversos estados de la unión americana. Esta resistencia tiene una raíz política, vinculada a las guerras culturales que dominan la política estadounidense, pero se apoya en la principal debilidad de los enfoques alternativos a la pura maximización del beneficio.

La crítica de los enfoques *stakeholder* es que, si la maximización del beneficio deja de ser la referencia, se dificulta la rendición de cuentas y los gestores acumulan aún más poder, tanto frente a los accionistas como con relación al resto de los *stakeholders*. Cuando los gestores tienen objetivos diversos y estos son difíciles de medir o son sólo cualitativos, determinar la responsabilidad del gestor en los resultados es más difícil, especialmente si se compara con la sencillez de examinar los estados financieros o la cotización de las acciones en el mercado bursátil.[15]

En resumen, la incorporación de los problemas de la sociedad a la agenda de las empresas se plantea hoy en día desde tres perspectivas distintas. La primera es el paradigma clásico de la empresa capitalista que busca la maximización del valor del accionista, incluso a corto plazo, con la única restricción de los límites regulatorios establecidos por la Administración con el objeto de corregir fallos de mercado y alcanzar objetivos de carácter social o medioambiental. En los últimos tiempos, esta regulación se engloba en los criterios ESG (por la denominación en inglés de medioambiente, social y gobernanza). Además, la presión política y social implica que muchas empresas traten de cumplir no sólo con los requisitos legales, sino también con los estándares desarrollados por los mercados financieros y las agencias de calificación. En segundo lugar, están las empresas con un modelo de capitalismo ilustrado, en el sentido de ser explícitos en su filosofía de adoptar una visión a largo plazo de la rentabilidad de la compañía e incorporar en su estrategia empresarial los intereses de *stakeholders* distintos de los accionistas. Finalmente tenemos el modelo de empresa *stakeholder* o «empresa con propósito», en el que la compañía se fundamenta en la contribución de todos los *stakeholders* a un objetivo o propósito común, siendo la rentabilidad un medio imprescindible, pero medio al fin y al cabo, para conseguir los objetivos de la empresa.

Antes de abordar con más detalle este modelo y el papel del compromiso y la confianza en su despliegue, es preciso resaltar que, en la práctica, no es sencillo distinguir entre estos tres modelos de empresa. En los ámbitos no financieros de la empresa no existe aún ni una regulación consolidada, ni unas métricas que gocen de una aceptación generalizada. No es de extrañar, por ello, que desde determinados sectores sociales se acuse a algunas empresas de practicar el *greenwashing*, es decir, de establecer objetivos ESG únicamente por motivos reputacionales, sin efectividad y alcance real. Asimismo, y como hemos visto en el caso de Danone, la falta de métricas para los objetivos no financieros no permite evaluar y comparar con facilidad las estrategias y los resultados de las empresas. La mejora en los estándares de información no financiera promovida por la regulación y la presión de los mercados debería facilitar que las compañías avancen en la determinación de objetivos estratégicos de carácter no financiero y contribuir así a delimitar los distintos modelos de empresa y su efectividad al abordar objetivos sociales y medioambientales.

El modelo de empresa basado en el compromiso

P&O Ferries es una importante compañía de transporte marítimo que opera, entre otras, la conocida ruta Dover-Calais en el canal de la Mancha. El 17 de marzo de 2022 comunicó a ochocientos de sus marineros su despido inmediato. Muchos de ellos tuvieron que recoger sus pertenencias en pocos minutos, recibieron su liquidación y abandonaron las instalaciones de la empresa acompañados por personal de seguridad. Los que en aquel momento no trabajaban, lo supieron mediante un vídeo pregrabado. Según las crónicas, algunos recibieron su indemnización por mensajero, en un paquete de un púrpura brillante, en el que la empresa de mensajería anunciaba su lema: «Entregamos felicidad».[16]

Tras sufrir pérdidas de doscientos millones de libras en 2020 y 2021 por la covid-19 y recibir alguna ayuda pública, el objetivo de la compañía era reducir sus costes laborales sustituyendo a parte del personal por empleados contratados a agencias, a un coste claramente más bajo, inferior incluso al salario mínimo británico, que no aplicaba en el sector de P&O Ferries.

La empresa tenía tres mil empleados y, según su principal ejecutivo, Peter Hebblethwaite, la medida era necesaria para garantizar la viabilidad de la compañía y el resto de los empleos. Puesto que los barcos de P&O Ferries no estaban registrados en el Reino Unido, el preaviso a las autoridades británicas no era legalmente necesario, pero sí era preciso un periodo de consultas con los sindicatos. La empresa reconoció no haber cumplido este requisito y por ello ofreció indemnizaciones suplementarias a los despedidos. La gran mayoría aceptaron negociar las condiciones de su salida, con la excepción de John Lansdown, un empleado que se negó a pactar y pensaba demandar a la compañía tras más de veinte años en la empresa, en la que entró de aprendiz a los dieciséis años. En sus palabras: «No soy en absoluto de extrema izquierda, sólo una persona que trata de ganarse la vida honestamente [...]. Ese empleo era mi vida [...] no soy hábil para otra cosa».[17]

El comportamiento de P&O Ferries causó un gran revuelo mediático y político en el Reino Unido. El Gobierno anunció una investigación para determinar si la empresa había violado la normativa. P&O Ferries había sido adquirida en 2005 por DPWorld, empresa de Dubái cuyo presidente y primer ejecutivo era Ahmed bin Sulayem. El mandatario apoyó la gestión del director ejecutivo de la compañía de transporte, argumentando además que, dado que la práctica totalidad de los empleados había aceptado las condiciones de despido, «nadie había sufrido daños».[18]

En agosto de 2022 el Gobierno abandonó la posibilidad de llevar ante el juez a la empresa por posibles responsabilidades penales ante las dificultades de ganar la causa. Al mismo tiempo, la compañía matriz, DPWorld, reportaba beneficios récord para el primer semestre de ese mismo año. Según la compañía, «en 2022 se fortalecieron las relaciones con los *stakeholder* clave y se confirmó el papel de DPWorld como proveedor líder, fiable y global de soluciones logísticas».[19]

Como muestra la historia de P&O Ferries, las decisiones que toman los órganos de gobierno y dirección de las compañías tienen muchas veces profundas consecuencias para su propio futuro, pero también para el de sus clientes, sus empleados, sus proveedores y la sociedad en general. Consecuencias que no son sólo económicas, sino que afectan a múltiples dimensiones del ser humano. Como en tantas facetas de la acción humana, también en el mundo de la empresa es erróneo pensar que es suficiente con cumplir la legalidad y que la ética, el comportamiento moral, son prescindibles. La dirección de la empresa está obligada a tener en cuenta, de una manera integral, el impacto de sus decisiones en todas las partes afectadas y ha de tratar de que sean justas, respetando todos los intereses en juego.

Ya vimos que Adam Smith, el padre del análisis moderno de la economía de libre mercado, era muy consciente de que el sistema económico y empresarial capitalista tiene una clara vertiente moral. No es sorprendente, por tanto, que la legitimación política y social del capitalismo requiera el respeto de unas normas sociales y unas reglas éticas. Estas lo hacen más eficiente, como ya discutimos en el capítulo 1, pero también más justo y, por tanto, legítimo en términos políticos. Por ello, no es extraño que sean muchas las personas que exijan a las empresas un comportamiento ético y una contribución al bien común, a «hacer el bien», más allá de la mera provisión competitiva de bienes y servicios cumpliendo con la legalidad. Los ciudadanos quieren que la empresa no sólo cumpla con el expediente legal, sino que muestre un comportamiento honorable, justo con todas las partes. Por supuesto, en sociedades diversas habrá discrepancias razonables sobre lo que significa un comportamiento correcto. Por ejemplo, en las cuestiones medioambientales existe un amplio debate social sobre las energías que se consideran limpias, y en qué medida se debe continuar invirtiendo en plantas de gas o energía nuclear. La decisión que tomó la Unión Europea en julio de 2022 de clasificar estas energías como sostenibles fue contestada a los pocos meses en los Tribunales de Justicia de la Unión Europea por diversas ONG.[20] Pero también existe, al menos en la Unión Europea, un consenso sobre algunos comportamientos que, si bien pueden ser legales, son inaceptables desde el punto de vista ético y social, como muestra el caso de P&O Ferries.

Lo sucedido en esta empresa sería impensable en un modelo de empresa *stakeholder*, cuya raíz es una visión holística y ética de la institución empresarial. Las empresas son, desde esta perspectiva, instituciones sociales en las cuales los distintos grupos de interés comprometen sus recursos o activos con el fin de alcanzar objetivos conjuntos más ambiciosos que la maximización del beneficio empresarial. Se trata de un modelo que sirve a los intereses de los accionistas, pero también al resto de grupos de interés comprometidos con la empresa: trabajadores, clientes, proveedores y, en último término, la sociedad. El modelo de empresa *stakeholder* parte de la premisa de que un proyecto empresarial sólo puede hacerse realidad con la contribución de diferentes grupos de interés, y que todos ellos merecen ser tenidos en cuenta tanto en el momento de la toma de decisiones como en la determinación de las recompensas.

El enfoque de *stakeholder* ayuda directamente a resolver los problemas de la sociedad, por cuanto incorpora, por sí mismos, los intereses del resto de actores que contribuyen a la generación de valor en una empresa. Para la empresa *stakeholder* la consecución de beneficios no es un fin en sí mismo, sino un medio imprescindible para conseguir el propósito u objetivo último. Por ello utilizamos indistintamente los dos términos y podemos hablar también de «empresa con propósito».

El modelo de *stakeholder* ni prescinde de los intereses de los accionistas ni los relega a un segundo plano. La empresa, para nacer y progresar, necesita de recursos propios. Este capital, que tiene un coste de oportunidad, podría invertirse en otros proyectos, y asume un riesgo. Por tanto, debe ser retribuido de forma adecuada. La viabilidad a largo plazo de cualquier empresa requiere que la rentabilidad para sus propietarios supere el coste de capital. Es decir, la rentabilidad del negocio debe exceder el coste de oportunidad de los recursos, teniendo en cuenta una prima de riesgo. Una rentabilidad por encima de dicho coste garantiza además la reinversión de fondos en el negocio y la captación de nuevos inversores.

Es instructivo enfatizar las diferencias entre este modelo de empresa y los modelos alternativos. En el caso del modelo de maximización del valor del accionista, los intereses que no son puramente financieros sólo se tienen en cuenta en la medida en que las autoridades consiguen traducirlos en una regulación efectiva, o bien si inciden de manera indirecta, vía la presión de los inversores y la clientela. En el caso del enfoque orientado a maximizar el valor del accionista ilustrado, los intereses de otros *stakeholders* son sólo medios para conseguir el fin último, que es la maximización del beneficio a largo plazo. Por tanto, los objetivos que no sean la pura rentabilidad financiera dejan de atenderse si van en detrimento de ese objetivo final.

Lo que en definitiva subyace tras la visión de empresa *stakeholder* es que, más allá de los accionistas, se debe tener en cuenta que hay otros actores en la empresa que también asumen riesgos, a veces incluso mayores que los accionistas y más difíciles de diversificar. Por ejemplo, el capital humano específico acumulado por muchos empleados, que está vinculado a la empresa y es menos útil en otras compañías. Es un modelo en el que todos los *stakeholders* son, en cierto sentido al menos, «propietarios» de la empresa.

El papel de la confianza

Con el enfoque de empresa *stakeholder*, esta se concibe como una institución social que se basa en relaciones de compromiso y confianza, y no sólo en contratos que, aunque sean muy detallados, jamás pueden contemplar todas las eventualidades posibles. El compromiso y la confianza entre las partes es fundamental en muchas circunstancias que los contratos no pueden captar o anticipar.

Para que este enfoque sea una realidad, se requiere que los accionistas comprometan su capital de forma no fácilmente reversible. Es decir, que se centren con credibilidad en el largo plazo. La garantía de que los accionistas tienen un amplio horizonte temporal hace que los otros actores se muestren interesados en invertir en habilidades o activos específicos de la empresa y, en definitiva, en implicarse a largo plazo en esa relación laboral o de colaboración. Con ello se consigue un mayor desarrollo del capital humano que está especialmente adaptado a la estrategia de la empresa. Los empleados y directivos se implican más en el proyecto empresarial y se fortalece el sentido de pertenencia y la lealtad a la entidad. Un proceso similar se puede desarrollar con otros *stakeholders* promoviendo relaciones estables, equilibradas y duraderas, tanto con proveedores como con clientes y el tejido social e institucional en el que opera la empresa. Si soy empleado de una compañía, la percepción de que está comprometida conmigo fomenta mi compromiso con ella. Este compromiso mutuo hace que podamos aspirar a mejores resultados para ambos.

La clave de la empresa *stakeholder* está en que el compromiso de la entidad con sus trabajadores y las comunidades en las que opera puede generar un fortalecimiento de su posición competitiva a largo plazo,[21] ya que implica por parte de los empleados el desarrollo de activos específicos o idiosincráticos asociados a la compañía (por ejemplo, la inversión en capacidades que son mucho más útiles en la empresa en cuestión que fuera de ella). Desde la perspectiva social, también otorga una mayor legitimidad para operar. La población percibe y comprueba que la empresa contribuye de manera continuada al bien común.

Todos estos factores fortalecen la estrategia competitiva y la rentabilidad a largo plazo; consecuentemente, pueden redundar en la captación e involucración de nuevos accionistas. Sin embargo, contar con el denominado capital paciente, implicado a largo plazo, no es fácil. Por ello, este tipo de proyecto empresarial es más creíble si la empresa cuenta con uno o con varios accionistas de referencia que tengan una estrategia nítida y verosímil de largo plazo. Como veremos luego, esto tiene implicaciones para la naturaleza de la propiedad de las compañías.[22]

El modelo de empresa *stakeholder* se basa en el compromiso de todas las partes implicadas, pero muy especialmente del accionista, invirtiendo a largo plazo, y del empleado, desarrollando habilidades específicas que benefician a la empresa. Estos compromisos son, en parte, explícitos y creíbles, pero también se construyen en la relación día a día en la empresa entre los empleados y la dirección. Se consolidan a través del desarrollo de la confianza mutua que refuerza el compromiso de las partes. Y, recordémoslo, ser depositario de la confianza de los demás supone asumir un compromiso moral.

Para que una empresa obtenga este compromiso de sus *stakeholders* son imprescindibles dos elementos. En primer lugar, debe cimentar su actuación en unos valores corporativos creíbles. No es suficiente proclamar unos objetivos de sostenibilidad y responsabilidad social. La credibilidad se consigue cuando no existe contradicción entre los valores que se predican y el comportamiento de la compañía y sus máximos responsables. De nuevo nos encontramos con el concepto de *walk the talk*, que resaltábamos en el capítulo 2, el cual capta la idea de coherencia en el comportamiento de la dirección. En segundo lugar, deben ser valores compartidos, formar parte de la cultura corporativa y ser asumidos por todas las partes de la organización, incluidos de manera especial los órganos de gobierno, que deben ser los primeros en defender una visión de la empresa basada en todos los *stakeholders*.

¿Pueden las empresas con propósito competir con éxito en el mercado?

El modelo de empresa con propósito es atractivo sobre el papel. Sin embargo, si, como ya hemos advertido, «ir bien haciendo el bien» no es tan fácil porque atender a objetivos sociales y medioambientales es costoso, ¿podrán ser viables las empresas con propósito en los mercados actuales, caracterizados por una fuerte competencia?

Imaginemos, por un momento, una economía en la que compiten dos tipos de empresas. A las primeras las denominaremos empresas capitalistas y a las segundas empresas con propósito. El primer grupo comprende tanto las empresas que buscan la maximización del beneficio bajo la restricción sólo de la regulación como las empresas del capitalismo ilustrado, que incorporan en sus decisiones las inquietudes sociales y medioambientales de clientes, empleados, inversores y la sociedad en general. Como ya vimos, son empresas que, conforme aumenta la demanda social de una actuación empresarial responsable, añaden esta demanda a su estrategia, más allá de lo que se les exige legalmente. Son conscientes, por ejemplo, de la importancia que dan los clientes a la preservación del medioambiente y evalúan si por esta causa están dispuestos a pagar más en sus compras. También tienen en cuenta, en el caso de los empleados, si el reclutamiento de personas con la adecuada cualificación exige contar con sus preferencias en términos de cohesión social u otras dimensiones más allá de las estrictas condiciones laborales o salariales. Finalmente, toman en consideración el mundo inversor, especialmente en sectores más proclives a generar externalidades medioambientales negativas, como el energético y el de manufactura.

El segundo tipo, las empresas con propósito, son aquellas que maximizan la creación de valor, financiero y no financiero, para todos los *stakeholders*, equilibrando constantemente los intereses de todos ellos, dado que a menudo entrarán en conflicto, y satisfaciendo la restricción financiera de que el retorno de la compañía supere el coste del capital de tal modo que la empresa sea rentable y garantice el cumplimiento de su misión y su continuidad en el tiempo. La cuestión clave es, naturalmente, si estas empresas serán capaces de aguantar la competencia de las compañías capitalistas.

Pensemos, primero, en aquellos sectores muy competitivos en los que el producto o servicio es muy homogéneo y la competencia es puramente en costes. Para este tipo de sectores quizá sea cierta la frase atribuida a Joe Stiglitz, según la cual, «aunque muchos directores generales quieran actuar correctamente (y tengan familia y amigos que actúan así), saben que hay competidores que no lo hacen».[23] Desde esta perspectiva, a menos que la regulación resuelva de manera correcta todas las externalidades relevantes (o que la información ESG sea fidedigna y esté disponible para que consumidores e inversores la tengan correctamente en cuenta al tomar sus decisiones) la empresa con propósito perderá competitividad frente a sus rivales que sólo buscan el beneficio y asumen pocos costes sociales y medioambientales.[24]

Sin embargo, en las economías modernas hay muchas actividades en las que los mercados no son perfectamente competitivos y es posible obtener rentabilidades superiores, es decir, por encima del coste de oportunidad de los recursos invertidos y, por tanto, un retorno financiero que excede el coste de capital exigido para la inversión. Estos son mercados en los que, o bien el producto es diferenciado, o bien existe algún tipo de barreras de entrada que permiten la generación de beneficios por encima del mínimo retorno exigido por la inversión. Dejando aparte situaciones en las que estas rentas son el resultado de comportamientos colusivos o franquicias monopolísticas otorgadas por las autoridades, el caso más interesante es el de empresas que han logrado una ventaja competitiva sostenible a través de la innovación, la tecnología o la diferenciación de su oferta.

Naturalmente, las empresas *stakeholder* aspiran a formar parte de esta categoría puesto que, como vimos, gracias al compromiso de todos los *stakeholders* se pueden implementar estrategias de negocio que mejoran el posicionamiento competitivo. Esta posición de ventaja en el mercado es la que asegura los recursos adicionales necesarios para que estas empresas puedan satisfacer los intereses de todos los *stakeholders*.

Por otro lado, la viabilidad económica a largo plazo exige superar la rentabilidad mínima requerida por los inversores, pero no necesariamente que todo el excedente generado sea apropiado por los accionistas. Ni que decir tiene que el proceso de negociación de la distribución del excedente es extraordinariamente complejo en la empresa *stakeholder*, de ahí que el clima de confianza mutua y el compromiso a largo plazo con la empresa sean del todo fundamentales. En definitiva, el modelo de empresa *stakeholder* basada en el compromiso[25] es un ejemplo de un modelo empresarial que, para muchos sectores, proporciona un marco coherente en el que los incentivos de los *stakeholders* pueden conllevar un trabajo conjunto para avanzar los intereses a largo plazo de la compañía. En estas empresas el excedente crece gracias a la contribución de todas las partes, y en el reparto de las recompensas el capital no toma necesariamente precedencia.

Cuando en la economía predominan las empresas capitalistas, el interés de los accionistas y de los otros *stakeholders* son opuestos no sólo en un periodo relativamente breve, sino también a largo plazo, a menos que la empresa disponga de algún activo o tecnología especial que resuelva la contradicción entre los objetivos financieros y los no financieros. En este sentido, algunos autores han postulado la posibilidad de generar valor compartido, financiero y no financiero.[26] Esta alternativa teórica, sin embargo, está acotada a industrias muy concretas y especialmente a nuevas iniciativas empresariales que compiten mediante la introducción de productos o servicios que satisfacen las necesidades de los consumidores al tiempo que resuelven, o contribuyen a resolver, un problema medioambiental o social. Por ejemplo, en sectores tradicionales como los de confección y calzado han surgido nuevas empresas (por ejemplo, Yuccs) cuya estrategia se basa en la producción local con materiales y procesos sostenibles. En términos generales, sin embargo, cuando los objetivos medioambientales o sociales entran en contradicción con la maximización del beneficio incluso a largo plazo, la empresa del capitalismo ilustrado optará por renunciar a los objetivos no financieros. En este tipo de empresas es posible aumentar el excedente de manera conjunta, pero en el momento de la distribución el accionista tiene la última palabra.

La evidencia empírica sobre en qué medida la incorporación de objetivos sociales y medioambientales a la estrategia empresarial empeora o mejora los resultados financieros de las empresas es objeto de gran controversia académica. Los estudios presentan una amplia gama de resultados, lo que en parte se puede atribuir a que es difícil clasificar de manera rigurosa la estrategia ESG de las compañías. Con esta importante salvedad, la evidencia sobre los resultados financieros obtenidos por empresas con un claro enfoque ESG muestra que existe una correlación positiva entre los resultados financieros y el posicionamiento en métricas ESG.[27] Sin embargo, la causalidad no está clara. De hecho, algunos autores piensan que si la causalidad no es clara ello es debido a que lo importante no es tanto actuar en el ámbito genérico de ESG, sino hacerlo en aquellas dimensiones que contribuyen materialmente a la mejora de la posición competitiva de la empresa.[28] Por tanto, los objetivos de ESG que únicamente operan vía reputación serían insuficientes y no aportarían verdadero valor a la empresa.

La evidencia es más concluyente para un subgrupo de empresas que no sólo tienen un enfoque *stakeholder* y están orientadas al largo plazo, sino que son controladas total o parcialmente por fundaciones o propietarios (a menudo familias) que inspiran un propósito a las compañías y aportan un capital paciente y, por tanto, una orientación a largo plazo.[29] En estos casos, los estudios demuestran que las empresas con este tipo de propiedad suelen tener horizontes temporales más largos que las de otro tipo. Son más propensas a efectuar inversiones a largo plazo, con mayores niveles de investigación y desarrollo. También tienden a ser más contrarias al riesgo, una actitud comprensible si se tiene en cuenta que la continuidad de su actividad es un objetivo primordial. Como resultado, tienen un menor apalancamiento y presentan unos beneficios menos volátiles, aunque a veces ello implica un crecimiento más lento. También gozan de una mejor reputación, lo cual no es sorprendente, dado que es más probable que los contratos implícitos entre los distintos grupos de interés se mantengan en circunstancias difíciles.

Si las empresas con propósito son, por tanto, económicamente viables y pueden competir de manera efectiva en los mercados, ¿cómo podemos explicar que tengan aún una presencia limitada en nuestras economías? ¿Qué factores impiden su desarrollo? ¿Por qué no está más extendido este nuevo paradigma empresarial?

Los obstáculos a los que se enfrentan las empresas con propósito

Para que las empresas con propósito puedan desarrollarse con plenitud en las economías capitalistas es preciso que el marco institucional no sea discriminatorio. Que no las sitúe, en la práctica, en una posición de desventaja competitiva.

Un primer factor es en qué medida la legislación o los códigos de buen gobierno permiten a los consejos de administración de las compañías mercantiles tener en cuenta no sólo el interés de los accionistas, sino también consideraciones de carácter más general. En Estados Unidos, el ordenamiento legal permite a los consejos de administración ejercer el *business judgement*. En España, se establece algo similar en la recomendación 12 del vigente código de buen gobierno corporativo. De todos modos, para muchos expertos, las restricciones que impone el marco legal limitan seriamente la discrecionalidad que los consejeros deberían tener a la hora de considerar los intereses de las partes interesadas que no son accionistas.[30] Esto es especialmente importante cuando se deben tomar decisiones que pueden acarrear consecuencias legales para los miembros de los consejos. El uso de formas legales alternativas, como las corporaciones B o las Benefit Corporations en Estados Unidos, ha sido más bien escaso en los últimos años. Además, la efectividad de estas nuevas formas legales es objeto de polémica.[31] Como vimos en el caso de Danone, ser una *entreprise à mission* no impidió que los inversores impusiesen una nueva dirección y un cambio en la estrategia de la compañía. Asimismo, en muchos países las directrices de gobierno corporativo han tendido a reflejar el modelo dominante de empresa centrada en los accionistas, con un papel subsidiario del resto de *stakeholders*.

Un segundo factor es el tratamiento regulatorio de la concentración de la propiedad de las compañías. Como hemos argumentado, la adopción de un modelo de *stakeholder* centrado en la generación de valor a largo plazo es mucho más fácil si hay accionistas de control o referencia. En su ausencia, la dispersión de la propiedad comporta que sea difícil llegar a acuerdos sobre el propósito de la compañía y su horizonte temporal, de manera que estos aspectos clave de la empresa acaban siendo establecidos por los gestores que, por lo general, tenderán a buscar la rentabilidad financiera y a corto plazo.

Un tercer elemento es la propia naturaleza de los accionistas de control o referencia. En la medida en que estos sean familias o fundaciones es más fácil tener una orientación de largo plazo y una empresa cuyos objetivos trasciendan la pura rentabilidad.[32] Cuando en las empresas conviven inversores con distintos horizontes temporales, desde los más pacientes (fondos de inversión que sólo toman posiciones a largo plazo) hasta aquellos más orientados al medio y corto plazo (fondos privados y de cobertura) es difícil, por no decir imposible, establecer un modelo de empresa *stakeholder*.

Finalmente, la orientación a largo plazo de las compañías y los modelos de empresa distintos de la empresa capitalista convencional con propiedad dispersa también se pueden facilitar u obstaculizar con las directrices de gobierno corporativo y las medidas que determinan la representatividad de los diferentes accionistas en los órganos de decisión. Estructuras de consejos que faciliten la conservación de la memoria histórica de la compañía y su cultura (por ejemplo, la renovación gradual en el tiempo de los consejos) y métodos de representación que den primacía a los accionistas más pacientes o estables, pueden facilitar este enfoque a largo plazo. Este tipo de normativas son de difícil introducción en los regímenes dominantes de gobierno corporativo porque se pueden utilizar para defender el poder de determinados grupos de accionistas y dificultar el funcionamiento del mercado de control corporativo. Es cierto que, en teoría, la amenaza de adquisición implica una presión competitiva que ayuda a preservar la eficiencia de las compañías. Pero también lo es que, en ocasiones, esas adquisiciones tienen como objetivo la obtención de beneficios a corto plazo, menoscabando la orientación a largo plazo de la compañía adquirida. Desafortunadamente, lo que se conoce como las mejores prácticas de gobierno corporativo son a menudo reglamentaciones que tratan de mitigar el potencial conflicto de intereses entre los gestores de la compañía y sus accionistas cuando la estructura de propiedad es atomizada; o bien el potencial conflicto entre los accionistas minoritarios y un accionista mayoritario que podría «abusar» de su posición y no respetar los derechos de los minoritarios. Por lo general, no se contempla la posibilidad de que el accionista de referencia pueda tener una visión *stakeholder* que incorpora los intereses del resto de los accionistas de la empresa. En esta visión, los accionistas minoritarios son del todo conscientes del modelo de empresa y de las ventajas que aporta al proyecto empresarial, y se sienten perfectamente cómodos con una estructura de gobierno que da más peso a los accionistas de referencia. Es importante que las directrices de buen gobierno faciliten que el accionista de referencia actúe como tal, o al menos que no supongan un obstáculo infranqueable. Dicho de otro modo, en el gobierno corporativo es necesario encontrar un justo equilibrio para no penalizar esquemas de propiedad que pueden aportar una deseable diversidad al ecosistema empresarial.

En definitiva, en términos de gobierno corporativo, y en contraste con el *shareholder capitalism*, el enfoque *stakeholder* aboga por reglamentaciones que desincentiven los comportamientos oportunistas y favorezcan la visión inversora a largo plazo. Se trata de medidas en los órganos de gobierno que, de alguna manera, sujeten los consejos de administración al mástil de la nave empresarial, para evitar la seducción cortoplacista, el canto de las sirenas que atraía a Ulises en la *Odisea*.[33]

Confianza y cultura empresarial

La confianza en instituciones privadas es, al igual que la confianza interpersonal, una expectativa razonable que tienen las personas de que las empresas no defraudarán, cumplirán su palabra y obrarán con justicia y ecuanimidad en la relación con ellas, ya sea de carácter comercial de cliente o proveedor, ya sea de empleo o profesional.

Las empresas toman decisiones que nos afectan en cuanto clientes, cuando adquirimos sus productos o servicios, o decisiones basadas en la autoridad que tienen con respecto a nosotros. Las que hemos denominado transacciones jerárquicas, por ejemplo, cuando somos empleados de una empresa y esta decide cuestiones de salarios, promociones o condiciones de trabajo que no están reglamentadas por ley. Nuestra relación con las empresas tiende a ser, por tanto, menos bidireccional que las relaciones interpersonales. Confiamos en la empresa en la medida en que creemos que actúa en nuestro interés o que en situaciones imprevistas tomará decisiones equilibradas o justas. Por otra parte, nuestras sociedades también exigen de las empresas, especialmente las más importantes por su capacidad de arrastre, un compromiso en términos amplios, en el sentido de ser un factor de progreso social más allá de la cuenta de resultados, por ejemplo, ejerciendo un papel activo en la transición energética o en los objetivos de desarrollo sostenible. La confianza de los ciudadanos en las empresas también dependerá de la percepción que tengan sobre en qué medida cumplen esta función.

La confianza en la empresa puede abordarse desde dos perspectivas: la interna y la externa. La primera es la que se desarrolla en la empresa misma, entre sus empleados, y entre estos y la dirección; la segunda se refiere, lógicamente, a las expectativas y la credibilidad que proyecta hacia el exterior, ya sea hacia sus clientes, hacia los proveedores, los inversores o la sociedad en general. El análisis de la cultura de las organizaciones, la cultura empresarial, ha recibido un fuerte impulso en los últimos años.[34] El concepto se ha caracterizado de manera similar al que hemos discutido en el capítulo anterior para la sociedad en general y, por tanto, incluye los valores y las creencias de los empleados y los directivos de la empresa. La cultura se plasma en un conjunto de tradiciones, normas de comportamiento y expectativas implícitas que, en ocasiones, constituyen un factor determinante de una estrategia competitiva exitosa. Una cultura de confianza entre los empleados de la empresa actúa como un factor que facilita la comunicación, la coordinación y, por tanto, la toma de decisiones. Puede constituir también un elemento de control informal, complementando de este modo los sistemas formales de control e incentivos.[35]

La relación entre los empleados y la dirección es de carácter jerárquico, de tal modo que la entidad dispone de capacidad de decisión determinante en muchas circunstancias no previstas en la relación laboral. El empleado confiará en la empresa si esta responde a las expectativas generadas, en términos de una actuación que este considera justa y equilibrada. Sin embargo, a diferencia de las relaciones interpersonales, en este caso la contraparte de la relación no es una persona, sino algo más etéreo, una institución. Esta diferencia es determinante, aunque es verdad que para algunas cuestiones lo importante puede ser la relación con el superior inmediato. En cualquier caso, la empresa o el superior jerárquico actuarán en función de un conjunto de normas y procedimientos internos pautados. Sin embargo, lo verdaderamente crucial a efectos de transmitir y generar confianza será la cultura organizativa dominante en la compañía. Esta determina lo que se hace ante circunstancias no pautadas.

La generación de confianza interna está estrechamente unida al desarrollo de un determinado tipo de cultura organizativa. Si esta incorpora elementos clave para la generación y el mantenimiento de la confianza mutua, como el cumplimiento de la palabra dada o de los compromisos (incluso implícitos) adquiridos, dicha cultura puede ser un elemento fundamental para aliviar los problemas de riesgo moral que surgen recurrentemente en las organizaciones.[36] El riesgo moral comporta que los empleados no desplieguen el esfuerzo necesario en su actividad, dado que la monitorización no es perfecta y el control informal antes mencionado puede mitigar sólo parcialmente el problema. Por otro lado, la propia dirección puede tener la tentación de no recompensar *expost* la inversión que hayan hecho los empleados en activos humanos específicos a la empresa; es decir, activos que pierden valor en el caso de que dejen la compañía. La cultura de cumplir lo acordado y promover de este modo la confianza mutua constituye, por tanto, un mecanismo que refuerza el compromiso de ambas partes en el proyecto empresarial. Como ya hemos visto, en determinadas circunstancias este compromiso puede constituir un elemento determinante de una estrategia empresarial competitiva duradera.

La confianza externa es aquella que depositan en la empresa sus clientes o proveedores, a partir de unas relaciones que, en principio, son de mera transacción. En estos casos, confiamos como clientes, por ejemplo, en que la empresa no nos engañará. Es obvio que son muchos los sectores en los que la asimetría de información entre las empresas y sus clientes es muy elevada. La confianza en la empresa es entonces imprescindible, especialmente si se trata de productos o servicios críticos, o en los que la relación calidad-precio es incierta. En aquellos casos en los que no existe la oportunidad de relacionarse a menudo con la misma empresa (por ejemplo, si las compras son esporádicas), el papel de la marca será fundamental para poder generar reputación ante la clientela. Sin embargo, la marca ofrece escasa protección ante crisis reputacionales severas, ya que, como es bien sabido, la confianza del cliente, basada en la reputación, cuesta mucho ganarla y se puede perder en muy poco tiempo.

Tal vez uno de los ejemplos más destacados de deterioro de la confianza empresarial es el que afectó en 2016 al fabricante de automóviles Volkswagen.[37] Este fue un caso en el que la empresa defraudó la confianza de la sociedad cuando de manera ilegal engañó a sus clientes y a las autoridades reguladoras en relación con el cumplimiento de los requisitos medioambientales, puesto que sus vehículos eran manipulados con el objeto de pasar los controles de contaminación, cuando en realidad no cumplían los límites requeridos.

En ocasiones, la confianza de los clientes se pierde incluso sin quebrantar la ley, simplemente adoptando comportamientos que priorizan el interés de la compañía ante el de los clientes. En el escándalo Facebook Cambridge Analytica,[38] que estalló a finales de 2018, el gigante de las redes sociales podría haber actuado para impedir que terceros accedieran a la información de sus clientes y la utilizaran sin su permiso. No cometió ninguna ilegalidad, pero al anteponer sus intereses no satisfizo las expectativas que los clientes habían depositado en la compañía. Pocos años antes, otras conocidas compañías, como Coca-Cola o Johnson & Johnson, el fabricante de Tylenol, reaccionaron de un modo muy distinto ante el riesgo de que sus productos fueran manipulados por terceros y de este modo pusieran en riesgo la salud de los consumidores. Con un coste importante, antepusieron los intereses de los clientes. Era lo que debían hacer desde un punto de vista ético, y además contribuyeron a fortalecer la confianza de la sociedad en sus empresas.

La confianza interna y la externa, como hemos visto, tienen en principio determinantes distintos. Sin embargo, cuando en la empresa se desarrolla un entorno de confianza mutua, ello tiende a generar una cultura empresarial sana y fuerte, un factor fundamental para proyectar confianza hacia el exterior. Las crisis que hunden la confianza de la sociedad en determinadas empresas tienen a menudo su origen en carencias de la cultura organizativa, que acaban, o bien provocando eventos que generan una seria crisis reputacional (el caso Volkswagen mencionado es un claro ejemplo de un problema de este tipo, cuyo origen está en la deficiente cultura interna), o bien conllevando que la compañía sea ajena a las inquietudes de la sociedad y, por tanto, que esta la tenga en baja consideración.

País	**%**
Suecia	53,7
Chequia	51,5
Portugal	49,0
Dinamarca	45,5
Italia	45,5
Francia	42,9
Finlandia	40,4
España	37,6
Hungría	35,9
Grecia	32,6
Rumanía	29,2
Polonia	28,0
Holanda	26,6
Alemania	21,5
Bulgaria	14,6

TABLA 4.1. La confianza en las grandes empresas en la Unión Europea.*

* FUENTE: World Values Survey Ola 7: 2017-2022. Online Data Analysis 16/8/2023. Pregunta 77: «¿Me podría decir cuánta confianza tiene en las grandes empresas? Respuesta: Mucha, bastante, poca o ninguna. Suma de respuestas de mucha y bastante».

La confianza en las empresas es una vertiente de la confianza que también examina la Encuesta Mundial de Valores (tabla 4.1), aunque este es un campo en el que existe una amplia oferta adicional de encuestas ligada a las mediciones de reputación que hacen las propias compañías.[39] Sin embargo, los datos muestran que la correlación entre la confianza en las grandes empresas y la confianza en los demás (tabla 1.1) es baja, lo que probablemente se explica porque, como hemos visto, los determinantes de la confianza interna y la externa no son los mismos.

En conclusión, en el ámbito empresarial la generación y el mantenimiento de la confianza se enfrentan al reto de evitar la despersonalización de las relaciones en el seno de la empresa y generar culturas empresariales que transmitan a los distintos *stakeholders*, con comunicación y hechos, una intencionalidad positiva, y el esfuerzo por cumplir con los compromisos adquiridos, que está en la base de la confianza. Si se consigue generar un marco de confianza mutua, se refuerza el compromiso de los *stakeholders* y es posible desplegar un modelo de empresa orientado al largo plazo. Es la mejor garantía de que la empresa llevará a cabo estrategias competitivas sostenibles en el tiempo, y también una garantía de que, desde la empresa, se efectuarán todos los esfuerzos para generar confianza en los *stakeholders* y mantenerla durante muchos años.

Yogur y barras de chocolate: el papel de la propiedad

Comenzamos este capítulo con el caso de Danone, una empresa cotizada en la que un directivo visionario trató de implementar una estrategia de capitalismo de *stakeholders* o capitalismo con propósito. Aquella estrategia fracasó, a pesar de haber cambiado incluso la forma jurídica de la empresa, por la presión de los inversores, insatisfechos con los resultados financieros de la compañía. El mismo sector de los alimentos elaborados ofrece, sin embargo, ejemplos de compañías que han sido capaces de implementar con éxito el modelo alternativo al que aspiraba Emmanuel Faber.

El principal productor mundial en el sector de la confitería es

Mars Inc., con marcas tan conocidas como M&M, Snickers y las populares barras Mars de chocolate.[40] La empresa facturaba cuarenta y cinco mil millones de dólares en 2022, en parte gracias a una importante división de comida para mascotas que suponía ya el 58 por ciento de las ventas totales. Hoy la compañía está controlada por la cuarta generación de la familia fundadora, y tiene una misión sintetizada en cinco principios: calidad, responsabilidad, mutualidad, eficiencia y libertad. No es la terminología de moda, pero en la práctica constituye un ejemplo de empresa *stakeholder*. Los miembros de la familia forman parte de un consejo de administración que tiene como objetivo «obtener resultados financieros de primer nivel con confianza y un impacto social positivo». La familia obtiene unos dividendos inferiores al 10 por ciento de los resultados, lo que encaja con la cultura de mutualidad y austeridad, y permite reinvertir en el negocio con un bajo endeudamiento. La gestión es profesional desde 2001, con una cultura poco jerárquica, de autonomía para los empleados, tolerancia cero con los comportamientos no éticos, buenas retribuciones y baja rotación en la plantilla. En términos de compromiso con la sociedad, la compañía se compromete con la inversión en energías renovables y con una política de responsabilidad tributaria, aunque en línea con el perfil bajo, rehúye posicionarse públicamente en debates políticos y sociales ajenos a su negocio.

Danone y Mars contrastan en múltiples dimensiones, como es natural. Sin embargo, el factor determinante en términos de llevar a la práctica un modelo de empresa con propósito es la capacidad de maniobra que otorga la naturaleza de la propiedad. Al ser una empresa que no cotiza y tener la propiedad concentrada en un núcleo familiar, es más fácil mantener un propósito común y llevar a cabo una estrategia empresarial que de manera consistente genera valor, con una alta fidelización de los empleados y contribuyendo a objetivos sociales de manera explícita. En su página web, la compañía explica su concepto de mutualidad: «Es reconocer que nos beneficiamos también cuando a los demás les va bien y nos empuja a pensar en los intereses de los demás, al igual que en los nuestros. Crear beneficios compartidos duraderos ha sido parte de nuestro éxito durante más de un siglo».[41]

Como hemos visto, la confianza de la sociedad en las grandes empresas es baja en muchas de las economías avanzadas. Las empresas pueden conseguir que la sociedad confíe más en ellas si centran su actuación en un propósito empresarial dirigido a atender las necesidades sociales y resolver los problemas que preocupan a los ciudadanos. Probablemente, la confianza de la sociedad en el tejido empresarial mejoraría si el entorno legal y regulatorio facilitara la diversidad de modelos de empresa y los capitales pudieran invertirse con mayor facilidad en empresas con propósito. Estas empresas han de generar beneficios para retribuir el capital invertido, teniendo en cuenta el nivel de riesgo asumido por los inversores. Pero estos beneficios no son un fin en sí mismos, sino el medio para conseguir el propósito y el verdadero impacto en la sociedad. Para desarrollar este tipo de empresas, que se basan en el compromiso de todos los *stakeholders*, es imprescindible un entorno de confianza mutua. Sólo cuando confiamos en alguien sabemos que está comprometido, que responderá o hará todo lo posible para no defraudarnos. En la empresa con propósito, compromiso y confianza forman un binomio indisoluble.

5

¿Podemos confiar en las instituciones públicas?

En septiembre de 2022, Giorgia Meloni, líder del partido de extrema derecha Hermanos de Italia, ganó las elecciones parlamentarias y se erigió como primera ministra de Italia en un gobierno de coalición formado por varias fuerzas de derechas. Tras el paréntesis de la presidencia de Mario Draghi, Italia volvía a vivir el ascenso de un liderazgo populista, algo que ya había sucedido a lo largo de los últimos treinta años con políticos como Berlusconi, partidos como la Liga Norte y movimientos como Cinco Estrellas. El sistema político italiano se había caracterizado por su inestabilidad, con un gran número de gobiernos en los años de dominio de la democracia cristiana y el eurocomunismo. Aquel *statu quo* acabó implosionando a finales del siglo pasado, cuando el gran proceso judicial de Manos Limpias sacó a la luz la enorme corrupción que afectaba a los partidos y muchos de sus líderes. El sistema de partidos se reconfiguró y a partir de entonces surgieron diversas fuerzas populistas, tanto de izquierdas como de derechas, que han alcanzado sucesivamente el poder. Lo acontecido en Italia presagiaba las tendencias que luego se observarían en otros países occidentales, especialmente tras la gran crisis financiera de 2007-2008.

En las elecciones de 2022, los italianos descartaron otra vez a los líderes y los partidos que estaban gobernando y otorgaron su confianza a una persona y un partido nuevos. En este caso, una formación con hondas raíces en la extrema derecha. ¿Iban los italianos a sufrir de nuevo una decepción con su liderazgo político?

El caso italiano es ilustrativo de la pérdida de confianza de los ciudadanos en las instituciones públicas de muchas sociedades avanzadas.

La erosión de la confianza tiene su raíz tanto en el deterioro institucional y político de las democracias liberales como en su desempeño económico, dado que en muchos países la percepción de la ciudadanía ha sido que las políticas públicas no han satisfecho las expectativas que en ellas se habían depositado. En este capítulo examinaremos los factores que determinan la confianza de la población en las instituciones públicas, entendiendo como tales los partidos políticos y los organismos de la Administración; a continuación, repasaremos sucintamente la evidencia disponible, que muestra la baja confianza de la sociedad en muchas instituciones públicas, y muy en especial los partidos políticos; por último, argumentaremos que la insatisfacción con los resultados de las políticas públicas explica una parte importante de la escasa confianza de la sociedad en la política. Puesto que dedicaré los capítulos posteriores al análisis de estas políticas públicas, merece la pena resumir el marco intelectual de referencia en el cual se han basado las políticas económicas de las últimas décadas. Como veremos en detalle en los próximos capítulos, el despliegue de este «paradigma ortodoxo» a través de las políticas públicas ha sido percibido negativamente por muchos ciudadanos y ha contribuido a generar desconfianza en las políticas económicas y los gobiernos que las han impulsado. En último término, ha socavado la confianza de la población en la propia economía de libre mercado.

La confianza en los partidos políticos y en los organismos de la Administración

En capítulos previos hemos examinado cómo la confianza se extiende en las relaciones entre las personas y en el tejido social, y también su desarrollo en instituciones privadas como las empresas. En ambos casos, un entorno de confianza actúa como elemento facilitador de los intercambios económicos y el progreso social, económico e institucional. Cuando, más allá del sector privado, nos planteamos la confianza en el sector público, es preciso preguntarse de nuevo qué determina la confianza de la población en las instituciones públicas, puesto que las relaciones de los ciudadanos con los partidos políticos y las administraciones son de una naturaleza muy peculiar, radicalmente diferente a las que mantienen con las empresas u otras entidades privadas.

Las instituciones públicas toman muchas decisiones que nos afectan, puesto que, a través de los mecanismos de representación política, les hemos delegado capacidad legislativa y poder de decisión ejecutivo sobre numerosos ámbitos de nuestra vida. Desde la perspectiva económica, hemos encargado a estas instituciones, en primer lugar, la provisión de bienes públicos puros, como el establecimiento y mantenimiento del orden legal, la defensa del país, la regulación de los derechos de propiedad y la gestión macroeconómica (banco central, presupuestos públicos). Asimismo, y en función del país de que se trate, las instituciones públicas llevan a cabo tareas como la provisión de sistemas de bienestar o seguro público (desempleo, pensiones, sanidad), la regulación del medioambiente o la provisión de educación. En estos casos, la intervención pública se puede justificar en parte como una corrección de fallos del mercado —la presencia de externalidades o de características de bien público—, pero también por razones políticas, de equidad.[1] Sin embargo, a menudo los objetivos públicos perseguidos no requieren necesariamente que la provisión o la titularidad del servicio corresponda al sector público.

En cualquier caso, en un régimen democrático las actividades que lleva a cabo el sector público derivan su legitimidad política, por un lado, de la confianza depositada por los votantes en los representantes políticos (los poderes Ejecutivo y Legislativo) y, por el otro, de la confianza de los ciudadanos en la Administración, desde el nivel estatal hasta los niveles municipales más cercanos al administrado. En términos generales, por tanto, la relación del ciudadano con las instituciones públicas es de delegación. En aras de la convivencia en sociedad, y para administrar aquellos bienes compartidos por todos y resolver los conflictos entre los ciudadanos, cedemos ámbitos muy importantes de nuestra autonomía y libertad a través del mecanismo de representación política.

El progreso político de un país se fundamenta en el establecimiento de un Estado impersonal y en la primacía de la ley. Un Estado, por tanto, que trate por un igual a todos los ciudadanos. No un Estado patrimonial, de familia y amigos, o un Estado clientelar, basado en la compra de favores. Fukuyama ha argumentado que la formación de los estados y la Administración moderna ha requerido corregir algunas de las pulsiones básicas de la naturaleza humana.[2] Destaca, en particular, la tendencia del ser humano a depositar su confianza en los familiares (*kin selection*) y a basar el desarrollo y el mantenimiento de la confianza en el intercambio de favores, el altruismo recíproco cuya importancia ya hemos destacado en capítulos anteriores.

Es importante distinguir la confianza en los partidos y la clase política en general de la confianza en el conjunto de la Administración, como la justicia, la policía o la sanidad pública, por poner algunos ejemplos. Veamos primero el caso de los organismos públicos.

En las actividades cotidianas, la delegación general que efectuamos en la Administración implica que el grueso de las relaciones que entablamos con ella sean transacciones jerárquicas; es decir, interacciones en las que la capacidad final de decisión reside en la Administración en todo aquello que no esté reglamentado o previsto por la ley. En los regímenes políticos más avanzados esa capacidad residual de decisión de la Administración tenderá a ser muy reducida,[3] precisamente por lo que supone de potencial menoscabo de los derechos de los administrados en circunstancias no previstas de manera expresa.

La transacción jerárquica tiene lugar cuando la decisión de la Administración se basa en la autoridad que se le ha conferido en el régimen legal (por ejemplo, decisiones acerca de los impuestos, la justicia y administrativas en general) e incluye también la relación de las instituciones públicas con sus funcionarios. Naturalmente, es posible que los ciudadanos tengan relaciones puras de transacción con el sector público, por ejemplo, cuando un particular actúa como proveedor de la Administración. Sin embargo, el grueso de estas transacciones es empresarial o profesional, y esta no es la relación habitual para un particular.

De la Administración esperamos que actúe con la debida profesionalidad y transparencia. Y, especialmente, que lo haga con integridad y sin discriminación alguna entre ciudadanos, es decir, con un sentido compartido de equidad. El comportamiento íntegro es especialmente relevante en la Administración, puesto que, en definitiva, sus organismos actúan por delegación, administrando los recursos que son de todos los ciudadanos. Además, casi siempre el ciudadano se enfrenta a situaciones en las que no puede escoger entre distintas administraciones. No es sorprendente, por tanto, que uno de los principales factores que explican el nivel de confianza en el conjunto de la Administración sea la existencia de corrupción, como detallaremos más adelante.

La importancia de no discriminar entre ciudadanos se puede ejemplificar para instituciones públicas como la justicia o la universidad. En el caso de la justicia, esperamos que esta sea administrada sin privilegios, con la máxima igualdad entre ciudadanos. Junto a la ausencia de corrupción, quizá este sea el principal factor generador de confianza.[4] En instituciones como el sistema universitario ocurre algo similar. El trato no discriminatorio en el acceso y en la concesión de títulos y méritos es, junto a la transparencia y la integridad, un factor fundamental para que la ciudadanía confíe en la institución. Para que la universidad no defraude las expectativas depositadas en ella es clave la provisión de una educación e investigación de calidad y la administración no discriminatoria de acceso y calificaciones. Esto último es esencial para que la institución se perciba como justa, con un sistema de admisión y evaluación transparente, aceptado por la sociedad. En definitiva, de los organismos de la Administración exigiremos transparencia, un trato no discriminatorio, honestidad y, por supuesto, eficiencia o profesionalidad.

Por otro lado, la rigidez de los estatutos de la función pública y los controles sobre ella para prevenir conductas inapropiadas dificultan enormemente el desarrollo de una cultura fuerte de confianza interna, que pueda proyectarse hacia el exterior y generar confianza en terceros, como sucede a veces en la empresa privada.

La caída de la confianza en la Administración, por tanto, puede obedecer a diversas causas. En primer lugar, a la corrupción, cuando los funcionarios aceptan pagos o prestaciones del sector privado con el objetivo de alterar sus decisiones administrativas. Un segundo factor es la percepción por parte de los administrados de un comportamiento discriminatorio. La discriminación puede ser el resultado del corporativismo funcionarial si se anteponen los intereses corporativos al servicio a los ciudadanos y el bien común. Como la Administración es, en último término, dirigida por representantes políticos, la discriminación también puede suceder como consecuencia de la politización de los organismos que la integran. Un tercer componente, vinculado asimismo al riesgo de corporativismo en la función pública, es la posible patrimonialización de los recursos públicos, cuando las retribuciones y condiciones laborales de los funcionarios son percibidas por los ciudadanos como excesivas o injustas. Es preciso tener en cuenta que, puesto que la Administración provee algunos servicios públicos críticos, en ocasiones los empleados públicos gozan de unas condiciones de negociación muy favorables ante sus responsables políticos. Finalmente, la confianza también se deteriora cuando la Administración no funciona correctamente por falta de profesionalidad o competencia. Además, y con el objetivo de evitar la apropiación privada de los recursos públicos, los organismos de la Administración introducen controles adicionales a la gestión, que suponen una elevada burocratización. A menudo estos controles también reflejan una escasa confianza en los administrados, lo que dificulta que se genere un clima de confianza mutua.

Es importante resaltar que varios de estos factores de potencial desconfianza en los organismos de la Administración podrían aliviarse si esta incrementase la transparencia en sus actuaciones con relación al sector privado. Como veíamos en el primer capítulo, confiar significa poner en manos del depositario de la confianza (en este caso en los organismos que gestionan por delegación los bienes colectivos) una capacidad de decisión con información no disponible por parte de quien confía. Todo lo que se haga para mejorar la transparencia de las actuaciones públicas ante los administrados favorecerá la generación de confianza en la Administración.

Por lo que respecta a la relación de los ciudadanos con las instancias puramente políticas, se trata también de una relación de delegación. Sin embargo, hay diversos factores, intrínsecos a la naturaleza de las instituciones políticas y la competencia entre partidos, que condicionan su relación con la población y dificultan enormemente la generación de un clima de confianza. En primer lugar, la valoración de los ciudadanos con los criterios antes mencionados para los organismos de la Administración (integridad, no discriminación y eficiencia) es considerablemente más difícil en instituciones puramente políticas, como el Gobierno y el Parlamento. Ello es así porque en estos organismos tiene lugar de manera directa la confrontación política: la contraposición de visiones distintas sobre cómo se deben tomar las decisiones sobre «lo público», e incluso, claro está, la propia delimitación entre lo privado y lo público.

La confianza en las instituciones políticas se debilitará si el conjunto de las fuerzas políticas no antepone los intereses generales del país a sus planteamientos de partido, y no preserva a las instituciones de la lucha partidista, priorizando el bien común y llegando a acuerdos que satisfagan a amplias capas de la población. Además, dado que el Ejecutivo en especial, pero también el Legislativo en gran medida, son poderes controlados por periodos largos sólo por una parte del espectro político, es muy difícil que gocen de la confianza de los ciudadanos que no se sienten representados por las fuerzas mayoritarias en cada ciclo político. Por ello, al máximo nivel de las instancias políticas, la erosión de la confianza de los ciudadanos en las instituciones tenderá a ser mayor cuando los partidos políticos en el poder actúen de manera sectaria, ignorando o incluso menospreciando las posiciones defendidas por las fuerzas minoritarias. Esto es algo que ocurre cada vez más en las democracias liberales conforme la sociedad se ha polarizado.

Por otro lado, la erosión de la confianza en los poderes y las instituciones políticas afectará también a los organismos de la Administración en la medida en que los partidos políticos interfieran en ellos, puesto que dicha injerencia dañará tanto la profesionalidad como la independencia de la toma de decisiones del sector público, con el potencial que ello abre al comportamiento corrupto, discriminatorio o clientelar.

Por último, la posibilidad de deterioro de la confianza en las instituciones políticas es muy elevada, puesto que, en el proceso de competencia electoral, es muy probable que las expectativas tiendan a situarse muy altas. Aunque la confianza entre las personas, como vimos en el primer capítulo, se basa más en las expectativas que en las habilidades, esto no es exactamente así en el caso de las instituciones políticas, por varias razones. Primero, es más difícil formarse una idea de la correspondencia entre la habilidad y el esfuerzo por cumplir que se ha llevado a cabo. En segundo lugar, la propia valoración del cumplimiento de las expectativas está sujeta a un amplio debate político. Finalmente, a diferencia de la confianza interpersonal, en política es mucho más difícil juzgar las intenciones y, por tanto, el ciudadano tenderá a valorar los resultados o su percepción de estos con relación a las promesas efectuadas.

La percepción pública sobre el sectarismo político repercute en desafección por la política en parte de la población, pero también es cierto que fideliza a los votantes más radicalizados y, por tanto, su efecto neto sobre la confianza de la población en la clase política es incierto. Lo que sí parece claro es que la confianza en la política estará también muy relacionada con los tres factores que antes hemos destacado, al hablar de la Administración: la integridad, la no discriminación y la eficiencia. Veamos primero cómo la confianza en la gestión política depende de la percepción sobre la existencia de abuso de la posición de poder (corrupción o discriminación). Posteriormente examinaremos cómo depende también de la percepción sobre la eficiencia en la administración del bien común.

La corrupción, entendida como el comportamiento ilegal o no ético de los representantes políticos en beneficio propio o de su partido, es por supuesto una defraudación directa de la confianza depositada por los electores. El político corrupto puede serlo para su beneficio personal o de familiares, pero también cuando toma decisiones político-administrativas con el fin de favorecer a su partido político y, de este modo, mantenerse en el poder o mejorar sus perspectivas de obtenerlo.

Las fuerzas políticas pueden tratar de utilizar el poder ilícitamente a su favor, pero los regímenes de democracia liberal disponen de mecanismos de control para limitar estos comportamientos. Los más importantes son la independencia judicial y de la función pública y los regímenes de contratos públicos, en los que se imponen condiciones de competencia y transparencia. A pesar de estas salvaguardas, la corrupción ha estado presente en muchas sociedades democráticas avanzadas y su erradicación ha sido un factor crucial de la agenda de regeneracionismo y progreso democrático en las democracias liberales.[5]

La corrupción, en definitiva, frena al avance democrático de una sociedad, puesto que es utilizada por los partidos políticos para mantenerse en el poder y socavar así la representatividad popular, que es inherente a la propia democracia.

Los mecanismos por los que opera la corrupción son diversos. El poder político puede usar su control de la toma de decisiones de los organismos de la Administración practicando el clientelismo, es decir, la compra de votos o el acceso a recursos financieros ofreciendo prebendas o ventajas a personas o empresas. Asimismo, la clase política puede usar los recursos públicos en beneficio propio y del partido, en lo que constituye una patrimonialización del Estado. Una manera de llevar a cabo esta patrimonialización es, por ejemplo, a través de la discriminación en el acceso a la función pública. En ambos casos, la desconfianza en la política por parte de la ciudadanía aumenta, puesto que los representantes políticos utilizan el poder obtenido por mecanismos democráticos como un instrumento de beneficio personal o partidista en lugar de promover el bien común y los objetivos de política para los cuales fueron elegidos.

El segundo gran factor de desconfianza de la ciudadanía en la clase política es el fracaso de las políticas públicas, o la percepción de fracaso por parte de la población dadas las expectativas que se habían generado. Al respecto, el análisis económico puede contribuir examinando los objetivos de cada política y los resultados obtenidos; por ejemplo, en el caso de la política monetaria, analizando sus efectos sobre la estabilidad financiera y la inflación. Lo veremos con detalle en capítulos posteriores, junto a otras políticas macroeconómicas y a las políticas de redistribución.

Pero la valoración de las políticas públicas afecta a todas las áreas en las que el Estado interviene, por ejemplo, la regulación de mercados o las políticas impositivas y de servicios públicos.[6] En efecto, para el contribuyente el nivel de la presión fiscal, y si esta se corresponde con la calidad del gasto público que llevan a cabo los respectivos organismos, es un factor importante para evaluar a los líderes políticos y la Administración. Por lo que respecta al gasto corriente, la confianza decaerá cuando la población perciba que los servicios ofrecidos no se corresponden con la presión impositiva. Y algo similar sucede con los gastos de capital cuando la población observa que las inversiones del Estado no son productivas u obtienen malos resultados (infraestructuras inutilizadas o sin mantenimiento adecuado).[7] Cuando la calidad de los servicios públicos y las inversiones en infraestructuras no se corresponden con los niveles de imposición, se fomenta la picaresca y una cultura de incumplimiento tributario.

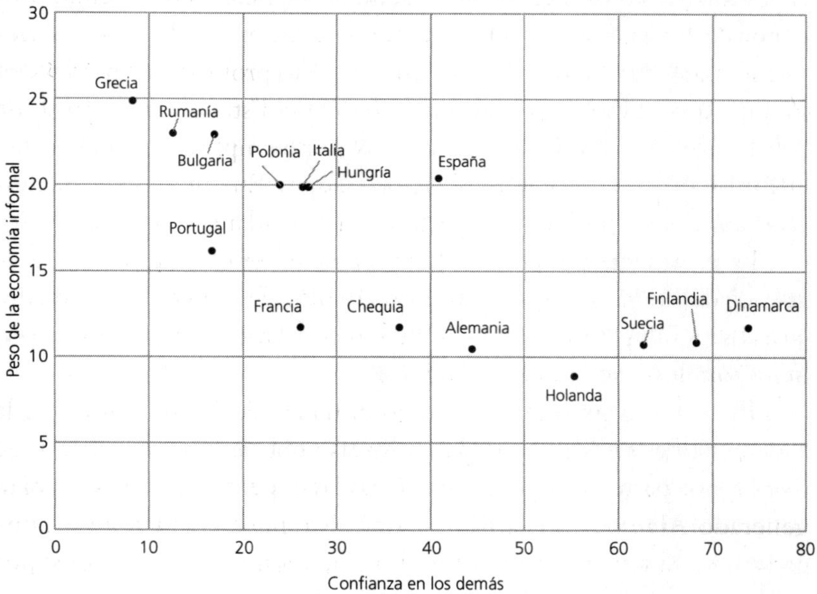

Gráfica 5.1. Confianza en los demás y economía informal.*

Por otro lado, en la medida en que los ciudadanos piensen que «el Estado no es de todos», sino que lo patrimonializan unas élites administrativas o unos partidos políticos, habrá resistencia a pagar impuestos y ello dificultará que el Estado y la Administración puedan funcionar adecuadamente. En estas situaciones, la población tiende

* Fuente: Elaboración propia a partir de los datos de la tabla 1.1 y datos de economía informal en porcentaje del PIB de 2017 procedentes de Medina y Schneider, «Shedding Light on the Shadow Economy: A Global Database and the Interaction with the Official One».

a pensar que la clase política no prioriza el bien común. Probablemente algo así es lo que sucede en un país como Nigeria, en el cual la recaudación de impuestos se sitúa en el 6 por ciento del PIB, con un predominio de la economía informal, no sujeta a impuestos. Ello puede interpretarse como reflejo de la escasa confianza de la población nigeriana en el Estado.[8] De hecho, la economía informal o sumergida está correlacionada tanto con los índices de confianza en los demás como con los índices de corrupción de los países desarrollados. Como muestra la gráfica 5.1, que se centra en los quince países europeos que hemos visto en capítulos previos, incluso cuando nos fijamos en economías avanzadas, aquellas en las que la confianza social está menos extendida tienden a tener más economía informal. La correlación negativa para los países de esta muestra es de -0,78.[9]

La percepción pública de fracaso de una política económica es muy distinta de la evaluación técnica de sus resultados. Se percibe que una política fracasa cuando lo obtenido no concuerda con lo que se prometió o con lo esperado por parte de la población. En políticas públicas, las divergencias entre los resultados y lo que se prometió o se esperaba pueden obedecer a diversas causas, más allá de la adecuación técnica de cada política.[10] En primer lugar, como hemos visto, en la competencia política existe siempre una tendencia a prometer en exceso, una especie de subasta al alza. Además, cuando los partidos políticos acceden al poder comprueban que operan bajo diversas restricciones (gobiernos de coalición, legislación de la Unión Europea, presión de los mercados financieros internacionales) que cercenan su capacidad de llevar a cabo determinadas políticas. En 2022, la nueva primera ministra británica Liz Truss trató de llevar a cabo una reducción de impuestos, para tener que retroceder y acabar perdiendo el poder poco después ante la reacción de los mercados de capitales, que demandaban unos mayores rendimientos de la deuda pública británica y provocaron una grave alteración de los mercados financieros, socavando en la práctica las intenciones políticas de la dirigente conservadora. Finalmente, los electores tienden a percibir como negativas las políticas implantadas por gobiernos a los que no han dado su respaldo. Este efecto introduce un sesgo negativo en la evaluación de las políticas de los gobiernos. Además, si se agudiza la polarización política, ello dificultará aún más la corrección de este sesgo, puesto que habrá un menor consenso sobre lo que representa el bienestar general o el bien común, y las políticas devendrán más sectarias. En ese sentido, será aún más difícil que un elector que no votó a los partidos que ocupan el poder juzgue sus políticas como favorables.

La caída de la confianza en las instituciones públicas y sus causas

En el capítulo 1 vimos la caída histórica de la confianza en las instituciones públicas en Estados Unidos al revisar los trabajos precursores de autores como Robert Putnam. La situación actual de baja confianza en los partidos políticos, los gobiernos y en general en la Administración se puede monitorizar regularmente en Europa mediante las preguntas que se efectúan en el Eurobarómetro. La tabla 5.1 muestra de manera sintética los resultados a mediados de 2022. Los datos corresponden a los mismos quince países de la Unión Europea de las tablas previas en las que usamos los datos de confianza de la Encuesta Mundial de Valores. Utilizamos el Eurobarómetro para las instituciones públicas, dado que se publica con mayor frecuencia. La correlación entre ambas encuestas es muy elevada para todas las instituciones analizadas, con la excepción de los partidos políticos.[11] Además del Gobierno, los partidos políticos y los demás organismos de la Administración, la tabla incluye el sistema judicial y la policía, por su papel crucial en la división de poderes del Estado y la preservación de las libertades democráticas, respectivamente. Los datos corresponden a quince países de la Unión Europea y ofrecen suficiente diversidad de tradiciones y enfoques administrativos, siempre en un marco de democracias con economías de mercado compartido por todos los países.[12]

	Partidos políticos	Gobierno	Administración pública	Justicia y sistema legal	Policía
Unión Europea	21	34	50	52	69
Dinamarca	42	**39**	75	84	90
Finlandia	42	42	71	82	92
Suecia	34	51	64	73	83
Alemania	30	49	62	66	79
Hungría	27	38	61	**55**	66
Francia	11	23	57	**42**	69
Chequia	13	18	55	55	77
Holanda	35	47	50	75	83
Polonia	24	26	45	**37**	45
España	8	23	45	51	75
Portugal	16	45	44	**40**	74
Rumanía	30	**27**	37	46	48
Bulgaria	13	20	35	**23**	49
Italia	18	33	**31**	43	64
Grecia	9	13	26	58	70

TABLA 5.1. Confianza en las instituciones públicas en la Unión Europea.*

Los resultados de confianza en las instituciones públicas presentados en la tabla 5.1 sugieren varias interpretaciones. Una primera observación es que los niveles de confianza divergen de manera significativa entre las distintas instituciones públicas. Destaca la peor valoración de las instancias puramente políticas, especialmente los partidos políticos, seguidos de los gobiernos. Conforme nos adentramos en el ámbito de la Administración la valoración tiende a aumentar, y lo hace de manera especial en renglones de carácter más profesional, como la policía (lo

* FUENTE: Eurobarómetro, verano 2022. Preguntas 6a.2, 3, 4, 6 y 9. Porcentaje de los encuestados que confían en cada una de las instituciones Los datos destacados en negrita muestran aquellos resultados que, a nivel de cada país, no mantienen el orden de menor a mayor confianza que observamos para la media de la Unión Europea.

mismo ocurre con otras instituciones como el ejército o algunos servicios públicos, que no incluimos en aras de la brevedad). De todos modos, no cabe duda de que la alta valoración de la policía tiene un elevado valor político e institucional, pues es precisamente en las fuerzas del orden donde es especialmente necesario prevenir los casos de corrupción y pérdida de confianza por parte de los ciudadanos.

Una segunda observación que se deriva de los datos es que los distintos niveles de confianza entre las diversas instituciones se registran de manera muy homogénea entre los países de la muestra, con muy pocas excepciones, como se indica en la tabla.[13] Únicamente la justicia pierde valoración en algunos países y se sitúa por detrás de la Administración. La justicia, naturalmente, constituye no sólo un área de la Administración, también es uno de los tres poderes del Estado y, por tanto, desempeña un doble papel, ya que está al servicio de los ciudadanos y es un factor crucial en el equilibrio de poderes en un sistema democrático.

En tercer lugar, la ordenación de los países de mayor a menor confianza (en la tabla se ordenan en función de la confianza en la Administración) es parecida a la que observábamos en el capítulo 1 cuando analizamos el dato de la confianza en los demás.[14] Encabezan la lista los países nórdicos, luego aparece un bloque de países centrales de la Unión, para terminar con países del sur y del este de la Unión Europea.

Por último, merece la pena destacar que la correlación entre los diversos indicadores de confianza en las instituciones públicas es elevada, especialmente entre la confianza en la justicia y la policía, así como entre la confianza en los partidos políticos y en el Gobierno. Estas características de los indicadores se confirman también cuando se usa la Encuesta Mundial de Valores, lo que da cierto crédito al uso de este tipo de encuestas.

Por lo que respecta a la evidencia empírica sobre las causas de la baja confianza, los resultados se refieren, en general, a gobiernos y administraciones, aunque en ocasiones se entra en cierto detalle de instituciones concretas. Normalmente, el análisis empírico examina la relación entre la confianza y la efectividad de las políticas gubernamentales a nivel de usuario y no ha entrado en las políticas públicas a nivel macroeconómico.

La OCDE ha examinado empíricamente tanto la calidad de las medidas de la confianza en los organismos de la Administración como sus determinantes. Las encuestas sobre estas temáticas tal vez no son tan robustas como las de la confianza en terceros, pero sí lo suficiente para extraer algunas conclusiones. Los datos muestran, en primer lugar, una alta correlación entre la confianza en el Gobierno y la percepción de baja corrupción, con una correlación incluso más elevada en el caso del sistema judicial.[15] Para los datos reportados en la tabla 5.1, es fácil efectuar un análisis de correlación con los indicadores de corrupción que cada año compila Transparency International.[16] La correlación positiva es especialmente alta con la policía (0,82), la justicia (0,79) y la Administración (0,72). Lo es menos con los partidos (0,63) y los gobiernos (0,64); en este punto podemos especular si ello se debe a que la confianza en estos casos también depende de la credibilidad de las políticas públicas desarrolladas por estas instancias más puramente políticas.

En trabajos posteriores centrados en un subconjunto de seis países para los que se han examinado tanto encuestas como evidencia experimental, la OCDE ha tratado de establecer los principales factores que determinan la confianza en el Gobierno y las instituciones públicas.[17] La evidencia muestra que estos factores son, por orden de relevancia cualitativa, la no discriminación y la justicia en las decisiones, la fiabilidad del Gobierno, su transparencia, la ausencia de corrupción y la celeridad en la respuesta ante los ciudadanos. Sin embargo, existen diferencias sustanciales entre los países estudiados y el análisis que examina la importancia cuantitativa de cada uno de ellos, aunque es más difícil técnicamente, destaca la corrupción como el factor más importante.

Otros análisis llevados a cabo por instituciones como la ONU en su *World Development Report*[18] y el Pew Research Center muestran que también existe alta correlación entre la existencia de confianza en los demás y la confianza en las instituciones democráticas, o la resolución por vías políticas de los problemas sociales de acción colectiva. Asimismo, otras investigaciones han mostrado que, en sociedades con mayor confianza social, los ciudadanos exigen más rendición de cuentas por parte de las autoridades políticas.[19]

En definitiva, la confianza en el sistema político y los organismos de la Administración es favorecida por la mayor confianza social y está íntimamente ligada al desarrollo y el mantenimiento de un sistema político moderno y estable, al igual que de una Administración independiente y eficiente. Por las razones que hemos expuesto, esa confianza es fácilmente erosionable en la confrontación política si no se han introducido las debidas salvaguardas, tanto en el sistema político como en la Administración.[20]

La decepción y pérdida de confianza de electores y ciudadanos por los magros resultados del proceso político y la baja eficiencia o la corrupción de los organismos de la Administración son cuestiones de la máxima importancia, puesto que pueden acarrear graves consecuencias tanto en términos de estabilidad política como de deterioro del propio tejido social y económico. Son caldo de cultivo para la aparición de movimientos populistas que tratan de subvertir la democracia liberal representativa. Asimismo, pueden deteriorar el propio clima de confianza social en la medida en que, ante una Administración corrupta e ineficiente, los ciudadanos revierten al tribalismo, fiándose únicamente de la familia y los amigos, retrocediendo, por tanto, a entornos sociales en los que la confianza generalizada es muy endeble y se dificulta con ello la cooperación y el intercambio económico.

La confianza en la gestión de las políticas públicas

Iniciamos este capítulo con Italia, paradigma de país avanzado aquejado de una elevada inestabilidad política. Aunque a menudo se bromea diciendo que Italia funciona gracias a no tener gobierno, lo cierto es que el declive italiano con relación a la media europea es palmario y se refleja en datos tan relevantes como la evolución de su productividad con relación al resto de Europa, así como la evolución de su endeudamiento público. Italia es por antonomasia el gran país europeo en el que el desgobierno ha conducido a un menor crecimiento económico.[21] Las instituciones públicas importan y la confianza de la población en ellas es necesaria.

El sector público y la política económica son fundamentales en el marco general de una economía de libre mercado. Sin embargo, a lo largo de las últimas décadas el liderazgo político ha sido incapaz de gestionar con credibilidad y acierto las economías, y ello ha contribuido al deterioro de la confianza de la población en el sistema económico. En bastantes países esta desconfianza se ha extendido incluso a los fundamentos democráticos del sistema político, puesto que, además de las dificultades de las políticas públicas, los partidos políticos han defraudado a sus electores en el ámbito de la corrupción, en cuanto representantes políticos y defensores de sus intereses y del bien común. En los próximos capítulos examinaremos el impacto de algunas de las principales políticas económicas en la confianza de la población en sus instituciones públicas. Pero antes es útil recordar el marco conceptual que ha dado cobertura intelectual a estas políticas.

Las economías avanzadas se han regido a lo largo de los últimos cuarenta años por un claro paradigma de gobernanza política y social. El sistema combina la democracia liberal para la toma de decisiones políticas con una economía de mercado libre como mecanismo de asignación de recursos y retribución de los factores productivos. En ambos casos, existía un convencimiento de que se trataba de instituciones que, a pesar de sus carencias, eran las menos malas para lograr el progreso armónico de la sociedad. En el caso de la democracia liberal, sus limitaciones podían corregirse con sistemas robustos de división de poderes, rendición de cuentas ante autoridades independientes del poder político y control de las actuaciones de los poderes públicos. Para la economía de mercado, se consideraba que sus fallos debían corregirse a través de la actuación de la Administración, mitigando aquellos ámbitos en los que el capitalismo conducía a resultados inaceptables desde la perspectiva social y, por tanto, política.

El paradigma se sustentaba en que el sector público podía y debía alterar el funcionamiento libre de los mercados fundamentalmente en tres áreas. La primera era la provisión de bienes públicos prácticamente puros, como la defensa nacional o la gestión macroeconómica y monetaria, cuya provisión no sería eficiente desde el mercado privado, además de ser de dudosa viabilidad política por razones de legitimidad y concentración del poder. La segunda era la regulación de aquellas actividades económicas en las que se producían fallos de mercado, es decir, áreas como la protección del medioambiente, en las cuales la libre competencia de las compañías privadas conllevaba resultados negativos desde la perspectiva social, dado que las empresas sólo tenían en cuenta los costes propios asociados a su actividad y no los soportados por terceros, como sería la polución. Una tercera área de actuación del sector público era la provisión de los servicios asociados al estado del bienestar, para de este modo garantizar el acceso de toda la población a servicios públicos fundamentales como la sanidad y la educación. El acceso universal a estos servicios se consideraba necesario por los efectos externos positivos que una mejor educación y sanidad tienen en el conjunto de la economía, pero también por razones políticas. Existía, sin embargo, un amplio debate sobre el papel del sector público en su provisión. Algo similar sucedía con los sistemas de pensiones.

Este paradigma de gestión de las economías era coherente con las principales corrientes de la ciencia económica surgidas a partir de la síntesis de teoría macroeconómica que tiene lugar en los años setenta y ochenta entre los economistas poskeynesianos y los economistas neoclásicos. También reflejaba las principales corrientes en los diversos campos de la teoría microeconómica. En definitiva, era el triunfo en política económica de la teoría económica ortodoxa, desarrollada fundamentalmente en Estados Unidos entre 1950 y 1990. En esta corriente nos formamos muchos economistas de mi generación y en ella se habían educado la gran mayoría de los que serían los gestores de las políticas económicas occidentales hasta nuestros días. Era un marco de referencia que no suponía una victoria para los economistas neoliberales, economistas que en términos políticos defendían una visión libertaria y eran partidarios de una liberalización total de los mercados. Sin embargo, tampoco era un triunfo de los economistas intervencionistas a ultranza, cercanos a los clásicos partidos de izquierdas, socialistas y comunistas, que propugnaban alterar el funcionamiento de los mercados con fines estrictamente políticos, sin ánimo alguno de corregir el funcionamiento del libre mercado, en el que creían poco o muy poco.

Había acuerdo entre el centroderecha y el centroizquierda en que el sistema capitalista era el más adecuado para generar riqueza, y también en la necesidad de corregir sus efectos indeseados mediante políticas públicas. El pensamiento económico que inspiraba la política económica afirmaba que los mercados eran el instrumento más adecuado para conseguir una economía eficiente y promover el crecimiento económico. El logro de la eficiencia a veces exigía la intervención en algunos mercados, cuando los costes (o beneficios) sociales y privados no coincidían por algún fallo del mercado. Pero dichas intervenciones se justificaban sólo desde la perspectiva de la eficiencia económica; es decir, por el objetivo de conseguir la mejor asignación de recursos, por ejemplo, en términos de producir al menor coste, teniendo en cuenta también aquellos costes que no eran privados. No se aceptaba, en definitiva, la intervención por razones de equidad. Para atacar las cuestiones distributivas, las consecuencias en términos de distribución de la renta y las oportunidades entre la población, el consenso era que se debía utilizar el sistema fiscal, así como la provisión de los bienes públicos antes mencionados. La batalla entre liberal-conservadores y socialdemócratas era en los matices, en la modulación de las políticas. El centroderecha prefería una menor intervención en los mercados, los impuestos más bajos y un estado del bienestar más acotado, controlando más el efecto de los subsidios en los incentivos de las personas; el centroizquierda abogaba por mayor regulación y cobertura del estado del bienestar, esta última sufragada por una mayor presión impositiva. Pero no había desacuerdo en el tablero en el que se jugaba la partida, un entorno de libre mercado, con estabilidad presupuestaria y de precios.

Desde la perspectiva macroeconómica también existía un consenso sobre la necesidad de gestionar la economía en un marco de estabilidad de precios, para lo cual era fundamental contar con una autoridad monetaria independiente y una política presupuestaria orientada a la estabilidad y el control del déficit público. De nuevo, el centroizquierda y el centroderecha discrepaban marginalmente. La izquierda, por lo general, era algo más reacia a aceptar las condiciones de restricción en el gasto público que implicaba la estabilidad presupuestaria.

Este marco de gobernanza de las sociedades occidentales ha estado sujeto a una enorme presión, en parte a causa de las profundas transformaciones que ha sufrido la economía mundial en los últimos cuarenta años. Estas disrupciones incluyen fenómenos de largo alcance como la globalización, en especial la incorporación de China y el resto de Asia al sistema de comercio internacional, y la introducción de nuevas tecnologías, en particular las vinculadas a las tecnologías de la información. Estas tendencias económicas y tecnológicas han provocado cambios profundos en las sociedades occidentales. A ellas cabe añadir otras transformaciones sociales vinculadas a fenómenos como el envejecimiento de la población, el cambio climático, los flujos migratorios y la creciente convivencia de múltiples grupos culturales en muchas sociedades. Por último, probablemente los propios sistemas de gobernanza democrática han mostrado sus carencias para acomodar las aspiraciones políticas y resolver los complejos problemas que se generaban en unas sociedades cambiantes y, a menudo, sometidas a fuertes tensiones sociales. El resultado ha sido que en muchos países los electorados han perdido la confianza en las fuerzas políticas que habían sido centrales, provocando un cuestionamiento creciente del sistema económico, así como la aparición de fuerzas políticas radicales que incluso se oponen al sistema político vigente basado en la democracia representativa y la división de poderes.

En el ámbito de la política, la transformación del escenario político ha sido radical en muchos países. Prácticamente han desaparecido fuerzas que habían sido hegemónicas (por ejemplo, el Partido Socialista de Francia) y han surgido fuerzas nuevas (en Alemania, por ejemplo, Alternativa para Alemania), en muchos casos con planteamientos políticos extremistas. En algunos países el escenario político se ha fragmentado y el peso de los partidos extremistas ha conllevado una polarización y radicalización de la discusión política. En otros, las fuerzas convencionales han adoptado de manera gradual agendas políticas más radicales que han acarreado un creciente enfrentamiento entre grupos sociales.

En muchos países los ciudadanos confían ahora mucho menos en sus líderes políticos y sus partidos, y esta creciente desconfianza se ha extendido en cierta medida al conjunto de los organismos de la Administración, en parte debido a la relación que tienen con la clase política y a que son agentes ejecutores de muchas de las políticas públicas decididas por las fuerzas en el poder.[22] Las dificultades de las democracias liberales para responder de manera efectiva a las exigencias de la sociedad se han puesto especialmente de relieve en los últimos tiempos. Lo veremos en detalle en los próximos capítulos. Pero ya podemos adelantar que la gran crisis financiera fue sin duda una crisis de confianza en varios sentidos. Primero, puesto que en muchos países se evaporó la confianza en las principales entidades financieras. Pero fue también una crisis de confianza en la medida en que se erosionó la credibilidad del sistema. La enorme inestabilidad financiera y económica que se generó, así como las fuertes alteraciones en el valor de los activos reales y financieros, provocaron desánimo, desazón y enojo en amplias capas de la población; además, se abrieron grandes interrogantes sobre la calidad de la gestión de la economía, así como la transparencia y equidad de los mecanismos de asignación de oportunidades laborales, renta y riqueza.

La importancia de la confianza en los gobiernos y la confianza generalizada en la sociedad se ha puesto también de manifiesto a lo largo de la crisis sanitaria que ha vivido todo el planeta entre 2020 y 2023. Aunque aún es pronto para el contraste definitivo de los factores que han determinado la efectividad de la respuesta de los países ante el reto sanitario, algunos estudios iniciales apuntan a la importancia crucial que ha tenido la confianza.[23] Los países con mayores niveles de confianza social y de confianza en el Gobierno habrían tenido unos mejores resultados en la lucha contra la pandemia. En particular, los países con mejores indicadores de confianza habrían registrado tanto un mejor cumplimiento de las restricciones impuestas por las autoridades con relación al virus como unas mayores tasas de vacunación. Ambos factores fueron determinantes del éxito para evitar un alto nivel de contagio por covid-19, vencer la pandemia y restablecer el crecimiento económico.

SEGUNDA PARTE

Las políticas financieras han erosionado la confianza

El capitalismo es capaz de generar mucha riqueza y bienestar. A lo largo de los últimos cuarenta años, sin embargo, su vertiente más financiera ha ganado un protagonismo extraordinario y no siempre positivo. Las finanzas estuvieron en la raíz del gran crac financiero de 2007-2008. Una crisis que desgastó gravemente la confianza de la sociedad en el capitalismo.

En esta segunda parte del libro se examinan, en primer lugar, los rasgos del sector financiero que generan desconfianza en la población (capítulo 6). Los ciudadanos ven con recelo las finanzas por su complejidad, por la volatilidad que generan en la economía y por el sesgo hacia el corto plazo y la especulación que comportan. Se duda de la cultura de las finanzas, lo cual es irónico puesto que el dinero y el crédito se basan precisamente en la confianza.

A continuación, en el capítulo 7 se describen las principales causas de la crisis financiera que estalló en 2007-2008. El análisis muestra el papel que jugaron las políticas financieras que han dominado desde los años ochenta del pasado siglo. Las políticas monetarias fueron laxas y acomodaticias ante las demandas sociales de expansión de la actividad económica y el gasto. A su vez, las políticas regulatorias y de supervisión fueron erróneas y permitieron la acumulación de excesivos riesgos en la economía. Las consecuencias de la crisis y de la larga recesión que le sucedió han sido nefastas para la confianza de la población en la economía de libre mercado.

En el capítulo 8 se examina la respuesta de las políticas financieras tras la crisis. El análisis destaca cómo las políticas monetaria y regulatoria abordaron esta etapa con el mismo marco conceptual que había conducido el sistema al borde del precipicio. La crisis financiera no sólo provocó una crisis de confianza en el capitalismo, sino también en la capacidad de los gestores de la política económica para administrarlo y en las teorías económicas en las que se habían basado las decisiones de política pública.

En el capítulo 9 se argumenta que estos años de políticas monetarias heterodoxas y políticas regulatorias ineficaces pueden acabar socavando la confianza de la población en los bancos centrales. En muy poco tiempo las economías avanzadas han transitado de unos tipos de interés absurdamente bajos durante mucho tiempo, a unos tipos rápida y considerablemente al alza, con una seria amenaza de nuevas turbulencias financieras y económicas. La confianza de los ciudadanos en el sistema financiero y regulatorio internacional, y en especial en sus bancos centrales, corre el riesgo de sufrir un nuevo y serio revés.

6

¿Son de fiar las finanzas?

El actor James Stewart es el protagonista de todo un clásico del cine navideño: la película *Qué bello es vivir* de Frank Capra. En ella se narran las dificultades de George Bailey —el personaje interpretado por Stewart— como responsable de una pequeña entidad financiera cuando se extiende la creencia entre los depositantes de que no está en disposición de abonarles sus ahorros en metálico. Es un ejemplo paradigmático de cómo la institución del crédito se basa en la confianza, es decir, en la creencia o expectativa de que los compromisos se cumplirán.

La película de Capra transcurre en una imaginaria población estadounidense, Bedford Falls, en las navidades de 1945. Aunque hacía ya algunos años que en Estados Unidos existían organismos públicos que garantizaban parcialmente los depósitos bancarios, Bailey debe recurrir a su reputación personal de integridad, a su credibilidad y a sus propios recursos para salvar la situación. Sus dificultades económicas se solucionan gracias a la respuesta entusiasta de los ciudadanos de Bedford Falls a la llamada de emergencia de su esposa. Los vecinos confían en George, del mismo modo que a lo largo de muchos años él ha confiado en sus clientes y conciudadanos.

Dinero y crédito: una cuestión de confianza

El crédito se basa, pues, en la confianza. De hecho, la raíz etimológica del término crédito es *credere*, que significa «creer» o «confiar» en alguien. La concesión de crédito está lógicamente vinculada a la evaluación de la capacidad de devolución del prestatario. Pero, por sí sola, esta capacidad no genera una operación de crédito. Para que esta tenga lugar debe existir además la voluntad por parte del prestatario de devolver el préstamo y la confianza por parte del prestamista de que esto será así.

En los sistemas bancarios modernos, la confianza desempeña un doble papel. En el activo del balance, los préstamos y las hipotecas que se conceden a las familias y las empresas requieren la confianza de la entidad en los acreditados. En el pasivo sucede algo similar. Los depositantes han de confiar en la liquidez y la solvencia de la entidad para tener en ella sus ahorros. El balance de un banco es, por tanto, pura confianza. El sistema es, sin embargo, en sí mismo frágil, como lo demuestran la numerosas crisis bancarias a lo largo de la historia. Tanto si nos referimos a la banca no regulada del siglo XIX como si hablamos de épocas más recientes. En el primer caso, por ejemplo los años de la «banca libre» en Estados Unidos, se trata de una época en la que los bancos incluso emitían su propia moneda. La banca no estaba prácticamente supervisada por las autoridades y las crisis eran recurrentes. En el siglo XXI hemos tenido también crisis bancarias, como en España tras la explosión de la gran crisis financiera internacional de 2007-2008, a pesar de tratarse de una banca moderna, regulada y supervisada. En algunos casos, las crisis han sido idiosincráticas, y han afectado a entidades concretas, pero en otros han tenido un carácter sistémico. Así pues, el sistema bancario era frágil cuando no estaba regulado y décadas de intervención y supervisión no han conseguido eliminar su inherente inestabilidad.[1] La regulación ha tratado de estabilizar el sistema financiero, pero muchas veces ha tenido consecuencias no anticipadas, sin lograr erradicar las crisis bancarias.

La confianza no solo es fundamental en el mundo del crédito, sino también con relación al activo monetario por excelencia, el dinero emitido por los bancos centrales. La creación de los bancos centrales les permitió ostentar el monopolio de la emisión de dinero de curso legal —aunque en ocasiones fueran bancos privados, como en el Reino Unido o en España con el Banco de San Fernando—. La confianza en ese dinero no era muy distinta de la que hoy en día puedan tener los ciudadanos en un banco comercial concreto. Hoy esperamos poder convertir en dinero en efectivo nuestro saldo en cuenta corriente de la misma manera que entonces el dinero era convertible en oro a una paridad o tasa predeterminada.[2] En el patrón oro la confianza en una moneda se fundaba en su convertibilidad en el metal precioso. Los episodios de crisis de confianza en monedas vinculadas al oro son numerosos. Uno de los más destacados fue la caída de la libra esterlina en 1931. El Reino Unido había regresado al patrón oro en 1925, tras haberlo abandonado con motivo de la Primera Guerra Mundial. Al recuperar la paridad anterior a la Gran Guerra, el gobierno de Winston Churchill provocó una sobrevaloración de la libra que acabó minando la confianza en la moneda y condujo a la crisis de 1931.[3]

El papel de la confianza en el dinero de curso legal pasó a ser aún más importante con el abandono del patrón oro, tanto en la época del patrón dólar (1945-1973) como en el momento actual, en el cual el dinero es fiduciario, es decir, no tiene una contrapartida en ningún bien precioso como el oro o la plata, y tampoco en una moneda de referencia como el dólar. La raíz latina de fiducia es *fides*, término que ya vimos en el capítulo 3, que significa fe o confianza en el cumplimiento de los compromisos, y así es el dinero moderno, una institución que se basa eminentemente en la confianza, en un doble sentido: la de los ciudadanos en la estabilidad y viabilidad política del Estado emisor y la de que el Estado hará un uso adecuado de su monopolio en la emisión de moneda de curso legal. Los ciudadanos confían en que el Estado seguirá existiendo en el futuro, para que la moneda siga teniendo una aceptación generalizada, y en que la emisión de la moneda será gestionada con rigor, sin depreciar su valor de manera significativa.

Los casos de quebranto del valor de la moneda por pérdida de confianza son numerosos. Las economías latinoamericanas han vivido muchos episodios de dolarización, en los que la moneda local ha sido sustituida *de facto* por el dólar. En otras ocasiones, como en Rusia en el proceso de transición al capitalismo, la economía ha revertido al trueque, al intercambio directo de bienes, incluso a gran escala.[4] Cuando la pérdida de valor es crónica, puede incluso suceder que surjan empresas que ofrezcan productos financieros cuyo rendimiento se abona en bienes en lugar de en la moneda local. En Zimbabue, país con episodios de hiperinflación recurrentes, si uno ahorra para la pensión, existe una entidad aseguradora que ofrece la titularidad futura de ganado como pago de la pensión. Desde la perspectiva de los ciudadanos de Zimbabue, se trata de un activo que es mucho más de fiar que la moneda local.[5]

La pérdida de confianza en la continuidad o existencia de un Estado no es tan común, aunque ha habido algunos episodios. Uno de ellos lo viví de cerca en mi etapa profesional en el sector bancario cuando, con motivo de la elevada incertidumbre política en España tras el referéndum de independencia de Cataluña del 1 de octubre de 2017, muchos ciudadanos desconfiaron de la continuidad del euro en Cataluña y trataron de situar sus depósitos bancarios en otras zonas de España o de la zona euro.

El dinero tiene valor y lo conserva si su oferta, su disponibilidad, mantiene una relación razonable con las necesidades derivadas de la producción y el comercio, fundamentalmente en la economía del propio país. Cuando la economía crece, con más transacciones y de más valor, es preciso disponer de más dinero para llevar a cabo las compraventas, la producción y otras operaciones comerciales sin oscilaciones muy significativas en los precios.

La posibilidad de crear dinero otorga, por tanto, un gran poder y por esta razón está estrechamente regulada. En economías modernas, este poder está en manos de bancos centrales independientes, con la debida rendición de cuentas, precisamente para evitar el uso de la creación de dinero con objetivos políticos. Si la política monetaria está sujeta al ciclo político, tiende a usarse para lograr expansiones económicas a corto plazo con objetivos electorales que acaban provocando la pérdida de valor de la moneda y perjudicando la confianza del público en ella. Es preciso resaltar que un banco central independiente con un mandato apropiado es condición necesaria pero no suficiente para disponer de una política monetaria orientada a la estabilidad de precios. Si la política presupuestaria genera déficits recurrentes y los mercados financieros perciben que la política fiscal del país no es sostenible, habrá mucha presión sobre el banco central para monetizar la deuda; es decir, para incrementar la cantidad de dinero, generar inflación y disminuir de este modo el coste real del servicio de la deuda. Por tanto, también es muy importante que la política fiscal transmita confianza a los inversores (volveremos sobre esta cuestión en el capítulo 10).

En el caso del crédito, la falta de confianza social explica el infradesarrollo de los mercados financieros, como avanzamos en el capítulo 3. La razón es sencilla: la desconfianza dificulta el diseño y el cumplimiento de los contratos entre acreedores y deudores. Esto afecta a cualquier sector de la economía, pero mucho más al sistema financiero, ya que en este el crédito es la esencia de la actividad y no un elemento auxiliar a la transacción de compraventa.

La existencia de supervisores bancarios y autoridades que controlan actividades financieras como la banca, los seguros y los mercados de valores es fundamental para cimentar la confianza de los actores económicos en el sistema financiero. La ausencia de injerencias políticas es también clave en el desarrollo y el prestigio de estas instituciones. Junto a la calidad técnica, el requisito esencial es una gobernanza que garantice que el supervisor actúa con el objetivo de preservar el bien común y de manera no discriminatoria en la supervisión de las entidades y los mercados.[6] El dinero y el crédito existen y se expanden gracias a la confianza social y en las instituciones públicas; esto sucede a pesar de que, como veremos a continuación, algunas de las características intrínsecas del sector financiero pueden generar precisamente recelo y desconfianza en los ciudadanos.

El sistema financiero como factor de inestabilidad

El sistema financiero es denostado a menudo por la inestabilidad económica que genera. En primer lugar, los mercados de capitales son muy volátiles y sufren burbujas especulativas y crisis bursátiles recurrentes. Son situaciones en las que los precios de los activos aumentan o disminuyen desmesuradamente, alejándose de la valoración por fundamentales. Esta valoración se basa en los flujos de rentas futuras que se espera que genere un determinado activo, adecuadamente descontados para considerarlos en valor presente.

Además, la banca tiende a acentuar las fluctuaciones naturales de la economía, tanto en los momentos de expansión como en los de contracción. Las causas de este comportamiento procíclico son muy diversas y tienen su raíz tanto en la naturaleza del negocio bancario como en la intervención reguladora.[7] La competencia entre los bancos propicia expansiones excesivas del crédito en los momentos de euforia. Los bancos ofrecen una gran diversidad de productos y servicios, pero, al igual que ocurre en otros sectores, algunos productos desempeñan un papel clave en la vinculación del cliente. El producto vinculante estrella, junto a la domiciliación de la nómina, es la hipoteca. En épocas expansivas, es racional para una entidad competir agresivamente en la captación de hipotecas, para ganar cuota de mercado, pero ello no significa que ese comportamiento individual de agresividad en la concesión de crédito sea el adecuado si lo practica el conjunto del sistema financiero. Otro factor que también genera desequilibrios en el sector es el proceso de valoración del riesgo, ya que peca de cortoplacista y miope, con conductas de rebaño tanto en momentos alcistas como bajistas. Asimismo, las decisiones de concesión de crédito están vinculadas a variables que en sí mismas tienen un comportamiento procíclico como, por ejemplo, la valoración de las garantías, es decir, los inmuebles que garantizan los préstamos hipotecarios.

Antes de la gran crisis financiera de 2007-2008 la regulación también contribuía a acentuar la prociclicidad innata del sector. La regulación fundamental de la banca es la de solvencia, que exige a las entidades un determinado nivel de recursos propios en función del riesgo asumido por cada banco. El diseño de los coeficientes que la banca debe cumplir en la práctica actuaba antes de la crisis como un factor que aumentaba la oscilación del ciclo económico natural, de tal modo que la banca incrementaba su apalancamiento y concedía proporcionalmente más créditos en épocas expansivas, mientras que sucedía lo contrario en periodos de contracción económica. Otro factor que contribuía a este comportamiento desestabilizador del sector era la tendencia a basar la contabilidad cada vez más en los valores de mercado y no tanto en los costes históricos de las distintas partidas del balance. Es probable que el uso de valores históricos fuera contraproducente a efectos de juzgar la verdadera situación de una entidad, pero, en el extremo contrario, la consideración de valores de mercado, con las grandes fluctuaciones que podían tener lugar, conducía a decisiones que acentuaban precisamente dichas fluctuaciones y las situaciones de inestabilidad.

El papel del sector bancario como acelerador de las oscilaciones naturales de la economía se ha imputado, asimismo, al hecho de que la creación de dinero no sólo se haga directamente a través de los bancos centrales, sino también de manera indirecta por medio de la banca comercial.

El sistema bancario actual se basa en lo que se denomina las reservas fraccionadas; es decir, un esquema según el cual las entidades mantienen en liquidez, en reservas, sólo una fracción muy pequeña de los depósitos de los que disponen. Como ya hemos indicado, esta es una fuente de fragilidad del sistema y al mismo tiempo constituye la clave que permite a la autoridad monetaria incrementar la circulación de dinero en la economía. El banco central inyecta reservas a la banca comercial y esta puede crear dinero bancario y dar crédito con la expansión de su balance.

No es sorprendente que, tal y como sucedió en la Gran Depresión del siglo XX, tras la gran crisis financiera de 2007-2008 surgieran serias críticas a este sistema, argumentando que la existencia de dinero bancario dificulta la gestión de la liquidez de la economía y provoca expansiones descontroladas del crédito y la deuda. Las críticas desembocaron incluso en propuestas de sistemas bancarios alternativos que eliminan la creación de dinero bancario por parte de las entidades financieras y garantizan la liquidez absoluta de los depósitos.[8] Sus proponentes objetan el carácter incontrolable del dinero bancario y se arguye que un sistema con el 100 por ciento de reservas impediría la creación autónoma de crédito y depósitos por parte de la banca, eliminando una fuente de inestabilidad financiera muy importante, imposibilitando además los pánicos bancarios, al estar los depósitos totalmente respaldados por activos líquidos. Estas propuestas, denominadas de banca estrecha o de propósito limitado, tratan de sustraer el poder de creación de dinero a la banca comercial para evitar de este modo las fluctuaciones cíclicas que el actual sistema conlleva.

Sin embargo, este tipo de reformas no estaría exento de riesgos y dificultades.[9] Aunque los bancos y la economía serían menos inestables, ya que el objetivo sería garantizar que las turbulencias no afectasen a los medios de pago y el grueso de la población, resultaría más difícil responder con agilidad cuando la economía precisara de mayores niveles de financiación. Esto es así porque la banca convencional lleva a cabo una tarea crucial de transformación de depósitos en créditos que permite que los recursos disponibles a corto plazo de muchos ahorradores estén a disposición de la inversión a largo plazo por parte de las empresas. Esta transformación de plazos no la llevaría a cabo un sistema de banca estrecha.

Los planteamientos alternativos se han mantenido en gran medida en el ámbito académico, aunque en su momento fueron discutidos en algunos países como Islandia o Suiza. Estas propuestas enfatizan la necesidad de aislar aquella parte de la banca que provee un servicio básico, el sistema de pagos, cuya continuidad debe ser garantizada como si del servicio eléctrico se tratara. Consideran una banca en la que los fondos para efectuar pagos (los depósitos) se invierten únicamente en activos líquidos y seguros, en entidades distintas de las que toman riesgo de crédito o de otro tipo. Pero lo que debemos preguntarnos es ¿con qué contribuye la banca de reserva fraccionada? Además de la transformación de plazos, este tipo de banca aporta la gestión del riesgo, con la monitorización y selección de proyectos de inversión; los servicios de liquidez y pago; y la agregación de múltiples ahorradores minoristas para proveer de fondos a proyectos de gran dimensión. La cuestión por plantear es si un sistema alternativo, de banca estrecha o limitada, llevaría a cabo estas funciones con la misma eficiencia y una estabilidad comparable o mayor.

Este debate no es muy diferente de la clásica polémica sobre las ventajas y los inconvenientes de un sistema financiero basado en la banca frente a uno basado en los mercados financieros organizados como alternativas institucionales para canalizar el ahorro hacia los proyectos de inversión. El debate se ha planteado históricamente en términos de su impacto en la promoción del crecimiento económico. Aquí nos interesa desde la perspectiva del impacto de ambos sistemas en la profundidad y duración del ciclo económico. Sin entrar en detalle en la cuestión, la clave en gran medida es el nivel de capital de los bancos y su gestión a lo largo del ciclo económico, puesto que dicho capital es un amortiguador de impactos adversos del que no disponen los mercados organizados. Tras la gran crisis financiera de 2007-2008, como veremos en el capítulo 8, los reguladores han abordado esta cuestión con la introducción de colchones de capital contracíclicos y otras reformas regulatorias.

¿Es productiva la economía financiera?

El mundo del dinero y el crédito genera también desconfianza porque se argumenta que la actividad financiera no es productiva.[10] Se habla de economía real y economía financiera, contraponiéndolas. De hecho, esta distinción incluye dos críticas sobre la injerencia de las finanzas en la economía. La primera es que el papel de las finanzas es desproporcionado en relación con la economía no financiera.[11] Esta crítica es consecuencia de lo acontecido en las últimas décadas. Del fuerte incremento del peso del sector financiero en la economía y de las diversas burbujas financieras en las que activos como las acciones, las propiedades inmobiliarias y los bonos han alcanzado valoraciones muy alejadas de sus fundamentales. La segunda es que las consideraciones financieras se anteponen a las estratégicas en la toma de decisiones empresariales, cuando a la larga lo crucial para la consolidación de proyectos de empresa es establecer y ejecutar muy bien una estrategia correcta. Naturalmente, los desequilibrios en los mercados financieros agravan el problema, ya que contribuyen a que el factor financiero tenga un mayor peso en las decisiones, sobre todo en el corto plazo.

Dinero y crédito, sin embargo, son herramientas facilitadoras de las transacciones en una economía de mercado, con un potencial enorme para contribuir a la generación de valor al permitir canalizar no sólo los intercambios de bienes, sino también los flujos de ahorro e inversión. El sector financiero tendrá un impacto positivo o negativo en función de cómo esté reglamentado y supervisado su funcionamiento. Su incidencia positiva dependerá asimismo de la confianza que el público tenga en él. Será fundamental, por ello, que tanto la creación de dinero como el mercado de crédito sean dos actividades bien reguladas y supervisadas por las autoridades.

Ya vimos que la capacidad que tiene el sector financiero de incidir en la economía a través del manejo del dinero se multiplica por la existencia del denominado dinero bancario, el que se crea a través de la concesión de crédito y la creación de depósitos bancarios. La banca tiene, por tanto, una gran incidencia y una enorme responsabilidad.[12] Es, además, un sector con un alto nivel de concentración, lo que genera recelo por parte de algunos segmentos sociales. La preocupación por la presencia en el mercado de sólo un número reducido de entidades financieras va más allá de la percepción habitual sobre una situación de oligopolio. La idea que subyace es que la elevada concentración supone el control del crédito por parte de unos pocos ofertantes. Sin embargo, la concentración es un rasgo del sector inherente a sus características económicas básicas. Dado el tamaño de los mercados, regionales o nacionales en el caso de la banca minorista, y global en el caso de la banca de inversión, las elevadas economías de escala y de alcance, así como la importancia de los costes fijos y las barreras de entrada (tecnológicas y regulatorias), han propiciado la existencia de pocos ofertantes, con procesos de consolidación muy significativos en especial en épocas de tipos de interés bajos y reducidos márgenes de intermediación. Por todo ello, el tamaño mínimo de un banco para ser eficiente es elevado con relación al tamaño del mercado, y en la mayoría de los países el sector sólo puede tener un número reducido de actores relevantes económicamente viables. Las políticas monetarias de tipos bajos, que analizaremos en detalle en los próximos capítulos, han contribuido a incrementar el tamaño de los bancos; algo contradictorio con el objetivo, que en su momento tuvieron los reguladores, de evitar que los bancos fueran demasiado grandes, pues se convertían en sistémicos y demasiado grandes para caer (*too big to fail*).

La desconfianza que genera el mundo del dinero y el crédito en la población se ha visto acentuada por la evolución de la economía en los últimos años. La historia económica reciente incluye dos episodios que ilustran con claridad cómo las características intrínsecas del sector financiero, junto con las decisiones de política económica y regulatoria que toman las autoridades, pueden incidir de manera muy negativa en la confianza de los ciudadanos en este y en el sistema económico en general. El primer episodio es la gran crisis financiera de 2007-2008, que en gran medida es atribuible a las medidas erróneas de política monetaria y regulatoria que se tomaron en los años previos a la crisis. La confianza de los ciudadanos en el sector financiero y, por extensión, en la economía de libre mercado se vio gravemente dañada. El sistema monetario y financiero fue incapaz de garantizar la estabilidad financiera, provocando una enorme burbuja de deuda, cuyo estallido causó enormes redistribuciones de riqueza y oportunidades en la población, con una percepción extendida entre los ciudadanos de que las recompensas y los sacrificios no se repartieron de una manera justa.

El segundo es el rebrote inflacionario poscovid-19, que afectó a prácticamente todos los países desarrollados al finalizar la pandemia, coincidiendo con la invasión de Ucrania por parte de Rusia. Como veremos en el capítulo 9, las causas próximas de esta espiral inflacionaria están en dichos acontecimientos, aunque las últimas tienen que ver con las tendencias de fondo en la gestión de las políticas monetarias de las décadas previas. Por el momento, en este capítulo y en el siguiente nos centraremos en la gran crisis financiera de 2007-2008, su génesis y sus consecuencias para la confianza en la política monetaria y regulatoria.

La gran crisis financiera de 2007-2008

Existe un consenso generalizado en que el inicio de la crisis se puede situar en el estallido de la burbuja inmobiliaria en Estados Unidos.[13] Las burbujas inmobiliarias no eran un fenómeno nuevo, pero la expansión del sector inmobiliario estadounidense estuvo acompañada por un intenso proceso de innovación financiera en la generación y distribución de hipotecas, lo que trajo consigo un fuerte incremento de la toma de riesgo. Las entidades concedían hipotecas de alto riesgo que luego distribuían a otros intermediarios financieros, sin que la entidad original retuviera al menos parte del riesgo. Posteriormente, estos préstamos eran titulizados y empaquetados en productos financieros opacos.[14] Estos productos, a pesar de ser de difícil valoración, recibieron informes favorables por parte de las agencias de calificación y fueron adquiridos en grandes cantidades por inversores, tanto estadounidenses como internacionales, en un momento en que los mercados financieros internacionales se caracterizaban por un exceso de liquidez.

Cuando la burbuja estalló, las primeras víctimas en el sector financiero estadounidense fueron las entidades más expuestas a la deuda de menor calidad, la denominada *subprime*. Estas entidades, como Lehman Brothers, habían asumido riesgo en exceso. No obstante, este tipo de deuda estaba también en las carteras de muchas otras entidades financieras, incluidas las europeas. Este hecho, junto con la elevada incertidumbre en ese momento sobre los bancos que estaban más expuestos a la deuda de baja calidad, llegó a paralizar el sistema financiero y en particular el mercado interbancario. La desconfianza que prevalecía provocó que las entidades bancarias dejasen de prestarse entre ellas y los inversores mayoristas dejaran de prestar a las entidades bancarias. En los momentos de mayor incertidumbre y tensión, la liquidez de muchos mercados financieros en los cuales se intercambiaban activos complejos de valor incierto llegó a desaparecer. El colapso de los mercados planteó serios problemas de liquidez y de financiación a muchas instituciones financieras que, al estar excesivamente apalancadas a plazos muy cortos, no encontraron financiación suficiente para hacer frente a sus vencimientos. A pesar de la decidida intervención de las autoridades, en particular de los bancos centrales, proporcionando liquidez a algunas entidades de gran tamaño, numerosas entidades quebraron.

La quiebra más significativa fue la de Lehman Brothers, aunque no fue la primera. Antes ya habían caído bancos como Bear Stearns en Estados Unidos y Northern Rock en el Reino Unido, aunque en ambos casos las entidades fueron, o bien compradas por otros bancos (JP Morgan adquirió Bear Stearns), o bien rescatadas por el Estado (Northern Rock). La decisión de no rescatar a Lehman Brothers aún hoy en día es controvertida. Como argumento a favor de no impedir la quiebra de dicha compañía estaba el hecho de que podía tener un efecto positivo (a futuro) de reducción del riesgo moral. Es decir, reduciría los incentivos de algunos bancos a tomar demasiado riesgo. Incentivos basados en la idea de que si algo salía mal, el Estado ya acudiría al rescate. Por el lado contrario, tenía el inconveniente (en el futuro inmediato) de que podía desencadenar quiebras adicionales y un grave problema de confianza en el conjunto del sistema financiero. Una tercera visión sostenía que las autoridades no se atrevieron a evitar la caída de Lehman Brothers porque temían una fuerte reacción negativa de la opinión pública, dado el clima político de aquel momento.[15] El año 2008 era de elecciones en Estados Unidos y ambos candidatos se habían manifestado contrarios a los rescates.[16] Para acabar de complicarlo, además, existían dudas sobre en qué medida el Gobierno disponía de suficiente autoridad para intervenir.[17]

El impacto en los mercados financieros de la quiebra de Lehman fue realmente colosal, y ello provocó que con posterioridad no se dejara que quebrasen otras entidades sistémicas, como la gran aseguradora AIG, y las entidades semipúblicas Freddy Mac y Fanny Mae. La conclusión, por tanto, podría ser que no había muchos instrumentos disponibles para socorrer a Lehman, pero que especialmente no había voluntad política. La caída de Lehman y el caos que generó tal vez fueron necesarios para que se creara el clima político preciso para las intervenciones posteriores.

El resto del mundo también sufrió la crisis de las *subprime*. Muchas entidades habían invertido en deuda de Estados Unidos y las interconexiones entre los sistemas financieros de todo el mundo eran muy estrechas. Prácticamente nadie estuvo a salvo de la crisis sistémica de la banca estadounidense. Por todo ello se generó una severa contracción financiera que, junto a la pérdida de confianza de los agentes económicos, provocó una acelerada recesión de la economía y una fuerte contracción del comercio mundial.

Para frenar una dinámica recesiva que se retroalimentaba, las autoridades actuaron en distintos frentes. Se tomaron medidas extraordinarias de política monetaria —reducción de los tipos de interés e inyección de liquidez mediante la compra de bonos—, se introdujeron fuertes estímulos fiscales coordinados internacionalmente y se utilizaron recursos públicos para estabilizar el sistema financiero mediante recapitalizaciones y avales de deuda. En muchos países se tomaron medidas para fortalecer el capital de las entidades bancarias más débiles, si bien en algunos casos la intervención fue demasiado lenta y se hizo con instrumentos financieros que no lograron aminorar la desconfianza en el mercado.[18]

El año 2009 terminó siendo el peor para el crecimiento de la economía mundial en décadas y marcó el inicio de la que después se conoció como la Gran Recesión. Recesión que gracias a las actuaciones públicas se consiguió evitar que terminase siendo una Gran Depresión como la del siglo XX. La Gran Recesión, sin embargo, fue un ingrediente clave de la crisis de la deuda soberana europea unos años más tarde.

La lista de potenciales causas de la crisis financiera es extensa. La situación es parecida a la que tiene lugar en la conocida novela de Agatha Christie, *Asesinato en el Orient Express*, en la que el detective Hercule Poirot tiene muchos sospechosos que investigar, muchos potenciales culpables.

Entre las posibles causas de la crisis financiera que habitualmente se mencionan destacan la excesiva laxitud de la política monetaria y una regulación insuficiente o errónea en distintas áreas: en el ámbito prudencial, en términos de cantidad y calidad del capital y requisitos de liquidez, principalmente; en los aspectos relacionados con el buen gobierno de las entidades y el control interno; en las áreas de protección del consumidor y del inversor; así como en lo que respecta a la regulación de otros agentes financieros, como las agencias de calificación o las tasadoras de inmuebles.

Una supervisión insuficiente también se suele señalar como una posible causa, tanto en lo que respecta a entidades individuales, bancarias o no, como en relación con el conjunto del sistema bancario, en lo que se denomina una perspectiva macroprudencial. A esta lista se suele añadir la inadecuación de la política de vivienda, que trató de favorecer tal vez demasiado el acceso a la propiedad;[19] el intenso proceso de innovación financiera, que generó un exceso de liquidez y distribuyó el riesgo de manera opaca; el comportamiento imprudente o temerario de los agentes del sector financiero —bancos, agencias de calificación, etc.— y de los propios prestatarios; por último, la reacción colectiva —los comportamientos gregarios— de las personas a partir de los incentivos y la información de la que disponían. A la pregunta de cuál fue la causa de la crisis, sólo cabe responder que seguramente no hubo una sola, sino que fue la conjunción de varios motivos la que la desencadenó, del mismo modo que en la novela de Agatha Christie todos los sospechosos están implicados en el asesinato que se investiga.

La gran crisis financiera de 2007-2008 fue un fenómeno muy complejo y por ello será muy difícil y laborioso construir una teoría completa de lo sucedido. Desde la perspectiva de la confianza de los ciudadanos en el sistema económico, en el próximo capítulo nos centraremos en dos causas, la política monetaria y la regulación, que enfatizan el diseño y la implementación de las políticas financieras y no el comportamiento más o menos acertado o mal intencionado de personas concretas.[20]

Sin embargo, al iniciar este capítulo hemos recordado que el carácter de George Bailey es fundamental en la historia de *Qué bello es vivir.* Una personalidad, la que encarna James Stewart, diametralmente opuesta a la del personaje que interpreta Michael Douglas en *Wall Street*, película dirigida por Oliver Stone cuarenta años después. En esta última, Gordon Gekko, el protagonista, enaltece la codicia, ilustrando el cambio de valores de la época y la vertiente especulativa de los mercados financieros. Mi tesis es que la crisis financiera sucedió no tanto por deficiencias en el carácter o la profesionalidad de las personas que estaban al frente de las instituciones en aquel momento, sino por el tipo de instituciones y políticas de las que se había dotado nuestra sociedad, con sus carencias y sesgos. Pero antes de examinar las insuficiencias de las políticas financieras en detalle, es importante reflexionar sobre el papel que el factor humano y la cultura del sector financiero pudieron tener en la crisis.

El factor humano y la cultura de las finanzas

James Madison y los otros Padres Fundadores de Estados Unidos concibieron un sistema constitucional que pretendía, entre otros objetivos, ser robusto. Capaz de funcionar razonablemente bien incluso si llegaban al poder personalidades políticas sin el carácter adecuado para ejercer las altas magistraturas del Estado. Los acontecimientos en el Capitolio del 6 de enero de 2021 pusieron seriamente a prueba el marco institucional estadounidense, que ya había estado bajo fuerte presión durante toda la presidencia de Trump.

Algo similar debería aplicarse al diseño y la implantación de las políticas financieras. Se puede y se debe evaluar la idoneidad de los máximos directivos tanto de las entidades financieras como de los organismos públicos que supervisan las finanzas. Hasta cierto punto, se pueden pautar los mecanismos de gobernanza y cumplimiento normativo de las entidades, aunque ahí el riesgo es habitualmente que se incurra en excesiva burocratización, incidiendo en aspectos puramente formales. Pero lo más importante es que los diseños institucionales sean robustos, en la línea de las instituciones políticas estadounidenses, válidos incluso si las instituciones son dirigidas con ineptitud o con mala intención.

Argumentar que las políticas financieras fueron determinantes en la crisis no significa que el factor humano fuera irrelevante. Nada más lejos de la realidad. El comportamiento de las personas o agentes económicos que, lejos de ser agentes racionales, están seriamente condicionados por sus emociones, sentimientos, sesgos y errores de juicio, ha sido parte esencial y recurrente de todas las crisis financieras documentadas a lo largo de la historia. También de la gran crisis financiera de 2007-2008.

El análisis de la economía conductual muestra el importante papel de las emociones en la toma de decisiones y la consecuente falta de racionalidad. Los seres humanos sufrimos sesgos sistemáticos en nuestra apreciación de la realidad y del pasado, reciente o lejano, que nos impulsan a proyectar hacia el futuro la experiencia más reciente y, de manera recurrente, nos pueden hacer ser excesivamente optimistas y complacientes. Asimismo, nos dejamos persuadir con facilidad por las tendencias colectivas y el comportamiento de nuestros congéneres, tanto en los momentos de euforia y expansión como cuando aparece el miedo y cunde el pánico. Este comportamiento de rebaño lleva a que muchos inversores traten al mismo tiempo de deshacer sus posiciones y salir del mercado con el objetivo de limitar las pérdidas, produciendo las crisis financieras, del mismo modo que en otros momentos conllevan aumentos irracionales de los precios y las valoraciones bursátiles. Por último, en el sistema de libre mercado, y también en otros sistemas económicos, hay siempre un lugar reservado para la ambición desmesurada, la codicia, el fraude y el engaño.[21]

El contraste entre el carácter de George Bailey y el de Gordon Gekko es patente. Por ello, la tesis de que la crisis no se debe al comportamiento ilegal o inmoral de algunos individuos requiere examinar en qué medida el sector podría atraer determinado tipo de personas más dispuestas a tener un comportamiento poco ético. Asimismo, es necesario ver hasta qué punto la cultura que prevalece en el sector financiero es distinta o similar a la de otros sectores económicos, en el sentido de tolerar o incentivar comportamientos más materialistas y egoístas.

La evidencia muestra, en primer lugar, que el perfil de quienes se dedican al sector financiero no es distinto del de aquellos que trabajan en otros sectores. No son personas ni más ambiciosas, ni proclives a la toma de riesgos, individualistas, materialistas o con escasos escrúpulos. Pero los resultados experimentales también han mostrado que el contexto cuenta, y mucho. Que una misma persona se comportará de manera menos ética si el entorno lo tolera o propicia.[22] De ahí la importancia de la cultura que impere en el sector, y aún más, de la cultura de empresa que prevalezca en cada entidad. En el sector financiero se debe tener cuidado en el diseño de los sistemas de compensación y especialmente los mecanismos de retribución variable vinculados a indicadores de corto plazo como la cotización bursátil. Asimismo, es importante regular bien la información proporcionada a los inversores y a los clientes, tanto en productos de activo —como las hipotecas— como de pasivo —fondos de inversión, por ejemplo—. Finalmente, es importante controlar los posibles conflictos de interés en todo el ecosistema que interviene en la provisión de servicios financieros, incluidos servicios de auditoría, tasadoras y agencias de calificación.

Sin embargo, estos factores de carácter sectorial no deberían menoscabar el desarrollo de una fuerte cultura ética en cada empresa.[23]

Esta no es una tarea sencilla porque el comportamiento ético significa ir más allá del simple cumplimiento de la legalidad, y cuando la empresa se adentra en esta senda no existe un único estándar ético o moral que sirva de referencia. Cada institución deberá desarrollar los valores que rigen el comportamiento de sus empleados y directivos. Junto a la honestidad, es fundamental que la institución ponga por delante el interés del cliente y su bienestar financiero, con una visión de relación de largo plazo y confianza mutua.

Mientras la música suene, tienes que bailar

En definitiva, estos rasgos de la naturaleza humana y las características económicas básicas de todo mercado financiero —la incertidumbre y el riesgo— me llevan a pensar que no será fácil evitar nuevas crisis financieras en el futuro. El objetivo debe ser, por tanto, disponer de unas políticas financieras robustas. Una política monetaria orientada a la estabilidad y un marco regulatorio y supervisor que tenga la capacidad de alertar de la acumulación de riesgos y permita limitar la magnitud de las crisis, su recurrencia y el coste que suponen para el conjunto de la economía. Hasta que estas políticas más robustas sean la norma, seguiremos teniendo un entorno financiero inestable, con episodios más o menos virulentos de especulación e inestabilidad financiera, como los registrados a mediados de 2023 en la banca regional estadounidense a raíz de la rápida subida de tipos de interés iniciada en 2022 como respuesta al súbito aumento de la inflación.

Es difícil evitar que las crisis financieras se repitan también por una razón adicional. A pesar de lo que se dice a menudo, no es cierto que nadie hubiera advertido de la acumulación de riesgos y del peligro inminente de una crisis financiera significativa antes de 2007. En Estados Unidos, por ejemplo, varios economistas muy reputados advirtieron de la sobrevaloración de los precios de la vivienda,[24] de cómo la profundidad del mercado de capitales estadounidense facilitó el flujo internacional de financiación que alimentó la burbuja inmobiliaria[25] y de los riesgos de la complejidad financiera.[26] Esto sucedía sólo dos años antes del primer estallido de la crisis.

Por otro lado, es bien conocida la frase del consejero delegado de Citi en aquel entonces, Chuck Prince: «Mientras la música suene, te tienes que levantar y bailar. Aún estamos bailando»; pero se conoce menos esta otra, mucho más explícita: «En algún momento, un acontecimiento disruptivo será tan significativo que en lugar de tener liquidez entrando, irá en dirección contraria. No creo que estemos en esa situación».[27] En definitiva, la exuberancia de entonces beneficiaba a la práctica totalidad de la sociedad[28] y, por tanto, no era fácil, ni política ni técnicamente, introducir medidas que limitaran los excesos del ciclo financiero en los años de la expansión.

7

Las políticas que provocaron la gran crisis financiera

En el décimo aniversario del estallido de la gran crisis financiera de 2007-2008, el *Financial Times* publicó un interesante reportaje.[1] En él se hacía un examen exhaustivo de las consecuencias penales de la crisis investigando, para Estados Unidos y Europa, en qué medida los acontecimientos de aquellos años habían conllevado condenas a prisión para los dirigentes de entidades bancarias. Los resultados de la investigación son reveladores. El número de personas encarceladas debido a la crisis era significativo, un total de cuarenta y siete banqueros, en contra de la creencia extendida, como afirmaba el propio periódico. Veinticinco de ellos correspondían a Islandia, un país pequeño en el que un sector financiero sobredimensionado tuvo que ser nacionalizado durante muchos años. Los cargos contra los banqueros islandeses incluían manipulación del mercado y vulneración de los deberes fiduciarios. Otros países con un número significativo de condenas fueron España con once e Irlanda con siete; en ambos casos son países en los que se generó una importante burbuja inmobiliaria cuya implosión arrastró a la quiebra a muchas entidades financieras. Los cuatro casos restantes correspondían a Alemania, Chipre, Italia y Estados Unidos. El propio *Financial Times* resaltaba que sólo hubiera un caso en este último país, que es donde se originó la gran crisis financiera de 2007-2008. Se trataba de un *trader* de Credit Suisse, al que se condenó por aumentar artificialmente el precio de las hipotecas *subprime*, el producto base de los problemas financieros.

La gran magnitud de la crisis financiera y sus graves consecuencias económicas y sociales deterioró seriamente la confianza en el sistema capitalista. Para amplios segmentos de la opinión pública la crisis era un gran fracaso del modelo económico vigente. Incluso ganaba predicamento la idea de que era el resultado de una conspiración de las élites, de un sistema amañado. Las teorías conspirativas aparecen cuando los fenómenos sociales son tan complejos que escapan a nuestra comprensión. Por ello, nada mejor que examinar en detalle el contexto financiero y regulatorio que antecedió a la gran crisis para profundizar en la comprensión de lo que sucedió.

La burbuja de deuda que precede a la crisis

Para algunos economistas, entre los que me incluyo, la gran crisis financiera de 2007-2008 es en gran medida el resultado de un largo ciclo de políticas monetarias y regulatorias laxas, que se inicia en la segunda mitad de la década de 1980 y llega hasta el estallido de la burbuja en el 2007. El banco de bancos centrales, el Banco de Pagos Internacionales (BIS, por sus siglas en inglés) con sede en Basilea, lo ha expresado en términos de una concatenación de los denominados ciclos financieros que impulsaron el crédito y el precio de los activos. Otros autores lo califican como un superciclo de deuda.[2] Como veremos en el capítulo 9, al discutir el rebrote inflacionario poscovid-19, esta tesis, de burbujas o ciclos recurrentes de endeudamiento, ha sido corroborada de nuevo por el último ciclo, alimentado entre 2008 y 2021 por las políticas de tipos de interés cero y las políticas monetarias no convencionales.

La gran expansión de deuda en las economías occidentales transcurre en paralelo al proceso gradual de liberalización e innovación financiera que se vivió en los mercados financieros internacionales desde mediados de los años ochenta. Ambos factores, políticas monetarias ultraexpansivas e innovación financiera, confluyen en un periodo excepcional de crecimiento del endeudamiento global y de creciente fragilidad del sistema financiero internacional.

El análisis del tono de las políticas monetarias a lo largo de las últimas décadas no es sencillo, puesto que requiere contrastar la magnitud de la creación de dinero por parte de los bancos centrales con la cantidad de dinero necesaria para que la economía crezca adecuadamente, cerca de su producto potencial, es decir, con bajo desempleo y sin generar un incremento de la inflación. El hecho de que muchas economías permitan la libre circulación de capitales y el papel determinante del dólar en el sistema financiero global dificultan aún más el análisis.

Una herramienta útil para evaluar si la política monetaria es laxa o restrictiva es la denominada «regla de Taylor».[3] La regla establece que el tipo de interés de referencia del banco central debe determinarse a partir de una sencilla norma según la cual la decisión de incrementar los tipos de interés depende de si la economía se encuentra, por un lado, por encima o por debajo del objetivo de inflación y, por el otro, por encima o por debajo de su producto potencial. Si el objetivo de inflación es, por ejemplo, el 2 por ciento, la regla prescribe en cuánto se deben subir (o bajar) los tipos cuando la inflación excede (o no alcanza) este nivel objetivo. La regla también señala en cuánto aumentar los tipos si la economía está recalentada, cuando el PIB está por encima de su nivel potencial. Si la situación es de exceso de oferta y hay desempleo, con una brecha de producto positiva (el PIB por debajo del potencial), la regla prescribe un descenso de los tipos, así como su nuevo nivel.

Taylor derivó los coeficientes de su regla a partir de lo sucedido en la economía estadounidense a lo largo de los años setenta y ochenta. Su análisis[4] resaltaba que la inflación experimentada por Estados Unidos a finales de los sesenta y primeros de los setenta se debió a una política monetaria excesivamente laxa, que se revirtió con la llegada de Paul Volcker a la Reserva Federal de Estados Unidos (Fed) y la introducción de una política monetaria restrictiva para reducir de manera permanente las expectativas de inflación elevada que se habían generado.

El análisis de Taylor también resaltó que las políticas implementadas en los periodos posteriores al mandato de Paul Volcker, el periodo 1987-1997, siguieron la estela de este presidente, y fueron en conjunto exigentes. Para Taylor, el largo espacio de moderación de las tasas de inflación que se inició en esos años en Estados Unidos y en muchas economías desarrolladas tuvo como base la buena política monetaria que le antecedió, siguiendo una regla clara y sencilla que otorgó credibilidad a la política de la Fed. Aunque en su aplicación práctica la regla de Taylor contempla cierto gradualismo en el ajuste de tipos ante cambios en la inflación, es importante resaltar que prescribe que ante subidas no circunstanciales de la inflación, los aumentos de tipos tienen que ser significativos, de tal modo que no sólo suban los tipos nominales, sino también los tipos reales. Es decir, la política monetaria lucha de manera efectiva contra un incremento duradero de la inflación si los tipos suben más de lo que lo hace la inflación misma. Este es el tipo de política que, según Taylor, permitió ganar credibilidad a la Fed entre 1987 y 1997 y que se abandonó a partir de 2001. Para Taylor, este error de política monetaria fue una de las causas fundamentales de la crisis que estalló en 2007-2008.[5]

El BIS ha utilizado en repetidas ocasiones la regla de Taylor para examinar el tono de la política monetaria, tanto a nivel de las principales economías occidentales como para las emergentes y el conjunto de la economía mundial.[6] Sus resultados indican que las políticas laxas, lideradas por Estados Unidos, se retomaron a partir de 2002, tras la fuerte caída de los mercados bursátiles con el estallido de la burbuja de las *dotcom* de 2001. Su análisis muestra que los tipos recomendados por la regla de Taylor son mayores que los tipos de intervención a lo largo de todo el periodo. Los tipos prescritos por la regla únicamente coinciden con los de intervención en el momento álgido de la crisis, esto es, en el periodo 2008-2009. Luego repuntan de inmediato mientras que los tipos de intervención se quedaron en mínimos durante muchos años tras la gran crisis financiera de 2007-2008.

La visión de Taylor y los economistas del BIS no es compartida —y ello no es sorprendente— por los gestores de la política monetaria de las últimas décadas. Tal vez una de las voces más críticas y autorizadas es la de Ben Bernanke, especialista en economía monetaria y presidente de la Fed precisamente a lo largo de unos años cruciales en los que, según Taylor, la política fue excesivamente laxa. Bernanke cuestiona algunas de las decisiones metodológicas adoptadas en las reglas de Taylor antes mencionadas y utilizando parámetros alternativos, admisibles pero muy diferentes, genera reglas de Taylor que eliminan los periodos de tipos demasiado bajos por demasiado tiempo a los que hemos hecho referencia.[7]

Con independencia de cuál sea la conclusión a la que lleguemos sobre el tono de la política monetaria en los años que preceden a la gran crisis, es importante resaltar que la creación de dinero no es el único factor determinante del grado de expansión del crédito y la deuda en las economías modernas. El aumento del peso de las finanzas en la economía se asocia, lógicamente, al desarrollo económico y a la madurez de una economía, conforme sus instituciones formales e informales favorecen la introducción de instrumentos financieros de deuda y el cumplimiento de los contratos.[8] Así, el fuerte crecimiento del mundo desarrollado tras la Segunda Guerra Mundial conllevó una lógica profundización financiera de las economías. Sin embargo, el peso de las finanzas en las economías occidentales aumentó también por otra razón. La etapa de política monetaria restrictiva que comenzó con Paul Volcker en los años ochenta coincidió, a finales de la década, con un factor que aceleró el aumento de peso de las finanzas en la economía. Se trata de la liberalización de los mercados financieros, que condujo a una explosión de la innovación financiera, especialmente en el Reino Unido y Estados Unidos; es decir, la política monetaria más estricta no impidió que continuase el aumento constante de los niveles de deuda de la economía mundial. De hecho, la acumulación de deuda se aceleró gracias a la aparición de nuevos instrumentos e instituciones financieras escasamente reguladas.

Un ejemplo claro de innovación que impulsó la bancarización de las economías fue la emisión de deuda no monetaria por parte de las entidades financieras; esto es, la captación por parte de los bancos de fondos mayoristas que no constituyen depósitos. En el caso de Estados Unidos, el acceso de la banca a los mercados de capitales mediante la emisión de deuda se observa especialmente a partir de 1983.[9] La deuda de las entidades financieras era muy reducida a mediados de los años ochenta (un 25 por ciento del PIB estadounidense) y había llegado a casi el 125 por ciento veinte años después, antes del estallido de la gran crisis.[10] Es importante recordar que la emisión de deuda por parte de las entidades bancarias no es comparable a la emisión de deuda de las entidades no financieras, puesto que la captación de fondos por parte de los bancos tiene un efecto expansivo del crédito que repercute en el conjunto de la economía.

Otro ejemplo de innovación financiera que propulsó la espiral de deuda en los años previos a la gran crisis fue la titulización, que toma especial impulso a partir de 2001 tanto en Estados Unidos como en la Unión Europea.[11] La titulización consiste en la transformación de activos (por ejemplo, paquetes de créditos hipotecarios) en títulos (bonos) con el objeto de vender una parte a terceros, manteniendo una participación en el riesgo y los flujos de caja que generan dichos activos. En este proceso, el activo se transforma en un producto financiero estandarizado, lo que permite su distribución a otros inversores. La titulización supone, por tanto, una entrada de liquidez para el originador del activo que, de este modo, puede proceder a una nueva concesión de crédito, alimentando de esta manera el endeudamiento agregado.

Finalmente, a esa expansión de los balances bancarios se añade el crecimiento de la banca en la sombra. Este concepto incluye a todos aquellos intermediarios financieros que, cumpliendo funciones similares a la banca, como la transformación de plazos y la concesión de créditos, no son entidades que captan depósitos y, por tanto, están menos reguladas. Aunque no es sencillo determinar la magnitud de la banca en la sombra, ya en 1993 en Estados Unidos algunos informes oficiales la situaban en una dimensión comparable al sistema oficial. Con unos pasivos cercanos en ambos casos a los cuatro billones de dólares (aproximadamente un 58 por ciento del PIB). En el momento del estallido de la gran crisis de 2007-2008 el sistema oficial suponía unos pasivos de aproximadamente doce billones y medio (un 85 por ciento del PIB), mientras que la banca en la sombra ya se acercaba a los veinte billones (un 136 por ciento del PIB).[12] En sólo quince años el peso del sistema financiero en el sentido amplio (regulado y no regulado) había pasado de un 116 por ciento del PIB a un 221 por ciento. Se había casi doblado, con un gran protagonismo de la parte no regulada del sector.

De manera similar, otro impacto de la desregulación y la innovación financiera fue la expansión de los mercados monetarios superando los límites del mercado interbancario convencional. Esto sucedió gracias al uso por parte de las entidades financieras, pero de manera especial por entidades de la banca en la sombra, de activos altamente líquidos como colateral para la obtención de crédito a corto plazo. Estas operaciones contribuyeron a expandir la liquidez del sistema más allá de lo que suponía la propia expansión de las reservas de los bancos centrales (en términos técnicos, la base monetaria). El colateral se usó sin que los reguladores pusieran coto a esta innovación a pesar de que el riesgo se incrementase, dado que un mismo activo líquido era usado como colateral en distintas transacciones, aunque se hiciera, naturalmente, con un descuento cada vez más alto.[13]

La gran magnitud del proceso de profundización financiera y endeudamiento de las economías desarrolladas la corrobora también el análisis de la evolución histórica de los balances bancarios. A mediados del siglo XX, con el nuevo marco monetario que supuso el abandono del patrón oro, la labor del banco central como prestamista de última instancia y la introducción de los seguros de depósitos, se inició un periodo de fuerte expansión de los balances bancarios, con un aumento mucho mayor de los créditos y el conjunto de los activos que su contrapartida monetaria.[14] Es decir, asistimos no sólo a la profundización financiera (créditos en porcentaje del PIB),[15] sino también a una expansión de los balances mediante deuda bancaria sin que se incrementaran los depósitos. De esta manera, se registraron aumentos rápidos de la relación entre préstamos y depósitos.

En el momento en que estalló la gran crisis financiera de 2007-2008, las economías de los países desarrollados habían alcanzado niveles máximos de deuda. Según datos del Instituto de Finanzas Internacionales la deuda privada era de un 293 por ciento del PIB, incluida la deuda de los intermediarios financieros (126 por ciento), y la deuda pública se situaba en un 71 por ciento del PIB. De este modo, el conjunto de los países desarrollados había aumentado su nivel de deuda total 90 puntos porcentuales en los diez años que antecedieron a la gran crisis financiera de 2007-2008, llegando a un total de 364 por ciento del PIB, con un claro protagonismo del sector privado y en especial de la deuda de los intermediarios financieros que pasó del 77 por ciento del PIB al 126 por ciento (tabla 7.1).

	Familias	Empresas	Gobiernos	Entidades financieras	Total
Junio de 1998	60,6	66,3	69,6	76,6	273,1
Junio de 2008	82,1	84,5	71,0	126,0	363,6
Junio de 2022	74,8	95,6	124,2	112,3	406,9

TABLA 7.1. Evolución de la deuda por sectores en las economías avanzadas (datos en porcentaje del PIB, medidas ponderadas por PIB).*

El papel cada vez más determinante del sector financiero en el devenir de las economías desarrolladas llevó a los economistas del BIS a introducir el concepto de ciclo financiero al que ya nos hemos referido. El objetivo era examinar las oscilaciones de diversas variables asociadas a la evolución de los mercados de activos (reales y financieros) con el objetivo de detectar situaciones de desequilibrio y burbujas financieras. El ciclo financiero se mide con un agregado de indicadores, incluyendo el *stock* de crédito en porcentaje del PIB y la valoración de varios activos.

Los ciclos financieros son de mayor duración y amplitud que los ciclos macroeconómicos habituales, que captan la variabilidad de agregados como el PIB o la creación y destrucción de empleo. El primer gran ciclo financiero tras la Segunda Guerra Mundial se inició a principios de los años ochenta y alcanzó su cenit en 1990. El segundo arrancaría en 1993 y duraría hasta 2007. El tercero comenzó tras la gran crisis financiera de 2007-2008 y ha sido temporalmente interrumpido debido a las disrupciones ocasionadas por la pandemia y la guerra de Ucrania. De hecho, el BIS ya argumentaba en 2018[16] que podríamos estar de nuevo entrando en otro ciclo de este tipo, puesto que, transcurridos diez años desde la quiebra de Lehman Brothers, los niveles de deuda global no han hecho sino aumentar.[17] En este sentido, las llamadas de alerta ante el crecimiento de la deuda global fueron cada vez más numerosas, incluidas las del propio FMI en sus *World Economic Outlook* de otoño de 2018 y 2022.[18] Según datos del Instituto de Finanzas Internacionales,[19] a mediados de 2022 la deuda

* FUENTE: Elaboración propia a partir de IIF Debt Monitor Database.

alcanzaba, para el conjunto de la economía mundial, el 349 por ciento del PIB, con periodos de crecimiento prácticamente continuado en los últimos veinte años.[20] En el caso de las economías desarrolladas, el porcentaje de deuda se dispara hasta el 407 por ciento, con un claro protagonismo del sector público, que aumenta del 71 por ciento anterior a la crisis financiera hasta el 124 por ciento (véase el capítulo 10) mientras que el sector financiero y las familias rebajan sustancialmente su endeudamiento y el sector empresarial lo aumenta con moderación (tabla 7.1).

El BIS ha investigado la relación entre el ciclo financiero y el ciclo real, puesto que los ciclos financieros terminan a menudo con crisis bancarias y/o financieras, que empeoran las recesiones normales. La duración y la amplitud de los ciclos financieros dependen del grado de liberalización financiera, como hemos discutido con anterioridad, pero también de si la economía no financiera sufre perturbaciones que dificultan la valoración de los activos reales, como, por ejemplo, ocurrió con los *shocks* positivos de productividad asociados a la revolución de las tecnologías de la información en los años noventa. Asimismo, el modo en que se gestiona la política monetaria también tiene incidencia en el ciclo financiero.[21] La reacción acomodaticia de la política monetaria ante turbulencias financieras, como fuertes caídas de las bolsas, prolonga los periodos de euforia financiera, alargando la duración del ciclo financiero. La evidencia acumulada por el BIS certifica la importancia de la *Greenspan put*, es decir, las rápidas bajadas de tipos de la Fed tras caídas muy significativas de los mercados bursátiles. La teoría por aquel entonces indicaba que era mejor dejar explotar una burbuja y recoger los cristales rotos que tratar de desinflarla, dadas las dificultades para establecer hasta qué punto el crecimiento de las bolsas estaba o no justificado por fundamentales.

Finalmente, es importante destacar que, en el mundo actual, con libre circulación de capitales, a pesar de que las políticas monetarias de los distintos países son autónomas si las monedas flotan libremente en los mercados, en la práctica el deseo de las autoridades de evitar la apreciación de sus monedas con relación al dólar conduce en muchas ocasiones a lo que acaba siendo un único ciclo financiero global: expansivo, si los países principales del sistema monetario internacional expanden su base monetaria, y contractivo, en el caso contrario. El papel dominante del dólar en el mercado financiero internacional implica, pues, que las condiciones monetarias en muchos países se determinen no tanto en función de la coyuntura doméstica, sino de la evolución de los acontecimientos en la economía de Estados Unidos.[22]

En conclusión, la gran crisis financiera de 2007-2008 se desató con el estallido de una burbuja financiera, en principio no muy distinta de otras que ya lo habían hecho. Sin embargo, en esta ocasión el daño fue mucho mayor que en episodios previos, puesto que el nivel de endeudamiento era especialmente alto por una conjunción de las políticas monetarias laxas, más la expansión de crédito dentro y fuera del sistema bancario formal debido a una liberalización financiera que no se supo o no se quiso regular a tiempo.

Los fallos de regulación y supervisión

En los años que precedieron a la gran crisis financiera de 2007-2008, la regulación y la supervisión del sistema financiero mostraron serias deficiencias. La regulación permitió una extraordinaria acumulación de riesgos, tanto a nivel de entidades concretas como para el sistema en conjunto, en lo que se denomina el riesgo sistémico. El sistema falló además porque el altísimo riesgo acumulado no fue detectado por las autoridades supervisoras, que fueron incapaces de atajar el estallido de la burbuja. Los errores de regulación se pueden agrupar en tres categorías.[23] En primer lugar, las autoridades desplegaron un conjunto de reglamentaciones que, en teoría, proporcionaban buena información sobre el riesgo asumido por las entidades y, al mismo tiempo, lo constreñían. Sin ánimo de ser exhaustivos, resaltaremos tres regulaciones que desempeñaron un papel importante en la crisis. La primera fue la ratio de capital, definida como los recursos propios que una entidad debe tener en porcentaje de sus activos, teniendo en cuenta el riesgo de estos últimos. En términos técnicos, el denominador de esta ratio son los activos ponderados por su riesgo, de tal modo que a mayor riesgo asumido, mayor es el capital exigido a la entidad. Pues bien, con antelación a la crisis, los bancos mantuvieron constante los recursos propios como porcentaje de los activos ponderados por riesgo, como les exigía la regulación. De hecho, la ratio de capital simple de los bancos (recursos propios sobre activos totales) creció, puesto que acumularon más recursos propios conforme el nivel de riesgo aumentaba.[24] Sin embargo, la crisis demostró que la ratio ponderada por riesgo no captaba correctamente el verdadero riesgo asumido por muchas de las entidades.[25] La inadecuación de esta regulación como instrumento para controlar el riesgo quedó patente, tras la crisis, por el simple hecho de que no hay correlación alguna entre el nivel de la ratio regulatoria antes de la crisis y el comportamiento de las entidades durante ella. Es decir, quebraron muchos bancos cuya ratio regulatoria había tenido un comportamiento favorable en los años previos a la crisis.[26]

Otro ejemplo de un instrumento de regulación erróneo fue el uso de modelos estadísticos para determinar el capital exigido a los bancos en operaciones en los mercados de valores. Estos modelos estimaban las pérdidas máximas que una entidad podía tener ante una posible evolución adversa de los mercados y el valor de sus inversiones. El problema en este caso era que los modelos estadísticos suponían, sin una base suficientemente sólida, una distribución de probabilidad convencional, con probabilidades muy bajas en los valores más extremos, de tal modo que las pérdidas muy elevadas eran virtualmente inimaginables. En la práctica, sin embargo, los acontecimientos excepcionales que podían dar lugar a pérdidas muy elevadas sucedieron y, de hecho, ocurrieron varias veces a lo largo de unos pocos días.[27] En palabras de uno de los protagonistas, «un evento que según los modelos debía acontecer una vez cada ciento cincuenta mil años, sucedió varias veces en pocos días». El diseño de la regulación no había sido, por tanto, suficientemente prudente. Es probable que se basara en estudios científicos rigurosos, pero en economía es preciso abordar con mucha humildad la política regulatoria. Parafraseando a F. Hayek, en las ciencias sociales es fácil creer que se dispone del conocimiento suficiente para intervenir en el mercado o las instituciones, pero esta pretensión puede ser vana, y conllevar resultados no esperados, cuando no contraproducentes.[28]

Un tercer ejemplo de cómo las autoridades fallaron en el control del riesgo asumido por algunos bancos lo revela el caso de Northern Rock en el Reino Unido. Una de las funciones fundamentales de la banca es la transformación de plazos, es decir, la captación de depósitos que son redimibles a corto plazo, para la concesión de préstamos a medio y largo plazo. Esa función genera, como ya hemos discutido, una elevada fragilidad de las instituciones, lo que explica la introducción de los seguros de depósitos en los mercados minoristas. La regulación anterior a la crisis no contempló, sin embargo, el caso de instituciones que llevaban a cabo esta transformación con base en el mercado mayorista. Bancos como Northern Rock captaban fondos a corto plazo en ese mercado mediante la emisión de títulos de deuda, y así financiaban la adquisición de activos que, al ser a largo plazo, ofrecían un diferencial positivo de intereses. Al tratarse del mercado mayorista, y por tanto de inversores profesionales, el regulador pensaba que la existencia de esta deuda a corto plazo disciplinaría a los gestores del banco, obligándoles a controlar sus inversiones y el riesgo asumido. La regulación erró al asumir que los mercados de deuda a corto plazo serían siempre líquidos y que las entidades podrían siempre acudir a refinanciar su deuda al vencimiento. En la crisis financiera, estos mercados de deuda bancaria a corto plazo dejaron de ser operativos (un problema de carácter sistémico), lo que condujo a entidades como Northern Rock a la insolvencia.[29]

Una segunda categoría de errores de regulación engloba un conjunto de normas financieras cuyo diseño incorrecto proporciona incentivos perversos a los agentes económicos. En la jerga financiera, esta situación se denomina «riesgo moral». Sucede cuando un agente económico asume un riesgo excesivo por la sencilla razón de que, en el caso de que las circunstancias sean adversas, sabe que no tendrá que asumir los costes correspondientes. El riesgo moral se genera, por ejemplo, en las retribuciones de directivos, cuando estas se vinculan a la evolución de los beneficios o la cotización de los bancos a corto plazo, de tal modo que el directivo toma decisiones de elevada rentabilidad a corto, pero potencialmente de alto riesgo a medio y largo plazo. El riesgo moral también puede existir al nivel de la gestión de una entidad, en la medida en que esta sea muy importante para la estabilidad del conjunto del sistema financiero. Es el problema de ser «demasiado grande para quebrar» que veíamos en el capítulo 6. O bien cuando una entidad que opera en el mercado minorista, en el que sus depositantes gozan de la protección del seguro de depósitos y tienen escasos incentivos a monitorizar la entidad, utiliza estos recursos (que son de bajo coste) para financiar actividades de riesgo en los mercados mayoristas de crédito o de capitales.

Finalmente, la tercera categoría de errores tiene que ver con la cobertura de la regulación. Vimos antes que los años que antecedieron a la crisis fueron un periodo caracterizado por la liberalización de los mercados financieros, su creciente internacionalización y un proceso paralelo de innovación financiera, con la aparición de nuevas entidades y productos financieros. La regulación y la supervisión fallaron porque algunas entidades tomaron riesgos en mercados internacionales; riesgos que no fueron supervisados adecuadamente por falta de cobertura global de la regulación. Además, y de manera singular, la regulación falló por su limitada cobertura de entidades reguladas. La imposición de restricciones a la actividad financiera de la banca convencional supuso que la iniciativa y la creatividad del sector, así como la mayor toma de riesgo, migrara más allá de las fronteras habituales del sector, a la banca en la sombra a la que antes nos he referido.

Un ejemplo paradigmático de este fenómeno lo tenemos en los vehículos fuera de balance, entes jurídicos creados por las propias entidades reguladas para eludir las restricciones regulatorias. Estos vehículos se permitieron en muchos países con la premisa de que, con estas estructuras, en el caso de que las inversiones arriesgadas de estos vehículos se saldasen negativamente, el impacto negativo se limitaría al vehículo sin afectar a la entidad matriz. En la crisis financiera se demostró que esta expectativa no era realista, puesto que el efecto reputacional en las entidades matriz impidió en la gran mayoría de los casos la quiebra de los vehículos fuera de balance.

Para comprender los fallos de regulación y supervisión es importante valorar los incentivos de las personas que ocupan puestos de responsabilidad en los organismos que regulan y supervisan el sector financiero. El regulador tiene como misión la preservación de la estabilidad y solvencia del sector. Como es lógico, tenderá a ser conservador para evitar que se le señale como culpable en el caso de crisis graves. Ello implica que tenderá a regular con mucho detalle, dejando poco margen para la discrecionalidad del supervisor. Sin embargo, la regulación muy detallada es una estrategia reguladora fútil, puesto que, en la carrera con el sector, el regulador siempre va a ir un paso por detrás, dada la complejidad de las finanzas y la mejor información de la que disponen las entidades.

En cuanto a la supervisión, los problemas de incentivos también son determinantes. El supervisor incurre en riesgos si interviene una entidad y, por consiguiente, prefiere una regulación con poca discrecionalidad, para cubrirse de eventuales responsabilidades jurídicas. Por ello no es sorprendente que exista un sesgo contra la intervención temprana, que es la que podría evitar la precipitación de crisis bancarias.

En definitiva, puede afirmarse que la regulación fue insuficiente y de mala calidad, lo que, junto con algunos fallos de supervisión, contribuyó a que de forma opaca —en ocasiones incluso para los propios gestores— se originase en muchas entidades y en el conjunto del sistema una serie de graves desequilibrios en varios aspectos clave para la estabilidad financiera. Se asumió un riesgo excesivo, y no se disponía de una dotación suficiente de recursos propios tanto en el sistema como en muchas de las entidades individuales. Asimismo, las autoridades no tuvieron en cuenta la importancia del riesgo sistémico, de tal modo que entidades solventes podían entrar en dificultades, como de hecho ocurrió, por la evolución adversa de los mercados financieros y el conjunto del sector. El riesgo sistémico es el que se deriva no del comportamiento de una entidad individual, sino de la acción conjunta de muchas entidades que reaccionan de manera simultánea a unos incentivos similares, en un comportamiento de rebaño. Para evitar este comportamiento es importante disponer de un sistema financiero con entidades diversas tanto en términos de modelo de negocio como de estructura de balance. Sin embargo, la tendencia tras la gran crisis financiera de 2007-2008 fue precisamente la contraria.

La erosión de la confianza

La confianza en las instituciones públicas y el sistema económico de libre mercado se erosiona cuando la población percibe que el sistema no satisface sus expectativas, cuando se siente defraudada. La gran crisis financiera de 2007-2008 provocó una larga recesión, un fuerte incremento de la tasa de desempleo, la implementación de políticas de reducción del gasto social para reducir los desbocados déficits públicos, graves caídas de los niveles de renta disponible y, en definitiva, una elevada pérdida de PIB y bienestar social.

Estos efectos son los habituales en una situación de recesión económica, pero la gran crisis financiera de 2007-2008 tuvo unos rasgos especiales, dado que fue provocada por la acumulación excesiva de deuda. El periodo que antecedió a la crisis, tras la burbuja de las *dotcom* de 2000, fue una época de elevado crecimiento. Se generaron unas expectativas especialmente alcistas en la población, a pesar de que la expansión tenía una base endeble, de crecimiento excesivo del crédito y la deuda. De hecho, este tipo de crisis acontece precisamente por lo que sucede en años previos: un crecimiento exagerado y artificial de la economía, por encima de su potencial a largo plazo, basado en el crecimiento del gasto (público, privado y, en algunos países, ambos) que no es sostenible, puesto que se financia con niveles crecientes de endeudamiento. Las crisis de deuda son largas precisamente por la magnitud de los desequilibrios generados en la fase alcista del ciclo y porque el proceso de desendeudamiento tiende a ser gradual, conforme los balances de las empresas y las familias se van saneando. Restablecer los balances requiere, por lo general, varios años de crecimiento por debajo del potencial, con una generación de ingresos que supere los gastos y permita reducir el endeudamiento.

Tras la crisis, el PIB cayó de manera prolongada, pero el ajuste fue especialmente fuerte en relación con lo que la gente esperaba que sucediese si no hubiera habido crisis. De ahí que la recesión no sólo genera un periodo prolongado de crecimiento negativo y alto paro, con ajustes en las prestaciones del estado del bienestar, sino que, además, significa un gran vuelco en las condiciones económicas y financieras de muchas personas, truncando radicalmente las expectativas demasiado positivas generadas en la fase alcista del ciclo.

El paso de un periodo de crecimiento muy elevado a otro de fuerte contracción económica genera grandes costes, especialmente en los segmentos de la sociedad menos favorecidos. Tiene lugar un drástico cambio en la situación económica y patrimonial de muchos ciudadanos y empresas. Este es uno de los aspectos más perjudiciales de las crisis. Se producen grandes oscilaciones en los salarios reales y en las rentas familiares —influidas por los fuertes vaivenes en el mercado de trabajo—, en los precios de los activos —financieros e inmobiliarios— y en el ritmo de actividad de algunos sectores, provocando expansiones desaforadas que luego conllevan contracciones brutales. Todo ello afecta a muchos agentes económicos, con diversa suerte en función de las decisiones financieras adoptadas con mayor o menor criterio e información, así como de otras muchas variables fuera de su control. Decisiones como la compra de una vivienda y la contratación de una hipoteca, o bien la interrupción de los estudios para conseguir una retribución en un sector en expansión como la construcción, son ejemplos de alternativas plausibles que tomaron muchas familias y que se convirtieron en muchos casos en errores financieros y vitales de largo alcance debido a la elevada inestabilidad financiera y económica.

La confianza en el sistema político y económico también registrará un grave deterioro si los ciudadanos perciben que las consecuencias adversas de la crisis no se reparten de una manera justa o equitativa entre los distintos segmentos sociales. La cuestión de la justicia puede abordarse de diversas maneras. Por un lado, podría examinarse desde la perspectiva de las desigualdades. Las crisis desembocan en un incremento de las desigualdades de renta, fundamentalmente por su efecto en la tasa de paro (que impacta de lleno en las rentas más bajas, a pesar de los seguros de desempleo). También puede incidir en las desigualdades de riqueza, dado que se producen fuertes oscilaciones en los mercados de activos, incluida la vivienda. La burbuja en dicho mercado promovió que algunas personas, normalmente con menor capacidad económica, adquirieran sus viviendas a precios altos con crédito y luego tuvieran que hacer frente a su endeudamiento a pesar de la pérdida de valor de su activo. Muchos perdieron sus propiedades o quedaron endeudados de por vida.

Por otro lado, las crisis provocan una enorme e inesperada redistribución de las rentas y el bienestar económico. Las personas comprueban que su devenir económico y su estatus social están sujetos a factores ajenos a su control, y tienen la sensación de que no existe vínculo alguno entre el esfuerzo realizado y la recompensa obtenida. Se truncan carreras profesionales y el bienestar de muchos se deteriora. Muchas personas vieron comprometido de manera azarosa su futuro a pesar de haber tomado decisiones correctas tanto en relación con su inversión en educación (activos humanos) como en activos reales o financieros.

También podemos hablar de justicia desde una perspectiva complementaria si consideramos en qué medida la población percibió las actuaciones de la Administración como transparentes y no discriminatorias. Estos, lo vimos en el capítulo 5, son atributos importantes para confiar en la Administración. Como es sabido, la resolución de la crisis implicó la intervención de las autoridades reguladoras y supervisoras, que inyectaron fondos en el sector financiero para preservar los depósitos bancarios y la estabilidad financiera. Estas intervenciones no fueron un rescate de las entidades financieras y de sus gestores y propietarios, sino unas actuaciones dirigidas a salvaguardar los ahorros de la población y evitar una gran depresión como la del siglo pasado. Sin embargo, se percibieron como injustas por gran parte de la población.

La sensación en el ánimo de muchos ciudadanos fue que el sistema discriminó entre los débiles y los poderosos, y que estos últimos fueron los ganadores de la crisis. A ello contribuyó el hecho de que no hubo consecuencias penales relevantes para los gestores en Estados Unidos, país origen de las hipotecas *subprime*, y en otros grandes centros financieros como el Reino Unido. Como veíamos al iniciar este capítulo, el listado internacional de convictos es significativo y muchos inversores perdieron el capital que tenían invertido en acciones de las entidades, pero la percepción pública fue que no se hizo justicia. Y la percepción es lo que cuenta en términos de confianza.

La gran crisis no la provocó tampoco una conspiración, pero esa idea también se extendió en la población. La causa fue el mal diseño institucional —mala política monetaria, mala regulación—, pero esa visión cuesta de aceptar. Como ha escrito Andy Haldane,[30] el mundo financiero no se comprende y eso ya de por sí genera desconfianza. Ante la incomprensión y la percepción de que no se castiga a los culpables, la gente puede pensar que el sistema está amañado y beneficia a unos pocos.[31]

Pero castigar a los culpables no es una cuestión sencilla, puesto que, cuando una entidad tiene dificultades serias y debe ser intervenida, no es obvio cómo se determina quién es el culpable. ¿Se debe el problema a una mala gestión, aunque no haya necesariamente mala intención? ¿Es el problema la toma excesiva de riesgo debido al riesgo moral, ya sea de manera individual o siguiendo al rebaño? ¿O estamos ante un caso claro de fraude de ley? Como ya nos advirtió Keynes hace muchos años: «Un banquero "fiable", por desgracia, no es aquel que ve el peligro y lo evita, sino el que, cuando se arruina, lo hace de una manera convencional y ortodoxa junto con sus colegas, de manera que nadie puede realmente echarle la culpa».[32] Los ciudadanos buscarán culpables y perderán la confianza en el sistema si perciben que los hay y que no reciben su castigo. Lo irónico o trágico es que puede haber algún caso específico de fraude, pero, por lo general, este tipo de crisis suceden por el fallo «impersonal» del sistema.

Por último, las consecuencias de la gran crisis financiera de 2007-2008, así como la percepción que tuvo la ciudadanía sobre ella, incidieron muy negativamente en la opinión pública también desde la perspectiva de la eficacia de las instituciones públicas. La crisis provocó una alarma social muy elevada y una sensación de que las autoridades no habían sabido evitarla ni gestionar sus consecuencias. Ciertamente, la magnitud y la duración de la crisis también se explican, en parte, por la calidad y la oportunidad y rapidez de las medidas que las autoridades tomaron como respuesta. Tanto en términos de política económica —monetaria y fiscal— como de política regulatoria e intervenciones públicas durante la crisis —intervenciones de entidades, nacionalizaciones, creación de bancos malos, etc.—, las medidas no siempre fueron las más acertadas en muchas jurisdicciones. El restablecimiento de la normalidad económica tardó muchos años. En la zona euro, en particular, las dificultades para instrumentar medidas fueron mayores, puesto que no se disponía entonces de las herramientas apropiadas para luchar contra una crisis de estas características. Las carencias institucionales de la unión monetaria —que tenía entonces poco de unión bancaria y que no tenía (y no tiene aún, véase el capítulo 12) nada que se parezca a una unión fiscal— lastraron aún más la recuperación. Todo ello puso en entredicho la capacidad de la Administración de gestionar el sistema en beneficio de la comunidad, alimentando el recelo ante la economía de libre mercado y su sistema financiero.

En conclusión, la crisis demuestra el enorme impacto perjudicial que tienen los episodios de inestabilidad financiera. Los efectos negativos de la crisis financiera en la sociedad son profundos. De algún modo, la evolución de las preferencias y opciones políticas que hemos observado en los últimos años en muchos países occidentales —con la aparición de distintas manifestaciones populistas— puede leerse, en parte, como respuesta a la enorme inseguridad que generaron la gran crisis financiera de 2007-2008 y la recesión posterior, así como a la decepción y desconfianza que provocó en mucha gente. Para muchas personas, el sistema dejó de ofrecerles expectativas favorables y un marco de protección y estabilidad. Aún hoy, muchos ciudadanos no entienden cómo su fortuna y porvenir han sido afectados con tal grado de adversidad por fuerzas fuera de su control y también, en su percepción, fuera del control de las propias autoridades económicas y políticas.

En la medida en que la inestabilidad financiera y económica genera un caldo de cultivo propicio para el desarrollo del populismo, no cabe duda de que es enormemente perjudicial para el progreso, la fortaleza y la estabilidad de las instituciones de las democracias liberales.

8

La respuesta a la crisis aumenta la desconfianza

En noviembre de 2008, la reina de Inglaterra visitó uno de los templos del pensamiento económico: la London School of Economics. Ingenuamente, su majestad preguntó a los profesores que la acompañaban cómo podía ser que nadie se hubiera dado cuenta de que la crisis crediticia se acercaba. La franqueza de la reina fue portada de periódicos y provocó en los profesionales de la economía un periodo de examen de conciencia.[1] La Academia Británica, por ejemplo, convocó una gran conferencia en junio de 2009 en la que participaron académicos, periodistas financieros, reguladores, banqueros centrales y economistas del sector privado. Un mes más tarde, el 22 de julio, los representantes de la Academia escribían una carta a la reina en la que, a modo de respuesta, resumían las conclusiones de la conferencia.[2]

La carta reconocía algunos de los factores que habían provocado la crisis y no habían recibido suficiente atención de la profesión, en especial los vinculados a los errores de juicio de las personas y el uso inapropiado de modelos estadísticos, como discutíamos en el capítulo 6. Pero no cuestionaba la política monetaria desplegada en los años previos a la crisis, ni los serios problemas del modelo regulatorio. Ciertamente, aquel diagnóstico era preliminar y la crisis ha sido objeto de muchos análisis posteriores a ella. Pero la respuesta a la reina de Inglaterra daba por válido el grueso del marco analítico con el que se había justificado la política de expansión monetaria durante varias décadas. Con dicho diagnóstico, no es de extrañar que las políticas aplicadas para paliar la crisis fueran una prolongación, con la introducción de nuevos instrumentos, de las implementadas en los años previos.

La política monetaria no convencional

La enorme magnitud de la gran crisis financiera de 2007-2008, junto con el hecho de que los tipos de intervención en los momentos anteriores a la crisis se encontraban ya en niveles relativamente bajos, condujo a la política monetaria por sendas desconocidas. Los bancos centrales cruzaron el Rubicón, iniciando en 2008 lo que se ha denominado como la expansión cuantitativa. Se trataba de una política monetaria no convencional que intentaba paliar la falta de liquidez en los mercados financieros y, al mismo tiempo, propiciar la recuperación económica, aliviando la presión financiera sobre los agentes económicos que estaban altamente endeudados.[3] No era entrar en terreno desconocido, puesto que Japón ya había iniciado esta política en 1990 como respuesta al estallido de su gran burbuja financiera, pero sí era un salto al vacío, puesto que la experiencia de Japón no ofrecía garantía alguna sobre la efectividad práctica de la política y sí algunas advertencias sobre sus posibles efectos no deseados. Sin embargo, la política no ortodoxa parecía el único camino por el que podía discurrir la política monetaria una vez agotados los instrumentos convencionales.

La política monetaria convencional consiste en la inyección de liquidez a través del sistema bancario mediante las subastas regulares de dinero creado por el banco central, las denominadas reservas o base monetaria. La disponibilidad de reservas permite a las entidades bancarias expandir de forma gradual su actividad crediticia y de captación de depósitos. Esta política convencional, que funciona incidiendo en el coste del dinero a corto plazo, deja de ser efectiva cuando se alcanzan unos tipos de interés prácticamente nulos.[4] Cuando los tipos se sitúan cerca del cero, el crédito apenas responde a las reducciones de los tipos de interés. Además, los tipos en cero o ligeramente en negativo, ya no se pueden bajar más, puesto que los agentes económicos revierten al efectivo, retirando sus fondos del sistema financiero.[5] En estas circunstancias, las autoridades monetarias recurren a la expansión cuantitativa para tratar de relajar aún más las condiciones financieras. Esta política consiste en la compra directa de activos financieros en los mercados secundarios, normalmente títulos públicos o títulos privados de alta calidad. La expansión cuantitativa supone incrementar la demanda de títulos en dichos mercados y, por tanto, subir su precio, lo que presiona a la baja la remuneración que ofrecen. Es decir, se trata de una política que tiende a reducir los tipos de interés, pero en este caso no los de corto plazo, de intervención monetaria, sino los de medio y largo plazo vinculados a los bonos gubernamentales libres de riesgo. Por supuesto, si los intereses de los bonos públicos más seguros caen, la expectativa es que la caída afectará a los títulos privados, de mayor riesgo. Asimismo, se espera que la presión a la baja en los tipos permita a los agentes económicos endeudarse con mayor facilidad a más largo plazo, ya que baja también el coste de las emisiones del sector privado. Adicionalmente, la situación financiera de los agentes económicos que ya están endeudados se alivia, puesto que se reducen los costes de los intereses de la deuda y surgen oportunidades de refinanciación a unos tipos de interés más bajos. La política de expansión cuantitativa supone, por tanto, que el banco central, además de intervenir en los tipos a corto, pasa a hacerlo también en los tipos a largo, la denominada parte larga de la curva de plazos, con el objetivo de aplanarla y de este modo relajar las condiciones de financiación de toda la economía.

Durante la gran crisis financiera de 2007-2008 la intervención de los bancos centrales con la expansión de sus balances adquiriendo activos tuvo dos facetas claramente diferenciadas. En primer lugar, la provisión de liquidez a los mercados como alternativa a la financiación entre bancos, dado que los mercados monetarios tradicionales se habían secado como resultado de la falta de confianza entre los diferentes intermediarios financieros.[6] Los bancos no confiaban en las garantías ofrecidas por sus contrapartes, lo que no hacía más que reflejar la creencia de que algunas entidades podían ser insolventes. Al comienzo, la intervención del banco central tenía como objetivo evitar el colapso del sistema y debía ser transitoria. Sin embargo, se prolongó en el tiempo debido a que el restablecimiento de la confianza entre las entidades con relación a la calidad de sus balances fue muy gradual. Además, las autoridades introdujeron regulaciones que exigían a los bancos mantener un mayor porcentaje de activos financieros de alta liquidez, y se reguló también de manera muy exigente la actuación de los creadores de mercado, aquellos intermediarios que facilitaban el funcionamiento de los mercados monetarios adquiriendo temporalmente los activos líquidos. Todo ello significó que la expansión cuantitativa durara muchos años. De hecho, el papel de la liquidez introducida por el banco central es, aún hoy en día, determinante en los mercados monetarios.

La segunda faceta de la expansión cuantitativa fue su efecto en los precios de los activos de mayor duración, es decir, con vencimientos de dos a más años. Se esperaba que este efecto en los tipos de interés aliviase la presión financiera de los agentes endeudados, facilitando el acceso a la financiación y refinanciación y promoviendo en general la toma de mayores niveles de riesgo para conseguir mayores rentabilidades de las inversiones, dado que el retorno de las inversiones más seguras perdía atractivo.[7]

Lo que se inició como una actuación excepcional, para luchar, por un lado, contra la crisis sistémica de liquidez y de confianza y, por el otro, contra la fuerte caída de la actividad económica, se prolongó también como consecuencia de la propia naturaleza de la crisis económica, dado que se trataba de una crisis de exceso de deuda. En este tipo de crisis la recuperación es muy lenta, puesto que la demanda agregada está lastrada por la carga de la deuda. Además, la política fiscal tiene poco margen de maniobra, dado que los presupuestos públicos están bajo presión debido al rápido crecimiento del endeudamiento público en los años posteriores a la crisis.

La introducción de las políticas no convencionales ultraexpansivas y su prolongación en el tiempo fueron muy controvertidas. Por un lado, se planteaba su potencial impacto inflacionario a medio plazo y, por el otro, sus posibles efectos adversos no intencionados. Desde otra perspectiva, a la que volveremos cuando discutamos la política fiscal y los niveles de deuda pública en el capítulo 10, se argumentaba que la nueva política era peligrosa, e incluso ilegal, en la medida en que implicaba el uso de la política monetaria para financiar de forma indirecta los presupuestos públicos.

Las primeras críticas se centraron en el efecto inflacionario. Sin embargo, durante años el impacto de la «expansión cuantitativa» en la inflación fue escaso, por no decir nulo, lo que envalentonó a sus partidarios. Las razones por las que la nueva política no generó un brote inflacionario ni en el periodo inicial tras la gran crisis financiera de 2007-2008, ni en la subsiguiente expansión de las políticas laxas entre 2011 y 2018 son diversas.[8]

En primer lugar, es clave resaltar que la expansión cuantitativa no implica necesariamente un incremento de la cantidad de dinero u oferta monetaria. La política monetaria pospandemia fue muy expansiva, pero sólo en términos de creación de base monetaria que, recordemos, incluye básicamente las reservas que el banco central inyecta en la banca cuando compra los bonos públicos. Sin embargo, esto no supone necesariamente que aumente el dinero en manos del público, es decir, el efectivo y las cuentas corrientes, lo que se incluye en las medidas habituales de oferta monetaria. Este agregado es el que de verdad afecta a la demanda final de bienes y servicios y, por tanto, a la inflación. Las entidades financieras utilizaron las reservas inyectadas por el banco central en el sistema para preservar o mejorar sus ratios de capital y liquidez, en parte de manera voluntaria y en parte por el incremento de los requisitos regulatorios. Dicho de otro modo, las reservas que inyecta el banco central no necesariamente fluyen al mercado en forma de depósitos y créditos.

El contraste entre la evolución de la base monetaria y la oferta monetaria se observa de manera diáfana en las cifras de Estados Unidos, como muestra la gráfica 8.1. Con anterioridad a 2008, la base monetaria crecía acompasadamente, al igual que lo hacía la oferta monetaria, esta última con tasas anuales que oscilaban entre el 8 por ciento al inicio de la década y el 5 por ciento al final. Al estallar la crisis, la magnitud de la base monetaria prácticamente se dobló en sólo dos años, hasta alcanzar los dos billones de dólares, mientras que la oferta monetaria continuaba aumentando únicamente de manera gradual. La política de expansión cuantitativa se relanzó desde mediados de 2011 hasta llegar de nuevo a doblar la base monetaria tres años después, y situarse en cuatro billones de dólares (gráfica 8.1), de nuevo con escaso impacto en la oferta monetaria.

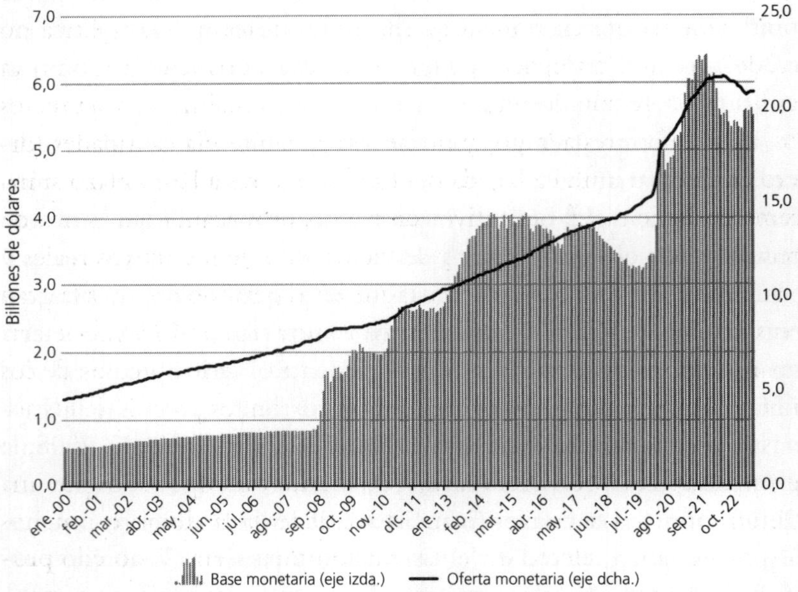

GRÁFICA 8.1. La creación de dinero en Estados Unidos: de la gran crisis financiera a la crisis de la covid-19.*

En segundo lugar, la expansión cuantitativa no comporta forzosamente un relanzamiento del crédito ya que, si bien es cierto que los bancos disponen de mayor liquidez, ello no significa que exista una elevada demanda de crédito de suficiente calidad. Tras una crisis de exceso de deuda como la de 2007-2008, hay muchos agentes sobreendeudados y la concesión de préstamos a este colectivo supone un serio deterioro de la ratio de capital de las entidades crediticias, dado que tiende a empeorar la calidad de su balance. Además, la atonía de la demanda final y el recuerdo de la crisis financiera limitan la demanda de préstamos por parte de los buenos acreditados. El débil crecimiento del crédito no es más que la otra cara de la moneda de la escasa reacción de la oferta monetaria.

* FUENTE: Elaboración propia con datos mensuales de la Reserva Federal. La oferta monetaria corresponde a la definición M2 usada por el banco central estadounidense.

Sin embargo, aunque no haya más dinero en circulación, ya que no aumenta la oferta monetaria, ello no significa que la política no ortodoxa no tenga impacto en las condiciones financieras. Como ya hemos dicho, se trata de una actuación fundamentalmente vía precios (los tipos de interés a largo) y no necesariamente vía cantidades (dinero en circulación). La bajada del tipo de interés a largo plazo sí incrementa la demanda de activos de riesgo, provocando aumento de precios, pero no de los bienes y servicios, sino de los activos reales y financieros. Es irónico, pero al igual que en el periodo previo a la gran crisis financiera de 2007-2008, también ahora una política monetaria expansiva es inocua en términos del aumento de los precios de los bienes y servicios, pero no ocurre lo mismo con los precios de los activos. Con anterioridad a la gran crisis financiera de 2007-2008, la burbuja de deuda y el precio de los activos fueron impulsados por una política monetaria convencional demasiado laxa durante muchos años, junto con el efecto de la innovación financiera. Todo ello propulsó el crédito y el apalancamiento. Tras la crisis, las burbujas de deuda y activos financieros y reales de la última década las provoca la política monetaria expansiva de carácter no convencional, que ha funcionado presionando a la baja los tipos de interés de largo plazo, con el efecto directo que esto tiene en el precio de los bonos e, indirectamente, en el de otros activos como las acciones y los inmuebles. Un menor tipo de interés a largo plazo implica, por un lado, que disminuya la tasa de descuento de los flujos de beneficios, lo que aumenta el valor de las acciones; por el otro, una mayor tendencia a demandar activos de riesgo, al disminuir la retribución de los activos más seguros.

La presión en los mercados de activos es, además, especialmente peligrosa. En estos mercados la demanda depende no sólo de la oferta actual y el precio vigente, sino también de las expectativas sobre la situación del mercado en el futuro, lo que alimenta procesos especulativos en la medida en que los agentes económicos adquieren el activo no tanto por su rentabilidad sino por las expectativas de obtener plusvalías.

En definitiva, antes de la gran crisis financiera de 2007-2008 no había inflación a pesar de las políticas monetarias laxas que impulsaban la demanda agregada —lo veremos con más detalle en el capítulo 9—, pero ello se debía en esencia al creciente peso de China en el comercio internacional.[9] Tras la gran crisis financiera de 2007-2008, las políticas extraordinariamente laxas fueron de nuevo inofensivas en términos de inflación; sin embargo, en esta ocasión la causa fue distinta, ya que la propia gran crisis financiera de 2007-2008 había provocado una ruptura de los mecanismos de transmisión de la política monetaria por los cuales la actuación del banco central se traduce habitualmente en aumentos de la cantidad de dinero y el crédito.

De hecho, en los años posteriores a la gran crisis financiera de 2007-2008 no sólo no hubo inflación; el principal riesgo pasó a ser la deflación, en especial a partir de 2013 (aparte, claro está, de la caída de precios inicial debido a la recesión de 2009-2010). Esta circunstancia se explica en parte por la naturaleza del *boom* previo a la gran crisis financiera de 2007-2008, que comportó una caída posterior de la demanda agregada y un exceso de capacidad instalada en muchos sectores, lo que presionó a la baja los precios. Además, la evolución de los mercados de materias primas (las energéticas, pero asimismo las industriales y agrícolas) entre 2013-2014 también ocasionaron periodos de caídas significativas de precios que arrastraron por un tiempo los niveles de inflación a mínimos.

El riesgo de deflación, por otro lado, se utilizó para justificar la continuidad de la expansión cuantitativa, dado que los bancos centrales tenían serias dificultades para lograr su objetivo de acercar la inflación al 2 por ciento. Para tratar de conseguirlo, continuaron inyectando cantidades estratosféricas de reservas, con potenciales efectos adversos cuya importancia fue objeto de un vivo debate. Los que advertían de estos efectos no deseados argumentaban que se ponía en serio riesgo la confianza de la ciudadanía en los bancos centrales, puesto que la política ahondaba en la penalización de los ahorradores, provocaba nuevas burbujas financieras e inmobiliarias que conllevan redistribución e incluso concentración de la riqueza; asimismo suponía continuar la tendencia histórica a aumentar los niveles de deuda de la economía.

La década posterior a la gran crisis financiera de 2007-2008, especialmente en la primera mitad, fue un periodo en el cual el endeudamiento de las economías avanzadas creció a un menor ritmo. Las familias y empresas tuvieron que desapalancarse y ello fue en parte compensado por la expansión de la deuda pública, dado que los gobiernos, o bien paliaron las consecuencias recesivas de la gran crisis financiera de 2007-2008, o bien absorbieron parte de las pérdidas incurridas por el sector privado (véase el capítulo 10). En esos años, el país que protagonizó una importante expansión económica basada en deuda fue China, que compensó así la evolución en Occidente.[10] En conjunto, los niveles de deuda global como porcentaje del PIB se estabilizarían a lo largo de los años siguientes, hasta llegar a las grandes turbulencias provocadas por la covid-19 y la guerra de Ucrania en el periodo 2020-2022.[11]

Los controvertidos efectos de la nueva política

El impacto de las políticas no convencionales ha sido examinado a fondo tanto por economistas académicos como por los propios bancos centrales. Para evaluar el efecto de estas políticas se pueden utilizar estudios de eventos que tratan de aislar los efectos de la política no convencional en los mercados financieros en el momento de su implantación. Sin embargo, no siempre es fácil controlar por otras circunstancias concurrentes. Estos estudios concluyen que la expansión cuantitativa había sido exitosa bajando de manera persistente y significativa los tipos a largo plazo, tanto en periodos de alta inestabilidad financiera como en periodos más normales. El impacto en los tipos de interés a largo puede oscilar entre los 30 y los 100 puntos básicos.[12]

Dado que estos estudios proporcionan sólo la reacción en las variables financieras, los bancos centrales han estimado el efecto en el conjunto de la economía mediante el uso de modelos macroeconométricos, a partir de los cuales se simula cuál hubiera sido la evolución macroeconómica en ausencia de la política monetaria no convencional. Los resultados muestran un efecto favorable en términos tanto del impacto en un mayor crecimiento del PIB como de una tasa de inflación más elevada.[13] Según Bernanke, la expansión cuantitativa, junto a otros instrumentos no convencionales (los tipos negativos y la orientación de tipos —*forward guidance* en inglés—, fundamentalmente) habrían proporcionado a los bancos centrales una capacidad de actuación equivalente a 3 puntos porcentuales de reducción del tipo de interés de política monetaria convencional.

El problema de estos análisis es que no es fácil saber qué hubiera ocurrido si la política no se hubiera implementado. Para calcularlo, la metodología empleada es la creación de escenarios contrafactuales; es decir, una situación hipotética en la que la expansión cuantitativa no hubiera tenido lugar. Para construir esa situación hipotética, sin embargo, es necesario disponer de un modelo de la economía que permita simular la evolución del PIB y la inflación en ese escenario alternativo sin recurrir a la política monetaria no convencional. Los resultados de este tipo de análisis dependen en gran medida de cuán apropiado sea el modelo que se use, de sus parámetros y, de manera crucial, de la hipótesis que se haga en dicho modelo con relación al propio efecto de la expansión cuantitativa en el sistema económico. Recuerdo vivamente una reunión bancaria internacional en la que tuve la oportunidad de participar, con Isabel Schnabel, miembro del comité ejecutivo del BCE, y Klaas Knot, gobernador del banco de Holanda.[14] Schnabel presentó la evidencia del BCE y Knot estuvo de acuerdo, pero enfatizó la necesidad de centrarse en los datos y tal vez menos en los modelos, puesto que en ciencias sociales debemos ser conscientes de sus limitaciones para captar la complejidad de nuestras sociedades.[15] Una de esas limitaciones, naturalmente, es el riesgo de que las personas que llevan a cabo el análisis incurran en sesgos sistemáticos en su labor. Algunas investigaciones recientes, aún sujetas a discusión entre los profesionales, apuntan a que los resultados favorables a la efectividad de la expansión cuantitativa son más frecuentes en la investigación de los propios bancos centrales que en la de círculos académicos; además, indican que los investigadores que reportan estos resultados positivos obtienen mejoras en su carrera profesional en los institutos emisores.[16]

Por lo que respecta a los efectos indeseados de la política monetaria no convencional[17] son, en resumen, los siguientes. En primer lugar, las políticas monetarias no ortodoxas han sido un fenómeno global, desde el momento en que fueron adoptadas en Estados Unidos. La profundidad de los mercados monetarios y de capitales de Estados Unidos y el dominio del dólar como moneda de reserva internacional y principal divisa utilizada en los flujos comerciales y de inversión internacionales han implicado que su adopción de políticas no ortodoxas haya sido seguida por la gran mayoría de los países desarrollados. Si no lo hubieran hecho así, hubieran estado expuestos a una apreciación de sus monedas. Estamos, pues, ante un caso claro de políticas monetarias competitivas que recuerda las devaluaciones competitivas de otra época.[18] El papel determinante de Estados Unidos ya estaba profusamente documentado para el caso de la política monetaria convencional.[19] En política no convencional ha sucedido prácticamente lo mismo, como muestra el hecho de que cuando dicha política se adoptó en Japón a finales del siglo pasado, no contagió al resto de las economías avanzadas. La consecuencia de que las políticas monetarias no ortodoxas hayan sido adoptadas a nivel mundial ha sido una situación global de exceso de liquidez. Aunque Estados Unidos inició un proceso de reducción del balance de la Fed en 2018, esta política duró poco tiempo y apenas incidió en la liquidez global.

En segundo lugar, como ya hemos avanzado, la política no ortodoxa ha desembocado en un largo periodo de tipos de interés negativos, lo que ha abocado a muchos inversores a tomar mucho riesgo en la búsqueda de mayores rentabilidades (el denominado *search for yield*). Pero ¿tienen sentido los tipos de interés negativos?[20] Desde la vertiente del ahorro, un tipo de interés positivo indica que si el consumidor deja de consumir hoy, el importe ahorrado genera intereses y, por tanto, podrá gastar más en el futuro que en el momento actual. El argumento a favor de los tipos positivos desde la perspectiva de la decisión de ahorro es que sólo tiene sentido dejar de consumir hoy si esperamos que esto nos suponga tener más recursos para consumir mañana. Si el consumidor es razonablemente paciente, es decir, tiene una tasa de descuento baja y valora el gasto futuro, estará dispuesto a postergar el gasto hoy a cambio de unos ingresos adicionales y un mayor gasto futuro. Es decir, ahorrará.

¿Puede haber consumidores que quieran ahorrar y no gastar hoy aunque esos recursos que se ahorran pasen a ser menores en el futuro, debido a un tipo de interés negativo? Podría ser, en el caso, por ejemplo, de personas mayores que anticipan, o temen, una caída drástica de sus rentas futuras. En una sociedad envejecida muchas de las personas mayores tenderán a gastar poco y a ahorrar, ya que su renta actual es superior a la que esperan en el futuro. Cuando bajan los tipos, esta clase de ahorrador, en lugar de ahorrar menos, ahorrará más, puesto que no se guía por la rentabilidad, sino que determina su patrón de ahorro en función de sus objetivos de patrimonio disponible para el futuro.[21] En definitiva, el tipo negativo es plausible desde la perspectiva del ahorro, pero improbable a menos que la sociedad esté muy envejecida, como ocurre en Japón, país que ha tenido tipos muy bajos de manera estructural desde hace muchos años.

¿Y qué decir desde la perspectiva de la inversión productiva? Para un empresario el tipo de interés es el retorno esperado de un proyecto como, por ejemplo, la expansión de la capacidad productiva de una empresa. Normalmente, la inversión comporta unos gastos iniciales y unos flujos de caja posteriores. La tasa interna de retorno (TIR) del proyecto es aquella tasa de descuento que iguala el valor actual de los flujos futuros con el gasto inicial. Para que la TIR promedio de una economía pase a ser negativa deberíamos estar en una situación en la que, en promedio, los nuevos proyectos de inversión dejasen de ser rentables. De nuevo, parece que este escenario sólo podría tener sentido en sociedades en proceso de envejecimiento en las que el tamaño de la población estuviera en contracción y, por tanto, también el PIB y la demanda agregada. En una sociedad de este tipo podría no haber aumento de la inversión en términos netos, ya que el *stock* de capital necesario tendería a descender.

Sin embargo, este escenario de TIR negativa no tiene mucho sentido en una economía global fuertemente interconectada, con amplios flujos transfronterizos de bienes y capitales. Incluso si nos centramos en la inversión en las economías avanzadas, es difícil imaginar que ya se hayan agotado todas las oportunidades de mejorar el capital tecnológico o público de un país.[22] Por otro lado, no es obvio que la inversión en tecnología, especialmente si comporta el ahorro de mano de obra, no siga siendo rentable incluso en una sociedad que envejece. Dicha inversión contribuiría al aumento de la productividad y compensaría, al menos en parte, la caída de la población aminorando o revirtiendo así la contracción del PIB.

Una tercera consecuencia negativa de las políticas monetarias ultralaxas, que se han reforzado con la expansión cuantitativa, es que, a pesar de que los tipos de interés nominales y reales han sido muy bajos, no ha habido en la práctica un aumento significativo de la inversión productiva. De hecho, la manipulación de los tipos a largo plazo supone una distorsión de los mercados financieros y un riesgo de mala asignación de inversiones. No se promueve la inversión en activos nuevos, sino en activos preexistentes (provocando burbujas especulativas) o en la prolongación de empresas inviables (empresas zombis), con efectos negativos sobre el crecimiento económico a largo plazo y un menor crecimiento de la productividad total de los factores.

Los datos muestran que la tendencia a la baja de los tipos de interés ha coincidido con una tendencia también secular a que el peso de la inversión en el PIB disminuyera en las principales economías del mundo. A lo largo de los últimos cincuenta años, la formación bruta de capital fijo como porcentaje del PIB baja en Japón del 37 al 25 por ciento, en Alemania del 26 al 21 por ciento, en Francia del 25 al 22 por ciento, en el Reino Unido del 24 al 17 por ciento, en Italia del 25 al 18 por ciento y en Estados Unidos del 23 al 20 por ciento.[23]

Esta evolución de la inversión en el mundo desarrollado es descorazonadora. Un factor atenuante es que las cifras tal vez no capten bien la realidad, dado que en las economías modernas la inversión se dirige cada vez más hacia bienes y servicios intangibles.[24] Por otro lado, también se podría argumentar que la tendencia a la baja no tiene nada de sorprendente; al fin y al cabo, desde la perspectiva de las teorías de crecimiento neoclásicas es lógico que conforme las economías son más ricas y productivas, la necesidad de inversión en proporción al PIB y la renta generada sea menor. Sin embargo, en dicho modelo neoclásico esta previsión de generación de un exceso de ahorro en los países avanzados se complementa con el flujo de dichos ahorros hacia los países en desarrollo, en los cuales se encuentran cada vez más las oportunidades de inversión con mayores retornos. Por desgracia, tampoco ha sido este el patrón que hemos observado en la práctica.[25]

De hecho, la discrepancia entre los retornos de la inversión en los países en desarrollo frente al retorno en los países desarrollados debiera formar parte del debate sobre la caída secular de los tipos de interés nominales y reales al que volveremos en el próximo capítulo. Los tipos reales pueden haber descendido en los países desarrollados pero no lo han hecho necesariamente en el conjunto de la economía mundial. En efecto, tal vez el punto más débil de la tesis de los tipos bajos tiene que ver con las oportunidades de inversión más allá de cada país. Efectivamente, una de las soluciones al bajo crecimiento mundial y al exceso de ahorro en las economías avanzadas es que exista un mayor flujo de inversión desde el mundo desarrollado a los países emergentes. Pero esto no sucede por diversas causas. En primer lugar, antes de las crisis de deuda de los países en desarrollo en los años noventa hubo flujos significativos de capitales.[26] Sin embargo, la experiencia tuvo un final amargo, con crisis de endeudamiento y cambiarias en muchos de los países que habían recibido inversión. El peso de los capitales volátiles fue excesivo en comparación con la inversión directa. En segundo lugar, el capital paciente, la inversión a largo plazo, no tiene suficiente confianza en estos países. El retorno potencial es alto, pero no compensa el riesgo, especialmente el asociado a la inseguridad jurídica e institucional.

Otra manera de verlo es que, cuando consideramos la tasa interna de retorno de un proyecto, el tipo de descuento que debemos tener en cuenta no es tanto el tipo libre de riesgo, sino el coste de capital asociado al proyecto; es decir el tipo de interés más el *equity risk premium*, la prima de riesgo asociada a la inversión que estamos efectuando. Por tanto, el tipo de interés libre de riesgo puede haber disminuido, pero no tiene por qué haberlo hecho la prima de riesgo y el retorno exigido por los inversores. De hecho, la política de promoción de la deuda y las burbujas puede haber incrementado la percepción de riesgo y el coste de capital, deprimiendo las inversiones. Este es un argumento válido para el sector bancario, como veremos posteriormente, y que curiosamente no ha recibido suficiente atención en el debate sobre la caída secular del tipo de interés. Sólo ha aparecido recientemente en la discusión,[27] y es significativo que haya sido a raíz de la explosión inflacionaria de 2022 y las subidas de tipos.

En definitiva, la política monetaria ultralaxa no ha promovido la inversión a pesar de que la disponibilidad de liquidez ha sido enorme. Desde la perspectiva del ahorrador, los tipos bajos e incluso negativos no comportan una retribución de sus ahorros. Si el ahorrador no desea asumir un riesgo significativo, lo que implica en la práctica es que debe mantener sus ahorros en forma líquida. Esto es así en parte por la sensación de incertidumbre y riesgo que observa, y además porque para obtener un rendimiento significativo debe perder liquidez y asumir demasiado riesgo. Al mismo tiempo, como es natural, esa gran liquidez disponible en los mercados se dirige fundamentalmente a inversiones no productivas. Las actuaciones financieras de carácter especulativo, como el incremento del apalancamiento de las compañías para pagar dividendos o recomprar acciones, o la adquisición de activos preexistentes, cuyo precio aumenta, con la única expectativa de venderlos a futuro con plusvalía, constituyen la cuarta consecuencia negativa de la expansión cuantitativa para los mercados financieros.

Las consecuencias negativas de la expansión cuantitativa en los mercados de activos las hemos visto en los capítulos anteriores, con motivo del análisis de la génesis y el desarrollo de la gran crisis financiera de 2007-2008 y no merece la pena profundizar aún más aquí en el problema. Solamente cabe añadir que, a finales de 2021, antes del inicio del cambio de ciclo financiero con las nuevas políticas monetarias anunciadas por la Fed, la situación de excesos en los mercados de activos era manifiesta. En el caso de la bolsa, la sobrevaloración del mercado estadounidense se situaba en un 123 por ciento si tomamos como referencia un indicador como la ratio CAPE de Robert Shiller.[28] En cuanto a los mercados inmobiliarios, *The Economist* resaltaba a lo largo de 2021 la sobrevaloración de muchos de ellos y apuntaba, ya en octubre de 2022, a graves desajustes en los mercados anglosajones, nórdicos y centroeuropeos que no habían sufrido burbujas antes de la gran crisis financiera de 2007-2008.[29] Finalmente, tenemos los mercados de renta fija, en los cuales la actuación de los bancos centrales había prolongado, desde 1981 hasta el mínimo alcanzado en 2020, una caída de rentabilidades y subida de precios de proporciones históricas.[30] En periodos de exuberancia, cuando el crédito es prácticamente gratuito, los mercados especulativos florecen. Los diferenciales de crédito de los bonos basura se contraen, se expanden mercados de riesgo como el de los bonos apalancados y surgen iniciativas financieras de dudosa viabilidad, como las salidas a bolsa de compañías que aún no tienen actividades conocidas (las SPAC, o Special Purpose Acquisition Companies). También abundan las actividades financieras directamente fraudulentas, como se ha visto en el caso de numerosas empresas de criptoactivos. Nótese que las burbujas de activos, por otro lado, han acentuado las críticas a los bancos centrales, con el argumento de que propiciar burbujas es perjudicial en términos sociales, al acentuar las desigualdades de la renta, ya que normalmente los tenedores de activos son las personas en los deciles más altos de la distribución de la renta o la riqueza (volveremos sobre este asunto en capítulos posteriores).

Por último, otro de los graves problemas que plantea la política de expansión cuantitativa es la dificultad de proceder a su reversión. La reducción de los balances de los bancos centrales puede hacerse, o bien no renovando los títulos cuando vencen, lo que supone cobrar el principal de los bonos y retirar la liquidez de los mercados, o bien mediante la venta de los títulos en el mercado abierto. La primera alternativa es gradual si los vencimientos de los títulos están escalonados en el tiempo y, por tanto, es probable que su impacto en los mercados sea marginal. La venta de títulos, por el contrario, puede ser muy desestabilizadora. Supone incrementar la oferta de bonos, reduciendo así su precio y aumentando los tipos de interés a largo plazo. La disrupción en el mercado de bonos dependerá, naturalmente, de la situación monetaria y las expectativas de tipos, así como de la situación de los emisores de deuda, y en especial de las finanzas públicas, dado que estas determinan en gran medida la oferta de deuda pública en los mercados primarios.

Desde que se implantó la expansión cuantitativa hemos vivido varios intentos de reversión de esta política en la denominada estrategia de salida. El primero tuvo lugar en mayo de 2013, cuando el anuncio por parte de la Fed de una próxima reducción de su balance provocó un terremoto en los mercados. El episodio se conoce como *taper tantrum*. El segundo intento, al que ya nos hemos referido, tuvo lugar en 2018. La Fed inició un proceso gradual de reducción de parte de su cartera que redujo el balance en un 16 por ciento hasta el verano de 2019. Posteriormente, con la llegada de la covid-19 el balance de la Fed se expandió de manera extraordinaria hasta prácticamente llegar a duplicarse en dos años.[31] Tras el estallido del rebrote inflacionario de 2022 la estrategia de salida de los bancos centrales tuvo que ser distinta, puesto que las condiciones financieras se habían alterado radicalmente y el entorno financiero ya no era de reducción gradual de la política monetaria laxa sino de un endurecimiento drástico y acelerado de las condiciones financieras.

En estas nuevas circunstancias, con los tipos de interés rápidamente al alza, los bancos centrales podían decidir no vender su cartera en los mercados para no provocar alteraciones en ellos. Si adoptaban esta política se veían obligados a remunerar las reservas de los bancos para evitar que estos fondos pasaran a formar parte del dinero en circulación. La remuneración de reservas tendría, por otro lado, un impacto negativo en su cuenta de resultados, cuestión sobre la que volveremos más adelante. Además, la política no ortodoxa había colocado a los bancos centrales en una posición poco envidiable, en una contradicción similar a la que tuvo la Fed en la época de la *Greenspan put*. Como vimos en el capítulo anterior, la expectativa por parte de los mercados de que la Fed acudiría al rescate, bajando tipos, en el caso de un ajuste severo de las cotizaciones bursátiles, actuó como una mecha que acentuaba la sobrevaloración de la bolsa, dado que los inversores redoblaron su apuesta, sabedores de que existía un suelo a las cotizaciones.

Tras las dosis excepcionales de expansión cuantitativa, los bancos centrales estaban en una situación parecida con respecto a los gobiernos y los mercados de bonos. Por un lado, si la salida de la política no convencional provocaba un colapso de dichos mercados, los inversores anticipaban que el banco central revertiría el proceso de venta para garantizar la estabilidad financiera. En septiembre de 2022, por ejemplo, el Banco de Inglaterra iniciaba el proceso de salida cuando las alteraciones en el mercado de bonos británicos, a causa de los planes presupuestarios del gobierno de Liz Truss, obligaron a la autoridad monetaria a llevar a cabo justo la política contraria. Por otro lado, la venta de títulos en el mercado supone encarecer las condiciones de financiación gubernamentales. Cuando los niveles de deuda son elevados, la necesidad de preservar la estabilidad de las finanzas públicas puede reducir *de facto* el margen de actuación del banco central. Es lo que se denomina una situación de dominancia fiscal, que pone en riesgo la independencia de la autoridad monetaria, y a la que retornaremos cuando hablemos de política fiscal en el capítulo 10.

Si las políticas monetarias tras la gran crisis financiera de 2007-2008 habían conducido a los gestores de la política económica a una situación excepcional cuando se tuvo que afrontar la emergencia de la covid-19, ¿qué había sucedido entretanto en el resto de las políticas financieras, las regulatorias, que trataban de contener el riesgo en el sistema financiero y garantizar su estabilidad? ¿Habían sido más exitosas?

Las reformas regulatorias tras la crisis

A partir de 2009 se impulsó un amplio abanico de cambios regulatorios con diversos objetivos. En primer lugar, reforzar la ratio de recursos propios de los bancos para que el sector financiero tuviera una mayor capacidad de absorción de pérdidas. En segundo lugar, la introducción de nuevas ratios regulatorias, con el objetivo de evitar el uso de dinero público en el rescate de los acreedores de las entidades financieras en el caso de que estas tuvieran dificultades. Estas ratios obligaban a los bancos a emitir títulos de renta fija que podrían estar obligados a absorber pérdidas en el caso de que las entidades estuvieran inmersas en un proceso de resolución (es decir, en el caso de un cierre ordenado de la entidad por insolvencia).[32] En tercer lugar, medidas tendentes a separar las actividades bancarias, de tal modo que aquella parte de la banca que disfruta de un seguro público (fundamentalmente la que capta depósitos, ya que están garantizados hasta determinados importes) no se mezcle con otras actividades bancarias y de esta manera se facilite la toma de riesgos con financiación primada por la existencia de un seguro público. Es decir, se trata de eliminar el «riesgo moral» mediante la separación de la banca comercial y la de inversión.[33]

Asimismo, se introdujeron regulaciones para moderar la toma de riesgos por parte de los principales ejecutivos de las entidades. Así, se establecieron diferimientos en el cobro de las retribuciones variables ligadas a resultados, así como cláusulas de retrocesión de estas retribuciones en determinadas circunstancias. Otro renglón importante de regulaciones afectó a los niveles de liquidez que se les exigían a las entidades, tanto en el corto plazo, para hacer frente a necesidades inmediatas, como en el medio plazo, para evitar estrategias bancarias basadas en una excesiva transformación de plazos. Es decir, el riesgo de aquellos bancos que, prestando a largo plazo, tienen una base de financiación poco estable, por ser excesivamente mayorista y de corto plazo.

A fin de mitigar el carácter procíclico del sector que hemos discutido en los capítulos 6 y 7, se establecieron mecanismos para que los recargos de capital (*buffers*) pudiesen actuar de manera anticíclica; es decir, liberándose en momentos de atonía económica y acumulándose en épocas expansivas. Al mismo tiempo, se promovió el despliegue, a nivel de cada país, de instrumentos de regulación macroprudencial, como los límites a la ratio entre el préstamo y el valor del inmueble en los préstamos hipotecarios. Por último, se introdujeron diversas regulaciones en el ámbito de los conflictos de interés, para preservar la independencia de algunos de los actores clave en el mercado financiero. A título de ejemplo, la falta de independencia de las agencias de calificación o de las tasadoras había contribuido en los años previos a la crisis financiera a un aumento incontrolado de los riesgos del sistema.

Las reformas regulatorias introducidas desde la gran crisis financiera de 2007-2008 han sido objeto de análisis y discusión tanto por los organismos reguladores como las agencias internacionales y la propia industria financiera.[34] A efectos de este capítulo, nos interesa destacar que en algunos casos la naturaleza de estas regulaciones, así como el ritmo y la forma en la que se introdujeron, tuvieron un efecto negativo en el funcionamiento de los mercados bancarios, especialmente en el caso de Europa. Los acontecimientos vividos en el sector bancario en 2023, con la crisis de la banca regional estadounidense y la caída de Credit Suisse, corroboran las carencias de las reformas introducidas. Vayamos por partes.

En primer lugar, por lo que respecta a las regulaciones que trataban de incrementar la ratio de capital de la banca, las autoridades, conscientes de que ese aumento de capital podía llegar a tener consecuencias adversas en términos del ritmo de concesión de créditos por parte de los bancos, a lo largo de la pasada década intentaron que este fuera un proceso gradual, con plazos largos que permitieran la adaptación progresiva de las entidades. Sin embargo, en la práctica, los mercados de capitales han anticipado estos requisitos, lo que produjo que la acumulación de capital se acelerara e incidiera en la disponibilidad crediticia.[35] Tampoco ha contribuido, en este sentido, la ausencia de un mapa de ruta claro que permitiera a los inversores tener una idea aproximada de cuál era el destino final de las ratios de capital. Esa incertidumbre ha pesado en las cotizaciones del sector y, por tanto, en su estrategia de negocio y capacidad competitiva durante muchos años.

En segundo lugar, el aumento de las ratios de capital, a pesar de reforzar los recursos de las entidades destinados a cubrir pérdidas no esperadas, no ha contribuido a disminuir el riesgo del sector percibido por los inversores.[36] El argumento de los reguladores al imponer un aumento de las ratios de capital, que claramente penaliza la rentabilidad sobre recursos propios de la banca, era que dicha mejora de las ratios reduciría a su vez el riesgo del sector. Así, el binomio rentabilidad-riesgo no tenía por qué empeorar. En la práctica, sin embargo, el riesgo no parece haber disminuido, como lo atestigua el hecho de que desde prácticamente el estallido de la gran crisis financiera de 2007-2008 el coste del capital del sector se ha situado entre el 8 y el 10 por ciento, pese a tratarse de un periodo de reducción extraordinaria de los tipos de interés libres de riesgo. Como consecuencia, la prima de riesgo de la banca, especialmente en Europa se ha mantenido alta, a pesar de todas las regulaciones introducidas que debían conllevar un sector más seguro. Naturalmente, los factores que afectan a la prima de riesgo sectorial son diversos. Sin duda, la banca está inmersa en una profunda transformación de su modelo de negocio debido a la digitalización de la economía; además, la expectativa de tipos de interés muy bajos por largo tiempo desempeñó un papel adverso. Pero es probable que la incertidumbre regulatoria y la falta de referencias claras para el inversor hayan tenido un peso no despreciable.

En tercer lugar, las regulaciones de liquidez han generado una mayor fragilidad en algunos de los mercados de activos líquidos. Al exigir a los intermediarios un mayor capital para operar como creadores de mercado, en la práctica los mercados han sido menos líquidos, con oscilaciones más acusadas de los precios y a veces dificultad para cerrar transacciones, o bien con altos costes de transacción para llevarlas a cabo (elevados diferenciales entre los precio a los que se está dispuesto a comprar o vender un activo financiero).[37] La crisis del Silicon Valley Bank y la banca regional estadounidense en marzo de 2023 ilustra cuán apropiado es regular la liquidez de las entidades, pero también la dificultad de establecer un marco regulatorio válido para el conjunto del sistema. Silicon Valley Bank quebró fundamentalmente por su mala gestión del riesgo de tipo de interés (adquirió bonos del Estado de bajo rendimiento y se enfrentó a un encarecimiento repentino de su pasivo) y por la mala supervisión. Sin embargo, la crisis de la entidad se precipitó porque, a pesar de que la gran mayoría de sus depósitos no estaban asegurados, no tenía que cumplir con la ratio de liquidez que sí afectaba a los bancos de mayor tamaño. Por otro lado, las dificultades de la banca regional estadounidense surgieron por el clásico problema de transformación de plazos en banca cuando la base de depósitos es poco estable (alta proporción de depósitos no asegurados) y muy sensible a la subida de los tipos de interés del conjunto de la economía. Las autoridades de Estados Unidos se vieron obligadas a detener la crisis de la banca regional con diversas intervenciones que cuestionaban el marco regulador desarrollado desde la gran crisis financiera de 2007-2008. En particular, se extendió el seguro de depósitos a muchos depositantes, para tratar de evitar el pánico y que hubiera una cadena de quiebra de entidades.

En cuarto lugar, los mecanismos de resolución que se introdujeron a lo largo de la pasada década han mostrado sus carencias en diversas ocasiones. En el caso de los bancos europeos ello se debe, en parte, a que en la Unión Económica y Monetaria (UEM) no existe una unión bancaria completa, ni mucho menos una unión fiscal (véase el capítulo 12). Al no existir un seguro de depósitos paneuropeo, ni unos fondos presupuestarios compartidos por todos los países de la zona euro disponibles para el rescate de depositantes, cuando se debe intervenir para salvar a los depositantes de un banco y potencialmente inyectar dinero público, el mecanismo de resolución tiene dificultades para ser implementado.[38] En banca es conocida la frase de que los bancos nacen locales, devienen globales, pero mueren locales, y este es especialmente el caso en la UEM. Pero el problema con los mecanismos de resolución va más allá de los problemas propios de la zona euro, como se vio en el 2023 en el caso de Credit Suisse. Este es también un caso de un banco global que ha muerto localmente. Y en Suiza la resolución del banco ha obviado asimismo los mecanismos previstos por las reformas regulatorias. En la práctica, tanto en Suiza con Credit Suisse como en la zona euro con los bancos regionales italianos se ha recurrido a la discrecionalidad de las autoridades, especialmente el supervisor y las autoridades fiscales locales.[39] En definitiva, tras la crisis financiera se introdujeron mecanismos para gestionar de manera pautada las crisis de entidades bancarias, así como un conjunto de ratios de deuda privada convertible en capital que los bancos debían cumplir para así disponer de recursos destinados al rescate en el caso de que un banco fuera insolvente. De este modo, se esperaba que no sería necesario recurrir al erario para cerrar la entidad y proteger a los depositantes. Las quiebras bancarias de 2023 han mostrado que el edificio que se ha construido no es siempre operativo en la práctica y que es preciso dotar a las autoridades de cierto grado de discrecionalidad, aunque desde el punto de vista político esto no sea sencillo. Por otro lado, se ha comprobado que la crisis de entidades de tamaño medio puede devenir sistémica con mucha facilidad, especialmente en la era de redes sociales y comunicaciones electrónicas instantáneas, y que el papel del banco central como garante de la estabilidad del sistema continúa siendo fundamental.

Por último, la regulación macroprudencial básicamente ha tratado de atenuar el comportamiento cíclico de las finanzas mediante la introducción de colchones de capital y ratios de préstamos sobre valor de los activos, junto a algunos cambios en la contabilización de los activos y pasivos de las entidades. En el caso de las ratios de préstamos (límites al *loan to value*), su funcionamiento ha sido difícil por razones políticas. En momentos de euforia y expansión económica, no es popular limitar el acceso al crédito. En el caso de los colchones, la dificultad surge por el comportamiento táctico de las entidades. Por lo general estas no quieren figurar ante los inversores con unas ratios de capital peores que las de los competidores y, por tanto, los colchones tienden a no usarse cuando son necesarios. De hecho, la crisis de la covid-19 mostró que los colchones sí pueden funcionar cuando se le permite al supervisor facilitar su uso con discrecionalidad, de manera no anticipada por el mercado financiero. Entonces, se evita el comportamiento táctico de las entidades y los inversores aceptan que las ratios declinen temporalmente para facilitar la concesión de crédito en momentos de atonía económica.[40] Nótese que la efectividad del uso de los colchones durante la crisis de la covid-19 demuestra que los aumentos o descensos de la ratio de capital exigida a la banca tienen un importante efecto en los volúmenes de crédito. Algo que, como ya hemos dicho, las autoridades reguladoras negaron cuando se implementaron los fuertes aumentos de la ratio regulatoria tras la gran crisis financiera de 2007-2008.

Desde la perspectiva del impacto en la economía de estos cambios regulatorios, a título de resumen podríamos decir que las exigencias de mayores ratios de capital a la banca dificultaron la concesión de crédito en los años poscrisis a pesar de la amplia financiación disponible proveniente del banco central. Las investigaciones que muestran que un banco bien capitalizado da más préstamos son sin duda correctas, pero esta no es la cuestión clave. Lo importante es el efecto de esas demandas de mayor capital en el periodo de transición, mientras los bancos proceden a mejorar su ratio de capital. Ese efecto es sin duda negativo para el crédito, puesto que dar menos crédito y asumir menos riesgos constituye un mecanismo que permite a las entidades ahorrar capital sin dejar de atender a la retribución de sus inversores.

Las exigencias de liquidez, por otro lado, implican que los bancos centrales deban prolongar su presencia en los mercados a través del crecimiento de reservas que conlleva la política de expansión cuantitativa. Esas reservas son necesarias para que la banca cumpla las ratios regulatorias y al mismo tiempo proveen una liquidez que ha menguado en los mercados de dinero debido a que la regulación de estos ha disminuido la rentabilidad de los creadores de mercado.[41] Finalmente, la toma de riesgo que propicia la situación de tipos cero, y tipos a largo plazo muy bajos, en lugar de canalizarse a través de la banca, o por los mercados regulados, lo hace por la banca en la sombra, con el riesgo que ello supone de generación de desequilibrios que no son detectados por las autoridades.

En resumen, las reformas regulatorias inciden de manera perversa en los mercados financieros y se retroalimentan con la política monetaria no convencional. La regulación dificulta que la nueva política monetaria acabe incidiendo con mayor liquidez y crédito llegando a la economía no financiera, lo que en muchos casos se ha usado incluso para justificar la necesidad de prolongar y aumentar la dosis de política monetaria no convencional.

Políticas acomodaticias con fundamentos frágiles

Las políticas financieras con las que se reaccionó ante la gran crisis financiera de 2007-2008 se basaron en el diagnóstico de los males de las economías avanzadas que dominaba la discusión en los foros económicos y los organismos internacionales. Según esta tesis, las políticas monetarias expansivas eran necesarias porque el tipo de interés real de la economía seguía una tendencia secular a la baja. Algunos economistas dudábamos de este planteamiento, pero estábamos en clara minoría. El diagnóstico condicionaba mucho la respuesta de política económica, especialmente en el ámbito monetario.

La carta a la reina de Inglaterra, con la que iniciamos este capítulo, era una respuesta de la profesión a las inquietudes de la soberana sobre en qué medida los profesionales de la economía y la política económica eran capaces de gestionar el sistema económico. Sin embargo, esa carta, a pesar de que explicaba las múltiples dimensiones de la crisis y la dificultad de anticiparla, en ningún momento hacía un serio ejercicio de autocrítica, reconociendo los límites de la ciencia económica. No se admitía que había visiones alternativas sobre la idoneidad de las políticas monetarias y regulatorias que se habían implementado. Y tampoco se expresaban dudas respecto a las metodologías utilizadas por la profesión y las recomendaciones de política económica que se habían efectuado con antelación a la crisis.

La crisis fue, en cierta medida, un fracaso del paradigma ortodoxo de la ciencia económica que había inspirado la política económica de las economías avanzadas. Lo sucedido debería haber supuesto una lección de humildad para la profesión. Sin embargo, a pesar de que se recapacitó sobre lo ocurrido, no hubo cambios sustanciales en el marco de análisis, aunque sí surgieron voces críticas que cuestionaban los modelos macroeconómicos dominantes.

Las carencias de la disciplina podrían sintetizarse en tres grandes áreas. En primer lugar, en economía es difícil pensar que puedan existir leyes generales o regularidades empíricas duraderas, dado el cambiante contexto tecnológico y social. Las mejoras tecnológicas y los cambios culturales provocan transformaciones institucionales y nuevas realidades sociales, de manera que las variables económicas, que son variables aleatorias, probablemente no tienen propiedades estadísticas muy estables.[42] Ello dificulta la modelización y la estimación econométrica y, como veremos en el próximo capítulo, complica en grado sumo la comprensión de fenómenos económicos fundamentales como la inflación.

En segundo lugar, la ciencia económica ha avanzado enormemente con el uso de los modelos formales o matemáticos, lo que aporta necesarias dosis de rigor al razonamiento y obliga al analista a explicitar con claridad los supuestos con los que trabaja. Sin embargo, al mismo tiempo han proliferado los modelos en los que se usan con profusión variables no observables, lo que, en la práctica, pone en duda la precisión lógica de los modelos utilizados frente a un análisis económico de naturaleza más narrativa.[43] De hecho, este es uno de los elementos centrales en la polémica sobre la caída secular de los tipos de interés, puesto que la explicación teórica dominante se fundamenta en la evolución de una variable no observable y de muy difícil medición, como es el tipo de interés natural. Lo examinaremos con cierto detalle en el próximo capítulo.

El tercer factor importante que tener en cuenta es que en economía no es fácil contrastar empíricamente los diversos modelos económicos que pueden representar una realidad. El premio Nobel George

Akerlof, autor que cuenta con todas las credenciales necesarias para ser crítico con el uso de modelos, ya nos advirtió antes de la crisis financiera.[44] Algunos de los resultados clave de la teoría macroeconómica moderna, por ejemplo con relación a la baja o nula efectividad de las políticas monetarias y fiscales, dependen de determinados supuestos básicos sobre las preferencias y el comportamiento de los agentes económicos. Estos resultados teóricos se dan de bruces con los hechos observados, pero por muchos años la profesión los ha aceptado por su belleza formal y por fundamentarse en la máxima racionalidad de los agentes y los supuestos estándar de preferencias del consumidor y maximización del beneficio de las empresas. Se aceptaron, además, porque a pesar de ser poco relevantes en términos prácticos, era muy difícil rechazarlos estadísticamente. Las teorías y modelos económicos son de difícil contrastación empírica, porque no es sencillo identificar estadísticamente las principales relaciones entre las variables debido a los problemas de simultaneidad.[45] También porque el conjunto de hipótesis auxiliares de los modelos y la baja disponibilidad de datos dificultan los contrastes estadísticos concluyentes. Como indica el propio Akerlof, el poder de los contrastes estadísticos en economía es muy bajo y es difícil rechazar hipótesis nulas que pueden ser falsas.

El uso de los modelos macroeconométricos para la gestión de la política macroeconómica debe ser, por tanto, muy prudente. Estos modelos dan los resultados de los experimentos de política económica en términos estocásticos. Un uso sensato exige que, junto al margen de error capturado por el propio modelo, se tenga en cuenta la probabilidad, no trivial, de que el modelo escogido no sea el instrumento adecuado para la situación que se está estudiando. En definitiva, y como indicamos en la introducción,[46] los propios banqueros centrales han acabado reconociendo recientemente la necesidad de ampliar los horizontes y basar su análisis de la realidad económica en una cartera de instrumentos analíticos más amplia, que incluya además de los modelos macroeconométricos, otro tipo de evidencia y estudios.

Las políticas de expansión monetaria y regulación financiera posteriores a la gran crisis financiera de 2007-2008 trataban de recuperar el crecimiento económico, evitar la deflación, absorber gradualmente el exceso de deuda en la economía y fortalecer a los intermediarios financieros. Transcurridos quince años, antes de que estallase en la economía mundial la crisis de la covid-19, no era obvio que hubieran conseguido sus objetivos ni en términos de actividad, ni en precios o estabilidad financiera. O si los habían conseguido, había sido a un coste elevado, como los acontecimientos de 2021-2023 se encargarían de demostrar. Fueron políticas acomodaticias, a buen seguro bien intencionadas, pero con fundamentos analíticos frágiles.

El estallido de la inflación poscovid-19 pondría de nuevo a prueba a la profesión y sería una nueve fuente de desconfianza de la sociedad en las instituciones económicas capitalistas. El riesgo era que la contestación llegase al sanctasanctórum de la economía moderna: los bancos centrales.

9

La confianza en los bancos centrales en riesgo

A principios de 2022, Joachim Nagel había tomado posesión como nuevo presidente del Bundesbank, el banco central de Alemania, bastión histórico de la ortodoxia monetaria internacional. Sustituía a Jens Weidmann, quien durante años había defendido dicha ortodoxia con desigual fortuna en el directorio del BCE. En su toma de posesión, Nagel lanzó un mensaje a favor de la política de estabilidad de precios. Se mostró partidario de interpretar de manera restrictiva el mandato de los bancos centrales, primando la lucha contra la inflación sobre cualquier otro objetivo, y de preservar su independencia. En palabras del mandatario: «Como bancos centrales, el capital más importante que tenemos es la confianza. La gente confía en nosotros para mantener estable el valor del dinero. Para preservar esta confianza, es vital que la política monetaria se centre en el objetivo de estabilidad de precios».[1]

Al empezar el año, la economía internacional vivía momentos de incertidumbre. La batalla contra la covid-19 empezaba a dar frutos gracias al avance del proceso de vacunación en muchos países y la economía se recuperaba de la crisis sanitaria con rápidas mejoras en el ritmo de actividad económica conforme se restablecía la interacción social. Sin embargo, los niveles de precios empezaban a subir de manera alarmante, con tasas de inflación que ya en diversos países se situaban por encima del 5 por ciento. El aumento de los precios se atribuía, en parte, a las disrupciones causadas por la pandemia. Se hablaba de cuellos de botella en algunas cadenas de valor globales y de oscilaciones en el patrón de demanda, entre servicios y bienes, durante y después de la crisis de la covid-19. El debate era también intenso en relación con la persistencia de la inflación alta. En los foros financieros se habían formado dos bandos: el equipo «transitorio», que aducía que la inflación era coyuntural y desaparecería cuando se restableciese la normalidad pospandemia, y el equipo «persistente», que temía que los problemas de alta inflación se prolongasen mucho más allá de unos pocos trimestres. En el segundo equipo militaban los que creían que el problema inflacionario no era una cuestión exclusiva de un desajuste anecdótico entre oferta y demanda.

Aun sin alinearse explícitamente en ninguno de los bandos en este debate, Joachim Nagel había optado en su primera intervención pública por enfatizar el riesgo de que la inflación se prolongase por mucho más tiempo del esperado. Su primer año de mandato iba a poner a prueba sus palabras inaugurales. Sólo seis semanas más tarde, el 24 de febrero, Rusia invadía Ucrania y se iniciaba una guerra en Europa. Las consecuencias para el orden geopolítico internacional eran imprevisibles, pero el conflicto provocó de inmediato fuertes alzas en los precios del gas y el petróleo. Si la inflación en Alemania, cuando Nagel tomó posesión de su cargo, ya era algo superior al 5 por ciento, al final del verano de 2022 había superado el 10 por ciento. Otro tanto sucedía en la mayoría de las economías desarrolladas. El equipo «permanente» había ganado la partida y el problema de la inflación volvía al primer plano de la economía internacional tras largos años de estabilidad de precios. En sólo tres años habíamos pasado de un mundo de tipos negativos y riesgos de deflación a una nueva era de inflación por las nubes y tipos rápidamente al alza. ¿Qué había sucedido?

Un mundo de tipos de interés negativos

Una de las consecuencias más visibles de las políticas monetarias no ortodoxas tras la gran crisis financiera de 2007-2008 fue la aceleración de la tendencia a la baja de los tipos de interés nominales. Los tipos de intervención monetaria se situaron en el 0 por ciento en Estados Unidos entre 2009 y 2016, y en la zona euro llegaron a esta cota en el 2015, un nivel que no abandonarán hasta que se produjo la gran inflación de 2022. En la zona euro, la política de expansión cuantitativa se desarrolló con más dificultad al ser una unión monetaria con múltiples emisores de deuda soberana. Esto seguramente explica por qué fue en la Eurozona donde se implantó incluso una política monetaria de tipos negativos.[2] En concreto, la facilidad de depósitos del BCE, el tipo al cual el banco central remunera a los bancos cuando depositan en él sus excesos de liquidez, estuvo en cotas negativas entre 2015 y 2022, llegando al -0,5 por ciento. A esos tipos, los bancos tienen incentivo a reducir sus reservas en el banco central e incrementar sus préstamos puesto que la liquidez les cuesta dinero.[3]

De hecho, el BCE implementó programas mediante los cuales las entidades recibían fondos a tipos negativos, es decir, cobrando, si ello se traducía en mayores préstamos a las empresas no financieras. Se trata de las denominadas TLTRO (*Targeted Long Term Refinancing Operations*), que se dieron a tipos iguales a los de la facilidad de depósito e incluso a tipos inferiores en el momento en que estalló la covid-19.

La situación de tipos a corto plazo negativos fue verdaderamente anómala, y llegó a plantear serias cuestiones jurídicas como, por ejemplo, en qué medida las entidades financieras estaban obligadas a pagar a los titulares de préstamos hipotecarios. También favoreció la aparición de tipos negativos de depósitos en algunos mercados. En países como Dinamarca, cuya moneda está vinculada al euro, algún banco llegó a cargar un 0,6 por ciento a clientes con saldos elevados, de manera que los ahorradores, especialmente las grandes corporaciones, tenían que pagar por depositar sus recursos en las entidades bancarias.[4]

Las políticas monetarias convencionales en tipos cero o negativos, junto con las políticas de expansión cuantitativa, tuvieron también un gran impacto en los tipos de interés a largo plazo, tal y como se pretendía. En muchos mercados de deuda pública y privada, los tipos del mercado secundario, e incluso en el mercado primario, se situaron gradualmente en negativo a partir de 2015. En los momentos álgidos de este fenómeno, entre 2019 y 2021, el importe de la deuda que cotizó a tipos negativos llegó a ser de dieciocho billones de dólares,[5] lo que representaba una quinta parte de la deuda total en circulación de gobiernos y empresas privadas. En agosto de 2019, algunos bancos privados emitían títulos a tres años prácticamente al -0,6 por ciento, al tiempo que el Estado alemán lo hacía al -0,94 por ciento.[6] Un momento estelar para Alemania fue la emisión de bonos a treinta años, en los que el inversor no recibía interés alguno, si bien la emisión no tuvo una buena recepción en el mercado y no se suscribió en su totalidad.[7]

La prevalencia de tipos nominales negativos, aunque era inédita en términos históricos, tuvo el apoyo intelectual de círculos académicos y muchas autoridades monetarias. Merece la pena examinar sus argumentos, puesto que constituyen el armazón intelectual en el que se basaron las políticas monetarias laxas.

La tesis principal era que los tipos de interés reales de equilibrio de la economía, también denominados tipos naturales o neutrales, habían tendido a reducirse de manera constante a lo largo de los últimos treinta años y se situaban en cotas extraordinariamente bajas, cercanas al 0 por ciento. El tipo de interés real de equilibrio, a partir de ahora tipo natural, es una variable teórica que no es directamente observable. Es aquel que impera en una economía cuando esta se encuentra en una situación de equilibrio. Es decir, es el tipo de interés que impulsa suficientemente la demanda para que se consiga una situación de pleno uso de los factores productivos de la economía, sin generar presiones inflacionarias. De manera equivalente, se define también como aquel tipo de interés que equilibra la oferta de ahorro con la demanda de fondos para invertir. Es importante subrayar que en los modelos macroeconómicos de raíz keynesiana se puede producir un «exceso de ahorro»; esto es, una situación en la que la demanda agregada es insuficiente y se genera demasiado ahorro y poco gasto en inversión productiva. En estas condiciones, el tipo de interés real de equilibrio puede incluso ser negativo.[8]

El tipo de interés natural también se puede derivar de las teorías neoclásicas del crecimiento. En estas teorías, el tipo de interés de equilibrio se asocia con la tasa de crecimiento a largo plazo de una economía. La intuición básica es que el tipo de interés es la tasa de intercambio o descuento entre el consumo futuro y el consumo en el momento actual, y si la economía crece de manera equilibrada, esta tasa deberá estar en consonancia con la capacidad que tenga el sistema productivo de generar más recursos en el futuro respecto a los que genera en el presente.[9]

La tesis de los tipos naturales declinantes[10] está estrechamente unida a la visión del estancamiento secular preconizada, en su momento, por economistas como Larry Summers y Robert Gordon. En esta visión confluyen varios factores explicativos. Algunos tienen que ver con la tendencia al estancamiento de la productividad total de los factores, conforme se agotan las oportunidades de progreso tecnológico.[11] Otros están vinculados a la evolución negativa de la demografía en las principales economías avanzadas. El envejecimiento afecta tanto a la tasa de crecimiento potencial como al equilibrio entre ahorro e inversión. Finalmente, los tipos naturales bajos tendrían también su origen en un exceso de ahorro global según la visión keynesiana basada en los flujos de ahorro e inversión.[12] En definitiva, según la tesis dominante no es ningún problema que los tipos nominales sean bajos, tanto a corto como a largo plazo. Son necesariamente bajos para combatir el estancamiento secular y generar suficiente demanda. Durante muchos años, mientras no había presión en la tasa de inflación, se ha argumentado que debían continuar siendo bajos.

Como ya avanzamos en el capítulo 7, existe una visión alternativa[13] de lo acontecido en el mundo financiero occidental desde la Segunda Guerra Mundial, en especial, tras el abandono del patrón dólar a principio de los años setenta. Según esta tesis, que podríamos denominar de «exceso de dinero» (*money glut*) en contraposición al «exceso de ahorro» (*savings glut*), la economía mundial ha estado sometida a un largo periodo (un superciclo) de crecimiento de la deuda, con ciclos financieros recurrentes, y una política monetaria expansiva que, desde finales de los años noventa, es en gran medida cautiva de lo que acontecía en los mercados de valores (la *Greenspan put*). La política monetaria expansiva provocaba burbujas en los mercados de activos y, además, generaba riesgo moral. Es decir, los inversores anticipaban que, en caso de una fuerte caída de las cotizaciones, el banco emisor acudiría al rescate de los mercados. Como esta expectativa había sido corroborada en diversas ocasiones, ello no hacía más que empujar al alza el proceso especulativo. En conclusión, según esta tesis alternativa, a lo largo de los años la política monetaria se ha conducido a sí misma hacia un callejón sin salida, hacia una trampa de los tipos de interés bajos, dado que promueven el endeudamiento y, posteriormente, la elevada carga de la deuda incita a las autoridades a mantenerlos bajos para aliviar la situación de los endeudados. Se refuerza así un ciclo de endeudamiento y de burbujas, al que contribuye el hecho de que los propios activos sobrevalorados se utilizan como colateral para obtener nueva financiación, facilitando aún más el endeudamiento.

El que fuera economista jefe del FMI y más tarde gobernador del banco central de India, Raghuram Rajan, ya advertía en 2013 en su «Andrew Crockett Lecture» en el BIS de este problema y destacaba que la lenta recuperación que se vivió tras el estallido de la gran crisis financiera de 2007-2008 era coherente con esta visión, debido al impacto del servicio de la deuda en las cuentas tanto del sector privado como del público, con un efecto de lastre en la demanda agregada.[14] Otros investigadores que han analizado episodios históricos de crisis de deuda también resaltan el efecto negativo de la deuda acumulada como una visión alternativa para explicar la debilidad de la demanda sin recurrir a las tesis del estancamiento secular.[15]

La tesis dominante, por tanto, argumenta que los tipos de interés naturales tienen una tendencia secular a la baja motivada por un conjunto de fenómenos vinculados a la economía no financiera. Frente a esta tesis de «exceso de ahorro» tenemos una tesis alternativa, minoritaria, de «exceso de dinero», que argumenta que los tipos bajos tienen, básicamente, un trasfondo monetario: los tipos reales son bajos o muy bajos porque los nominales también lo son ya que así los han fijado las autoridades, guiadas, o bien por indicadores erróneos —como las estimaciones de los tipos de interés naturales— en la determinación de su política monetaria, o bien —como veremos en el siguiente apartado— por una lectura errónea de las causas de la baja inflación en las últimas décadas.

El tipo de interés natural, la variable que determina el tono de la política monetaria según la tesis dominante, no es, como ya hemos dicho, observable. Si se producen errores en su estimación, las consecuencias para el tono de la política monetaria pueden ser de gran trascendencia. En concreto, si en la práctica el tipo natural se está infraestimando y en realidad no es tan bajo como creen los bancos centrales, ello implicará que la política monetaria sea demasiado expansiva.

La gran mayoría de las estimaciones del tipo de interés natural se hacen a partir de dos metodologías: o bien mediante el uso de técnicas estadísticas que tratan de extraer las tendencias de los tipos reales observados (los tipos nominales menos la inflación pasada, lo que denominamos tipos *expost*), o bien mediante la estimación con datos históricos de los parámetros de modelos teóricos.[16] Una vez los parámetros de estos modelos se han estimado, el tipo de interés natural se calcula o calibra como aquel que es coherente con una situación de equilibrio en el modelo.

El principal problema de estas metodologías es su imprecisión, puesto que el rango de estimaciones plausibles es muy amplio y, por tanto, ofrece una guía muy pobre para la determinación de la política monetaria.[17] Por otro lado, el hecho de que la variable estimada tienda a tener un componente cíclico elevado y oscile en el tiempo siguiendo el tipo de interés real observado añade interrogantes sobre la verdadera utilidad de este tipo de estimaciones.[18] Esta segunda debilidad se deriva de la metodología utilizada en el caso de la extracción de tendencias. Cuando las estimaciones se obtienen a partir del ajuste de modelos teóricos a los datos, el problema es que dichos modelos suponen en su propio diseño una evolución del tipo de interés natural a la baja. Por tanto, la estimación del tipo de interés natural sólo es válida en la medida en que el propio modelo sea adecuadamente contrastado, en su totalidad, con los datos. El problema es parecido al que hemos comentado en el capítulo anterior al discutir las evaluaciones *a posteriori* de la efectividad de la política monetaria no ortodoxa.

También merece la pena comparar las tesis del *money glut* y el *savings glut* con cierto detenimiento, no tanto desde el plano teórico, sino a través del examen de la evidencia, de la evolución de los tipos reales y nominales durante un largo periodo. Por lo que respecta al tipo de interés real, su definición empírica no es trivial,[19] y en aras de la sencillez y la transparencia, usaremos una medida basada en la inflación observada. Nos centraremos en Estados Unidos, país para el cual existen series históricas muy largas y que desde hace años tiene los mercados de deuda pública más amplios y profundos. Además, especialmente tras la Segunda Guerra Mundial, es el país que determina en gran medida las condiciones monetarias de los principales países desarrollados y la economía mundial.

Para el tipo de interés a corto plazo lo normal es utilizar el tipo del mercado monetario y para el tipo a largo plazo la rentabilidad del bono a diez años. Utilizando la base de datos histórica compilada por Oscar Jordà, Moritz Schularick y Alan Taylor, se comprueba que, de media, a lo largo de los últimos ciento cincuenta años, los tipos reales han sido del 2 por ciento para el caso de las letras y del 2,5 por ciento para el caso de los bonos, con amplias fluctuaciones, tanto en positivo como en negativo.[20] La gráfica 9.1 ilustra la evolución del tipo nominal y real a corto plazo, así como la tasa de inflación. Nos centraremos en el tipo a corto para simplificar la exposición y porque, en términos de tendencias, el tipo a largo plazo se comporta de una manera similar.[21] Una primera conclusión que se deriva del análisis de los datos es que el periodo actual de tipos reales a la baja no es excepcional en términos seculares. Dada esta variada evolución histórica, es interesante examinar en qué momentos históricos los tipos de interés reales han sido muy bajos o negativos.

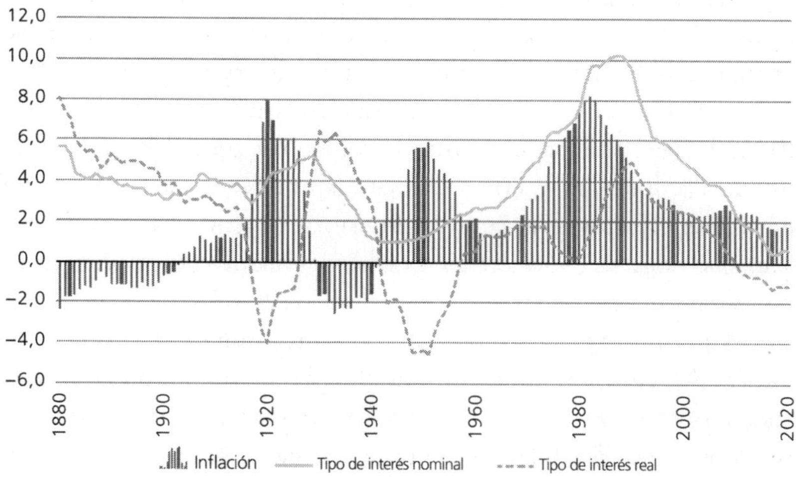

Gráfico 9.1. Evolución histórica de la inflación y los tipos de interés en Estados Unidos.*

* Fuente: Elaboración propia a partir de datos de Jordà *et al.*, «Macrofinancial History and the New Business Cycle Facts». Véase la nota 20 de este capítulo. Tipos de corto plazo. El tipo real se calcula descontando la inflación del mismo periodo. Todas las series se presentan en medias móviles de diez años. Datos en porcentajes.

Esto ha ocurrido, en primer lugar, cuando los gobiernos se han visto obligados a financiar guerras. En esos casos se ha recurrido o a la represión financiera (regulando los tipos de interés nominales a un nivel bajo comparado con la inflación) o a la inflación no anticipada, que en la práctica también conlleva tipos reales bajos o negativos y supone un mecanismo de financiación de las autoridades públicas a costa de los tenedores de dinero o deuda pública.

Una segunda instancia de tipos bajos o negativos sucede tras periodos en los que los países han experimentado grandes burbujas de deuda. Esos episodios provocan que muchos agentes estén altamente endeudados, y una manera de reducir las deudas es la inflación. Si hay un rescate y las deudas privadas las asume el sector público, igualmente la deuda gubernamental se satisface a través de tipos bajos y alguna variante de represión financiera o inflación.[22]

La gráfica 9.1 también nos permite examinar la relación entre los tipos de interés nominales y la inflación, algo que Jordà y sus coautores hacen de manera más formal, calculando las correlaciones entre estas variables.[23] Este ejercicio es importante para entender mejor la relación entre la inflación y la política monetaria; en último término, arroja luz sobre el comportamiento de la inflación. Ambas variables muestran una correlación significativa sólo a partir del momento —finales de los años setenta— en que la política monetaria, a través de los tipos de interés, trató y consiguió controlar la tasa de inflación. A partir de entonces los tipos nominales y la inflación se mueven al unísono.

Lo que esto significa es que antes de que se suspendiera la convertibilidad del dólar en oro en 1971, el tipo de interés real a corto plazo estaba estipulado por la tasa de inflación. Los tipos nominales estaban en gran medida controlados por las autoridades y se usaban como instrumentos fiscales, a través de la represión financiera, en especial durante y después de la Segunda Guerra Mundial. Como explica John Taylor, en la época del patrón oro la inflación estaba determinada precisamente por dicho régimen monetario (la disponibilidad del metal precioso en relación con la demanda de dinero en la economía) y los tipos de interés fluctuaban algo, pero no lo suficiente para prevenir la elevada volatilidad de la inflación generada por aquel sistema monetario.[24] De ahí que, desde finales de los años setenta, con el legendario presidente de la Fed, Paul Volcker, el tipo real ha estado vinculado a la evolución del tipo nominal en la medida en que la política monetaria ha tenido éxito al controlar la inflación y el ciclo económico.

Este análisis de los datos es coherente con la visión del *money glut*. Si hemos tenido tipos nominales y reales bajos hasta la llegada de la pandemia de la covid-19, ha sido porque los bancos centrales, encabezados por la Reserva Federal, nos han conducido a un entorno de tipos nominales bajos en su búsqueda, elusiva, del control de la tasa de inflación. La causalidad, por tanto, sería la contraria a la visión dominante y más cercana a la preconizada por los economistas del BIS.

Estas visiones contrapuestas de la evolución de los tipos de interés tienen su reflejo en la explicación del fenómeno inflacionario. La inflación es una variable que los economistas creían comprender desde los tiempos del premio Nobel Milton Friedman y que los bancos centrales pensaban que podían controlar desde la época de Paul Volcker. Sin embargo, los acontecimientos de los últimos quince años pusieron en duda estas creencias.

El enigma de la inflación

Para los economistas, la evolución de la inflación a lo largo de las últimas décadas ha sido un enigma especialmente difícil de descifrar. Según la famosa frase de Milton Friedman, la inflación es siempre y en todo lugar un fenómeno monetario y, durante muchos años, los hechos parecían darle la razón.[25] En Estados Unidos, Paul Volcker había reducido la inflación de los años ochenta con una política persistente de restricción monetaria. Volcker, sujeto a enormes presiones políticas y mediáticas,[26] relajó su esfuerzo antiinflacionista en varios momentos, pero ello no hizo sino reavivar la llama inflacionaria y le obligó a reinstaurar una política restrictiva, sin contemplaciones.

Una vez doblegado aquel gran brote inflacionario, el aumento de precios dejó de ser una amenaza tanto para Estados Unidos como para las grandes economías occidentales. Se vivieron unas décadas de baja inflación, con escasa volatilidad, que coincidieron con una evolución positiva y estable del crecimiento económico, en una época que se denominó «la gran moderación». La política monetaria pasó a estar cada vez más en manos de bancos centrales independientes del poder político y el instrumento fundamental de gestión de la política fueron los objetivos de inflación (*inflation targeting*), normalmente cercanos a una tasa anual del 2 por ciento. La independencia de la autoridad monetaria y la credibilidad antiinflacionaria permitían mantener a raya la inflación a través de un potente efecto en las expectativas de los agentes económicos. O al menos eso era lo que imaginaban los banqueros centrales.

El uso de *inflation targeting* supuso el descarte de las políticas monetarias basadas en el control de la cantidad de dinero, medida por alguno de los agregados monetarios compilados por el banco central. Este era el paradigma de política monetaria en el que históricamente se había basado el Bundesbank.[27] En la nueva era se argumentaba que la relación entre la cantidad de dinero y la inflación no era estable y que, debido a la innovación financiera, la liquidez del sistema fluía imprevisiblemente entre los diversos agregados monetarios que las autoridades trataban de controlar.

Sin embargo, no todo el mundo veía con buenos ojos la estrategia de los bancos centrales y su énfasis en los objetivos de inflación. Ya vimos en capítulos anteriores que economistas influyentes como John Taylor e instituciones como el BIS advirtieron que dicha política acababa generando demasiada liquidez, manteniendo unos tipos excesivamente bajos comparados con los que resultarían de aplicar la regla de Taylor. Aunque los bancos centrales consideraban que su política monetaria basada en los objetivos de inflación había sido un éxito, la inflación baja también podía deberse a otros factores. De manera singular, durante aquellos años la economía internacional sufrió enormes cambios estructurales que modificaron el proceso de fijación de precios y salarios en las economías occidentales y, por tanto, la naturaleza del proceso inflacionario.

Las transformaciones económicas que pueden presionar a la baja los precios y los salarios son diversas e incluyen la introducción de nuevas tecnologías que tienden a ahorrar el uso del factor trabajo, cambios en los mercados laborales tendentes a reducir el poder de negociación de los trabajadores y caídas persistentes de los precios de materias primas clave, como las energéticas. Fenómenos de este tipo, si son cuantitativamente importantes y prolongados en el tiempo, pueden conducir a una presión constante a la baja de los niveles de precios, contrarrestando el efecto que proviene de la expansión de la demanda impulsada por la liquidez que proporcionan los bancos centrales.

El fenómeno estructural más significativo registrado en las últimas décadas ha sido, sin lugar a dudas, la incorporación de China a los flujos internacionales de comercio e inversión, especialmente a partir de su acceso, en 2001, a la Organización Mundial de Comercio. Junto a China también han contribuido a este proceso otros países emergentes del Sudeste Asiático. Estos países se incorporan a la economía global aportando año tras año una ingente cantidad de trabajadores que compiten con costes laborales bajos, y ejercen una presión deflacionaria en los mercados mundiales mediante la penetración de sus importaciones en las economías avanzadas.[28] Este cambio estructural, prolongado a lo largo de más de veinte años, moderó la tasa de crecimiento de los niveles de precios. Ello explica por qué los fuertes impulsos monetarios que hemos discutido en los capítulos anteriores no tuvieron una repercusión en la tasa de inflación de bienes y servicios, y al mismo tiempo puede ser una razón por la cual los bancos centrales llevaron a cabo sus políticas monetarias ultraexpansivas. Los tipos de interés podían mantenerse más bajos de lo que era aconsejable en términos históricos, pero como el objetivo de inflación no estaba en riesgo gracias a la presión deflacionaria que provenía de Asia, la política monetaria se veía legitimada para continuar en un posicionamiento especialmente expansivo.[29]

Finalmente, los críticos de la política de objetivos de inflación también apuntaron que la creación excesiva de liquidez, aunque no repercutiera en la inflación de bienes y servicios debido a los fenómenos estructurales antes mencionados, ello no significaba que no impactase de forma adversa en la economía. Las condiciones financieras laxas incidían también a través de canales financieros, facilitando el endeudamiento que hemos analizado en el capítulo 7, potenciando la demanda de activos reales y financieros e incrementando su precio, originando peligrosas burbujas en dichos activos como la que estalló en 2007-2008 y dio pie a la gran crisis financiera.

De hecho, los años posteriores a la crisis pusieron de nuevo en aprietos la visión de la inflación asociada a Friedman. Como vimos en el capítulo anterior, fueron otra vez años de política monetaria expansiva, en esta ocasión mediante un rápido y muy significativo aumento de los balances de los bancos centrales. En la gráfica 8.1 pudimos ver reflejada esa política no ortodoxa en la expansión de la base monetaria. Además, no sólo no hubo inflación, sino que en algunos momentos el riesgo fue incluso de deflación como consecuencia, en parte, de los excesos de oferta y el lastre en la demanda provocados por la propia burbuja de deuda que estalló en 2008 y, en parte, por la evolución de los precios de las materias primas, especialmente en 2013-2014. Al mismo tiempo, los bajos tipos de interés a largo plazo alimentaban otra vez el endeudamiento de la economía y volvían a surgir, en los mercados de activos financieros y en algunos mercados de vivienda, situaciones de sobrevaloración y burbujas especulativas. El escenario cambió radicalmente con motivo de las actuaciones extraordinarias que tuvieron que llevar a cabo las autoridades económicas de todo el planeta para hacer frente a la gran crisis sanitaria que supuso la pandemia de la covid-19.

La explosión inflacionaria pospandemia

Para entender el fuerte aumento de la inflación en 2021-2022 es preciso examinar, en primer lugar, el efecto en la economía y el comercio mundial de la pandemia de la covid-19 que comenzó a finales de 2019 en China y se expandió por todo el mundo en los primeros meses de 2020. En las economías avanzadas se produjeron dos fenómenos de manera simultánea. Primero, el colapso de la oferta productiva. Inicialmente fue un parón total y a los pocos meses se centró en todos aquellos servicios que comportan el contacto personal, así como en múltiples cadenas de producción global que son esenciales para el abastecimiento de muchos bienes. Al mismo tiempo, en la vertiente de la demanda, los confinamientos iniciales impidieron a las personas llevar a cabo su vida normal y mantener su patrón de gasto habitual, por lo que en los primeros meses la caída de la demanda también fue muy acusada. De hecho, al principio de la pandemia muchos de los precios incluso cayeron. Sin embargo, conforme las administraciones pusieron en marcha sus programas de apoyo a las familias y empresas, la demanda se recompuso y los precios tendieron a aumentar. La recuperación del consumo se orientó lógicamente hacia los bienes y los productos digitales,[30] mientras que las industrias que requerían trabajo presencial continuaban con graves dificultades debido a que los confinamientos fueron repetidos y en aquel entonces de duración incierta.

El momento clave se produjo cuando las políticas fiscales y monetarias de Estados Unidos, y en menor medida de la zona euro, alcanzaron su punto álgido y se comenzaron a implementar los programas de subsidio y las nuevas oleadas de políticas monetarias no convencionales.[31]

En Estados Unidos, según los datos del FMI, las actuaciones presupuestarias del presidente Trump supusieron una intervención fiscal discrecional superior al 25 por ciento del PIB con transferencias directas a las empresas y cheques a muchos ciudadanos.[32] En la zona euro, y según la misma fuente, los paquetes de ayuda fueron significativos, aunque bastante más reducidos, oscilando entre el 15 por ciento y el 5 por ciento del PIB. La Unión Europea instrumentó por primera vez una emisión de deuda conjunta para financiar ayudas de recuperación en los países más afectados (Fondos NextGeneration EU). Las ayudas fiscales directas en la zona euro fueron menores en parte debido a que los retos del mercado de trabajo se abordaron mediante programas temporales de apoyo al mantenimiento del empleo de los trabajadores.

Por lo que respecta a la política monetaria, la magnitud de la renovada expansión cuantitativa fue importante a ambos lados del Atlántico, aunque Estados Unidos fue especialmente agresivo en el momento inicial. En Estados Unidos, el balance del banco central se expandió en un 75 por ciento en pocos meses. En la zona euro, el aumento en prácticamente el mismo periodo fue de un 28 por ciento. Ambos balances llegaron a doblarse a lo largo de la pandemia. La gráfica 8.1 ilustra el fuerte aumento de la base monetaria, el componente principal del balance de un banco central. También muestra que en el periodo 2020-2021, en contraposición a lo que sucedió durante la gran crisis financiera de 2007-2008, la extraordinaria expansión de la base monetaria estuvo acompañada de un aumento espectacular de la oferta monetaria y, por tanto, de la disponibilidad de liquidez en manos del público y de crédito a las empresas y familias. Durante la crisis de la pandemia, la inyección de reservas por parte de los bancos centrales no encontró un sistema financiero debilitado, que precisaba rehacer sus balances y mantener elevados niveles de liquidez como había sucedido tras la gran crisis financiera de 2007-2008, sino a un conjunto de entidades financieras saneadas que transmitieron ese aumento de la base monetaria al conjunto de la economía mediante una expansión muy significativa de los depósitos bancarios y los créditos.[33]

En aquel momento, algunos analistas ya empezaron a advertir que la magnitud de los programas fiscales y monetarios de apoyo a la demanda era enorme y tal vez excesiva.[34] Obviamente, a los gestores de las políticas económicas les costó mucho calibrar el alcance del daño que la pandemia había hecho al tejido productivo, y también existía un lógico interés en evitar que la crisis de la covid-19 tuviera efectos permanentes en la economía. Sea como fuere, cuando las economías empezaron a abandonar gradualmente los confinamientos se reveló la magnitud del desajuste entre oferta y demanda. En el último trimestre de 2021, los mercados laborales empezaron a estar tensos, en parte debido a la denominada «gran renuncia»: una sorprendente contracción de la población activa, en especial en Estados Unidos, país cuyo mercado laboral ya estaba tenso antes de la covid-19 y que no había implementado programas de apoyo al mantenimiento del empleo como en la Unión Europea.

Por otro lado, la demanda era sólida, en parte como resultado de los meses de restricciones a la movilidad y la interacción social y a la necesidad de recobrar la vida normal, pero en gran medida debido a las ayudas recibidas y los ahorros generados a lo largo de los confinamientos, que en el caso de Estados Unidos se estimaron entonces en el 5 por ciento del PIB y algo menos en la zona euro.[35]

A finales de 2021, las tasas de inflación de las principales economías empezaron a mostrar signos de fuertes alzas. En menos de un año, en Estados Unidos se había pasado del 1,5 al 7,0 por ciento y en la zona euro del 1 por ciento al 5,5 por ciento. Como el repunte inicial de la inflación se debía, en parte, a la normalización de algunos precios que se habían desplomado durante la pandemia, las autoridades sostuvieron que el aumento de inflación probablemente era pasajero. Sin embargo, en noviembre de 2021, la Fed dio las primeras señales de cambio del tono de la política monetaria, indicando el principio del fin de las políticas no convencionales. Fue a lo largo de 2022 cuando los bancos centrales certificaron su error y comprobaron que la inflación no era pasajera. A ello contribuyó también el estallido de la guerra en Europa tras la invasión de Ucrania por el ejército ruso. Se agudizaron las tensiones en los mercados energéticos y de alimentos, y en la segunda mitad del 2022 la inflación superó los dos dígitos en muchos países.

La subida de tipos oficiales fue generalizada en todas las economías occidentales, lideradas por Estados Unidos, con fuertes alzas también en el Reino Unido y algo menores y más tardías en la zona euro. A pesar de que las subidas fueron rápidas y significativas, los tipos reales continuaron en negativo, dado que los tipos nominales no subieron con la misma rapidez con la que lo hacía la inflación.[36] En qué medida la contracción financiera fue suficientemente rápida es algo debatible, pues los tipos reales eran ya casi positivos si, en lugar de considerar la inflación observada, el tipo real se computaba con la inflación esperada, tanto si se medía con encuestas sobre lo que esperaban los agentes financieros como si se usaban instrumentos financieros que sirven para cubrir el riesgo de inflación.[37] Sin embargo, considerar las expectativas de inflación en lugar de la inflación observada suponía asumir que las expectativas continuaban bien ancladas, algo sobre lo que no había acuerdo entre los analistas. En cualquier caso, la reacción de política monetaria fue tardía y débil, permitiendo unos tipos reales negativos durante largo tiempo.

El debate al finalizar 2022 se centraba no sólo en el ritmo de las subidas de tipos, sino también en el nivel de tipos al final del proceso y en qué medida sería necesario mantenerlos altos para impedir que la inflación se enquistase. El BIS había advertido sobre el riesgo de que se implantase un régimen de inflación alto y las dificultades de salir de él.[38] Los bancos centrales se hallaban en una situación nada envidiable, en la que cualquiera de sus opciones conducía a resultados impopulares y podía afectar seriamente a su reputación. La subida de tipos provocaba una restricción financiera que podría generar una recesión. Además, la fragilidad de los mercados suponía que esa subida podía causar también inestabilidad financiera especialmente si, junto a la subida de tipos, se empezaban a reducir los balances de los bancos centrales. Por otro lado, si no se atajaba la inflación, su persistencia deslegitimaba también a los bancos centrales, dado que no cumplían sus objetivos estatutarios y se prolongaba la crisis del coste de la vida.

La actitud de los círculos políticos era, por otro lado, ambigua. La crisis de los precios energéticos, y del coste de la vida en general, tenía un alto coste político para los gobiernos, que trataban de mitigar a través de medidas temporales el impacto en la población. Estas políticas, basadas en la intervención en los precios y el gasto público, no constituían soluciones permanentes a los problemas y, de hecho, podían incluso ser contraproducentes a medio plazo, por su impacto en el consumo energético y la deuda pública. La explosión inflacionaria, sin embargo, conllevaba un alivio para las finanzas públicas, al reducir el peso real de la deuda y mejorar las cuentas gracias a que las tarifas de los impuestos no se ajustaban al aumento nominal de las rentas.

Desde la política podía existir la tentación de interferir en el banco central. Tal vez no para impedir la lucha contra la inflación desbocada, pero sí para cuestionar hasta qué punto era conveniente restringir la actividad económica y generar desempleo para llegar a cifras de inflación tan bajas como el 2 por ciento. A los partidarios de relajar la lucha antiinflacionaria no les faltaban argumentos. Apuntaban que las nuevas tendencias estructurales (envejecimiento y falta de mano de obra, con un creciente poder de los sindicatos; proteccionismo; transición energética) crearían una presión tendencial de los precios al alza durante los próximos años. La tensión en el banco central era, naturalmente, mayor en la zona euro que en Estados Unidos, dada la naturaleza multiestatal de la moneda única europea, y de hecho esto empezaba a verse reflejado en las expectativas de los inversores, que no percibían el mismo tipo de compromiso antiinflacionario en la Fed que en el BCE.[39]

De cualquier forma, para ambos bancos centrales el reto era mayúsculo. La confianza de la población en las autoridades monetarias es clave para que puedan desarrollar adecuadamente su misión. En el capítulo 7 vimos que la gran crisis financiera de 2007-2008 afectó a la confianza de la ciudadanía en el sistema económico, y muy especialmente al sector financiero. El daño reputacional y el impacto en la confianza también incidió en las autoridades que supervisan el funcionamiento del sector y, por tanto, en los bancos centrales y otras agencias oficiales. Los datos de confianza del público en la Fed y en el BCE muestran un serio deterioro como consecuencia de la gran crisis financiera de 2007-2008, que se prolongó hasta el 2015 en el caso de la Fed y el 2014 para el BCE.[40]

La gran inflación de 2022 colocaba de nuevo a los bancos centrales en una posición muy difícil que podía afectar de forma negativa a lo que el presidente del Bundesbank consideraba que era su principal capital: la confianza de la ciudadanía. El propio Nagel declaraba en una conferencia en agosto de 2022 la necesidad de no cejar en la lucha antiinflacionaria ante signos débiles de disminución de la presión inflacionaria.[41] Asimismo, resaltaba que las condiciones financieras aún eran muy acomodaticias, con tipos por debajo de los que conllevaría una regla de Taylor, y la necesidad de actuar también en la parte larga de la curva de tipos de interés, abordando la cuestión de la cartera de bonos en poder del banco central. Nagel concluía resaltando que estaba en juego la credibilidad del banco central y que, para no perderla, era necesario pasar de las palabras a los hechos.

El BCE, al igual que la Fed, era consciente del reto de credibilidad y confianza al que se enfrentaba. La propia Isabel Schnabel, representante alemana en el comité ejecutivo del banco, había abordado directamente en otra intervención en diciembre de 2020 la cuestión de la confianza de la ciudadanía en el BCE.[42] El banco central sabía que dicha confianza se fundamenta en la evolución de la situación económica general, pero también en la percepción por parte de los agentes económicos de que la entidad está siendo efectiva en el cumplimiento de su mandato. Las investigaciones sobre confianza en el banco revelan que el grado de comprensión del público sobre las actividades de la entidad es diverso, y que las peores cifras de confianza se registran entre aquellas personas que menos conocen sus funciones. En cualquier caso, desde la perspectiva del cumplimiento de sus objetivos en el ámbito de política monetaria la posición del banco era débil.[43] Tras años de lucha infructuosa contra la baja inflación y con tipos muy bajos que habían penalizado a los ahorradores y generado mucha tensión política en algunos países, el BCE se enfrentaba ahora al reto contrario: controlar una inflación que se había desbocado de manera persistente, llegando a quintuplicar su objetivo estatutario de mantener la inflación alrededor del 2 por ciento.

Es importante resaltar que las dificultades de los bancos centrales para alcanzar sus objetivos de inflación del 2 por ciento a lo largo de la década posterior a la gran crisis financiera de 2007-2008 les habían llevado a revisar sus estrategias de política monetaria. De hecho, la Fed aprobó su nueva estrategia en agosto de 2020 y el BCE lo hizo en julio de 2021. Los nuevos parámetros de la política monetaria tenían como objetivo facilitar que la inflación subiese cuando se encontraba demasiado baja, en un contexto de tipos de interés cercanos a cero o muy bajos. Irónicamente, en el momento en que las nuevas estrategias pasaron a estar en vigor, los bancos centrales se enfrentaron justo al reto contrario (detener una inflación que se desboca), e incluso se podría argumentar que la tolerancia de los bancos a la renacida inflación a lo largo de 2021 no es ajena al hecho de que la estrategia de política monetaria acababa de ser revisada.

En cualquier caso, el reciente cambio de estrategia dificultaba aún más la reacción de las autoridades ante el estallido inflacionario, puesto que era difícil pensar que revisarían de nuevo su posicionamiento. ¡La inflación alta se debía abordar con unos instrumentos que se habían revisado para ganar eficacia en la lucha contra la inflación baja! A estos riesgos de carácter macroeconómico se les unía, por otra parte, unas derivadas políticas de enorme importancia que también podían acabar limitando la credibilidad de las instituciones y la confianza del público. Las políticas heterodoxas de los bancos centrales a través de la compra de activos financieros habían provocado una reacción de claro signo político, tanto desde las posiciones de izquierda como desde la perspectiva conservadora.

La izquierda argumentaba que la política no ortodoxa tenía efectos adversos en la distribución de la renta, al ser una actuación que tendía a inflar los precios de los activos financieros. Por regla general, estos activos forman parte de las carteras de inversión de las personas en la parte alta de la distribución de la renta, y el argumento era que la política tendía a incrementar la desigualdad de renta y riqueza entre la población. El tema estaba en el debate político y mediático, con la edición de libros de periodistas influyentes, como Cristopher Leonard de *The New York Times*, quien en *The Lords of Easy Money* criticaba abiertamente a la Fed y atribuía a la política no convencional el aumento de las desigualdades en la distribución de la renta en Estados Unidos en los últimos años. Lógicamente, los banqueros centrales se habían tomado esta crítica en serio y argumentaban que el posible efecto vía aumento del precio de los activos era cuantitativamente poco importante y que, en cualquier caso, los efectos adversos eran superados por los efectos beneficiosos de la política en términos de preservación y creación de empleo, mecanismo principal mediante el cual se genera renta en las capas más desfavorecidas de la sociedad.[44] Por otro lado, como ya vimos, estos aumentos de valor no siempre son duraderos en el tiempo, puesto que reflejan la evolución de burbujas de activos cuyo estallido a menudo es imposible de anticipar por los agentes económicos. En último término, las políticas monetarias ultralaxas, como vimos en el capítulo 8, tienen un efecto redistributivo importante en la medida en que perjudican a los acreedores y tienden a favorecer a los deudores. Desde esta perspectiva, favorecerían a las capas de la población con mayores ratios de endeudamiento, lo que en muchos casos coincide con los deciles más bajos de la distribución de la renta.

Desde las posiciones políticas de derecha, las críticas al banco central se centraban en el impacto de la política monetaria no ortodoxa en la situación patrimonial del banco central. Se consideraba que el banco central podía incurrir en pérdidas al poner en riesgo su balance con la adquisición masiva de activos, incluso cuando eran activos seguros emitidos por el Estado, puesto que podía verse obligado a venderlos (por razones de política monetaria) en un momento no apropiado, sufriendo por ello minusvalías. Lo cierto es que, como discutiremos en el capítulo 10, un banco central puede operar con capital negativo. Sin embargo, la crítica política era relevante. La emisión de nueva moneda para tratar de mejorar la situación patrimonial del banco central podría llegar a perjudicar su credibilidad antiinflacionaria. Asimismo, una eventual recapitalización por parte de la autoridad fiscal podría poner en tela de juicio la independencia de la autoridad monetaria. Por ambas razones, los bancos centrales podían entrar en una situación de riesgo y ser objeto de ataques políticos que, sin duda, menoscabarían la confianza de la población en el organismo emisor. En Estados Unidos, los ataques a la independencia del banco central del país ya venían de antiguo, especialmente por movimientos políticos contrarios a la moneda fiduciaria y partidarios del patrón oro, como los encabezados por el congresista Ron Paul. En la zona euro, el riesgo era mayor, si cabe, ya que al ser un banco central de veinte países soberanos, la crítica política tenía también una dimensión internacional. En la zona euro convivían países para los cuales el objetivo inflacionario era prioritario con otros en los que la situación de desempleo estructural provocaba maniobras políticas para atacar a la entidad con la tesis de que se trataba de una institución tecnocrática y elitista que no atendía a las necesidades de la población. En los primeros, encabezados por Alemania, las posibles pérdidas del BCE podían ser utilizadas para argumentar que se violentaba el mandato monetario del banco y se entraba en cuestiones fiscales; en los segundos, fundamentalmente del sur y en particular en Italia y España, la posible reversión de la expansión cuantitativa podía ejercer presión en la prima de riesgo del país y, por ello, ser considerada como una maniobra que atentaba contra las economías más débiles de la unión.

La política monetaria en un callejón sin salida

Como vimos en el capítulo 7, las raíces de la gran crisis financiera de 2007-2008 fueron una gestión deficiente de la política monetaria y una mala regulación del sector financiero. La clave fue un largo ciclo de crecimiento excesivo de la liquidez y la deuda, con una regulación que no supo poner coto a ese creciente apalancamiento. La gran crisis no fue una consecuencia inevitable del capitalismo, sino el resultado de graves errores en su gestión, en parte provocados por la influencia en las políticas financieras de intereses sectoriales, ideas equivocadas y presiones políticas de múltiples grupos sociales y económicos.

Las políticas financieras antes y después de la gran crisis financiera de 2007-2008 abocaron al sistema a una política de tipos cero o negativos y a un callejón sin salida ante una perturbación como la pandemia de la covid-19. La política monetaria no tenía margen de actuación, más allá de una nueva ronda de expansión cuantitativa. Dada la naturaleza del problema, la política fiscal era de todos modos la mejor respuesta. Sin embargo, haber llevado la política monetaria hasta los límites del tipo cero provocó un evidente riesgo de dominancia fiscal, con alcances potencialmente graves en términos políticos, pero también con consecuencias inflacionarias, puesto que la expansión cuantitativa de 2020 incidió sobre un sistema financiero saneado y dispuesto a hacer circular cantidades ingentes de liquidez a la economía a través del crédito.

La gestión incorrecta, aunque no necesariamente malintencionada, de la política monetaria y regulatoria a lo largo de los últimos veinte años explica, por tanto, la inestabilidad financiera de las economías avanzadas que dio lugar a la gran crisis financiera de 2007-2008, y también el rebrote inflacionario de 2022 que hemos examinado en este capítulo. El sistema monetario y financiero moderno ha defraudado las expectativas que en él se habían depositado, por lo que ha contribuido a la creciente desconfianza de la población hacia el sistema económico actual basado en la economía de mercado e instituciones independientes como los bancos centrales y los reguladores.

La inestabilidad financiera provocada por la aparición y el estallido de burbujas de activos es dañina, puesto que conlleva enormes redistribuciones de renta y riqueza que no son percibidas por la población como una retribución equitativa del esfuerzo que llevan a cabo los distintos agentes, sino más bien como el resultado de procesos especulativos, que además benefician a las élites dado que disponen de mejor información. Además, el estallido de estas burbujas, alimentadas por deuda, provoca recesiones muy largas, con un elevado coste social.

La inestabilidad del nivel de precios y el aumento imprevisto y prolongado de la inflación son otra fuente de desconfianza, puesto que inciden más negativamente en las clases sociales con menor poder adquisitivo y su control requiere políticas de restricción financiera que pueden acabar generando la pérdida de puestos de trabajo y elevados costes sociales.

Detrás de la inestabilidad financiera y de precios se encuentra una política monetaria y regulatoria que ha alimentado un excesivo endeudamiento. Estas políticas también han llevado a unos bajos tipos de interés que han primado a los deudores frente a los acreedores, penalizando el ahorro. El rebrote inflacionario que coincidió con la crisis de la covid-19 y la guerra en Ucrania refuerza esta redistribución patrimonial entre acreedores y deudores.

El sistema financiero de las economías desarrolladas se encuentra, por tanto, en una encrucijada. La crisis de confianza a la que se enfrenta coincide con la aparición de activos digitales y criptomonedas emitidas por entidades privadas. Estos nuevos instrumentos digitales no gozan del respaldo de los estados, pero ofrecen una alternativa ante un sistema monetario que ha perdido crédito entre la población. La transición del papel moneda actual al dinero digital de los bancos centrales, junto con una buena regulación de los intermediarios financieros, serán los elementos clave del sistema para defenderse del ataque de los nuevos medios de pago y ahorro en la batalla de la confianza que se avecina. Pero sea en papel moneda o en moneda digital, los sistemas monetarios oficiales están obligados a controlar la expansión del dinero en circulación y el crédito para garantizar su pervivencia futura y contribuir a la estabilidad política de las democracias liberales.

TERCERA PARTE

¿Pueden los estados restablecer la confianza?

La confianza de los ciudadanos en las políticas públicas no se fundamenta sólo en las políticas financieras. Muchas otras políticas son importantes. Esta tercera parte se inicia con dos de ellas, la política fiscal y la política de redistribución; políticas en las que, a diferencia de las financieras, el margen de maniobra de los estados es mayor. Analiza también la política de construcción europea, ya que constituye un ejemplo de política ortodoxa de liberalización comercial gestionada con criterios que van mucho más allá de la eficiencia económica.

En el capítulo 10 se examinan las políticas fiscales y se discute la tendencia de algunos estados a generar déficits públicos crónicos y niveles de deuda muy elevados, poniendo en riesgo la capacidad de financiar el estado del bienestar y satisfacer así las expectativas de la población. Además, en los países con tendencia a acumular deuda pública, la conjunción de una política monetaria no ortodoxa y de un Estado muy endeudado compromete seriamente la independencia de la política monetaria. Se hace hincapié en que los estados con unas finanzas públicas más saneadas son aquellos en los que la confianza social está más extendida y en los que el equilibrio de poderes y la rendición de cuentas han limitado el uso del presupuesto público y el endeudamiento como instrumentos políticos y electorales por parte de las fuerzas políticas.

En el capítulo 11 se estudian las políticas redistributivas, incluidas las presupuestarias y las regulatorias. A pesar de que en Europa continental las políticas redistributivas son muy significativas y reducen en gran medida la desigualdad provocada por la evolución del capitalismo, ello no ha evitado la creciente insatisfacción de la sociedad. En el capítulo se distingue entre desigualdad y justicia social, y se destaca que las políticas redistributivas pueden generar desconfianza en la sociedad si en lugar de atender al bienestar general se usan con objetivos políticos, atendiendo a colectivos concretos por intereses electorales. Los países con mayor confianza social se caracterizan por una mayor inclusión social, con políticas que persiguen el interés general y no se centran solo en la desigualdad de rentas.

Para terminar, en el capítulo 12 se analiza el papel de la confianza en la construcción europea. Los estados de la Unión Europea han construido una integración regional del comercio que, a diferencia de la globalización, no ha generado un rechazo social. Esto ha sido así porque el proyecto ha tenido un relato político y unos mecanismos de compensación de los grupos sociales que han sufrido consecuencias adversas. La confianza mutua ha sido clave en esta integración y será aún más importante en las próximas etapas de integración política necesarias en Europa.

10

La deuda pública y la credibilidad de los estados

A principios de 2021, el economista Thomas Piketty, junto con otros académicos y diversas personalidades de la izquierda política, publicaba un artículo en diversos periódicos europeos en el que abogaba por la cancelación de la deuda pública en poder del BCE.[1] Los autores argumentaban que ello permitiría a los ciudadanos de Europa volver a controlar su futuro, destinando los fondos «recuperados» a sufragar los gastos sociales y ecológicos que requería la población. El artículo reflejaba la peligrosa pendiente por la que se había deslizado la política económica europea a lo largo de las últimas décadas, en especial tras la gran crisis financiera de 2007-2008. La zona euro había recurrido a una política monetaria que antaño parecía reservada a países en desarrollo poco rigurosos: la compra en firme de deuda pública por parte de los bancos centrales. Ahora, fuerzas políticas representativas y economistas influyentes proponían directamente políticas económicas aún más heterodoxas que, en la práctica, implicaban monetizar la deuda pública.[2]

La contribución de Piketty y sus coautores también subrayaba el importante papel de las políticas fiscales como instrumento de actuación pública para atender objetivos políticos y problemas sociales. El artículo se publicó en plena emergencia sanitaria y social por la pandemia, pero no se refería sólo a situaciones excepcionales. Era también muy crítico con las reglas fiscales de la zona euro que restringían el endeudamiento del sector público en periodos de normalidad. Sin embargo, a pesar de dichas reglas, la realidad era que la deuda pública como porcentaje del PIB de la zona euro había aumentado entre 2007 y 2022 en casi 25 puntos porcentuales, hasta llegar al 90,9 por ciento.[3] Como en otras economías avanzadas, la combinación de una política monetaria heterodoxa y de políticas fiscales extraordinarias había conducido a la política económica a un callejón sin salida. Una situación en la que no había opciones de política que no fueran dolorosas. La política monetaria debía luchar contra la inflación y en la mayoría de los países las políticas presupuestarias se habían quedado sin margen de maniobra para compensar la restricción financiera.

La deuda pública en cotas históricas

En sus reuniones de primavera de 2023, el FMI certificó una vez más el gran crecimiento de la deuda pública de las economías avanzadas desde comienzos del siglo XXI. Entre 2007 y 2022, en sólo quince años, los países del G7 habían incrementado su endeudamiento público en más de cuarenta y cinco puntos porcentuales, pasando de un 85,6 por ciento del PIB a un 130,6 por ciento.[4] El momento álgido fue 2020 con el estallido de la pandemia, cuando se alcanzaron cifras similares a las de la Segunda Guerra Mundial. Entre las grandes economías desarrolladas, únicamente Alemania mantuvo su deuda bajo control, lo que ayudó a moderar el alza para el conjunto de la zona euro.

Esta rápida acumulación de deuda pública tuvo fundamentalmente dos causas. La primera fueron los dos acontecimientos extraordinarios que vivió la economía mundial en las primeras décadas del siglo XXI. La gran crisis financiera de 2007-2008 y la profunda y prolongada recesión posterior provocaron una intervención excepcional del sector público. Los déficits públicos incrementaron de inmediato por la debilidad de la actividad económica y el aumento del desempleo. A ello se unió una política fiscal activa que trató inicialmente de paliar el impacto de la Gran Recesión en la población. Además, las actuaciones de política financiera orientadas a restablecer el equilibrio del sistema financiero acabaron representando, en muchos países, un coste significativo para el Estado. Todo este gasto adicional se financió con mayor endeudamiento.

La otra gran disrupción de la economía mundial fue la pandemia que se inició en China a finales de 2019. Ante la emergencia, el sector público ejerció, como es lógico, su función de asegurador de última instancia, tanto para abordar la grave crisis de salud pública provocada por el coronavirus como para paliar sus efectos en la economía y los ingresos de los ciudadanos. Tanto en la gran crisis financiera de 2007-2008 como con la covid-19, y en 2022, con las intervenciones asociadas a la guerra de Ucrania, la actuación pública obedeció a situaciones excepcionales como guerras, plagas y catástrofes naturales. Es cierto que, en el caso de la burbuja financiera, se trató de un hecho causado por las políticas de las autoridades y, por tanto, más previsible. Sin embargo, la profundidad de la crisis supuso que tuviera sentido usar la capacidad de endeudamiento del sector público para paliar, al menos parcialmente, la depresión del gasto privado que provocó el deterioro de la situación financiera de bancos, empresas y familias.

La segunda gran causa del fuerte aumento de la deuda pública fue la dificultad endémica de muchas de las economías avanzadas para controlar sus cuentas públicas y evitar la generación de abultados y recurrentes déficits públicos. El fuerte incremento de la deuda en los últimos quince años es atribuible en gran medida a los eventos extraordinarios de estos años, pero también a lo difícil que es, en términos políticos, generar ahorros del sector público en tiempos de bonanza. Los sistemas políticos de las economías avanzadas tienen un claro sesgo hacia el déficit público.

La importancia de este fenómeno se ha puesto de relieve en los últimos años, puesto que ante la gravedad de los acontecimientos que han obligado a la intervención del sector público, la reacción —en términos de la evolución de los presupuestos y el endeudamiento público— no ha sido la misma en todos los países.

La tabla 10.1 presenta los datos de evolución de la deuda para las principales economías avanzadas, contrastando el año que antecede al estallido de la gran crisis financiera de 2007-2008 con el año 2021.[5] La división entre los países de baja y alta deuda (a los que llamaremos, respectivamente, frugales y manirrotos) toma como punto de referencia un nivel de deuda en 2021 del 100 por ciento del PIB, cifra cercana a la que en ocasiones se usa en la literatura para indicar niveles de deuda que corren el riesgo de no ser sostenibles.[6] Además, es un nivel que, de manera muy natural, separa en dos grupos al conjunto de países analizados.

Países frugales

País	2007	2021	Δ en p.p.[1]
Suecia	39,0	36,3	-2,7
Dinamarca	27,3	36,6	9,3
Suiza	44,8	41,5	-3,3
Nueva Zelanda	16,3	50,1	33,8
Corea	27,4	51,3	23,9
Holanda	43,0	52,4	9,4
Irlanda	23,9	55,4	31,4
Australia	9,7	57,6	47,9
Alemania	64,2	68,6	4,5
Finlandia	33,9	72,6	38,7
Austria	64,7	82,3	17,5

Países manirrotos

País	2007	2021	Δ en p.p.[1]
Reino Unido	41,6	108,1	66,5
Bélgica	87,3	109,2	21,9
Francia	64,5	112,6	48,1
Canadá	67,2	115,1	47,9
España	35,8	118,4	82,6
Portugal	72,7	125,4	52,7
EE. UU.	64,6	126,4	61,9
Italia	103,9	149,8	45,9
Grecia	104,0	200,7	96,7
Japón	173,0	255,4	82,4

[1] Incremento en puntos porcentuales. Deuda pública bruta.

TABLA 10.1. Evolución de la deuda pública en las economías avanzadas (datos en porcentaje del PIB).*

* FUENTE: Elaboración a partir de la base de datos del WEO (FMI).

La explicación de la evolución de la deuda responde a diversos factores para cada país. Algunos son idiosincráticos. Países como Estados Unidos y Alemania pueden financiarse a un menor coste que otros. Estados Unidos por el papel global del dólar y Alemania por el hecho de que su deuda actúa como activo libre de riesgo para el conjunto de la UEM. Por otro lado, la gran crisis financiera de 2007-2008 no afectó a todos los países por un igual y la estrategia ante la covid-19 también fue muy diferente entre países. Sin embargo, lo más destacable de la tabla 10.1 es que se perfilan dos tipos de países claramente diferentes. Por un lado, tenemos aquellos que fueron capaces de hacer frente a una política excepcional de apoyo a la población en época de grandes dificultades sin aumentos muy significativos de sus niveles de deuda. De ahí que nos hayamos permitido llamarles frugales. Frente a este grupo tenemos los que han experimentado, por diversas razones, aumentos espectaculares de su deuda a lo largo de estos años. A estos países los hemos calificado de manirrotos, puesto que el aumento de su endeudamiento no sólo se explica por las circunstancias extraordinarias de estos años, sino también porque su sistema político e institucional conduce, de manera ya crónica, a la expansión de la deuda pública.

El sesgo político hacia el déficit público

Hemos señalado en el capítulo 5 que el paradigma ortodoxo sobre el que se ha edificado la gestión moderna de las economías avanzadas tiene un componente macroeconómico bien establecido. Las políticas monetarias y presupuestarias deben perseguir la estabilidad macroeconómica. Es decir, las políticas que permiten gestionar parte de la demanda agregada de la economía deben tratar de estabilizar los niveles de actividad económica cerca del potencial de la economía tanto en términos de producto interior bruto como de empleo. La política macroeconómica, desde esta visión ortodoxa, no es nunca una fuente de generación de riqueza, puesto que en último término el crecimiento sostenido del PIB reside en la vertiente de la oferta de la economía, es decir, en la productividad y la expansión y mejora de la tecnología y los factores productivos. Además, la economía ortodoxa cerró hace ya muchos años el debate sobre hasta qué punto la política presupuestaria podía tener un papel activo en la gestión macroeconómica. Keynesianos y monetaristas acordaron que, aunque el presupuesto podía usarse como instrumento de estabilización macroeconómica, ello sólo era posible con serias limitaciones relacionadas con los retardos en los efectos de las políticas, la importancia de las características concretas de los impuestos y los gastos utilizados, y el impacto potencialmente adverso de la necesidad de financiar el déficit público.

Desde el punto de vista teórico, el nivel apropiado de déficit público depende de la naturaleza de los gastos en los que incurre el sector público. Si los gastos son de naturaleza corriente y no inversiones en activos que ofrecerán un rendimiento futuro, el saldo presupuestario debe ser nulo en promedio a lo largo del ciclo económico;[7] es decir, permitiendo que en periodos de debilidad económica o excepcionalidad se incurra en déficits que luego serán compensados por superávits en periodos de expansión o bonanza económica. La teoría económica prescribe para el sector público algo similar a lo que recomienda para el sector privado: un alisamiento de los gastos a lo largo del tiempo parecido al que prescribe la teoría de la renta permanente para el gasto privado.

Esta visión de déficit cero en promedio se modifica ligeramente si se admite que algunos de los gastos del sector público son de inversión; es decir, gastos en activos físicos (capital o infraestructuras), humanos (formación, salud) o tecnológicos (I+D básica) que generan un rendimiento a medio y a largo plazo del que se benefician tanto las generaciones actuales como las futuras. Por tanto, una alternativa al déficit cero es la llamada «regla de oro», según la cual el saldo de las cuentas públicas puede ser negativo mientras no supere el porcentaje que representa la inversión pública con relación al PIB. Aunque conceptualmente la idea es atractiva, en la práctica es difícil asegurar que la inversión del sector público sea eficiente. Su rentabilidad futura es muy incierta, puesto que por lo general está sujeta a un complejo proceso político de toma de decisiones que, como veíamos en el capítulo 5, no siempre garantiza que se escojan proyectos con retornos económicos y sociales positivos.[8]

Estos razonamientos, de orden práctico y prudencial, quizá estaban en la mente de los legisladores alemanes cuando inscribieron en su Constitución la regla del freno al endeudamiento, conocida como «regla del déficit cero».[9] ¿Significaba esto que la sociedad alemana estaba ignorando las principales lecciones de la teoría económica? Probablemente no. Las restricciones constitucionales dificultan la gestión contracíclica del presupuesto alemán, pero reflejan el deseo de asegurar que la política presupuestaria esté orientada a la estabilidad; es decir, al objetivo de mantener el déficit y los niveles de deuda pública bajo control. Hay quien interpreta estas restricciones como una limitación de la opcionalidad política, que se hurta por tanto a los representantes parlamentarios. No es así. La cultura de control de las finanzas públicas es compatible con una presencia alta o baja del Estado en la economía en función de las preferencias políticas. Controlar el déficit no significa que no haya alternativas políticas. Típicamente, las izquierdas tenderán a desear mayores niveles de gasto público que las derechas, pero lo que la cultura de la estabilidad conlleva es que, en ambos casos, las fuerzas políticas estén obligadas a cumplir con el equilibrio presupuestario.[10]

La teoría económica también puede prescribir un nivel de deuda óptimo para un país. Correspondería a la deuda necesaria para atender situaciones excepcionales del presente e invertir en el futuro, de tal modo que haya un equilibrio de costes y beneficios entre las generaciones actuales y futuras. A pesar de ello, tampoco es sorprendente que algunos países del centro y el norte de Europa, en general los frugales de la tabla 10.1, con Alemania en cabeza, hayan tenido una política más conservadora, orientada a la estabilidad de las finanzas públicas y muy restrictiva en términos del endeudamiento público.[11] Esta política obedece a las razones de prudencia antes mencionadas y también al reconocimiento de que la dinámica de la rivalidad política puede fácilmente llevar a serios desequilibrios de las cuentas públicas.

Efectivamente, en la práctica la gestión de los presupuestos públicos raras veces sigue la prescripción teórica de compensar con superávits en tiempos de bonanza los déficits incurridos en tiempos de dificultades. Por el contrario, los periodos de bonanza económica se han caracterizado por la ausencia de esfuerzos serios de reducción de la deuda, cuando no por el uso del déficit público como instrumento para satisfacer las expectativas depositadas por los electores en sus líderes políticos, en ciclos electorales que no superan los cuatro años.

La economía política de la política fiscal ha proporcionado a lo largo de los años numerosas hipótesis de cómo la interacción entre los incentivos de los líderes políticos y su impacto en el electorado pueden conducir a situaciones de déficit público recurrente, generándose niveles muy elevados de deuda pública. La literatura tradicional sobre la elección pública asociada a James Buchanan ya argumentaba que la miopía de los legisladores, en una suerte de ilusión fiscal, los llevaría a menospreciar los efectos negativos a largo plazo del servicio de la deuda.[12] Las investigaciones más recientes han analizado la interacción estratégica entre los distintos grupos de interés, así como el papel de los partidos y el impacto en sus expectativas electorales. Puesto que las generaciones futuras no participan en el proceso electoral, en este tipo de modelos teóricos es fácil obtener resultados en los que se genera un exceso de deuda, pues los votantes de hoy obtienen beneficios a costa de los ciudadanos del mañana.

La literatura más reciente ha considerado también otros factores que pueden explicar la persistencia del déficit público.[13] Un ejemplo es el uso estratégico del déficit, cuando un Gobierno toma decisiones de recortes de impuestos e incremento de deuda sabiendo que ello va a condicionar a la Administración futura. Otras explicaciones se centran en la deuda entendida como un problema de administración de recursos comunes, cuando los políticos locales no tienen en cuenta la distorsión impositiva que crean sus decisiones de gasto para el conjunto de la Administración.[14]

Más allá de las distintas explicaciones teóricas, la evidencia muestra que muchos estados se endeudan por acontecimientos extraordinarios que exigen su actuación como seguro colectivo de la población (la covid-19, guerras), pero también por la incapacidad crónica de financiar el gasto con impuestos debido a razones políticas. De todos los factores considerados, probablemente el más significativo es que la población actual tiene un claro incentivo a trasladar a las generaciones futuras el coste del servicio de la deuda, y gozar de los beneficios actuales de un mayor gasto o de menores impuestos. Como es sabido, a nivel individual no todos tenemos la misma capacidad de autocontrol y de postergar el consumo presente en aras del futuro. A nivel social, esa carencia es aún más acusada por las dificultades inherentes a la toma colectiva de decisiones cuando conviven distintas preferencias e intereses.

La tendencia política al déficit, junto con los altos niveles de deuda alcanzados tras los acontecimientos extraordinarios que hemos vivido, colocan a las cuentas públicas en una situación delicada, con serios riesgos para las economías de los países más afectados.

Déficit, deuda e inestabilidad financiera

En capítulos anteriores vimos que la inestabilidad financiera es una fuente muy importante de rechazo social y político y que, por tanto, puede ser una causa significativa de la pérdida de confianza de la población en el capitalismo. Dicha inestabilidad puede tener su origen en un exceso de gasto privado, como ocurrió con la gran crisis financiera de 2007-2008, pero en otros casos la causa se puede encontrar en un desequilibrio de las cuentas públicas. Los gobiernos, en cuanto gestores de los presupuestos públicos, y por ello de una parte muy significativa de la economía, pueden recalentar la economía, elevar el riesgo de inflación y poner en duda la estabilidad financiera si llevan a cabo una política que genere un déficit público excesivo, con un elevado recurso a la emisión de deuda pública.

El comportamiento de las finanzas públicas en España se ajusta bastante bien al patrón del sesgo político hacia el déficit, en el sentido de cronificación del déficit y de no aprovechar los periodos de bonanza para generar los superávits necesarios. Los episodios de política fiscal excesivamente expansiva son recurrentes. Por ejemplo, a principios de los años noventa la política fiscal no compensó un crecimiento excesivo de la economía, por encima de su potencial, que acabaría provocando una apreciación enorme de la peseta y un fuerte desequilibrio interior (alta inflación) y exterior (crisis de la balanza de pagos) de la economía.[15] El sector público hubiera debido actuar de un modo compensatorio desde finales de los años ochenta, dada la dinámica expansiva del propio sector privado en aquellos años. La inestabilidad provocada por esta política fiscal provocó varias devaluaciones de la moneda, así como una recesión y el aumento de la tasa de paro, que pasó del 11 al 18 por ciento.

Algo parecido ocurrió en la expansión previa a la gran crisis financiera de 2007-2008. Fueron años de gran empuje del sector privado, lo que provocó que los ingresos públicos aumentaran de manera transitoria. Las cuentas públicas parecían saneadas en los momentos de expansión económica, pero cuando cambió el ciclo económico y se inició la recesión se vio que los ingresos eran endebles mientras que los compromisos de gasto eran elevados, lo que se tradujo en un rápido aumento del déficit. La política presupuestaria de aquellos años, aunque llegó incluso a generar algún superávit, no fue lo suficientemente contractiva para moderar la expansión provocada por el descenso excepcional de los tipos de interés tras la entrada de España en el euro.

Finalmente, en los años que antecedieron a la crisis por la covid-19, de 2016 a 2019, el ajuste fiscal volvió a ser muy débil, de tal modo que, al estallar la pandemia, con sus elevadas necesidades de gasto público, el margen de maniobra de la política presupuestaria española era limitado, pues el déficit público en 2019 representaba un 3,1 por ciento del PIB y la deuda pública un 98,2 por ciento.[16] Durante la década posterior a la gran crisis financiera de 2007-2008 el déficit en España siempre estuvo por encima del 3 por ciento (la excepción fue 2018, año en el que el déficit fue de 2,6 por ciento del PIB). La deuda, por su parte, aumentó con la crisis desde un 39,7 por ciento en el 2008 hasta un máximo del 105,1 por ciento en 2014, para luego descender en sólo siete puntos porcentuales hasta el año anterior a la pandemia.

La ironía es que, a menudo, la misma población perjudicada por la inestabilidad financiera que ocasiona el desequilibrio de las cuentas públicas es la que, a través de los mecanismos de representación política, demanda un aumento del déficit público. Una parte significativa de la población apoya el déficit en la medida en que se beneficia del gasto público o los recortes de impuestos y no tiene en cuenta el impacto del déficit en la deuda y sus efectos a medio plazo en impuestos o inflación. También en el sector empresarial puede haber actores que se benefician del déficit público en términos, por ejemplo, del acceso a una mayor contratación pública. En sentido contrario, los inversores nacionales en deuda pública estarán interesados en una política de control del déficit. Además, la financiación del déficit vía la emisión de deuda ejerce una presión al alza en los tipos de interés de medio y largo plazo y, por tanto, no será vista positivamente por muchos empresarios, ya que dificulta su financiación en los mercados.

Dado el conflicto entre los intereses de los diversos grupos sociales, para examinar si un déficit excesivo y la deuda resultante pueden generar desconfianza en el país es mejor evaluar su impacto en los inversores extranjeros. La confianza de los inversores no residentes[17] en la deuda pública de un país acaba reflejada en la evolución de su prima de riesgo: el diferencial de tipo de interés al que cotiza la deuda del país en relación con alguno de los principales países de referencia. Este diferencial sintetiza la confianza de los inversores en las políticas macroeconómicas del país, la evolución y el potencial de su economía y, en último término, su estabilidad política, jurídica e institucional. La deuda pública, como ocurre con la deuda privada (véase el capítulo 6), es una institución basada en la confianza.

Por lo general, aquellos países en los que existe una confianza social más desarrollada y en los que la población tiene una mayor confianza en los organismos de la Administración, son países con economías saneadas y productivas, políticas macroeconómicas equilibradas y prudentes orientadas a la estabilidad y, por tanto, un bajo coste de la deuda. En términos empíricos, se constata que cuanto mayor es el nivel de confianza en terceros, menor es el tipo de interés de la deuda pública a largo plazo. Por ejemplo, para los quince países europeos presentados en la tabla 1.1, de confianza en los demás, la correlación entre el dato de confianza en terceros y el tipo de interés de la deuda pública a diez años es del -0,58. Este no es un dato muy elevado, pero la correlación negativa sería sin duda mucho más alta si entre los países seleccionados no hubiera una mayoría de países de la zona euro. Al formar parte de la zona euro, el dato del tipo de interés a largo plazo está condicionado por dos hechos: por el papel predominante de Alemania, cuya deuda pública desempeña el papel de activo libre de riesgo para el conjunto de la UEM y, por tanto, tiene un tipo de interés especialmente bajo; y porque el mercado de deuda pública está significativamente distorsionado por las compras de este tipo de deuda que lleva a cabo el BCE desde que se iniciaron las políticas de expansión cuantitativa en 2014.[18]

En cualquier caso, los inversores extranjeros son esenciales como evaluadores de la confianza que les merece la economía de un país, su política económica general y, muy en especial, la administración de los presupuestos públicos. Son los «vigilantes de los bonos», que disciplinan la política económica nacional e impiden (o al menos dificultan) la implementación de políticas fiscales no sostenibles.[19] Un ejemplo reciente de cómo los mercados financieros de renta fija disciplinan la política fiscal se vivió en el Reino Unido, cuando penalizaron los planes presupuestarios presentados por la primera ministra Liz Truss en septiembre de 2022. El severo juicio de dichos mercados llevó a la renuncia de la señora Truss al cargo al cabo de pocas semanas.

Los «vigilantes de los bonos» empiezan a actuar cuando las cuentas públicas muestran indicios de desequilibrios, ya sea por las decisiones de política presupuestaria de los gobiernos, ya sea por la evolución negativa de la economía, que también puede ser un factor de desequilibrio de las cuentas. La prima de riesgo tiende al alza en estas situaciones y constituye, por tanto, un indicador importante sobre la sostenibilidad de la estrategia fiscal de los gestores de las cuentas públicas.

El drama de las políticas macroeconómicas que habían seguido las economías avanzadas tras la gran crisis financiera de 2007-2008 era que la política monetaria había alterado radicalmente los parámetros habituales de la gestión macroeconómica. En varias de las principales economías avanzadas el porcentaje de la deuda pública en circulación que estaba en poder de los bancos centrales superaba ya el 30 por ciento en 2023.[20] Esto suponía que los tipos de interés de la deuda pública a largo plazo eran artificialmente bajos.[21] Por un lado, ello facilitaba la financiación del sector público y no incentivaba la toma de decisiones de consolidación fiscal; por el otro, la intervención en los mercados reducía la utilidad de los tipos de la deuda como señal de alerta de desequilibrios en las cuentas públicas, aunque la experiencia británica antes mencionada mostró que estos sí reaccionaban ante estrategias presupuestarias claramente irresponsables.

Los riesgos de la elevada deuda pública los puso de manifiesto el BIS a mediados de 2023.[22] En su informe anual recomendaba a las economías avanzadas una política fiscal contractiva que sirviera a dos propósitos: quitar presión de la política monetaria, de tal modo que no tuvieran que subir tanto los tipos de interés; e iniciar el largo proceso de generación de superávits presupuestarios para ir reconduciendo los elevados niveles de deuda pública. Las recomendaciones del banco de bancos centrales, sin embargo, eran políticamente explosivas, puesto que la austeridad de los años posteriores a la gran crisis financiera de 2007-2008 había acrecentado la impopularidad de reducir los déficits públicos.

Por otro lado, la acumulación crónica de déficit y deuda pública no parecía repercutir de forma positiva en la confianza de la población en las políticas presupuestarias. Muchos ciudadanos seguían teniendo la percepción de que desde la política económica no se atendían las necesidades sociales. Otros, por el contrario, consideraban que la presión fiscal era exageradamente elevada. La cuestión distributiva, que abordaremos en el próximo capítulo, subyace tras esta diversidad de posiciones e intereses; en cualquier caso, la presión política para que se implementasen políticas fiscales expansivas seguía siendo muy elevada.[23]

Como argumentos para apoyar estas políticas expansivas, hay dos narrativas que se han utilizado profusamente a lo largo de los últimos años y que merece la pena examinar con detalle. La primera es que el nivel absoluto de la deuda no es relevante, sino que lo importante es su valor en relación con el PIB, y que, por tanto, la deuda no es un problema mientras contribuya a generar crecimiento económico. Para los defensores de esta tesis, dicho crecimiento, en sí mismo, modera o relativiza la carga de la deuda. La segunda es que las políticas de austeridad son contraproducentes. La corrección de los déficits públicos ya es por lo general impopular, pero las políticas de austeridad, especialmente en Europa tras la gran crisis financiera de 2007-2008, dejaron un enorme poso de desconfianza en la población. Ambas narrativas son argumentaciones falaces que permiten que se perpetúe en la opinión pública la perniciosa idea de que los altos niveles de deuda pública no tienen consecuencias adversas para la economía y la sociedad.

El crecimiento como solución al problema de la deuda

Quienes defienden que el crecimiento económico es la mejor solución para reducir los niveles de deuda y mantenerla bajo control, en cierto modo constatan lo evidente. La deuda pública en euros corrientes no es la variable relevante. El nivel de deuda siempre debe medirse en relación con la capacidad de servicio y devolución, que en último término depende del potencial de la economía para generar ingresos. Por tanto, lo correcto es medir la deuda en porcentaje de una variable como el PIB, tal como muestra la tabla 10.1. Si una economía es capaz de acelerar su tasa de crecimiento significativamente debido a mejoras en su oferta productiva, entonces sin duda puede reducir su ratio de deuda, y ello puede ser incluso un indicativo de que la economía es capaz de soportar de manera estructural un mayor nivel de deuda en euros corrientes. Si el crecimiento, en lugar de fundarse en la expansión de la oferta se basa en una demanda impulsada por el endeudamiento, la cuestión no es tan sencilla, a menos que se trate de un gasto en bienes de inversión que aumenten de manera eficiente la capacidad productiva del país.

El argumento del crecimiento va, de hecho, más allá. La evolución de la deuda a lo largo del tiempo sigue una aritmética sencilla. El déficit público —que incluye el pago de intereses de la deuda— aumenta la deuda heredada del año anterior. Sin embargo, la deuda como ratio del PIB no aumentará, e incluso puede llegar a descender, si ese incremento del endeudamiento en el ejercicio es compensado por el crecimiento de la economía.[24] La clave para que la deuda se estabilice o descienda es que el crecimiento real, que podemos escribir como la variable *g*, supere el coste de servicio de la deuda, el tipo de interés,[25] que en términos reales denotamos como *r*. Lo importante de la relación que estabiliza la ratio de deuda es que la condición favorable ($g>r$) tiene su contrapartida en la relación desfavorable

($g<r$), situación en la que la deuda tiende a crecer sin fin, a menos que se adopten medidas de consolidación presupuestaria, es decir, con reducciones en el déficit antes de intereses (o déficit primario).

Como es bien sabido por la experiencia práctica y la literatura sobre sostenibilidad de la deuda y crisis soberanas,[26] el rasgo característico de la gestión del nivel de deuda es la fragilidad de la senda por la cual discurre el endeudamiento de un país, especialmente cuando se sitúa en cotas elevadas. Ello significa que caídas bruscas del crecimiento o subidas rápidas de los tipos de interés pueden conllevar un empeoramiento drástico y no anticipado de las perspectivas de sostenibilidad de la deuda.

La relación entre el crecimiento y el tipo de interés ha sido y es objeto de largas discusiones entre los especialistas.[27] El bajo nivel de los tipos de interés reales registrado durante los últimos años ha servido como argumento para defender la posibilidad de que las economías avanzadas puedan sostener, en la actualidad y a futuro, mayores niveles de deuda pública. Sin embargo, tras la gran inflación de 2022, y con el rápido endurecimiento de la política monetaria de 2022 y 2023, la relevancia de este tipo de argumentos, que nunca fue muy sólida, vuelve a estar en entredicho.

De hecho, la relación entre r, g y los niveles de deuda es compleja. La fragilidad de las economías con alto endeudamiento público deriva, en parte, de que ese mismo nivel elevado de deuda puede provocar un encarecimiento de su servicio (una subida del tipo de interés, r) que pone en jaque la credibilidad del Estado deudor. El BIS volvió a enfatizar esta cuestión en su informe de junio de 2023.[28]

El caso del mini presupuesto presentado por el efímero gobierno de la primera ministra británica Liz Truss es también un claro ejemplo de una estrategia presupuestaria predicada en el crecimiento como instrumento para reconducir la situación fiscal del país. Su fracaso ilustra que, para niveles elevados de deuda de partida, no es obvio que los inversores compren el crecimiento como instrumento para reducir la ratio de deuda. La naturaleza del déficit a corto plazo generado por el mini presupuesto británico (una mezcla de pérdidas de ingresos por recortes impositivos, más aumentos temporales y permanentes del gasto público) junto con el hecho de que el presupuesto se presentó sin los habituales mecanismos de contraste con la oficina de control presupuestario, provocó el fracaso de la iniciativa. Los mercados no vieron que la estrategia llevase a un crecimiento de la economía británica y en cambio fueron muy conscientes de que el agujero que se crearía en las cuentas públicas del país estaba garantizado. Los mercados anticiparon claramente que para el Reino Unido ($r>g$), de tal modo que el nivel de deuda pública del país podía devenir insostenible.

En conclusión, el crecimiento económico puede reducir la deuda con relación al PIB, como es natural, pero cuando los niveles de deuda de los que se parte son elevados, no es fácil diseñar esa estrategia de crecimiento, y mucho menos si conlleva un empeoramiento, siquiera temporal, de las cuentas públicas. Por ello, en muchos casos los países con elevados niveles de deuda se han visto abocados a una estrategia de austeridad, como paso previo al crecimiento.

Políticas de austeridad: la impopularidad de la prudencia

Las consecuencias de la gran crisis financiera de 2007-2008 en el continente europeo fueron devastadoras. En pocos meses la economía de la zona euro entró en recesión y en muchos de sus países las cifras de desempleo se dispararon. Al contrario que en recesiones previas, en esta ocasión la contracción sorprendió por su profundidad y duración, provocando una rápida caída de los ingresos presupuestarios, así como un aumento de los gastos, especialmente los vinculados con el seguro de desempleo.

Las políticas presupuestarias del continente se orientaron, a partir de 2010, hacia la introducción de medidas que garantizasen la estabilización de la situación fiscal, reduciendo el déficit y aminorando el aumento del endeudamiento público. Las razones fueron dos. La primera, el papel de las reglas fiscales de la zona euro, que garantizaban la estabilidad de la moneda única. La fortaleza y la credibilidad del euro se apoyaba en unas políticas presupuestarias de los estados miembros que debían estar basadas en la estabilidad, especialmente al tratarse de una moneda que no tenía un único Estado soberano que la respaldase. Eran las conocidas reglas de Maastricht, que posteriormente pasarían a formar parte del Pacto de Estabilidad y Crecimiento, y que establecían unas políticas orientadas a que los países registrasen niveles de déficit público por debajo del 3 por ciento y de deuda pública inferiores al 60 por ciento. La segunda razón fue de carácter ideológico, puesto que los países frugales creían en las virtudes de la estabilidad y, por tanto, orientaron sus políticas hacia la consolidación, temerosos de las consecuencias negativas del excesivo endeudamiento.

Naturalmente, la percepción de estas políticas de consolidación presupuestaria fue distinta en los diferentes países de la zona euro en función del posicionamiento político en el espectro derecha-izquierda, pero también desde la perspectiva del eje centro-periferia, dado que los problemas de excesiva deuda aquejaban sobre todo a los países periféricos, mientras que el grueso de los acreedores estaba en el centro de la Eurozona.

Desde el punto de vista analítico, se dibujaron rápidamente dos campos. Por un lado, la visión keynesiana convencional, según la cual la austeridad era una política procíclica y, por tanto, en lugar de solucionar los problemas de deuda, los empeoraría, ya que iba a incidir negativamente en el crecimiento económico. Es decir, si se recortaba drásticamente el déficit público se ahondaba en la recesión, lo cual dificultaba aún más devolver la deuda. Una estrategia de reducción agresiva de la deuda vía un superávit primario podía poner en riesgo el crecimiento económico y acabaría empeorando la sostenibilidad de la deuda que se pretendía corregir.

La visión alternativa, más «ortodoxa», argumentaba que, de hecho, las políticas de austeridad podían favorecer el crecimiento, en la medida en que servían para convencer a los inversores de la sostenibilidad de la deuda pública, reducían los tipos de interés demandados por los mercados (las primas de riesgo) y así contribuían al crecimiento y a la sostenibilidad de la ratio de deuda. Por decirlo en pocas palabras, los efectos keynesianos negativos de la austeridad eran contrapesados por su impacto a favor del crecimiento, reduciendo la prima de riesgo. El debate reflejaba la complejidad de la relación entre r, g, y el nivel de deuda de la que hablábamos antes.

Transcurridos ya diez años de la crisis de deuda soberana en la zona euro, la austeridad ha quedado en el imaginario colectivo en gran medida como una política negativa, que contribuyó a que aumentase la desconfianza en los poderes públicos. La realidad es, sin embargo, mucho más matizada. Gran parte del debate sobre los efectos de la austeridad tiene que ver con la magnitud de los multiplicadores fiscales. Estos parámetros se estiman por métodos estadísticos y miden el efecto en el PIB de un cambio en el gasto público o en los impuestos. Por ejemplo, se estimaba que un descenso del gasto de un 1 por ciento del PIB provocaría una contracción del PIB de un 0,5 por ciento. Se pensaba que el impacto sería mayor si la reducción del déficit se acometía mediante el aumento de impuestos. También se creía que el multiplicador era mayor si el gasto recortado era de inversión y no gasto corriente.

La dificultad, como casi siempre en economía, residía en distinguir entre el efecto de la consolidación fiscal y el de otros factores que podían estar incidiendo también negativamente en la evolución de la actividad económica. En concreto, en el polémico periodo de la crisis de deuda soberana en los países periféricos, la austeridad coincidió con graves dificultades en los mercados financieros, puesto que hubo serias restricciones crediticias asociadas a la débil situación del sector bancario y grandes problemas para acceder a la financiación de los mercados internacionales, que estuvieron parcialmente cerrados. Además, la política monetaria de aquellos años tampoco ayudó. Estados Unidos mantenía sus tipos de interés de intervención en el cero y llevaba a cabo una agresiva política de expansión cuantitativa, mientras que en Europa esta política aún no se había iniciado y los tipos de interés de intervención incluso subían.[29]

Unos años después de la crisis de deuda soberana en la zona euro, algunos de los principales investigadores sobre política fiscal analizaron lo sucedido y lo compararon con otros procesos de consolidación fiscal acometidos en economías avanzadas.[30] Los autores concluyeron que la austeridad incide negativamente en la economía cuando se fundamenta en subidas de impuestos, pero no así cuando aborda la reducción de gastos corrientes de carácter estructural. En dichos casos, la austeridad incluso puede favorecer el crecimiento económico, puesto que la reducción del PIB ocasionada por el descenso del gasto público es compensada por el aumento de otros componentes del PIB, y de manera especial por la inversión.

Sea como fuere, la mala reputación de las políticas de austeridad en muchos países europeos es hoy en día un hecho, que no hace más que reforzar el sesgo político hacia el déficit que domina en muchos estados miembros de la Unión. Esta circunstancia es desafortunada, dado que la necesidad de acometer políticas de consolidación fiscal en economías con alto endeudamiento se deriva de las consecuencias negativas ya comentadas—inestabilidad financiera y riesgo de crisis soberana—, pero además porque un déficit excesivo supone un lastre para la gestión de la política fiscal anticíclica. Una ratio de deuda elevada, aunque sea sostenible, limita la capacidad de maniobra de la política fiscal para atender las fluctuaciones cíclicas. Además, las virtudes de la frugalidad se han puesto de manifiesto con motivo de la crisis por la covid-19. Los países que habían administrado bien sus recursos públicos y generaron superávits presupuestarios en tiempos de bonanza han sido los que mejor han podido apoyar a sus ciudadanos y empresas en la crisis por la covid-19. También son los que se van a enfrentar a una menor carga de la deuda y, por tanto, dispondrán de más margen de maniobra en el futuro.

En conclusión, es importante erradicar el estigma de las políticas de austeridad. Tal vez una manera de conseguirlo sea acotar bien lo que realmente significan, distinguiendo la austeridad de las políticas orientadas a la estabilidad presupuestaria. La política de estabilidad es una política de equilibrio fiscal a lo largo del ciclo económico, que no tiene por qué debilitar la confianza. Al contrario, la promueve, al igual que estimula el crecimiento, puesto que favorece la estabilidad financiera. Supone políticas de consolidación fiscal preventivas en momentos de expansión económica y preferentemente a través del control de los gastos estructurales del sector público.

Si la austeridad se entiende, por el contrario, como una política de consolidación fiscal acelerada, incluso cuando un país está en plena recesión, entonces la percepción negativa de la política en el imaginario colectivo es correcta, puesto que difícilmente contribuirá a restablecer la confianza en el país. Sin embargo, el problema verdadero es que los que se oponen a la «austeridad en circunstancias excepcionales» tampoco encuentran nunca el momento para empezar un proceso de consolidación de las cuentas públicas. Jamás es oportuno empezar, y tampoco hacerlo con una rapidez suficiente, mientras sí se cede rápidamente a las presiones para bajar impuestos o subir gastos. El resultado es reforzar el sesgo político hacia el déficit y la acumulación crónica de deuda.

Si la consecución de superávit en los presupuestos es políticamente tan difícil y si, además, en una situación de elevada deuda pública y privada el crecimiento económico financiado con deuda no es una alternativa viable, ¿cuáles son las alternativas disponibles?[31] ¿De qué modo se van a reducir los elevados niveles de deuda pública en los países desarrollados? La experiencia nos muestra que, en situaciones de gran acumulación de deuda pública, a lo largo de la historia se ha recurrido a diversas vías no ortodoxas para reconducir la situación.

Enfoques heterodoxos para reducir la deuda pública

Las alternativas para hacer frente a una deuda muy elevada que lastra la economía son, en esencia, tres. La primera es el impago; es decir, la suspensión de los pagos de la deuda y el establecimiento de algún tipo de quitas o reducciones de principal o intereses para todos o una parte de los acreedores en función del contexto legal. Esta es una alternativa prácticamente impensable para las economías desarrolladas, pero ha sido habitual en países en desarrollo a lo largo de los últimos cuarenta años. Para una economía avanzada, el efecto reputacional, y en términos de las evaluaciones crediticias (*ratings*), excluye esta vía, si bien es verdad que algo parecido sucedió en el caso griego durante la crisis de deuda soberana de 2011-2012.[32] La reestructuración explícita de la deuda griega, de todos modos, no deja de ser un caso especial, puesto que se trataba de deuda en una moneda, el euro, que, aunque fuera propia, el país no podía emitir.

Para las economías avanzadas el escenario más probable es que la carga de la deuda y su refinanciación se acabe abordando con una combinación de las otras dos alternativas disponibles: la inflación y la represión financiera. La inflación ha sido siempre uno de los principales mecanismos para reducir el peso de la deuda pública en las economías sobreendeudadas. Así es como se redujo, en parte, la gran deuda en la que incurrieron muchos de los países contendientes en la Segunda Guerra Mundial.[33] Como discutimos en el capítulo anterior, la inflación perjudica a los acreedores y alivia a los deudores. En la secuela de la gran crisis financiera de 2007-2008 hubo muchas voces que propusieron el uso de la inflación como un mecanismo para evitar un largo periodo de sobreendeudamiento (*debt overhang*), de excesivo lastre de la deuda en la demanda de la economía. Sin embargo, precisamente entonces, la falta de demanda y el exceso de capacidad que se había generado en la expansión previa conllevaron un riesgo no de inflación sino de deflación.

Por otro lado, para que la inflación sea un mecanismo efectivo de reducción de la deuda en términos reales debe tratarse de una inflación no esperada; es decir, un aumento excepcional de los precios que no haya sido anticipado por los agentes económicos y, en especial, por los inversores financieros. Si la inflación es esperada, se traduce inmediatamente en un aumento de los tipos de interés que los inversores demandan a los emisores públicos para estar dispuestos a adquirir la nueva deuda. Estas demandas, naturalmente, también impactan en la deuda en circulación, cuyo precio cae porque la expectativa de inflación eleva la rentabilidad exigida en el mercado secundario a los bonos ya emitidos, cuyo rendimiento nominal pasa a ser menos atractivo por el rebrote inflacionario. Así, el aumento de los tipos de interés provocado por una inflación anticipada por los mercados es un factor que no altera la carga de la deuda pública en términos reales.

La inflación, por tanto, rebaja el coste real de la deuda, pero sólo si sucede de un modo inesperado. Como hemos visto en el capítulo 9, esto es lo que ha pasado en la práctica totalidad de los países desarrollados a lo largo del periodo 2021-2023. Sus efectos en los niveles de deuda son de la máxima importancia. En el caso de España, por ejemplo, la AIReF estima que la mitad de la reducción de la deuda pública como porcentaje del PIB en 2022 fue atribuible a la reducción de su valor real por el aumento del nivel de precios.[34]

Junto a la inflación, la otra alternativa que tienen las autoridades para gestionar una deuda excesiva es mantener el coste del servicio de la deuda artificialmente bajo; esto se conoce como represión financiera,[35] un mecanismo que fue utilizado también tras la Segunda Guerra Mundial. Entonces los mercados financieros estaban muy intervenidos y en muchos países las autoridades disponían de potestades administrativas para obligar a los agentes económicos y al sector financiero a mantener en sus balances activos financieros emitidos por el Estado con rentabilidades reguladas por debajo de los niveles de mercado. La represión financiera, unida a un entorno inflacionario, permitía al Estado financiarse a un coste real muy bajo. Aunque la inflación era anticipada, la regulación impedía el aumento de tipos. El bajo coste real de la deuda permitía financiar niveles elevados de endeudamiento, al tiempo que la elevada inflación erosionaba el valor real del principal.

En el entorno actual de mercados financieros liberalizados, el objetivo último de la represión financiera —el mantenimiento de bajos costes reales de financiación del sector público— se está consiguiendo no mediante una política regulatoria, sino a través de la política monetaria no convencional, que presiona significativamente a la baja los tipos de interés a largo plazo. En principio, este es su objetivo y se lleva a cabo, como vimos, por razones monetarias. Pero lo cierto es que tiene un impacto fiscal indudable, en la medida en que al presionar a la baja los tipos soberanos a largo plazo, favorece las condiciones de financiación del déficit público y el servicio de la deuda. De este modo, la política monetaria no convencional se acerca peligrosamente a la política fiscal. La independencia del banco central garantiza que no es política fiscal, pero el hecho de que en la mayoría de los países el dueño del banco central sea la propia hacienda pública implica que la línea que separa ambas políticas sea muy tenue, y que el riesgo de que se persigan objetivos fiscales con instrumentos monetarios sea muy elevado.

La política de expansión cuantitativa no implica una dominancia fiscal, es decir, una subordinación de la política monetaria a los objetivos fiscales de los gobiernos si la expansión del balance de los bancos centrales se revierte cuando sea necesario llevar a cabo una política monetaria más restrictiva. De hecho, está ha sido la situación que se planteó, tanto en Estados Unidos como en la Eurozona, a partir de 2022 cuando los tipos de interés de intervención empezaron a subir. La Fed y el BCE anunciaron que no renovarían toda la deuda que llegara a vencimiento, de tal modo que su balance se reduciría de forma gradual. Lógicamente, los tipos de interés de los bonos soberanos también empezaron a subir. Esto ocurrió porque si los tipos a corto plazo suben y se espera que lo sigan haciendo, ello incide en los tipos de interés a mayores plazos presionándolos al alza, ya que estos incorporan la expectativa de que los tipos futuros a corto plazo serán más altos. Además, los tipos a largo plazo también subieron cuando los bancos centrales empezaron a retirarse del mercado. Al haber una menor demanda, es preciso ofrecer una mejor retribución a los potenciales inversores.

En el futuro, la situación de dominancia fiscal podría surgir si el banco central renunciase a continuar reduciendo su balance para, de este modo, mantener el apoyo a la autoridad fiscal, a pesar de que las condiciones monetarias justificasen una reducción de sus tenencias de deuda. En este escenario, el banco central estaría manteniendo artificialmente bajos los tipos de interés soberanos y llevaría a cabo una política monetaria laxa en exceso, lo que conllevaría una inflación por encima de su objetivo, en lo que sería «de facto» una monetización de la deuda.[36] En el caso de algunos bancos centrales, como el BCE, este escenario podría representar un grave incumplimiento de su mandato estatutario, con profundas repercusiones institucionales y políticas.

Un factor adicional del dilema al que se enfrentaban los bancos centrales era que la potencial venta de la deuda que habían adquirido suponía la materialización de importantes pérdidas en su cartera de bonos, dado que gran parte de esta había sido adquirida a tipos bajos y, por tanto, precios altos. Asimismo, si el banco central decidía no reducir significativamente su balance y mantener una gran cartera de deuda, se planteaba la cuestión de qué sucedería con todo el exceso de reservas que quedaría en el sistema financiero. Para evitar que el sistema bancario pusiera en circulación estas reservas y generase una expansión del crédito y los depósitos, sería necesario retribuirlas, lo que ahondaría en los costes para el banco central de la estrategia de salida de la expansión cuantitativa. Un banco central puede tener un capital negativo sin problema alguno, pero las elevadas pérdidas por ambos conceptos (minusvalías y un margen de intereses negativo) podían tener un grave efecto reputacional. En algunos países, además, la recapitalización por parte del Estado era obligada, lo que incidía directamente en el déficit público, al igual que las pérdidas reducían los ingresos de la hacienda pública (véase también la discusión en el capítulo 9).

Por tanto, aunque es cierto que los bancos centrales son especiales pues pueden crear reservas «de la nada», no dejan de ser parte del Estado y la erosión de su situación financiera acaba incidiendo en la situación financiera del Estado mismo. Desde la perspectiva de los inversores, una política de dominancia fiscal podía acabar siendo percibida como una política inflacionaria; es decir, un intento subrepticio del sector público de restablecer su equilibrio financiero mediante la creación excesiva de dinero, ya sea vía el señoreaje[37] del banco central o a través del aumento de los impuestos en términos reales cuando las rentas nominales suben debido a la inflación y los tipos impositivos no se indician.

A mediados de 2023, la lucha contra la inflación en los principales países occidentales continuaba, con subidas de tipos y la retirada de los bancos centrales de los mercados de bonos. Sin embargo, el proceso había sufrido ya un grave sobresalto con la crisis bancaria estadounidense de marzo de 2023 y la práctica bancarrota del gran banco suizo Credit Suisse.[38] La curva de plazos de tipos de interés llevaba ya meses invertida tanto en Estados Unidos como en la Eurozona, en lo que era un habitual indicador de recesión, y muchos analistas se preguntaban si las autoridades monetarias a ambos lados del Atlántico serían capaces de completar el ciclo alcista de tipos. También había dudas sobre hasta qué punto se iba a retirar la liquidez excedentaria y, como consecuencia, si los tipos a largo plazo subirían.

Algunos observadores pensaban que las autoridades monetarias tendrían que mantener un nivel alto de deuda pública en sus balances y, por tanto, no retirarían toda la política monetaria no convencional. Esto ayudaría a mantener los tipos a largo plazo comparativamente bajos y tal vez incluso por debajo de la inflación, que en este escenario sería de difícil reconducción hacia el objetivo del 2 por ciento. Este sería un escenario de represión financiera, con inflación por encima de su objetivo oficial de manera prolongada y un tipo de interés real muy bajo e incluso negativo, que permitiría que la carga de la deuda se fuera reduciendo en el tiempo. Se trataba de un escenario que favorece a los deudores y detrae recursos de los acreedores. Un escenario que, en el caso de la zona euro, supondría una enorme tensión entre los estados miembros, dada la gran diversidad de situaciones fiscales y la inexistencia de una cultura de estabilidad fiscal compartida. En la tabla 10.1 aparecen doce países de la zona euro, seis en la categoría de frugales pero otros seis en la de manirrotos.

Este escenario de dominancia fiscal *de facto* contribuiría aún más a erosionar la credibilidad del banco central y las finanzas públicas, tras unos años de elevada inflación, con dificultades para volver al objetivo del 2 por ciento y con una retribución aún muy baja, en términos reales, de los ahorros de bajo riesgo. En este contexto, la deuda pública en la zona euro no se iba a cancelar como habían pedido en 2021 Piketty y sus correligionarios, pero se trataba sin duda de un escenario en el que la gestión del endeudamiento público no se abordaba por la vía de la austeridad, el mecanismo tradicional de los países frugales, sino mediante el binomio inflación-represión financiera, más habitual en los países con una cultura de la estabilidad de las finanzas públicas menos consolidada.

La cancelación de la deuda pública en manos del BCE era, en rigor, una propuesta sin sentido. Cuando el BCE es el dueño de esta deuda, los intereses que pagan los gobiernos y recibe el banco son ingresos que vuelven a las finanzas públicas vía beneficios distribuidos, dado que los estados miembros de la Eurozona son los propietarios de los bancos centrales que conforman el BCE. Por ello, cancelar la deuda no suponía ningún alivio para las cuentas públicas en términos de los flujos de ingresos y gastos. Igualmente, la cancelación de la deuda por parte del BCE conllevaba una merma en su patrimonio, lo que incidía en el patrimonio de los estados dueños, que debían restablecer el equilibrio financiero del banco central al tratarse, en definitiva, de una entidad de su propiedad. Naturalmente, los que proponían la cancelación de la deuda contaban con que ese deterioro patrimonial no se reconociese, y que el balance del banco central se recompusiera a lo largo del tiempo mediante la emisión de nueva moneda, el mecanismo que tiene el Estado para generar recursos mediante el señoreaje y/o la inflación.

Las finanzas públicas y la confianza en el Estado

En resumen, desde la perspectiva de la gestión pública de los presupuestos, la confianza de la sociedad en el sistema institucional se erosionó gravemente tras la crisis financiera, cuando se atribuyeron a las políticas de consolidación fiscal, conocidas como políticas de austeridad, las dificultades económicas y sociales sufridas en los años posteriores a la crisis del euro.[39] Como hemos visto, la realidad es mucho más matizada que la imagen que de aquellas políticas ha quedado en la opinión pública, especialmente teniendo en cuenta la evolución de las rentas privadas y las cuentas del sector público en los años que precedieron a la crisis. En cualquier caso, lo que sí es cierto es que, a partir de esa experiencia, se descalificaron las políticas de rigor presupuestario y control de la deuda pública, como si el sector público pudiera atender sin límite alguno todas las necesidades sociales. Esto sucede a nivel macroeconómico, pero también se observa a nivel microeconómico, por ejemplo, en la fuerte resistencia social al cobro por uso de las autopistas o al copago en los servicios sanitarios.

La dinámica de la competencia política, en la que los líderes políticos no quieren asumir los costes electorales de reconocer la necesidad de financiar adecuadamente los gastos, conduce en muchos países a esa situación crónica de elevados déficits presupuestarios. La cultura de la estabilidad financiera del sector público no se consolida con facilidad en las democracias liberales, y una muestra de ello es que a mediados de 2023 continuaba el debate sobre el papel de la política fiscal y la deuda en la economía, con partidarios de políticas laxas incluso en los ámbitos financieros convencionales. A la larga, sin embargo, la confianza en el Estado como emisor de deuda se fundamenta precisamente en su credibilidad cuando se deben mantener bajo control el déficit y la deuda.

Es importante enfatizar que no todos los países han sufrido esta deriva hacia el aumento crónico del déficit público y la deuda. Como vimos en la tabla 10.1, los países con una cultura de estabilidad de las cuentas públicas, los países frugales, han sabido hacer frente a las emergencias del siglo XXI manteniendo el equilibrio y la solidez de sus finanzas. De hecho, no es casualidad que dichos países sean también aquellos en los que los niveles de confianza social son más elevados.[40] Como vimos en el capítulo 5, a mayor confianza social, mayor es la confianza en las instituciones públicas, pero también es mayor la exigencia de rendición de cuentas por parte de los ciudadanos, así como su deseo de que las políticas públicas se orienten al bien común, incluida la perspectiva intergeneracional, para garantizar el sostenimiento de la deuda. Los países frugales no tienen una mayor disciplina en sus presupuestos públicos por ser, por lo general, más ricos, sino por lo contrario: su bienestar deriva, en buena parte, de sus sólidas y prudentes finanzas públicas.

Las políticas monetarias no ortodoxas han dificultado la asunción de esta cultura de la estabilidad financiera del sector público en aquellos países en los que no está suficientemente desarrollada. Por un lado, porque facilitan la financiación de los déficits públicos y el endeudamiento de los gobiernos. Sin embargo, el efecto más negativo aparece a través del riesgo de la dominancia fiscal. Los elevados niveles de deuda pública, junto con el hecho de que una parte muy importante de la deuda pública emitida está en poder de los bancos centrales, plantea un escenario de alto riesgo para muchas economías avanzadas. Los bancos centrales han de acometer una política monetaria convencional restrictiva para controlar la explosión inflacionaria, y al mismo tiempo iniciar una estrategia de salida de la política monetaria no ortodoxa, para garantizar la consecución de sus objetivos monetarios. Si las preocupaciones fiscales dominan y se prolonga la presencia de los bancos centrales en los mercados de deuda pública, el riesgo es que se entre en un periodo de inflación excesiva, represión financiera y tipos reales muy bajos, que puede minar aún más la credibilidad de los bancos centrales y del conjunto de las políticas públicas.

11

La insatisfacción con las políticas redistributivas

Emmanuel Macron fue reelegido presidente de Francia en abril de 2022, en una reñida segunda vuelta en la que se enfrentaba a la candidata de ultraderecha Marine Le Pen. El apoyo electoral que mantuvo a Macron en el Elíseo fue, sin embargo, muy inferior al que tuvo en su primer mandato, puesto que en la primera vuelta de las elecciones había conseguido únicamente un 28 por ciento del voto popular.[1] Además, tras las elecciones legislativas de junio, la mayoría parlamentaria de los grupos que daban apoyo al presidente se había reducido significativamente. A pesar de eso, Macron, un político de fuertes convicciones, inició su mandato con reformas atrevidas, entre las que destacaba la del sistema público de pensiones.

Los cambios impulsados por el presidente trataban de asegurar la viabilidad del sistema público de pensiones de Francia fundamentalmente a través de medidas para prolongar la vida laboral. Francia tenía poco margen de maniobra, dado que su gasto en pensiones era ya muy alto,[2] lo que obligaba a una elevada imposición sobre el factor trabajo. El sistema de pensiones francés, además, era bastante generoso comparado con los de otros países de la Unión Europea.[3] Las graves tensiones sociales que provocó dicha reforma durante la primavera de 2023 mostraban que, para una parte significativa de la población francesa, las políticas sociales del país habían fracasado. Los analistas trataban de entender las causas de la gran virulencia de la reacción social ante la propuesta de Macron.

El sistema público de pensiones en Francia, al igual que otros muchos países de Occidente, es un sistema de reparto mediante el cual las contribuciones de los trabajadores en activo sufragan las pensiones que se abonan a las personas jubiladas. Para financiarse, aprovecha el rendimiento actual de uno de los principales factores productivos: el trabajo. Se diferencia de los métodos de capitalización, en los que las prestaciones se financian mediante la rentabilidad de las inversiones financieras efectuadas en el pasado. Los sistemas de capitalización, como su nombre indica, se basan en el rendimiento del capital, el otro gran factor productivo. Desde la perspectiva política, sin embargo, el rasgo distintivo de los sistemas de reparto es que acostumbran a tener un componente muy importante de redistribución de la renta. Las prestaciones recibidas por las personas de baja renta son más elevadas que las aportaciones que han efectuado a lo largo de su vida laboral.

Una interpretación evidente del conflicto en Francia es que las resistencias a la reforma son un intento de evitar lo que se percibe como una regresión en el grado de redistribución del sistema. La comparativa con la reforma de las pensiones aprobada en España en 2022-2023 es ilustrativa. En España también se trataba de afrontar los problemas de sostenibilidad del sistema asociados al progresivo envejecimiento de la población. En el caso español, sin embargo, la reforma se basó en un aumento de los impuestos sobre el factor trabajo (las contribuciones sociales), aunque incorporase también algunos componentes que trataban de dar incentivos para que las personas prolongasen su vida laboral.

Los gobiernos, las patronales y los sindicatos implicados en estas negociaciones, tanto en Francia como en España, comprenden perfectamente la necesidad de modificar los parámetros del sistema para asegurar su viabilidad. Las discrepancias surgen en el momento de instrumentar la reforma. Macron optó por una reforma orientada a la contención del gasto, mientras que en España el objetivo fue generar mayores ingresos a futuro, con el interrogante de si la mayor presión impositiva sobre el factor trabajo afectará negativamente al empleo y, por tanto, socavará la fuente de generación de ingresos del sistema de reparto.

Las pensiones es una cuestión políticamente muy delicada. El colectivo de votantes pensionistas es muy significativo en las envejecidas sociedades occidentales y ejerce un papel político de primer orden. Se trata de un tipo de gasto que encaja a la perfección con el sesgo hacia el déficit que discutíamos en el capítulo anterior, dado que las generaciones actuales pueden tratar de obtener un sistema excesivamente generoso, unas prestaciones que exceden la productividad del país, a cuenta de las generaciones futuras.[4]

Las pensiones, además, son una de las políticas redistributivas más importantes que lleva a cabo el Estado para atenuar las tendencias a la desigualdad que provoca el sistema capitalista. En cierto modo, este tipo de políticas, aunque controvertidas, son consustanciales al papel del Estado como garante de la viabilidad política de la economía de mercado. El presidente Macron trataba de limitar con sus reformas el grado de redistribución, tanto respecto de las generaciones futuras como entre las generaciones actuales, mientras que la reforma española aumentaba la redistribución intrageneracional con efectos inciertos en términos intergeneracionales.

La corrección de la desigualdad de rentas

Se puede afirmar, tanto a nivel teórico como empírico, y sin generar gran controversia, que un sistema económico de libre mercado sin intervención gubernamental tiende a generar una distribución desigual de la renta y la riqueza. Además de las diferencias en las condiciones de partida de los individuos y las dificultades prácticas de implantar sistemas sociales con igualdad efectiva de oportunidades, algunas de las tendencias de fondo del capitalismo refuerzan las desigualdades. La primera de ellas es el cambio tecnológico sesgado a favor de las personas con alta cualificación, un fenómeno al alza en las últimas décadas por el despliegue de las tecnologías de la información y que probablemente incluso se reforzará con los avances en inteligencia artificial. La segunda ha sido, durante años, la globalización;[5] es decir, el proceso de apertura de las diversas economías del mundo a los flujos de comercio e inversión extranjera directa. Para los países desarrollados, la integración de la economía internacional supone abrir el mercado local a la competencia proveniente de países con bajos costes laborales, y también permitir la deslocalización de plantas productivas hacia los países en desarrollo. Se trata de fenómenos que presionan a la baja los salarios de las personas con menor remuneración. Si el ajuste no tiene lugar a través del mercado y, por tanto, de los salarios, el resultado es el aumento del paro o el abandono del mercado laboral, con un impacto negativo en el bienestar, aunque pueda haber algún tipo de protección social. La globalización tiene el efecto de aumentar las desigualdades en los países desarrollados y, al mismo tiempo, de disminuir las desigualdades entre el mundo desarrollado y los países emergentes, dado que estos últimos se benefician de rápidos incrementos de productividad. Es el caso de China y de otros países del Sudeste Asiático que han registrado una rápida mejora en su nivel de vida. La globalización también es, en conjunto, favorable para los países avanzados, pero normalmente con un impacto desigual entre trabajadores de distinta cualificación. Como veremos en el capítulo 12, el caso de la Unión Europea es uno de los pocos en los que estos procesos de integración económica van acompañados de medidas compensatorias para aquellos trabajadores y sectores afectados negativamente. De ahí que a nivel internacional hayamos asistido en el último decenio a una reacción popular y política contraria a los procesos de globalización.

Parte del debate se centra en el peso relativo de las condiciones iniciales, el comercio internacional y la tecnología como determinantes de esa distribución desigual. Pero tal vez aún más importante es la polémica sobre en qué medida las políticas públicas de redistribución reducen esa desigualdad, facilitando la movilidad social e impidiendo que la distribución desigual de la renta y las oportunidades perdure en el tiempo.

El análisis empírico de la evolución de la desigualdad en la economía mundial ha centrado grandes esfuerzos de investigación en las últimas décadas, con la contribución de destacados economistas como Tony Atkinson, Thomas Piketty[6] y Branko Milanovic. En el ámbito internacional, en los últimos veinte años los trabajos de Milanovic y sus colaboradores apuntan a dos tendencias clave. Por un lado, la reducción de la desigualdad a nivel global, debido al fuerte crecimiento de los países del Sudeste Asiático, y especialmente de China; por el otro, el aumento de la desigualdad en los países avanzados.[7]

En cuanto a las causas de la evolución de estas grandes tendencias, los autores han sido cuidadosos, y consideran que es difícil distinguir entre los efectos del comercio internacional, los cambios tecnológicos y las políticas económicas, puesto que las mejoras tecnológicas van muy unidas al proceso de globalización, al igual que este mismo proceso ha limitado el marco de actuación de las políticas económicas.

Sin embargo, expertos reconocidos en comercio internacional, como Elhanan Helpman, han efectuado un análisis pormenorizado de la literatura sobre el tema y llegan a la conclusión de que el peso de la globalización como factor explicativo de la desigualdad es muy limitado.[8] En cuanto al cambio tecnológico, los estudios sobre su efecto en el mercado laboral parecen indicar que tiene un impacto mucho más representativo.[9]

Desde la perspectiva que aquí nos interesa, la de las economías desarrolladas, es importante determinar en qué medida hemos observado estas tendencias a un aumento de la desigualdad, así como su magnitud. El análisis de la información disponible, fundamentalmente los datos históricos compilados por Tony Atkinson y su equipo, y los más recientes de la OCDE, muestra básicamente los siguientes hechos.[10]

En primer lugar, en los últimos cuarenta años la tendencia a un incremento de la desigualdad ha tenido lugar sobre todo en las economías anglosajonas. Sucede también, en parte, en las economías tradicionalmente más igualitarias, del norte y el centro de Europa, pero no es un fenómeno destacado en las economías mediterráneas. Esta valoración se deriva de los índices de desigualdad más comunes, los índices de Gini, que tienen en cuenta los niveles de renta de todos los segmentos de la población. Algo similar sucede si se examinan los índices que comparan la situación entre las personas que están en el decil 90 de la distribución de renta frente a las personas del decil 10. Sin embargo, cuando se analizan índices de concentración de la renta en los segmentos más ricos de la sociedad (el 1 por ciento de mayor renta), los resultados sí indican un empeoramiento generalizado de la desigualdad.[11]

A efectos de estudiar el impacto de la desigualdad en el clima de confianza en la sociedad, resulta de especial interés centrar el análisis en los últimos quince años, el periodo transcurrido tras la gran crisis financiera de 2007-2008. Utilizando los índices de Gini publicados por la OCDE, que permiten tener en cuenta la labor del Estado y comparar los índices antes (*exante*) y después (*expost*) de la redistribución,[12] podemos distinguir varios niveles de desigualdad entre las economías desarrolladas. Un primer nivel agrupa a los países anglosajones y algunos países de Europa del Este y bálticos (excepto Estonia). Este primer grupo tiene unos índices *expost* por encima de 34.[13] Un segundo nivel lo integran las economías mediterráneas, como España, Grecia e Italia, con índices que se sitúan entre el 31 y el 33. Su nivel de desigualdad es similar al de las economías avanzadas asiáticas (Japón, Corea, Australia, Nueva Zelanda). En un tercer nivel están las economías más igualitarias, la mayoría situadas en el centro y el norte de Europa, aunque también forman parte de este grupo muchos de los países de Europa central que se incorporaron a la Unión Europea en 2004. Los índices de Gini para este conjunto de países oscilan entre el 23 y el 30.

Para esta muestra de treinta y un países desarrollados, el examen de la evolución de los índices de Gini en los últimos quince años indica que en dieciséis de ellos los índices han aumentado (en promedio en 1,5) y en quince de ellos han descendido (en promedio en -2,3), de manera que la media simple de los índices de Gini del conjunto de países ha registrado una muy ligera reducción (-0,3).

Es importante tener una idea de lo que significan estos índices en términos económicos. Una interpretación habitual[14] es que, si el índice de Gini es 30, dos hogares escogidos de forma aleatoria en un mismo país tendrán un diferencial de renta del 60 por ciento, es decir, dos veces el índice de Gini, de la renta familiar media del país. En términos de los datos para España, por ejemplo, lo anterior supone que el aumento del índice en 1,3 entre los periodos considerados (tabla 11.1) significa que el diferencial de renta entre dos familias escogidas al azar ha pasado del 62,6 por ciento al 65,2 por ciento. Son 2,6 puntos porcentuales en casi quince años, sobre una renta familiar media que en este periodo oscila alrededor de los treinta y tres mil euros.[15] El cambio en España es similar a la media de los países en los que empeora la desigualdad (1,3 frente a 1,5).

También es interesante ver el grado de desigualdad antes de la intervención del Gobierno con sus políticas redistributivas. Para ello nos centraremos en las cuatro principales economías de la zona euro (tabla 11.1). Los datos muestran que el incremento de la desigualdad antes de la intervención gubernamental es significativo, lo que indicaría que las tendencias de la economía a generar desigualdad siguen siendo importantes. Sin embargo, también se aprecia el importante efecto de la acción del sistema de redistribución, puesto que el aumento de los índices después de impuestos y transferencias es, en los cuatro países de la tabla, muy moderado.[16] Para el grueso de los países de la OCDE, como hemos dicho, el efecto de la actuación de los gobiernos compensa la tendencia a incrementar la desigualdad generada por el sistema económico.

Para el caso de España, el índice de Gini *exante* aumenta en 5,6; es decir, que las tendencias de la economía conducirían a que el diferencial de renta entre dos familias escogidas al azar se incrementase en 11,2 puntos porcentuales y, por tanto, las políticas redistributivas atenúan de manera significativa este impacto.

	Gini *expost*		
	2004-07[2]	**2017-2020[1]**	**Aumento**
Alemania	29,0	29,1	0,2
Francia	28,9	29,5	0,6
Italia	32,3	33,0	0,7
España	31,3	32,6	1,3

	Gini *exante*		
	2004-07[3]	**2017-2020[1]**	**Aumento**
Alemania	49,9	49,7	-0,2
Francia	48,5	52,2	3,7
Italia	51,1	51,5	0,4
España	44,9	50,5	5,6

[1] 2017-2019 para Francia y Alemania.

[2] 2007 para España.

[3] 2004 para Alemania, Francia e Italia. 2007 para España.

Los índices de Gini *expost* incorporan el efecto redistributivo de los impuestos y los subsidios.

TABLA 11.1. Indicadores de desigualdad en las principales economías de la zona euro.*

* FUENTE: Elaboración propia usando la base de datos de desigualdad de la OCDE.

En conclusión, las tendencias a los incrementos de la desigualdad en las principales economías del euro parecen haber sido bastante moderadas durante los últimos quince años, esencialmente debido a la actuación del sector público corrigiendo los efectos de la evolución de la economía de mercado. Esto es en cierto modo contradictorio con la percepción de creciente desigualdad que se percibe en la discusión política,[17] y también se compadece mal con la insatisfacción respecto a las políticas de redistribución del Estado que reflejan conflictos como el de las pensiones, al que hacíamos referencia al inicio de este capítulo.

Además de los índices de desigualdad en un determinado periodo, la denominada desigualdad estática, es importante considerar la desigualdad en el tiempo, en el sentido de la capacidad que tengan las personas de progresar a lo largo de la vida, en términos de mejora de sus niveles de renta. La desigualdad dinámica capta la movilidad social, es decir, en qué medida el nivel de renta de la familia en la que se nace condiciona las perspectivas de renta futura. La evidencia disponible muestra que aquellos países con niveles significativos de desigualdad estática también tienden a mostrar una elevada desigualdad a lo largo del tiempo y, por tanto, una baja movilidad social. La literatura sobre esta cuestión parece concluyente.[18] Esta evidencia es importante puesto que pone en duda la justificación, típica en países anglosajones, de la desigualdad estática. Esto es, la idea del ascensor social, según la cual la desigualdad estática no es relevante si se ofrece a las personas un marco de motivación, incentivos y oportunidades que activa su esfuerzo y les permite progresar económica y socialmente a lo largo de la vida.

La regulación como política redistributiva

La economía ortodoxa ha abordado desde siempre la cuestión de la redistribución a partir del paradigma del papel del sector público en la economía que complementa el paradigma macroeconómico al que hacíamos referencia en los capítulos 5 y 10. Los economistas ortodoxos reconocen que, a nivel microeconómico o sectorial, en numerosas ocasiones los objetivos de eficiencia y equidad que puede perseguir una política económica entran en contradicción. En estas situaciones, la prescripción general de política económica es que los problemas de equidad —que, en esencia, son políticos— se deben abordar mediante el uso de la progresividad de los sistemas impositivos y el despliegue del estado del bienestar, pero no a través de la introducción de distorsiones en los mercados. Estos, según la ortodoxia, sólo deben alterarse para corregir, mediante la regulación pública, los fallos de mercado que puedan surgir en algunos sectores, como la energía, las telecomunicaciones o la vivienda. Sería, por tanto, una regulación en el interés público, que se enraíza con la tradición pigouviana; por ejemplo, en el caso de los productos farmacéuticos, cuando la información sobre la calidad de los productos es asimétrica y puede haber riesgos para la seguridad del consumidor.

La regulación con objetivos de eficiencia no siempre ha sido exitosa. Lo vimos en detalle para la regulación financiera, pero también afecta a regulaciones importantes para la sociedad en otros ámbitos, como la polución y el cambio climático. La prevención de la emisión de gases de efecto invernadero es un ejemplo típico del problema del polizón, o del uso excesivo de un recurso natural finito (la atmósfera) cuando la propiedad es compartida por diversas jurisdicciones políticas o administrativas. Cuando la regulación para corregir los fallos de mercado fracasa, aunque sea por razones bien conocidas como la tragedia de los comunes, se convierte en una poderosa fuente de desconfianza hacia el sistema capitalista. Este es el caso de la crisis climática, sobre la cual muchos ciudadanos muestran una enorme preocupación. Obviamente, el fracaso de la regulación es de naturaleza política y no es atribuible al capitalismo, pero sus consecuencias de deslegitimación del sistema son evidentes, puesto que la falta de acción coordinada ante los problemas de emisiones de dióxido de carbono se atribuye en muchas ocasiones a la economía de libre mercado, por su orientación al corto plazo y por el papel de las empresas privadas si no tienen en cuenta las repercusiones sociales y ambientales de sus acciones.[19]

Sin embargo, aunque la ortodoxia no aconseje el uso de la política regulatoria con fines de equidad, en la práctica son numerosas las intervenciones regulatorias que se implementan con fines redistributivos por razones políticas. El Estado regula temas muy importantes para el ciudadano, como la energía, el cambio climático, la vivienda, el mercado laboral o las condiciones para desarrollar numerosos negocios, por poner sólo algunos ejemplos. Estas políticas suponen una redistribución del potencial de renta y de oportunidades, lo que a veces se denomina una predistribución. Cuando son aceptadas por la ortodoxia, se advierte seriamente sobre la necesidad de intervenir con mesura por los efectos negativos en la eficiencia. En el caso de las políticas fiscales y de bienestar, hay efectos adversos en los incentivos a trabajar y ahorrar, así como en la formación de capital humano, físico y público. En el ámbito de la regulación, el impacto negativo en eficiencia cuando la regulación se usa con objetivos redistributivos es aún más inmediato. Un ejemplo bien claro es el control de alquileres en el mercado de la vivienda, ya que habitualmente conlleva un descenso en la oferta de pisos para alquilar.

Por todo ello, aunque las políticas redistributivas tengan éxito en la reducción de desigualdades, a su impacto en términos presupuestarios debemos añadir el coste en términos de eficiencia económica y, por tanto, de potencial malogrado de crecimiento de la economía. El impacto global de las políticas distributivas deriva así en una tensión entre eficiencia y equidad —entre crecimiento económico y desigualdad— que incide, naturalmente, en la percepción social sobre el éxito de este tipo de políticas.

La contraposición de la equidad y la eficiencia ha sido un argumento que los partidarios de limitar la presencia del sector público en la economía han utilizado por mucho tiempo. Según esta tesis, un sector público muy amplio supone unos niveles de imposición que inciden negativamente en la generación de riqueza. Asimismo, como ya vimos en el capítulo 5, la mayor presencia del Estado en la economía no está exenta de riesgos relacionados con la patrimonialización del Estado por parte de los partidos políticos. En sentido contrario, los partidarios de incrementar el papel del sector público sostienen que una mayor cohesión social favorece el crecimiento económico y que las inversiones llevadas a cabo por el sector público en sectores estratégicos o en bienes públicos tienen amplios retornos sociales e inciden positivamente en la creación de producto y riqueza. Las contribuciones recientes de autoras como Mariana Mazzucato son un ejemplo de esta visión, que se remonta a los años ochenta y noventa.

La polémica sobre la bondad, teórica y empírica, del protagonismo del sector público en la economía se mezcla en la práctica con la fuerte carga ideológica que tiene la presencia del sector público en las actividades económicas y sociales. Desde las posiciones más liberales, el papel del sector público puede significar una disminución de las libertades políticas de las personas, mientras que desde posiciones de izquierdas se argumenta que la presencia del Estado es la única garantía para conseguir una igualdad efectiva de oportunidades. Por todo ello, el efecto en la confianza de los ciudadanos en las políticas públicas de redistribución es ambiguo y está muy condicionado por las preferencias sociales y políticas de los votantes.[20]

Desde una perspectiva no normativa (lo que debería ser la regulación), sino simplemente positiva (como es en la práctica), otras teorías aducen que la regulación, en lugar de responder a objetivos de eficiencia, es, en la práctica, o bien capturada por las empresas o utilizada por la clase política y la burocracia como un instrumento al servicio de los objetivos políticos del Gobierno de turno y del aparato del Estado.[21] Desde esta perspectiva, la discrecionalidad que permite la regulación sería usada por los dirigentes políticos para permanecer en el poder, y se utilizaría para apropiarse de recursos públicos que benefician a los partidos políticos o a sus dirigentes, o para dictar regulaciones que benefician a determinados colectivos, con un objetivo electoral o directamente de clientelismo político (véase el capítulo 5).

Las autoridades independientes de regulación han surgido para evitar la captura por parte de las empresas reguladas, pero también tendrían sentido para impedir la «captura política». Están desarrolladas en los sectores de monopolios naturales y el sector financiero, pero no en sectores como la vivienda. En políticas sectoriales, algunos países tienen, como mucho, un análisis independiente de evaluación económica antes de su aprobación parlamentaria.

La relación entre el nivel de confianza social y la existencia de regulación en la economía no es sencilla. En principio, esperaríamos que, si la confianza social es mayor, ello debería permitir que la economía estuviera menos regulada. Al fin y al cabo, si de manera generalizada hay mayor confianza en los demás, se tienden a atenuar los fallos de mercado, puesto que hay una relación de confianza entre las partes y una reputación social que preservar. Así, los contratos se respetarán más fácilmente y no deberán ser tan detallados.

De hecho, la evidencia muestra que esto es así.[22] Las investigaciones indican que las economías con más confianza social tienen menos regulación, y también menos corrupción y economía informal, algo que concuerda con lo que vimos en el capítulo 5. *A contrario sensu*, las economías con menor confianza social tienden a tener más regulación, y también más corrupción y economía informal. La relación de causalidad, sin embargo, no es obvia, y la teoría económica tampoco ha podido establecer las condiciones que permiten a una economía pasar de un entorno negativo de elevada regulación y baja confianza a uno positivo, en el que la economía está menos intervenida y hay más confianza social. En cualquier caso, la regulación que predomina en un entorno de baja confianza va ligada a una mayor corrupción y es muy probable que sea una regulación redistributiva en lugar de estar basada en la eficiencia.

Cuando la regulación se usa directamente con objetivos de equidad, los riesgos de uso partidista son evidentes. Es el caso, por ejemplo, de ámbitos como la política del mercado de trabajo, en el que la eficiencia no lo es todo, puesto que afecta a algo tan esencial para las personas como el empleo. Sin embargo, la política regulatoria puede utilizarse con facilidad como un instrumento de clientelismo político. La lista se amplía sin mayor dificultad en épocas de convulsión económica y política: por ejemplo, en periodos de alzas significativas de los precios de la energía o productos agrícolas, como las que se registraron en 2021 y 2022. Lo mismo ha sucedido en el sector financiero a raíz de la gran crisis financiera de 2007-2008. Las regulaciones sectoriales tienden a usarse como instrumentos de redistribución o instrumentos políticos.

En definitiva, cuando la regulación se usa como un instrumento de equidad, político, el problema de eficiencia no se resuelve. Al contrario, se beneficia a determinados colectivos. No es obvio cuál es el impacto en la confianza de la ciudadanía, pero la politización de la regulación no tiende a percibirse como positiva. Como en el caso de la presencia del sector público, la confianza de los ciudadanos en estas políticas estará, por lo general, alineada con sus preferencias electorales.

Confianza, desigualdad y justicia social

Vimos que las desigualdades de renta o riqueza en nuestras sociedades tienen su origen, junto a factores históricos, en las actuales tendencias del capitalismo. En principio, no cabe atribuirlas a una insuficiente provisión de confianza social. La confianza o desconfianza social no son, en sí mismas, factores que conduzcan de forma directa ni a más ni a menos desigualdad; sólo lo hacen de manera indirecta, en la medida en que una mayor confianza social contribuye de forma positiva a la promoción del crecimiento económico, como vimos en el capítulo 3. Sin embargo, que dicho crecimiento provoque mayor desigualdad o la atenúe depende fundamentalmente de la efectividad de las políticas redistributivas utilizadas.

Por tanto, podemos plantear la interacción entre la confianza social y las desigualdades de renta desde dos puntos de vista contrapuestos. Cuando las políticas de redistribución son efectivas, entramos en un círculo virtuoso en el cual la desigualdad se reduce o se mantiene bajo control, lo que permite una mejora de la confianza social que apoya el crecimiento económico. Por el contrario, si las políticas de lucha contra la desigualdad no son efectivas, la desigualdad aumenta y la cohesión social es baja, lo que tiende a disminuir la confianza social y afecta negativamente al crecimiento económico.

Cuando examinamos la evidencia empírica, sin embargo, observamos que la correlación entre la desigualdad y la confianza en los demás no es muy significativa en los principales países de la Unión Europea. La gráfica 11.1 lo muestra para los quince países que ya hemos examinado en otros capítulos. La ausencia de una correlación negativa significativa (el dato es -0,55) no es sorprendente, puesto que el vínculo entre la confianza social y la desigualdad depende de manera crucial de la efectividad de las políticas de redistribución.[23]

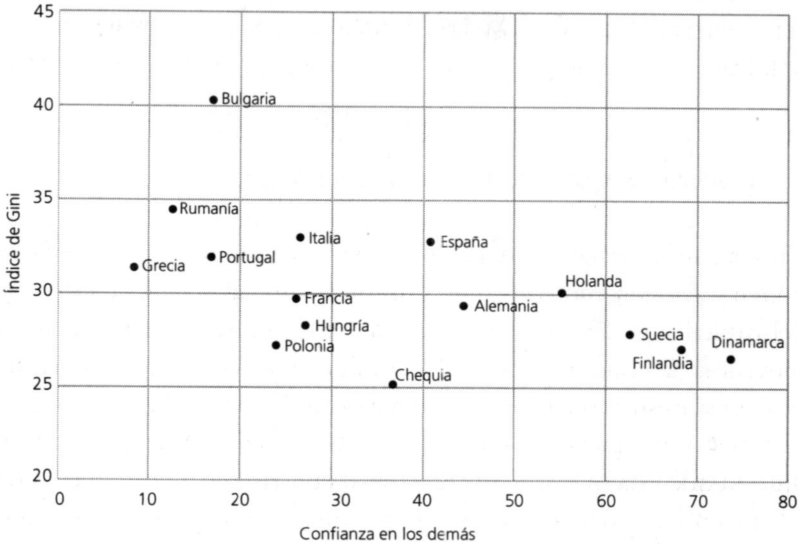

GRÁFICA 11.1. Desigualdad y confianza en los demás.*

Los indicadores de desigualdad ofrecen, además, una perspectiva muy incompleta de hasta qué punto la sociedad es inclusiva, puesto que la redistribución opera no sólo vía los impuestos y los subsidios, sino también mediante la regulación de los mercados y las prestaciones del estado del bienestar. Es especialmente relevante lo que sucede en el mercado de trabajo, así como el acceso y la calidad de la sanidad y la educación pública. Esta visión más amplia, de inclusión social, la capta bien el índice de justicia social desarrollado por la Fundación Bertelsmann, que incluye un rango amplio de indicadores, pero da especial importancia a la prevención de la pobreza, el acceso igualitario a la enseñanza pública y el acceso a los mercados laborales.[24]

* FUENTE: Elaboración propia a partir de los índices de Gini *expost* de la OCDE (medias de los datos disponibles para el periodo 2019-2021) y de los datos de confianza en los demás de la tabla 1.1.

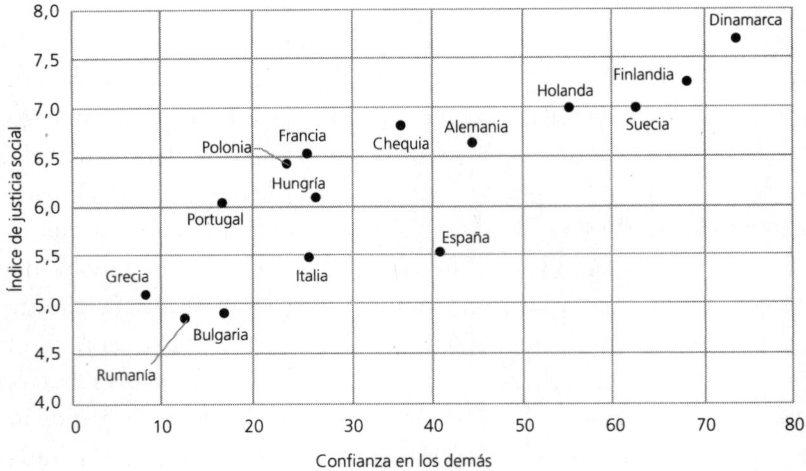

Gráfica 11.2. Justicia social y confianza en los demás.*

A diferencia de los indicadores de desigualdad de renta, en este caso sí vemos una correlación elevada, de 0,85, entre justicia (o inclusión) social y confianza en los demás (gráfica 11.2). Es importante resaltar que estos mejores resultados no se consiguen necesariamente con una mayor presencia del Estado en la sociedad ni con un mayor nivel de gasto social. De hecho, para los países examinados no existe una relación significativa entre el peso del sector público o del gasto social y las medidas de desigualdad o justicia social (las correlaciones son bajas, similares a las que hemos reportado para la confianza y los índices de Gini). Los factores determinantes son otros, e incluyen aspectos como la naturaleza de la regulación de los mercados de trabajo y producto. De hecho, como hemos visto, la mayor presencia del Estado o un nivel de gasto social más elevado pueden ser instrumentos correctores de la desigualdad y la exclusión, pero también pueden ser usados políticamente para el clientelismo y la patrimonialización del Estado.

* Fuente: Elaboración propia con los datos de los índices de justicia social elaborados por la Fundación Bertelsmann de 2019 y los datos de confianza en los demás de la tabla 1.1.

La popularidad política de la redistribución

Si son efectivas, las políticas redistributivas pueden promover la confianza social y el crecimiento; sin embargo, esto no significa que gocen necesariamente de una elevada aceptación social. La popularidad de la redistribución dependerá en gran medida del grado de redistribución alcanzado y, especialmente, de la percepción sobre si esta redistribución es justa. Si una mayoría social considera o percibe que estos resultados son injustos, la política redistributiva del Estado generará desconfianza en las políticas públicas y el sistema económico.

La valoración de la efectividad de las políticas de redistribución del Estado por parte del cuerpo social y político plantea algunos interrogantes. El primero son las diferencias de preferencias de la ciudadanía sobre el grado de redistribución que es considerado adecuado. Si se redistribuye, ¿en qué medida deben corregirse los efectos del mercado? ¿Cuál es la asignación justa tras la redistribución?

La percepción de la redistribución ha tendido a ser poco satisfactoria, por insuficiente, entre amplios segmentos de la población, en la medida en que se revierten los índices de Gini, pero naturalmente subsiste un nivel significativo de desigualdad final. Es verdad que los segmentos menos favorecidos de la sociedad constituyen una mayoría social; por tanto, esperaríamos, en términos políticos, grandes correcciones de la desigualdad a través del sistema redistributivo en tanto en cuanto los sistemas políticos se basen en el gobierno de las mayorías.[25]

Sin embargo, el grado de redistribución también depende de las preferencias sobre la redistribución y de la idea que los ciudadanos tengan de la justicia social. No todas las personas valoran del mismo modo el grado de redistribución que consideran justo, y lo mismo ocurre cuando comparamos entre países. Esto enlaza con la discusión del capítulo 3 sobre los componentes de la cultura de una sociedad. Las encuestas internacionales de valores así lo reflejan, resaltando de manera especial las diferencias entre Estados Unidos y Europa, pero también en el seno de la propia Europa. En las sociedades mediterráneas, por ejemplo, se tiende a pensar que la distribución de la renta es en gran medida una cuestión de suerte, contactos y situación social al nacer, mientras que en las anglosajonas se considera que el esfuerzo y el mérito desempeñan un papel importante. En el primer tipo de sociedades se tiende a imponer un sistema más redistributivo, y sucede lo contrario cuando las creencias de los ciudadanos valoran el impacto de la capacidad y el trabajo individual.[26]

Una segunda cuestión tiene que ver con la naturaleza de la desigualdad. Nótese que lo habitual es hablar de desigualdad en términos de renta: el hecho de que amplios segmentos de la población tengan unos ingresos bajos o muy bajos y una minoría ingresos muy altos. En ocasiones también se analiza a través de la riqueza. Sin embargo, desde la perspectiva de la confianza de la población en el sistema económico, también tiene sentido preguntarse sobre la desigualdad en el acceso a un puesto de trabajo o la seguridad de mantenerse en él, especialmente en mercados de trabajo ineficientes como el de España. Asimismo, cuando se analizan las políticas redistributivas, lo habitual es pensar en las que conllevan prestaciones económicas. Sin embargo, ¿es la redistribución monetaria adecuada o suficiente cuando se pierden aspectos no materiales que las personas valoran incluso más; por ejemplo, la pérdida de un empleo que da dignidad, autoestima y capacidad de socializar? En términos más amplios, la precariedad en sí misma puede ser una fuente de ansiedad y desconfianza, del mismo modo que pueden serlo cambios drásticos en el entorno socioeconómico, como vimos en la discusión de la gran crisis financiera de 2007-2008 y sus consecuencias.[27]

Por último, merece la pena resaltar que reducir la desigualdad no es lo mismo que reducir la pobreza. Así, las preferencias políticas de la ciudadanía pueden divergir no sólo con relación al grado de redistribución, sino también a su naturaleza, puesto que los efectos adversos en eficiencia de las políticas de redistribución tal vez pueden aliviarse si las políticas están enfocadas a los colectivos más pobres.

En tercer lugar, cuando además de la desigualdad estática tenemos una baja movilidad social, la contestación de las políticas de redistribución afecta a la propia igualdad de oportunidades, un concepto central en las economías de mercado de las democracias liberales. Tanto es así que incluso aparecen movimientos partidarios de la igualdad de resultados. Todo ello redunda en una deslegitimación del sistema capitalista que puede tener efectos muy perniciosos si se introducen políticas redistributivas que afecten a un mecanismo fundamental para que el sistema genere eficiencia y crecimiento económico: el sistema de incentivos y lo que se premia en nuestra sociedad. Si no se recompensa el esfuerzo y el mérito, entonces ¿cuáles son las bases de generación de bienestar en nuestra sociedad?[28] Intelectuales influyentes como Michael Sandel han criticado la cultura del mérito, en el sentido no de competencia sino de merecimiento. De todos modos, el problema con esta crítica tiene que ver con las medidas de éxito que consideramos en nuestras sociedades. Si, como hace Sandel, seguimos el estándar de utilizar el poder, el dinero y la fama como medidas de éxito, naturalmente que tenemos un problema con el mérito, puesto que, por definición, sólo unos pocos individuos podrán alcanzar estos logros. Si esto es lo que se valora en la sociedad, el problema es de los valores predominantes en ella. Muchas personas que no son famosas, ni poderosas, ni adineradas encuentran sentido a la vida y merecen un reconocimiento público, ya que cumplen una gran función social (por ejemplo, muchas enfermeras o maestros que trabajan con gran exigencia y entrega). Atacar la idea del mérito como un método para asignar empleos y responsabilidades es un remedio desafortunado a los problemas que se puedan generar de resentimiento en nuestra sociedad. No necesariamente aquellos con talento son egoístas o ignoran la parte de suerte de la que han gozado en la vida. Un sistema de recompensas centrado en la redistribución tiene, además, enormes implicaciones políticas, puesto que ¿cuáles deben ser los criterios para esta redistribución? ¿Cuál es el concepto relevante de equidad? ¿Tendrán los ciudadanos más confianza en dicho sistema? ¿O bien es mejor un sistema impersonal como el mercado, menos sujeto a las injerencias políticas? Una vez más comprobamos que la economía, la política y la moral no pueden disociarse.

¿Han fracasado las políticas redistributivas?

La limitada confianza social en la economía capitalista se debe a que es un sistema económico que se percibe como efectivo para crear riqueza, pero a costa de generar enormes desigualdades y bolsas de pobreza. En las democracias liberales avanzadas, el sistema cuenta con numerosas intervenciones públicas para mitigar estos efectos adversos, como la imposición progresiva, el estado del bienestar y las numerosas regulaciones que persiguen objetivos de equidad. Sin embargo, la población desconfía del sistema y tiene la percepción de que estas políticas de mitigación no han funcionado.

Los estados democráticos modernos introdujeron esta regulación del capitalismo para, en cierta manera, garantizar la viabilidad política de la economía de mercado. En las economías de Europa occidental, el paradigma se perfeccionó con la denominada economía social de mercado, de inspiración alemana. En muchas sociedades democráticas, sin embargo, la sensación es que el intento de compensar con redistribución los daños colaterales del capitalismo ha fracasado.

Una primera explicación sería que las políticas de redistribución que se han puesto en marcha han sido insuficientes. No obstante, el análisis de los datos de desigualdad después de impuestos muestra que el grado de corrección de las desigualdades generadas por la dinámica del libre mercado es muy significativo. Además, a las cifras de los índices de Gini tras los impuestos y las transferencias monetarias, deberíamos añadir el valor económico de las prestaciones directas del estado del bienestar, que tienen un claro efecto redistributivo.[29] Una segunda hipótesis sería que las políticas de redistribución se han focalizado en los impuestos, los subsidios monetarios y las prestaciones sociales, pero han sido incapaces de abordar otras dimensiones que afectan al bienestar de las personas, como la estabilidad laboral, el sentido de pertenencia o la dignidad que supone contribuir a la sociedad con un empleo y participar en la vida social. Finalmente, también podría ser que las políticas de redistribución que, recordémoslo, incluyen muchas intervenciones regulatorias, en la práctica se hayan usado con objetivos políticos en lugar de atender al interés general y, en particular, de los colectivos más vulnerables de la sociedad.

En la medida en que las intervenciones del Estado benefician a determinados grupos de interés o colectivos específicos, por su peso político y electoral, o por puro clientelismo político —como vimos en el capítulo 5—, se subvierten tanto el espíritu de la política de redistribución como sus resultados. El sistema político, a pesar de ser democrático, no atiende al bienestar general y defrauda a la ciudadanía. Irónicamente, a pesar de que son muchos los grupos sociales que demandan, y muchos los que reciben, la insatisfacción se generaliza cada vez más. El caso de las pensiones en Francia, con el que abríamos este capítulo, es ilustrativo. Como hemos dicho, es un sistema que ofrece elevadas prestaciones y supone un alto coste para el Estado y los ciudadanos franceses. Sin embargo, lo que es menos conocido es que no es un sistema de pensiones uniforme, sino que incluye una multiplicidad de regímenes especiales, con prestaciones muy favorables para algunos colectivos vinculados al sector público francés y sus empresas (ferroviarios, industrias de electricidad y gas, el sistema de transporte de París y su área metropolitana, entre otros) que se jubilan unos cinco años antes y que en 2020 recibían una pensión bruta mensual superior en un 80 por ciento frente a aquellos que están incluidos en el régimen general de la Seguridad Social.[30]

El caso de las pensiones francesas, en definitiva, es un ejemplo concreto de algo que hemos visto en el análisis de la relación entre la confianza, la desigualdad y las políticas redistributivas. La confianza de la sociedad en las políticas redistributivas no va a depender de su éxito en corregir los excesos del capitalismo, entendidos como el impacto en las desigualdades de renta. El problema es mucho más complejo y el objetivo que perseguir, aquello que a los ciudadanos les da confianza, es la inclusión social, el sentimiento de que los resultados del sistema junto con las intervenciones públicas llevan a una mayor justicia social. Cuando este es el caso, cuando las políticas de regulación, impositivas y de bienestar atienden a objetivos generales, entonces es posible una sociedad más inclusiva y se refuerza la confianza social de la ciudadanía.

Como mostraban los datos de la gráfica 11.2, los países que han tenido mayor éxito en alcanzar unos niveles elevados de justicia social son precisamente aquellos en los que la confianza en los demás está más extendida. En este tipo de sociedades, el Estado ha sido capaz, con sus políticas redistributivas en un sentido amplio (es decir, no sólo de renta) de compensar la tendencia del capitalismo a generar desigualdad e inseguridad entre la población. De este modo, estas políticas han reforzado la confianza social y también la confianza en el propio capitalismo.

12

La Unión Europea: un reto de confianza mutua

Andreas Georgiou fue nombrado presidente de la agencia estadística griega, Elstat, en agosto de 2010, algunos meses después de que estallara la crisis de deuda griega. En otoño de 2009, el recién elegido Gobierno socialista encabezado por Yorgos Papandréu reveló que el déficit público del país era el doble de lo que había reconocido ante la agencia europea de estadística, Eurostat, el Gobierno saliente de Nueva Democracia, liderado por Kostas Karamanlis.

Georgiou procedía del Fondo Monetario Internacional y su incorporación a Elstat pretendía garantizar la independencia de la agencia griega, siguiendo los estándares de la Unión Europea. Según el Instituto Internacional de Estadística, Eurostat y el Consejo Asesor para la Gobernanza de las Estadísticas Europeas, la labor de Georgiou al frente de Elstat fue excelente. Sin embargo, desde entonces Georgiou ha sido perseguido por el sistema judicial griego, con la connivencia de varios partidos políticos. Se le acusó de haber inflado el déficit público del país en 2009 y, de esta manera, haber provocado la intervención de la economía griega y grandes pérdidas económicas para el país.

A principios de 2023 la situación de Georgiou aún no se había resuelto. Había sido absuelto de varios cargos, pero restaban dos casos pendientes. El primero, una causa criminal por no haber sometido los datos revisados del déficit de 2009 al voto del consejo de Elstat. Georgiou, siguiendo el código europeo de mejores prácticas estadísticas, asumió personalmente, como presidente de la agencia, la fiabilidad de los procedimientos utilizados. La segunda causa abierta es un delito de calumnias, a raíz de la denuncia del anterior presidente de Elstat. En Grecia, al parecer, la denuncia de hechos veraces puede ser perseguida por calumnia si lo reclaman las partes afectadas.[1]

La triste historia de Andreas Georgiou ilustra las serias dificultades a las que se enfrenta la Unión Europea en el proceso de construcción de una unión económica y monetaria sólida. Tras la gran crisis financiera de 2007-2008 la zona euro vivió su propia y grave crisis de deuda soberana. Se inició con Grecia en 2009 y culminó en el verano de 2012 con la famosa intervención de Mario Draghi cuando aseguró que salvaría el euro «costase lo que costase». Los inversores dudaban de la continuidad de la moneda única por diversas razones. En primer lugar, el propio diseño institucional de la Unión era anómalo. Se trataba de una unión monetaria de países soberanos y, por tanto, no disponía de un presupuesto compartido por los países participantes. En segundo lugar, durante la primera década de la nueva moneda se habían acumulado fuertes desequilibrios macroeconómicos, puesto que el flujo de capitales desde el centro y el norte de la Eurozona hacia los países de la periferia fue extraordinario. Por último, la crisis se agravó por el clima de desconfianza que se generó entre los socios comunitarios. El anuncio de Papandréu causó estupor en las capitales europeas y fue la gota que colmó el vaso. Era la constatación de que Grecia había engañado a sus socios respecto del verdadero estado de sus finanzas públicas.

La persecución judicial de Georgiou muestra que, a pesar de los progresos de Grecia a la hora de estabilizar su situación económica y presupuestaria, el entramado institucional del país continúa siendo frágil. Como ya advirtió en su día el profesor Mario Monti, quien fuera comisario europeo y también primer ministro de Italia, la adopción del euro por parte de los países que habían tenido una moneda débil no sólo era una medida de carácter monetario, sino que suponía, fundamentalmente, «una profunda transformación no sólo de las políticas y las estructuras económicas, sino también de las instituciones y la cultura que las determinaban».[2]

La integración económica como motor de la integración política

La Unión Europea se empezó a construir, tras la Segunda Guerra Mundial, con la política común del carbón y del acero. La cooperación inicial era económica, pero el objetivo último era abordar una cuestión política: el enfrentamiento bélico recurrente entre las diferentes potencias del continente. Como recordó el canciller alemán Olaf Scholz en el propio Parlamento Europeo en el día de Europa de 2023, el proyecto europeo se inició precisamente con acuerdos sobre los productos utilizados en las armas que habían arrasado el continente y segado la vida de tantos europeos.[3]

A lo largo de varias décadas, este planteamiento del proceso de integración fue el mecanismo habitual para avanzar en el proceso de construcción de lo que hoy es la Unión Europea. La idea subyacente era que, si se progresaba en la integración en los ámbitos económicos, los intereses comerciales compartidos y la creciente interrelación entre los países servirían de plataforma para lograr, posteriormente, el grado de integración política e institucional que fuera necesario.

Esta estrategia funcionó de manera razonable en el periodo de integración de los mercados de bienes y servicios. Fueron las épocas de la unión aduanera y la creación del mercado único. Fue la integración de lo que a veces se denomina la economía real, en contraposición a la economía financiera, que comprende las cuestiones monetarias y el sistema financiero. La integración real generó algunas tensiones territoriales. Como en todo proceso de liberalización comercial, la distribución de las ganancias y las pérdidas de actividad económica y renta no fue uniforme en todo el territorio de la Unión. Sin embargo, las tensiones se acomodaron con facilidad, en parte por las altas tasas de crecimiento de los países más pobres, pero también gracias a los mecanismos de redistribución comunitarios: la política regional y los fondos de cohesión. La integración real conllevó unos años de convergencia real, de tal modo que los niveles de vida de los países menos desarrollados se acercaron a los de los más avanzados.[4]

La integración europea es, en su vertiente de libre circulación de bienes y servicios, un proceso de integración comercial y económica en el seno del continente que comparte algunas de las características del proceso de globalización económica. La desaparición de aranceles y de barreras no arancelarias entre los estados miembros para la práctica totalidad de los productos, y para muchos servicios, supone una enorme ampliación de los mercados nacionales, con los efectos clásicos asociados a la libertad de comercio internacional; es decir, las mejoras de eficiencia y las ventajas de la especialización que se desprenden de este tipo de integración económica.

Sin embargo, a diferencia de la globalización, la integración europea es un proceso que no sólo tiene una vertiente económica, sino también un componente político que permite gestionar sus consecuencias sociales y las repercusiones políticas. Los procesos de integración económica generan una mejora en el bienestar de los países involucrados, pero ese resultado agregado positivo oculta el perjuicio causado a aquellos trabajadores que son desplazados por la competencia internacional, ya sea por las importaciones, ya sea por la reubicación de plantas productivas en otros países. Si la integración económica tiene lugar en una comunidad política supraestatal, como es la Unión Europea, es más fácil contar con los instrumentos políticos y financieros que permiten compensar a los grupos sociales perjudicados.

El proceso de integración comercial que ha experimentado gran parte del mundo a lo largo de las últimas cuatro décadas, lo que se conoce como la globalización, ha sido, por el contrario, un ejemplo de integración económica que no se ha gestionado adecuadamente. Esto explica que en muchos países haya crecido la popularidad de movimientos y líderes políticos proteccionistas. A ellos han acudido, muy a menudo, los colectivos que han sufrido las consecuencias adversas de la globalización. Uno de los ejemplos más claros es el del candidato y posterior presidente Donald Trump, con su lema *Make America Great Again*. Los beneficios que ha obtenido la sociedad estadounidense tras varias décadas de globalización son espectaculares en términos de acceso a nuevos productos a precios más competitivos, pero la retórica política de Trump en su campaña electoral de 2006 era sencilla: las mejoras generales para el conjunto de la población eran políticamente irrelevantes frente a los efectos negativos en trabajadores concretos, que perdieron su empleo o registraron un rápido deterioro de sus salarios reales. Por regla general, los grupos afectados negativamente por el libre comercio son colectivos cohesionados que ejercen una fuerte presión política, en contraposición a las difusas mejoras del bienestar general que suscita el libre comercio.

La globalización ha generado desconfianza y una fuerte reacción adversa por la falta de instrumentos políticos que permitieran la compensación de aquellos que perdían con la integración, pero también porque no se ha explicado bien cuál era el sentido de abrir los mercados al resto del mundo. En la globalización ha faltado casi siempre un relato político.

Por el contrario, en el caso de Europa confiar en la libre circulación de bienes y servicios ha sido más fácil, en la medida en que los posibles efectos adversos se han anticipado y mitigado por una organización política que ha establecido mecanismos compensatorios. Además, esto se ha hecho en el marco de un relato político, de una vocación de colaboración entre países que forman parte de una incipiente comunidad política. En Europa, la narrativa política ha sido parte esencial de la construcción de la Unión Europea y, por ello, la política europea no se ha limitado a eliminar aranceles y a establecer organismos para resolver posibles disputas comerciales —como ocurre a nivel internacional con la Organización Mundial del Comercio—. Además, se han creado y desarrollado instituciones políticas comunes, tanto de carácter ejecutivo (Comisión y Consejo) como legislativo (Parlamento Europeo). Asimismo, se ha construido un marco legal —el derecho comunitario—, que prevalece sobre los marcos legales nacionales y en algunas áreas es de aplicación directa a los estados miembros.

La construcción europea, por tanto, es una globalización gestionada como parte de un proyecto político de mayor alcance. De ahí que, en términos generales, haya generado confianza. Ha ofrecido resultados positivos a lo largo de muchos años y, si bien ha pasado por momentos de dificultades (basta recordar los años de euroesclerosis o euroescepticismo), ha cumplido en gran medida con las expectativas de los ciudadanos. La prueba del éxito es que, con la excepción de la salida del Reino Unido, la Unión se ha ampliado en numerosas ocasiones, y es previsible —a la vista de la lista de países candidatos— que esto siga siendo así en las próximas décadas.

El nivel actual de integración política de la Unión Europea es significativo, pero dista mucho de ser el que correspondería a un Estado federal. Ha sido suficiente para avanzar en muchos de los ámbitos clásicos de las políticas comunitarias, vinculados a la integración real de las economías. Sin embargo, con el proyecto de la moneda única, la UEM, el objetivo fue avanzar hacia la integración financiera de la Unión y ahí es donde la estrategia clásica de la construcción europea, primero la economía y después la política, encontró sus límites. La UEM nació incompleta en 1999 y, básicamente, continúa así veinticinco años después. Por otro lado, varios de los retos a los que se ha tenido que enfrentar la Unión Europea en las primeras décadas del siglo XXI han puesto de relieve que las limitaciones políticas de la arquitectura institucional de la Unión serán determinantes en este siglo y que no pueden permanecer desatendidas por más tiempo. Veamos primero el caso de la UEM.

La Unión Económica y Monetaria: un edificio de paja veinte años después

Hace unos cuantos años, y refiriéndome a la unión bancaria, me preguntaba si estaba hecha de hormigón o de paja.[5] Por desgracia, pasados diez años, la misma metáfora sigue siendo válida en relación con el conjunto de la unión monetaria. La introducción de una moneda común en Europa fue, en cierta medida, un proyecto inevitable. Históricamente, el mercado común había estado a menudo amenazado por las fluctuaciones de las divisas, que habían sido muy acentuadas a pesar de los tipos de cambio semifijos introducidos en 1979 con el sistema monetario europeo. Con la consecución del mercado único, la necesidad de evitar las devaluaciones competitivas de las monedas era aún más acusada. Sin embargo, esta fase de la integración, aunque fuera económicamente inevitable, fue un paso excesivo, que debió haberse tomado con el acompañamiento de un mayor grado de unión política. Para crear la moneda única, el euro, hubo suficiente voluntad política, pero la estrategia clásica, unir la economía primero para luego conseguir la integración política, dejó de ser efectiva con una decisión de esta naturaleza.

La razón es muy sencilla. La integración financiera es un proceso con características muy distintas a la integración real. Disponer de una sola moneda supone eliminar para siempre el riesgo de tipo de cambio. Esto genera en la economía europea una tendencia muy fuerte a la concentración de la actividad económica, la renta y la riqueza en algunas zonas de la Unión en detrimento del resto de países o regiones.[6] Esto ya ocurría con la integración real, pero al eliminar el tipo de cambio el fenómeno adquiere un vigor redoblado. Se genera una polarización de rentas y oportunidades que es difícil asumir en el marco de la arquitectura política actual de la Unión, ya que algunos países o regiones, y sus ciudadanos, pueden considerar que la unión monetaria es contraria a sus intereses. Es un estadio de integración que permite alcanzar muchos de los beneficios de un gran mercado (como en Estados Unidos), pero crea la necesidad de que internamente haya suficientes transferencias de renta o, como alternativa, una movilidad sustancial del factor trabajo, como ocurre en Estados Unidos. Tras esta visión subyace la teoría económica de las zonas monetarias óptimas y no es sorprendente, por tanto, que la idea ya estuviera en el informe Werner de 1970, cuando se concibió el proyecto de manera embrionaria.[7] Con la integración financiera, los efectos adversos en distintos territorios de la Unión son mayores y los mecanismos compensatorios necesarios requieren un grado de integración política mucho mayor. Sólo así se pueden compartir riesgos, y aceptar *exante* y *expost* una significativa redistribución de renta entre estados miembros. La integración política debe ir acompañada de la formación de una comunidad política europea, pues de otro modo las transferencias entre ciudadanos de países distintos no tienen suficiente legitimidad política.

Este diagnóstico ya se tenía antes de la gran crisis financiera de 2007-2008. La crisis de deuda soberana puso sobre la mesa unas insuficiencias que ya eran bien conocidas en círculos políticos y económicos. Transcurridos desde entonces más de diez años, la unión económica y monetaria sigue teniendo prácticamente los mismos mimbres que en el momento de la crisis de 2012. Es verdad que se ha avanzado en la unión bancaria, en concreto con la supervisión única de las entidades financieras de la Unión Europea mediante la creación del mecanismo único de supervisión. Se ha intentado hacer lo mismo con otros elementos de la unión bancaria y de la unión de mercado de capitales. Sin embargo, estos avances han tenido escaso recorrido, en la medida en que no se ha abordado la creación de algún tipo de política presupuestaria común. Esta es la piedra angular de las carencias de la UEM.[8]

La filosofía de las instituciones comunitarias al avanzar en la unión bancaria y la unión de mercado de capitales ha sido conseguir que en el conjunto de la zona euro hubiera una mejor compartición del riesgo entre países en el sector privado. De este modo, se pensaba, habría menos riesgo de que el sector público tuviera que proceder al rescate de países o sectores bancarios con problemas de solvencia debido a lo que se ha venido a denominar el «bucle diabólico» o *doom loop*; es decir, la estrecha interrelación entre la deuda del Estado y la situación de los bancos causada por la elevada tenencia de deuda pública nacional de las entidades bancarias y por su dependencia de la situación económica local. Sin embargo, en la práctica, ni la unión bancaria ni la unión de mercado de capitales han avanzado de manera significativa. Los sistemas bancarios continúan teniendo fundamentalmente un alcance nacional, y no se ha registrado un movimiento relevante de consolidación bancaria europea, y tampoco una mayor interpenetración comercial de los respectivos mercados. Disponer de una moneda única y una sola supervisión ha sido insuficiente, en la medida en que algunos aspectos clave del sector financiero continúan teniendo una regulación nacional. Puesto que, debido a las normas de resolución de los bancos, los riesgos fiscales en el caso de crisis bancarias siguen siendo soportados a nivel nacional, los sistemas bancarios no se han integrado. Tampoco ha ayudado el hecho de que las entidades que operan en más de un país no hayan podido disfrutar de las economías de escala correspondientes, al tener que replicar las ratios de capital e incluso las de liquidez en los distintos países en los que operan. La unión bancaria no avanzará si no se proporciona algún tipo de cobertura pública compartida al riesgo asumido. Esto significa, en el caso de la banca, un sistema de resolución con mecanismos fiscales comunitarios, un seguro de depósitos paneuropeo y un bono libre de riesgo compartido por todos los países de la Unión Europea. En el caso de la unión de mercado de capitales, las necesidades incluyen dicho bono libre de riesgo, pero también la armonización de legislación como, por ejemplo, la relativa a insolvencias.

Que la UEM continúe siendo un edificio de paja casi un cuarto de siglo después de la introducción del euro es un hecho preocupante en sí mismo. Lo es aún más si tenemos en cuenta que, con las crisis por la covid-19 y la guerra de Ucrania, los ratios de deuda pública de los estados miembros han aumentado considerablemente, partiendo de niveles ya elevados tras la década posterior a la gran crisis financiera de 2007-2008. Además, y esta es la cuestión crítica en la UEM, los niveles de deuda son muy diferentes entre los estados miembros, lo que dificulta la gestión de la política monetaria común (véase capítulo 10).

Con la covid-19 y la guerra de Ucrania se suspendieron temporalmente las reglas fiscales que forman parte del Pacto de Estabilidad y Crecimiento. Sin embargo, su reintroducción, probablemente con un pacto reformado, volverá a crear tensiones en la zona euro, especialmente en un entorno de tipos de interés que ha cambiado de forma radical a causa del fuerte aumento de la inflación en 2022. Si el Pacto de Estabilidad y Crecimiento fue demasiadas veces papel mojado en el pasado, es difícil pensar que, sin modificaciones en la arquitectura política de Europa, las nuevas reglas fiscales puedan funcionar correctamente.

Otro ejemplo de las dificultades que crea la UEM inacabada lo proporciona la actuación del propio BCE. Para prevenir el posible impacto negativo de la fragmentación financiera de la zona euro en la conducción de la política monetaria, el BCE introdujo en 2022 el Instrumento de Protección de la Transmisión. Se trata de un mecanismo para asegurar que no haya desviaciones excesivas en las primas de riesgo de los estados miembros. Sin embargo, su uso podría ser incompatible con el posicionamiento de la política monetaria, puesto que implica la compra de bonos de algunos países por parte del BCE en momentos de tensión que podrían estar provocados precisamente por la no reinversión de bonos en el transcurso de la operación de salida de la expansión cuantitativa.[9] Su creación no es más que un reflejo de la necesidad de introducir nuevos instrumentos *ad hoc* de política monetaria no convencional para tratar de atajar los problemas que plantea una UEM incompleta.

La naturaleza política de los retos de la Unión Europea en el siglo xxi

Además de las repercusiones de la gran crisis financiera de 2007-2008 en la estabilidad de la unión económica y monetaria, Europa ha vivido en el primer cuarto del siglo xxi varias crisis geopolíticas y humanitarias que han puesto de relieve las insuficiencias políticas de la arquitectura institucional que se ha edificado a lo largo de los últimos sesenta y cinco años.

Acontecimientos como el Brexit, la pandemia por la covid-19, las diversas crisis migratorias de la pasada década y la guerra de Ucrania que estalló en 2022 han puesto a prueba a la Unión Europea. En estas difíciles circunstancias, ha demostrado una encomiable capacidad de reacción unitaria, adoptando coordinadamente muchas decisiones complejas, ya sea mediante el uso de instrumentos comunitarios —las políticas comunes ejecutadas a través de la Comisión Europea—, ya sea a partir de la cooperación intergubernamental cuando estas políticas comunes a duras penas existen o no están ni contempladas en los tratados de la Unión Europea.

Además de estos acontecimientos, el escenario geopolítico internacional ha experimentado un vuelco radical, con el agravamiento de las tensiones políticas y comerciales entre la gran potencia económica y militar que ya es China y Estados Unidos, el país hegemónico desde la Segunda Guerra Mundial y, especialmente, desde el fin de la Guerra Fría. Este enfrentamiento sitúa a Europa en una importante encrucijada estratégica y afecta tanto a las políticas comunitarias clásicas como a todas aquellas áreas que hasta hoy no han formado parte del acervo comunitario.

Consideremos primero estas últimas áreas, que incluyen políticas como la de defensa, la exterior, la energética o la de migración. En todas ellas estamos en presencia de potenciales acciones conjuntas de los países europeos en las que las ganancias de la coordinación son muy significativas. Son bienes públicos prácticamente puros a nivel europeo[10] y, por tanto, el principio de subsidiariedad sería fácilmente satisfecho si estas políticas pasasen a ser, al menos en parte, comunitarias. Son áreas de política en las que, si las decisiones se adoptasen a nivel comunitario, las ganancias para el conjunto de la Unión serían muy significativas.

Sin embargo, son cuestiones que afectan de lleno a la soberanía de los estados miembros y, lo que seguramente es más importante, si bien los beneficios de una política común son elevados, los intereses específicos de cada Estado miembro pueden ser muy diferentes. La situación geográfica y la historia de los países de la Unión Europea es muy variada, lo que supone que sus intereses geoestratégicos a menudo no coincidan. Sólo hace falta comparar, por ejemplo, un país como Hungría, situado cerca de los Balcanes y Rusia, así como de las rutas migratorias procedentes de Asia, con países como Italia y España, preocupados por la inmigración procedente del norte de África y la estabilidad política en la zona. En política energética, las grandes diferencias de fuentes primarias de energía en cada país explican, en parte, lo difícil que es avanzar en una política común.

Progresar en las políticas que no son aún comunitarias es imposible sin avanzar en la integración política. Las consecuencias de estas políticas para los intereses de los estados miembros son críticas, y en muchos casos pueden ser inaceptables políticamente a menos que exista un grado de soberanía compartida que vaya mucho más allá de los niveles actuales de unión política.

Por lo que respecta a las políticas comunitarias clásicas, especialmente las que afectan al tejido productivo y tecnológico —comercio exterior, competencia y mercado único, sobre todo—, es importante destacar que, aunque han sido clave en el desarrollo de la Unión, se encuentran hoy en un momento crucial debido a las consecuencias de la covid-19 y a la tensión política derivada de las relaciones con China y Estados Unidos.

La covid-19 ha mostrado la necesidad de mejorar la seguridad de los suministros de bienes estratégicos y ha significado también un replanteamiento de las cadenas globales de suministro. Todo ello, junto con las renovadas tensiones geopolíticas internacionales, ha provocado que la Unión Europea se plantee un nuevo papel de sus políticas de comercio exterior y competencia, y que se vuelva a hablar en Europa de política industrial.

Para la Unión, esta nueva etapa es al mismo tiempo un reto y una oportunidad. El reto es adaptarse a este entorno de regionalización del comercio mundial abordando la seguridad de suministro, pero manteniendo el compromiso con el libre comercio, el multilateralismo y un orden internacional basado en reglas aceptadas por el grueso de la comunidad internacional. Es especialmente importante mantener la libertad de comercio en el seno de la Unión Europea, puesto que las políticas industriales son competencia nacional y su impulso, si no se aplican correctamente, podría menoscabar el mercado único. La oportunidad consiste, de hecho, en aprovechar el cambio en el entorno geopolítico internacional para romper la dinámica de los últimos años, en la que el crecimiento de la productividad en Europa se ha estancado. Para ello, junto con el impulso que supondrá la inversión en digitalización y la lucha contra el cambio climático, el gran desafío es mantener, e incluso reforzar, el gran activo de la Unión Europea que es el mercado interior.[11]

Desde hace ya bastantes años la Unión Europea ha sido incapaz de conseguir el crecimiento de productividad y empleo que ha alcanzado Estados Unidos. Cuando se intenta averiguar cuáles son las causas de estos resultados decepcionantes, surgen varias alternativas. Se argumenta a menudo que en la Unión Europea es difícil generar un entorno de innovación debido a las trabas burocráticas y también que el modelo social europeo ha sido un obstáculo para el crecimiento. Es posible que estos elementos desempeñen un papel en ello, aunque es improbable que el modelo social sea la causa, dado que, en la Unión Europea, los países con mejores resultados han sido aquellos que basan su economía en un enfoque flexible de la economía social de mercado.[12] Lo que a veces se olvida es que la Unión Europea cuenta con un mercado que en teoría tiene un tamaño comparable al de Estados Unidos, pero que en la práctica aún está altamente fragmentado. La evidencia muestra que esto es así especialmente en los sectores regulados, como el farmacéutico, el de las telecomunicaciones o el financiero.[13] Además, en los últimos años no se han producido grandes avances (como hemos visto en unión bancaria y unión de mercado de capitales), y el esfuerzo de control de la integridad del mercado único ha disminuido.[14] En este contexto, es evidente que el impulso de las políticas industriales que quiere llevar a cabo la Unión Europea constituye un grave riesgo para el mercado único. La política industrial de los estados miembros puede acabar siendo una política clásica de apoyo a campeones nacionales. Esta política es no sólo arriesgada, puesto que es improbable que el sector público elija de forma adecuada las empresas y sectores ganadores,[15] sino que además puede ser profundamente injusta y muy peligrosa desde el punto de vista político, ya que algunos de los países, al disponer por su tamaño y riqueza de más recursos, jugarían con ventaja en ese mercado único distorsionado.

Por último, merece la pena añadir que si Europa dispusiese de políticas comunes en ámbitos como la defensa y la política exterior, la efectividad de las políticas comunitarias clásicas —la comercial, las de competencia y el mercado interior— saldría reforzada. Como es bien sabido, en las grandes potencias formadas por un Estado unitario (China) o federal (Estados Unidos), las políticas de comercio exterior, competencia e industria, así como la energética, son a menudo apoyadas de manera explícita por una coordinación con las políticas de defensa y asuntos exteriores. Esta es una cuestión importante para Europa, ya que el recrudecimiento de las tensiones políticas entre China y Occidente ha puesto encima de la mesa la necesidad de disponer de una política exterior y de una política de defensa propias con las que hacer frente al reto geoestratégico que plantea el gigante asiático.

En resumen, tanto en las nuevas políticas (defensa, exteriores, energía, migración) como en la finalización de la UEM, o en el refuerzo de las políticas comunitarias clásicas ante los retos de la economía global, la Unión Europea se encuentra en un momento decisivo en el que es preciso renunciar a parte de la soberanía nacional para enfrentar los retos que tiene la Unión. Con el clima político actual en Europa, y la polarización política en muchos estados miembros, a corto plazo no parece posible avanzar hacia una mayor unión política.

En ese sentido, entonces ¿cómo debe la Unión Europea encarar los retos que tiene planteados?

Tejiendo la confianza mutua en la Unión Europea

Los líderes políticos de la Unión Europea, al igual que muchos académicos y expertos en política internacional, han reconocido a menudo que el actual marco institucional de la Unión limita la efectividad de las políticas europeas. A título de ejemplo, Olaf Scholz lo admitía en la intervención ante el Parlamento a la que hemos hecho referencia. El propio canciller alemán fue incluso más allá y mencionó dos ámbitos clave en los que era preciso avanzar: la política exterior y la fiscalidad. Tras el intento de fortalecer la unión política de Europa por la vía de la reforma de los tratados, que terminó con el sonoro fracaso del voto contra la Constitución europea de franceses y holandeses en 2005, no existe aún en Europa un clima propicio para una reforma institucional profunda. A pesar de ello, las instituciones comunitarias —Parlamento, Comisión y Consejo— convocaron en 2021 una conferencia sobre el futuro de Europa. Las conclusiones de dicha conferencia implican cambios significativos de los tratados y fueron adoptadas en mayo de 2022 por el Parlamento Europeo. Se contemplan avances importantes tanto en términos de políticas comunes como en relación con el voto por mayoría y la mejora de la representatividad democrática de los órganos de la Unión. El Parlamento, de hecho, se comprometió a iniciar los trabajos que acaben llevando a una nueva convención, pero este proceso se prolongará en el tiempo y resta por ver si las crisis de los últimos años han abierto el apetito suficiente para reformas significativas de la arquitectura institucional de Europa.

Mientras tanto, los líderes europeos son conscientes de la necesidad de disponer de más instrumentos políticos. De hecho, el canciller Scholz sugirió, en su intervención parlamentaria de mayo de 2023, el voto por mayoría cualificada como mecanismo político que permitiría avanzar sin tener que proceder a reformas de los textos fundamentales. Cuando el líder alemán apunta al abandono de la unanimidad, está planteando una manera concreta mediante la cual los estados miembros renunciarían a parte de la soberanía nacional. Mientras esto no suceda, las políticas para las que es imprescindible una mayor legitimidad política deberán seguir avanzando y, en ausencia de instrumentos políticos formales, lo tendrán que hacer de manera informal, mediante el desarrollo y el refuerzo de la confianza mutua.

Esto no es algo nuevo. De hecho, algunas de las políticas más exitosas de la Unión Europea se basan explícitamente en la confianza mutua. En concreto, en la aceptación de las instituciones de los estados socios como si fueran las propias. Este es el caso de la política del mercado único, cuyo fundamento es el reconocimiento mutuo: reconocer (y confiar en) que las autoridades reguladoras de los estados socios actúan con unos principios y criterios equivalentes a los del propio Estado. Algo parecido ocurre con el acuerdo de Schengen, de libre circulación de personas, en el que los estados que participan se fían de los controles fronterizos que llevan a cabo los demás. El mercado único y Schengen son muestras de un despliegue exitoso de la confianza mutua.

Por desgracia, la confianza mutua no se ha desarrollado con suficiencia en el resto de las políticas. Por ejemplo, en política fiscal, los países nórdicos y centroeuropeos —los frugales— no se fían de los países del sur y se resisten a armonizar las políticas fiscales y mancomunar la deuda. No consideran que deban aportar más recursos a ningún mecanismo automático de solidaridad por el riesgo de que ese dinero se malgaste, al no haber garantía de que los países beneficiarios llevarán a cabo cambios estructurales en sus economías y sus instituciones. Es cierto que con la pandemia se aprobaron los fondos NextGeneration EU, pero son finalistas, con objetivos concretos; no son automáticos, sino condicionados a la implementación de medidas supervisadas por la Unión Europea. En síntesis, no es un verdadero ejercicio de confianza mutua, sino más bien de recelo.

Recordemos: confiar significa dejar hacer, y sólo pasar cuentas sin prisa, al cabo del tiempo.[16] Para desarrollar la confianza mutua convendría que los países frugales ejerciesen cierta tolerancia y aceptasen que los cambios en la situación fiscal de los países del sur serán graduales. Pero estos a su vez deberían enviar señales de buena voluntad a aquellos, por ejemplo, implementando políticas de consolidación fiscal en periodos expansivos. En la práctica, como vimos en el capítulo 10, esto raramente sucede, puesto que la gestión de las cuentas públicas está condicionada por el calendario electoral. Anticipando este comportamiento poco responsable, los países frugales imponen reglas fiscales rígidas que, aparte de ser poco útiles en la práctica, son vistas en el sur como una muestra de desconfianza.[17] De este modo es muy difícil cultivar la confianza mutua entre las partes.

Los casos de desencuentros y suspicacias son también numerosos en política exterior, a pesar de que esta es un área en la que la Unión Europea dispone de un alto representante, una figura institucional propia de la Unión. Una muestra de lo difícil que es articular la política exterior conjunta es el posicionamiento de los estados miembros ante la guerra de Ucrania y el papel de China en el conflicto. El presidente Macron, por ejemplo, protagonizó en abril de 2023 un viaje a Pekín en el que resaltó la independencia geoestratégica de la política europea respecto de Estados Unidos. Esta visita no generó más que desconfianza en muchos países bálticos y centroeuropeos para los que, en el conflicto con Rusia, el alineamiento con Estados Unidos es determinante.[18]

Por último, la política de inmigración es otra área en la que el actual marco institucional, el Sistema Europeo Común de Asilo y el Reglamento de Dublín, ofrece una base para la colaboración que exige de la confianza mutua. Sin embargo, las discrepancias y recriminaciones entre los socios son el pan de cada día. No es fácil desarrollar la confianza mutua a través de la tolerancia y la lealtad, dada la alta sensibilidad política y el hecho de que, a menudo, el color político de los mandatarios de los distintos países no coincide. Por ejemplo, los enfrentamientos entre Francia e Italia aumentaron sustancialmente tras la llegada al poder de la coalición de derechas liderada por Giorgia Meloni.[19]

Estos ejemplos muestran con claridad que la integración europea no avanza más rápidamente por la falta de confianza entre los estados.[20] El desarrollo de la confianza mutua exige altruismo y compartir valores. Estar de acuerdo en las normas fundamentales que presiden una comunidad política. Tras la caída del muro de Berlín tuvo lugar una de las principales ampliaciones de la Unión Europea, hacia el Este, con la incorporación de doce países a la Unión en sólo tres años. Como es bien sabido, la evolución política de países como Polonia y Hungría ha conllevado un deterioro de sus relaciones con el resto de los países de la Unión Europea, fundamentalmente porque los gobiernos de dichos países han erosionado de forma gradual algunos de los principios básicos de la democracia liberal, como la separación de poderes. Si no se comparten los valores fundamentales que rigen la convivencia en la Unión Europea, es muy difícil generar un clima de confianza y cooperación institucional.[21]

Para reforzar o conseguir la confianza mutua, como argumentamos en el capítulo 2, es preciso cuidar la comunicación entre los socios, cumplir lealmente lo acordado y saber ponerse en la piel de los demás, a fin de entender sus motivaciones y evitar con nuestras acciones que se genere un clima de desconfianza. La confianza es creer que los estados socios cumplirán su parte del trato, y debe ser correspondida con la lealtad. De ahí que, en la crisis griega, por ejemplo, la sensación de engaño dificultase durante mucho tiempo su resolución.

La reacción de la Unión Europea ante la guerra de Ucrania ha mostrado que el grado de confianza entre los estados miembros debe ir a más. Las políticas implantadas ante los acontecimientos sobrevenidos fueron muy positivas, con numerosas iniciativas conjuntas, aunque la guerra afectaba de manera mucho más directa a los países bálticos y centroeuropeos que a otras áreas de la Unión y, en particular, los países mediterráneos. Sin embargo, el nivel de confianza necesario es ahora muy elevado: ceder poder político y tomar más decisiones sin unanimidad, o disponer de un mayor presupuesto común, significa confiar mucho en los socios. Creer que ninguno de ellos será desleal y se aprovechará de la nueva situación.

Este paso de integración política es muy exigente. De hecho, como vimos en el capítulo 5 y han analizado en profundidad algunos politólogos,[22] la deslealtad institucional sucede incluso en uniones políticas consolidadas como Estados Unidos. La confianza entre los partidos políticos en dicho país se ha deteriorado mucho debido a que algunos de ellos han abusado de su poder en los organismos de la Administración, en el sentido de no seguir las pautas no escritas de comportamiento institucional y aprovecharse de ocupar el poder en detrimento de sus adversarios.

Además de la incertidumbre asociada a esa nueva realidad política y al riesgo de deslealtad por parte de los estados socios, una mayor unión política se enfrenta a las dificultades de lo que podríamos denominar la aritmética del poder y los intereses. Cualquier avance en la integración política de Europa tiene impactos en el reparto del poder formal (e informal) de los estados miembros en las instituciones comunes y, por tanto, es visto con reticencia en muchas cancillerías, dado que puede poner en riesgo los intereses fundamentales de cada país: por un lado, los intereses económicos y, por el otro, los intereses ligados a la historia, la cultura y las tradiciones nacionales, lo que podríamos denominar los intereses identitarios.

En el ámbito económico, está claro que la Unión tiene mucho que ganar colectivamente si las políticas que persiguen un bien público a escala europea cuentan con el respaldo de instituciones políticas más representativas de la voluntad del conjunto de la Unión. Algunas de las resistencias a una mayor integración política en el ámbito económico son comprensibles, puesto que cada país tratará de no salir perjudicado en el reparto territorial de esas ganancias. Sin embargo, muchas de las resistencias tienen que ver con el miedo a perder los privilegios asociados al control de los mercados locales. Los incumbentes tratan de mantener sus rentas regulatorias o de proteger su poder de mercado a nivel nacional. Normalmente se trata de operadores con elevada capacidad de presión en sus estados y se resisten a la integración aduciendo especificidades locales. La integración económica les desagrada puesto que conlleva el respeto de las normas de competencia, sin proteccionismos, y un entorno de mucha menor influencia de las empresas ante los reguladores.[23]

En el ámbito económico, también hay reticencias a ejercer la solidaridad interterritorial entre los estados miembros. Estos recelos están relacionados, en primer lugar, con la dificultad de encontrar un equilibrio entre la responsabilidad y el control. Los países que son contribuyentes netos quieren asegurar que el destino de sus contribuciones es el previsto (control) y desean evitar el riesgo moral; es decir, los incentivos perversos a los que pueden dar lugar las transferencias no condicionadas, ya que pueden relajar la disciplina fiscal de los países receptores (responsabilidad).

Por otro lado, existe una cuestión más profunda, relacionada con el perímetro de la solidaridad y su plasmación en términos de una comunidad política concreta. La solidaridad, la generosidad, el ocuparnos de los demás, es una expresión concreta del altruismo del que hablábamos en detalle en el capítulo 2. Pero como ya nos advirtió Adam Smith en su teoría de los sentimientos morales, los seres humanos sentimos más cercanas las desgracias de nuestros vecinos que aquellas que suceden en otras partes del planeta, que, por lo general, en palabras de Smith, no alteran nuestra rutina diaria.[24] Es decir, se puede ser solidario con la población de los países en desarrollo, pero en la práctica esa solidaridad no es tan intensa como la que se practica con la población más cercana, con la que se comparte una cultura, una historia y, en definitiva, una identidad. De nuevo, en *El ministerio del miedo*, Graham Greene lo pone en boca de uno de sus personajes: «Uno no puede amar a la humanidad. Uno sólo puede amar a gente».[25] El reto para Europa es definir, en esa gradual construcción política de la Unión, cuál es «su gente», cuál es el perímetro de la solidaridad.

La cuestión de la solidaridad, por tanto, nos obliga de manera natural a discutir la cuestión identitaria; es decir, a establecer el colectivo de personas que forma un pueblo, un *demos*, de tal manera que sus miembros se identifican con él y están dispuestos a llevar a cabo un ejercicio institucionalizado de solidaridad como, por ejemplo, la redistribución automática de rentas a través de un sistema fiscal compartido. En la construcción europea, la comunidad política «pluriestatal» se ha desarrollado con escasos progresos en la generación de una identidad europea y, por tanto, la idea de un pueblo europeo que comparte destino y un bien común. Por ello no es extraño que no haya habido avances en este tipo de solidaridad, avances que, por supuesto, únicamente son posibles mediante una mayor integración política.

Por otro lado, los países que participan en la construcción europea no sólo tendrán en cuenta las consecuencias económicas de una mayor toma de decisiones sin unanimidad, también considerarán los elementos culturales, de tradiciones e identidad que se pueden poner en riesgo en un proceso de unificación política. Muchos ciudadanos de países europeos no estarán dispuestos a ser más europeos si es a costa de perder tradiciones y culturas nacionales o regionales a las cuales otorgan gran valor. Precisamente, en los últimos años hemos visto que las resistencias a la globalización han sido muy fuertes también desde la perspectiva de la identidad y los sentimientos, por la negativa a aceptar el cosmopolitismo que exige la integración, en lo que supone de pérdida de costumbres y tradiciones locales, a veces milenarias. Por tanto, el avance de la unión política de Europa requiere que se promueva de forma gradual una identidad continental, y al mismo tiempo es imprescindible que esto se haga preservando las identidades nacionales.

Como ha resaltado el filósofo Charles Taylor en su análisis del papel del reconocimiento y la identidad en la política, en un régimen de democracia liberal no es sencillo compatibilizar la protección de identidades subestatales (en el caso europeo, las nacionales y regionales pasarían a ser de este tipo) con la identidad a nivel del conjunto de la nueva entidad política.[26] En nuestro caso, compatibilizar las identidades nacionales con la europea. La protección de las culturas nacionales puede provocar serias tensiones con el reconocimiento de los derechos individuales de las personas (por ejemplo, con relación a las medidas para la protección del uso y estudio de idiomas). Según Taylor, en cualquier caso, la posible introducción de restricciones a los derechos de las personas no sería de tipo fundamental, sino de carácter menor, y estaría justificada por el fin superior que se persigue. Por ello, respetaría en lo básico el orden democrático liberal. Taylor es un filósofo político canadiense y, por tanto, su análisis y posicionamiento se alimenta de la larga experiencia de Canadá con la cuestión de Quebec.

Sin embargo, la tensión es evidente. Como ha indicado recientemente Yascha Mounk, una sociedad liberal tiene que aceptar diferentes estilos de vida, de las culturas que la componen,[27] pero también debe asegurar que ninguna persona esté sometida a la tiranía de su cultura o religión particular, que no se formen grupos que impidan a sus miembros participar de la vida con el resto de la sociedad y vincularse, si así lo consideran oportuno, a otras culturas. Por tanto, la protección de los derechos individuales puede entrar en tensión con la protección de los diversos grupos culturales si bien, como señala Taylor, esta tensión tampoco es muy distinta de la que deben afrontar las sociedades liberales en otras áreas como, por ejemplo, el difícil equilibrio entre la libertad y la igualdad.

Si la Unión Europea trata de construir ese sentido de pertenencia, de resaltar la historia común y la cultura compartida, estará construyendo una «identidad» europea. Construir tal comunidad supranacional supone, en relación con los Estados nación tradicionales, así como las múltiples naciones y minorías de todo tipo que conviven en ellos, contribuir a ampliar los círculos de confianza atávicos de nuestras sociedades, que hasta hace poco tiempo han estado centrados en los Estados nación o en ámbitos territoriales inferiores. Como ya vimos en los tres primeros capítulos, la confianza entre los seres humanos se desarrolla inicialmente en los ámbitos de parentesco y en los círculos más inmediatos de convivencia. Su despliegue en ámbitos sociales más amplios es un factor determinante para el progreso económico y social. Estos grupos sociales más amplios, configurados a menudo como naciones, ofrecen a las personas, especialmente en momentos de turbulencia social, mecanismos de apoyo y protección ante los riesgos reales o percibidos, y satisfacen una necesidad psicológica importante del ser humano: pertenecer a un grupo social. Como vimos en el capítulo 3, la pertenencia a un grupo social concreto, a un país o nación, a menudo también tiene su vertiente negativa y se traduce en una oposición a otros grupos sociales distintos, a otros países o naciones. Por ello, el proyecto de construcción política de Europa ha de ser visto, en el fondo, como un intento de ampliar el círculo de confianza de las sociedades europeas tradicionales, contribuyendo de este modo a la paz y el progreso económico y social del continente.

¿Cómo puede avanzar la construcción política de Europa?

El politólogo holandés Luuk Van Middelaar publicó en 2013 un interesante libro en el que analizaba las estrategias que a lo largo de varias décadas se habían seguido para construir Europa.[28] Las sintetizaba en tres categorías: la estrategia romana, basada en los intereses económicos compartidos por los estados miembros; la estrategia alemana, fundamentada en las raíces culturales comunes a todo el continente; la estrategia griega, centrada en la representatividad política, naturalmente bajo un sistema basado en el liberalismo político y la democracia representativa.

Como hemos visto, la estrategia romana, basada en la ganancia económica que se deriva de la integración, ha sido la herramienta fundamental para avanzar en la Unión Europea. Sin embargo, al llegar a ciertas cotas de integración, esta vía ha devenido inservible, e incluso contraproducente. El desequilibrio entre los avances de la estrategia romana y el retardo en las vías alemana y griega han sido la raíz de las dificultades a las que se enfrenta el proyecto europeo. Los escasos avances en la creación de una identidad europea dificultan el avance político. El fracaso de los intentos de progresar en la vía griega mediante una mayor unión política está en gran medida detrás de la percepción popular del déficit democrático que a menudo se achaca al proyecto europeo. Es, por tanto, el momento de avanzar en los ámbitos políticos e identitario teniendo en cuenta, como hemos discutido, que será imprescindible preservar los intereses culturales de todos los pueblos del continente.

La estrategia de integración política debe tener como elemento central la consolidación de la identidad europea en la línea apuntada, además de la constatación de que los europeos compartimos intereses económicos. No es posible construir la Unión sólo a partir de valores políticos como el liberalismo y la democracia representativa, por importantes que estos sean. A veces se argumenta que así se han construido países, como Estados Unidos o Francia: a partir de los valores republicanos o los principios reflejados en los textos de los Padres Fundadores en el caso estadounidense. Tal vez sea así, aunque lo cierto es que en la actualidad ambas sociedades se encuentran profundamente divididas incluso en relación con dichos principios. Además, los valores estrictamente políticos se pueden compartir con países situados muy lejos en un plano geográfico —por ejemplo, en Oceanía—, de manera que esta es una base endeble para crear una nueva comunidad política. Los valores políticos son fundamentales para la organización institucional de la Unión, y para garantizar la convivencia en ella, pero difícilmente constituyen un argumento suficiente para edificar la unión política del continente. La Unión Europea no se construirá de arriba abajo, con base en unos valores políticos compartidos, pero abstractos y poco cercanos a los sentimientos de las personas, sino de abajo arriba a partir de una cultura y una historia compartida, además de unos intereses en común. Los valores políticos compartidos, eso sí, son un elemento determinante para la aceptación de nuevos países en el club europeo.

Como hemos visto en este capítulo, a lo largo de los años la integración europea ha generado confianza en los ciudadanos de la Unión. De ahí que el club europeo se haya expandido de seis a veintisiete países. Sin embargo, la unión monetaria y los retos geopolíticos a los que se enfrenta la Unión Europea exigen una mayor dosis de confianza, en la Unión y entre los estados miembros y sus ciudadanos. Es la confianza necesaria para que Europa progrese como entidad política.

La execrable invasión de Ucrania por el ejército ruso es un gran desafío para Europa, pero también una gran oportunidad que no debe malograrse. En palabras del que fuera jefe de gabinete de Barack Obama, Rahm Emanuel, nunca desperdicies una crisis.

En definitiva, el impulso político del proyecto europeo se ha de fundamentar en el logro de una mayor confianza mutua entre los dirigentes de los pueblos de Europa, pero también en la construcción gradual de una identidad europea, que sea compatible con la poliédrica realidad de las identidades del continente.

Una mayor confianza mutua será imprescindible para vencer la oposición de aquellos que se resisten a la integración. Los países que inicien esta etapa de mayor integración política deben estar convencidos de que en el nuevo escenario político europeo las mayorías respetarán a las minorías, incluso más allá de las garantías legales o estatutarias que se establezcan.

La confianza mutua se edifica a partir de los valores compartidos y de una praxis de respeto de los compromisos, no sólo los que constan de manera escrita o formal. La confianza también exige un compromiso moral y, en este sentido, la comunidad política de los países europeos ha hecho grandes progresos en los últimos treinta años. Grecia, como hemos visto, fue una fuente de problemas, pero hoy es un miembro estable del club y, tras las elecciones de 2023, el país afronta una etapa nueva. La cuestión de Andreas Georgiou no está aún resuelta, pero los desequilibrios económicos se han corregido en gran medida. Al mismo tiempo, los conflictos políticos de la Unión Europea con Polonia y Hungría, y el propio Brexit, muestran que generar un entorno de confianza mutua no es tarea sencilla, y que aún queda camino por recorrer, especialmente en relación con los países cuya acceso al club europeo es relativamente reciente. Sin embargo, entre los países que ya han avanzado hacia mayores niveles de integración (el euro y Schengen, por ejemplo), el tránsito hacia una mayor unión política es, qué duda cabe, factible y constituye el gran reto político e institucional de los próximos años.

Epílogo

Cuenta Michael Ignatieff, en su excelente libro *En busca de consuelo*, que en cierta ocasión el sociólogo Werner Sombart le pidió consejo a Max Weber sobre si debía escribir un libro que fuera «personal» o directamente autobiográfico. Weber le contestó que un libro verdaderamente personal sólo lo es de forma involuntaria, cuando la personalidad del autor se esconde detrás del libro y su objetividad. «Cuando se quiere ser personal... casi siempre se acaba cayendo en el tópico».[1]

Confiar no tiene precio es, claramente, un libro personal en el sentido que expone Max Weber. No pretende ser un libro de vivencias y anécdotas que narra las vicisitudes de las que fui testigo durante mi etapa profesional en la banca. Aquellas experiencias y aquellos hechos han conformado mi manera de entender el mundo y la economía, y el análisis que aporta este libro es inevitablemente una síntesis tanto de mi trayectoria académica previa como de mi experiencia práctica en el mundo de la empresa y las finanzas.

No recuerdo quién dijo que la historia es como un espejo roto. Todos los que desempeñamos algún papel en los acontecimientos de los últimos veinte años tenemos cierta visión de lo que ocurrió, pero nos faltan muchas piezas de ese espejo. Corresponderá a otros, con una perspectiva más objetiva y distante, escribir la historia financiera de España de las últimas décadas. Este no es el objetivo de este libro.

Como decía Graham Greene en el inicio de una de sus autobiografías, los que escribimos lo hacemos fundamentalmente para tratar de entendernos a nosotros mismos.[2] En sus palabras, es de manera simultánea «un deseo de someter un caos de experiencias a algún tipo de orden, y una ávida curiosidad». Estoy de acuerdo. He dedicado muchos años a la enseñanza y la investigación en economía y, posteriormente, un periodo similar al mundo empresarial, afrontando las implicaciones prácticas de la evolución de las variables económicas y financieras en la toma de decisiones y las cuentas de resultados. Todo ello en una época de grandes convulsiones económicas (la crisis financiera y la Gran Recesión), políticas (fuerte polarización, incluido el referéndum de independencia en Cataluña) y sociales (el movimiento de los indignados, del 15-M). Este libro es mi humilde intento de comprender.

Es humilde en el sentido que le daba a la palabra «comprender» un sabio como Baruch Spinoza. Afirmaba que «la verdadera felicidad de una persona consiste únicamente en la sabiduría y el conocimiento de la verdad y no, en absoluto, en ser más sabio que los demás o en que estos carezcan de dicho conocimiento; puesto que estas consideraciones no aumentan en nada su sabiduría, ni su felicidad».[3]

No he pretendido, por tanto, sentar ningún tipo de cátedra, sino compartir mi visión de la economía tras la experiencia de estos años. Cuando empecé mi carrera profesional, en 1980, esta fue mi principal motivación: entender el mundo que me rodea. Y así sigue siendo. La creencia, que entonces muchos compartíamos y que hoy está algo menos en boga, de que a través del conocimiento y la razón se podía construir un mundo mejor.

Una motivación adicional del libro es contribuir al derribo del tópico, ampliamente extendido, de que el sistema económico de las economías avanzadas a lo largo del último medio siglo ha sido el «neoliberalismo económico». Nada más lejos de la realidad, especialmente cuando nos referimos a las economías europeas. Si los ciudadanos han perdido la confianza en el sistema económico y las políticas públicas no es porque hayan sido neoliberales. En Europa ha dominado y prevalece una economía mixta, la economía social de mercado, y las políticas que se han desarrollado son una mezcla cambiante de intervencionismo y liberalización parcial de mercados, desplegada bajo el paraguas intelectual de la economía ortodoxa. Se trata del paradigma que ha dominado el pensamiento económico occidental y, como se explica en el libro, se construye tras la Segunda Guerra Mundial incorporando al libre mercado un activismo gubernamental significativo, tanto a nivel microeconómico, para la corrección de los fallos de mercado, como a nivel macroeconómico, a través del intervencionismo «keynesiano» de los poderes públicos con sus políticas económicas. Si la ciudadanía confía menos en el sistema, es preciso examinar qué parte de esa pérdida cabe atribuir al tenor, intervencionista o liberalizador, de dichas políticas.

La motivación para escribir este libro ya indica que no se trata, ni lo pretende, de un libro de investigación. Es más bien un ensayo. Un intento de comprender, explicar y persuadir.

Es un ensayo de economista, pero tampoco sólo de economía. John Kay y Mervyn Knight advertían sabiamente en un reciente y recomendable libro que «quien sólo sabe economía, no sabe economía».[4] Efectivamente, este libro no es multidisciplinar, pero sí trata de abordar la cuestión del papel de la confianza en la economía, teniendo en cuenta que la ciencia económica es sólo una de las diversas perspectivas analíticas con las que se pueden estudiar los fenómenos económicos y sociales. La realidad económica y empresarial es mucho más compleja de lo que se puede captar mediante el uso del potente aparato conceptual desarrollado por la ciencia económica a lo largo de los últimos cien años. Disciplinas como la psicología, la ciencia política y la antropología, por ejemplo, complementan la perspectiva que adopto aquí, que es la de la ciencia económica.

La teoría económica constituye, por tanto, el eje central sobre el que construyo mi análisis. Pero no es el único instrumento analítico. La teoría económica ortodoxa aporta rigor y sistemática al análisis. En palabras de Carmen Reinhart y Ken Rogoff es, además, una herramienta inspiradora en la búsqueda de explicaciones de la realidad.[5] Sin embargo, el libro adopta una actitud prudente y al mismo tiempo escéptica sobre el uso de la teoría económica, especialmente cuando se expresa mediante modelos macroeconómicos formales.

Los modelos matemáticos son instrumentos útiles para captar los rasgos esenciales de un problema económico y examinar las principales relaciones entre las variables económicas, así como los posibles efectos de las distintas alternativas de política económica. Pero sólo son eso, una caja de herramientas. Mapas para orientarse en una realidad social y económica muy compleja. El arte del análisis económico es saber escoger el mapa más adecuado e interpretar sus indicaciones con prudencia, sin creer que un plano concreto ofrece señales inequívocas del curso de acción más aconsejable, y mucho menos cuantificaciones válidas o precisas de los posibles efectos de las políticas.

Las advertencias sobre el papel de las matemáticas en economía son tan antiguas como su propio uso. Sólo hace falta releer al primer gran economista que las utilizó con profusión. Alfred Marshall escribía ya en 1906:

> (1) Usa las matemáticas como lenguaje taquigráfico, más que como una herramienta de investigación. (2) Continúa hasta que termines. (3) Tradúcelo al inglés. (4) Luego ilústralo con ejemplos que sean importantes en la vida real. (5) Quema las matemáticas. (6) Si no tienes éxito en el punto 4, quema el 3. Esto último lo hice a menudo.[6]

La evidencia es que, antes y después de la gran crisis financiera de 2007-2008, los modelos formales de la teoría macroeconómica ofrecieron un apoyo muy escaso a los gestores de la política económica y, en ocasiones, pudieron suponer una contraproducente distracción. Un mapa equivocado con el que guiarse ante las turbulencias financieras y la incierta evolución de la economía.

Este libro empezó a gestarse hace diez años, en el periodo posterior a la crisis financiera que estalló en 2007. Dos años antes me había incorporado a la Caixa, con el encargo inicial de reforzar el servicio de estudios, que pocos años después se convertiría en CaixaBank Research. En poco tiempo, justo antes de que estallara la crisis, formamos un sólido equipo de jóvenes economistas, muchos de ellos retornados a Barcelona después de años de formación y trabajo en el extranjero, fundamentalmente en Estados Unidos. Se puede decir que la crisis se prolongó en nuestro país desde 2007 hasta 2014. Nuestro equipo estuvo desde el primer día ayudando a la entidad, a los clientes y al conjunto de la sociedad a entender cómo la crisis mutaba de financiera a inmobiliaria, para devenir luego bancaria, económica, de las finanzas públicas e, incluso, del euro. Cuando, por fin, la situación empezó a estabilizarse, sentí que la gran crisis financiera de 2007-2008 había sido una gran decepción. Un gran fracaso de los gestores de las políticas públicas, que habían sido incapaces de detener la gestación de ese brutal desequilibrio y mitigar sus consecuencias. Y de mi disciplina, la economía, ya que muchas de las herramientas de la ciencia económica habían sido de escasa utilidad para hacerle frente, y no digamos para anticiparla.

La crisis demandaba dos tareas que, como he dicho, son parte del *leitmotiv* de este libro. Primero, intentar entender las consecuencias de la crisis en la ciudadanía y la enorme crisis de confianza en el sistema que suponía; segundo, tratar de adoptar una perspectiva analítica más amplia, más allá de las ideas dominantes de la economía ortodoxa, para entender mejor lo que había sucedido. Estas ideas se fueron traduciendo en artículos de prensa, en editoriales del informe mensual de CaixaBank Research y en algunas conferencias que pronuncié antes y durante la etapa en la presidencia de CaixaBank. Por último, han confluido en este escrito.

Para concluir, me gustaría enfatizar dos principios que han guiado tanto la elaboración de este volumen como mi práctica profesional a lo largo de los años. El primero es el principio de la duda. En el mundo académico no debiera ser una máxima sorprendente. La ciencia avanza sobre las espaldas de los gigantes que han protagonizado los logros científicos a lo largo de la historia. En economía, ciencia social, ese avance es especialmente difícil porque el objeto de estudio tiene una naturaleza cambiante y es difícil pensar que existan patrones o leyes inmutables en el tiempo. Los modelos formales de la economía han proporcionado grandes avances, pero deben ser complementados con las aportaciones de otras ciencias sociales y siempre es preciso tener presente que no todo lo importante para la toma de decisiones cabe en el modelo. Por todo ello, es bueno y prudente regirse por el espíritu crítico y la duda, o por un sano escepticismo. Naturalmente, el riesgo de esta actitud es el que ya detectó hace muchos años Bertrand Russell, cuando decía que el principal problema del mundo es que los fanáticos y los necios están siempre muy seguros de sí mismos, y la gente más sensata está llena de dudas.

Un segundo criterio que informa este libro es la tesis de que en una sociedad avanzada el papel de las instituciones es fundamental, en especial aquellas que son impulsadas y conformadas por la sociedad civil y, por tanto, ajenas e independientes del poder político. A pesar de que asumo el credo del liberalismo político y del individualismo moral, creo que esa primacía de la persona lejos de los colectivismos debe ser compatible con la aspiración de desarrollar el bien común mediante la colaboración con los demás en proyectos colectivos y en instituciones civiles. Las personas estamos de paso en la vida, pero las organizaciones permanecen y fortalecen el tejido social. Desde esta perspectiva confío en que el libro, al igual que mi carrera profesional, reflejen un fuerte sentido del deber institucional.

A lo largo de mi trayectoria como economista y directivo he tenido la fortuna de estar vinculado a dos de estas grandes instituciones que estructuran una sociedad civil sólida y contribuyen al avance de la sociedad. En mi tarea académica, esa institución es el IESE, la escuela de administración de empresas de la Universidad de Navarra, a la que me incorporé en 1987 tras terminar el doctorado en la Universidad de California, Berkeley. En el mundo empresarial, mi vínculo principal ha sido y es con el grupo «la Caixa», al que me incorporé en 2005 y en el que he tenido diversas responsabilidades de dirección.

Ambas instituciones tienen en su génesis la misión de contribuir a la mejora y el progreso de nuestra sociedad. Las dos se centran en las personas y tienen una vocación de muy largo plazo. Son instituciones con propósito, en el sentido del término que abordo en el capítulo 4. Instituciones como estas son un complemento imprescindible de una economía libre de mercado sana y vibrante. En ambas he tenido la suerte de desplegar mi vocación y de aprender al lado de excelentes profesionales y magníficas personas.

Algunas de ellas, además, junto a otros colegas y amigos, me han ayudado en la elaboración de este libro. La responsabilidad final es mía, pero quiero hacer especial mención de las discusiones y los comentarios con algunos de los miembros del equipo de CaixaBank Research, como Oriol Aspachs, Enric Fernández y Avelino Hernández; colegas del departamento de economía del IESE, como la profesora Núria Mas y el profesor Eduard Talamàs; y personas que leyeron borradores del manuscrito como Jordi Amat, Rafael García Nauffal, Gerard Martínez-Criado y el profesor José Luis García Delgado. Gracias también a Bernat Gual i Ricart, por su lectura atenta y crítica. No tengo claro hasta qué punto el espíritu crítico es algo hereditario.

Por último, cómo no, gracias a mis editores, Núria Cabutí y Miguel Aguilar, por creer desde el primer instante en este proyecto y animarme en los momentos en los que me faltaba confianza.

Notas

Introducción

1. M. Levine, «The Crypto Story. Where it came from, what it all means, and why still matters», *Bloomberg*, 25 de octubre de 2022, p. 10. [Trad. propia]

2. La tecnología de cadena de bloques (*blockchain*).

3. L. Barber, *The Powerful and the Damned*, Londres, WH Allen, 2020, p. 29. [Hay trad. cast.: *Vencedores y vencidos. Un diario privado en tiempos turbulentos*, trad. de Ramón González y Marta Valdivieso, Barcelona, Deusto, 2022].

4. J. Sacks, *Morality. Restoring the Common Good in Divided Times*, Londres, Hodder 2020, p. 18.

5. Véase A. Sapir, «Globalization and the Reform of European Social Models», *Journal of Common Market Studies*, vol. 44, n.° 2 (2006), pp. 369-390.

6. Sobre este tema, F. Fukuyama, *Political Order and Political Decay: From the Industrial Revolution to the Globalization of Democracy,* Nueva York, Farrar, Strauss and Giroux, 2014, caps. 5-11.

7. J. Kay y M. Knight, *Radical Uncertainty. Decision-making for an unknowable future*, Londres, The Bridge Street Press, 2020, cap. 14.

8. *Financial Times*, «Christine Lagarde: "I should have been bolder"», 27 de octubre de 2023, <https://www.ft.com/content/c916c994-492c-4639-84ae-4a6dc2cb7426>. [Trad. propia].

9. Véase M. Wolf, *The Crisis of Democratic Capitalism*, Nueva York, Penguin Press, 2023; y M. J. Sandel, *El descontento democrático. En busca de una filosofía pública*, Barcelona, Debate, 2023.

10. Véase F. Fukuyama, *Identity. The demand for dignity and the politics of*

resentment, Nueva York, Farrar, Strauss and Giroux, 2018. [Hay trad. cast.: *Identidad. La demanda de dignidad y las políticas de resentimiento*, Barcelona, Deusto, 2019]; P. Norris y R. Inglehart, *Cultural Backlash. Trump, Brexit and Authoritarian Populism*, Cambridge, Cambridge University Press, 2019; Sacks, *Morality*, *op. cit.*

11. Nótese que otras innovaciones de servicios en línea de los últimos tiempos, como las plataformas de servicios turísticos y de restauración, no han tratado de prescindir de la confianza y han desarrollado sistemas alternativos de confianza distribuida, con mayor o menor éxito. Véase J. Narbona, «La confianza, el ingrediente mágico de las relaciones», *Nuestro Tiempo*, n.º 712 (diciembre de 2021-enero de 2022), <https://nuestrotiempo.unav.edu/es/grandes-temas/la-confianza-el-ingrediente-magico-de-las-relaciones>.

12. Por supuesto, el sistema ha fallado en más de una ocasión, pero este no es el principal problema de las criptomonedas.

13. Véase S. Bowles, *The Moral Economy: Why Good Incentives Are No Substitute for Good Citizens*, New Haven, Yale University Press, 2016, caps. 2 y 3; M. J. Sandel, *What Money Can't Buy, The moral limits of markets*, Londres, Allen Lane, Penguin, 2012, cap. 3. [Hay trad. cast.: *Lo que el dinero no puede comprar*, trad. de Joaquín Chamorro Mielke, Barcelona, Debate, 2013].

1. La confianza no tiene precio

1. «It is impossible to go through life without trust: that is to be imprisoned in the worst cell of all, oneself», G. Greene, *The Ministry of Fear*, Londres, McMillan, 1940, p. 60. [Hay trad. cast.: *El ministerio del miedo*, Barcelona, Edhasa, 2009].

2. «A moment comes to a man when a prison-break must be made whatever the risk. Now, cautiously, he tried for freedom», *Ibid.*

3. Véase J. W. Shenk, «What makes us happy?», *The Atlantic*, junio de 2009, <https://www.theatlantic.com/magazine/archive/2009/06/what-makes-us-happy/307439/>; y *La Vanguardia*, «Entrevista a Richard Waldinger», *La Contra* (20 de septiembre de 2021).

4. Véase J. F. Helliwell *et al.*, «Social Environments for World Happiness», *World Happiness Report 2020*, 2020, cap. 2, <https://worldhappiness.report/ed/2020/social-environments-for-world-happiness/>, así como las ediciones previas y posteriores del informe anual sobre la felicidad que dirigen los economistas Jeffrey Sachs, Richard Layard y John Helliwell. La

Organización para la Cooperación y el Desarrollo Económicos (*OECD Guidelines on Measuring Trust*, París, OECD Publishing, 2017) también detecta una alta correlación entre la confianza en terceros y los datos de satisfacción vital.

5. Véase M. Tomasello, *Becoming Human: a theory of ontogeny*, Boston, Harvard University Press, 2019. [Hay trad. cast.: *Lo que nos hace humanos: una teoría de la ontogenia*, trad. de Isabel Hoyos Seijo, Ávila, Dr Buk, 2021].

6. Axelrod analiza la posibilidad de cooperación entre agentes egoístas en su contribución pionera desde la perspectiva de la teoría de juegos. Como veremos más adelante, la economía moderna ha avanzado introduciendo modelos con otras premisas de comportamiento. Véase *The Evolution of Cooperation*, Nueva York, Basic Books, 1984. [Hay trad. cast.: *La evolución de la cooperación*, trad. de Luis Bou, Madrid, Alianza, 1986].

7. Haidt enfatiza, naturalmente, que este es un debate abierto en la comunidad científica; véase *The Righteous Mind*, Londres, Penguin Books, 2012, cap. 12. [Hay trad. cast.: *La mente de los justos*, trad. de Antonio García Maldonado, Barcelona, Deusto, 2020]. Véase también la discusión en J. Henrich, *The Weirdest People in the World. How the West became Psychologically Peculiar and Particularly Prosperous*, Londres, Allan Lane, 2020, caps. 2 y 4; E. Fehr y U. Fischbacher, «The Nature of Human Altruism», *Nature*, n.° 667 (noviembre de 2023), pp. 789-790.

8. Véase Fehr y Fischbacher, «The Nature of Human Altruism», *op. cit.*, p. 790-791.

9. Véase en particular la introducción de Amartya Sen a la obra de A. Smith [1790], *The Theory of Moral Sentiments*, Nueva York, Penguin Books, 2009. [Hay trad. cast.: *La teoría de los sentimientos morales*, estudio preliminar de Carlos Rodríguez Braun, Madrid, Alianza 1997]. Asimismo, véase la introducción de Carlos Rodríguez Braun a la edición en castellano editada a partir de la sexta y última edición de la obra original.

10. *Ibid.*, p. 75.

11. F. A. Hayek, *The Fatal Conceit: the errors of socialism*, Chicago, University of Chicago Press, 1988, p. 24.

12. *Id.*, *The Constitution of Liberty*, Londres, Routledge, 1960, p. 69. [Hay trad. cast.: *Los fundamentos de la libertad*, trad. de José Vicente Torrente, Madrid, Alianza, 2022].

13. K. Arrow, *The Constitution of Liberty*, Londres, Routledge, 1960, p. 23. [Hay trad. cast.: *Los fundamentos de la libertad*, trad. de José Vicente Torrente, Madrid, Alianza, 2022].

14. Véase *The Economist*, «The state of France's relationship with Britain», 27 de noviembre de 2021, <https://www.economist.com/europe/2021/11/27/the-state-of-frances-relationship-with-britain>.

15. Véase E. L. Glaeser *et al.*, «Measuring Trust», *The Quarterly Journal of Economics*, agosto de 2000, pp. 811-846. <https://scholar.harvard.edu/files/laibson/files/measuring_trust.pdf>; Organización para la Cooperación y el Desarrollo Económicos, *OECD Guidelines on Measuring Trust*, *op. cit.*

16. Para una comparativa entre metodologías, véanse E. Fehr, «On the Economics and Biology of Trust», *Journal of the European Economic Association*, vol. 7, n.os 2-3 (2009), pp. 235-266; Organización para la Cooperación y el Desarrollo Económicos, «Trust and its determinants: Evidence from the Trustlab experiment», *OECD Statistics Working Papers*, 2018/02, n.º 89, París, OECD, 2018.

17. En el cap. 8 de *Bowling Alone: The Collapse and Revival of American Community* (Nueva York, Simon and Schuster, 2001), R. Putnam presenta cifras que decrecen desde el 55 por ciento de los años sesenta hasta el 35 por ciento al terminar el siglo. El grueso del declive lo atribuye a la menor confianza en terceros que exhiben las sucesivas generaciones de estadounidenses. Véase también, más recientemente, R. Putnam y S. R, Garret *The Upswing: How We Came Together a Century Ago and How We Can Do It Again*, Londres, Swift, 2020; así como los datos del Pew Research Center (Attitudes & Trends Question Database, <https://www.pewresearch.org/global/question-search/>).

18. La fuente es la World Value Survey (<https://www.worldvaluessurvey.org/wvs.jsp>) en su Ola 2017-2022. En el caso de España, el examen a lo largo de los años tampoco permite extraer conclusiones claras sobre su evolución. El dato ha oscilado durante mucho tiempo alrededor del 30 por ciento, cayendo durante la crisis de deuda soberana europea hacia el 20 por ciento para situarse posteriormente en el 41 por ciento. El Pew Research Center de Estados Unidos proporciona otra encuesta para verano de 2020. Los países no son totalmente coincidentes y los porcentajes son distintos, pero el *ranking* resultante es parecido. También incluyen datos de confianza las encuestas Gallup que han tendido a utilizarse en las investigaciones sobre felicidad antes mencionadas. Para un resumen de este tipo de datos véanse los datos actualizados que proporcionan E. Ortiz-Espina y M. Roser, «Trust», 2016, <http://ourworldindata.org/trust>. La tabla 1.1 incluye los datos de quince países de la Unión Europea que en 2021 suponían el 90 por ciento de su población y el 89 por ciento de su superficie. La encuesta de valores no incluye datos de Bélgica e Irlanda.

19. El estudio de la confianza es multidisciplinar (existe incluso alguna revista académica especializada como el *International Journal of Trust Research*) y por ello las definiciones de confianza son diversas. Véase, por ejemplo, Mayer *et al.*, «An integrative model of organizational trust», *Academy of Management Review*, vol. 20, n.º 3 (1995), pp. 709-734; OECD, *OECD Guidelines on Measuring Trust*, *op. cit.* Utilizo una definición sencilla, que capta lo esencial del concepto. El análisis posterior añade otras dimensiones de la confianza que son también relevantes.

20. A. C. Baier centra su definición de confianza en este tipo de relación; véase «Trust» [conferencia], The Tanner Lectures on Human Values, Universidad de Princeton, 6-8 de marzo de 1991, 9. 117, <https://tanner lectures.utah.edu/_resources/documents/a-to-z/b/baier92.pdf>.

21. D. Kreps, «Corporate Culture and Economic Theory», en J. E. Alt y K. A. Shepsle, eds., *Perspectives on Positive Political Economy*, Cambridge, Cambridge University Press, 1990, p. 92.

22. V. Camps, *El gobierno de las emociones*, Barcelona, Herder, 2011, cap. 9.

23. Entre otros autores que resaltan la incertidumbre destacan: Baier, «Trust», *op. cit.*; J. Dunn, «Trust and Political Agency», en D. Gambetta, ed., *Trust: Making and Breaking Cooperative Relations* [edición electronica], 1988; y G. Möllering, «Trust, Calculativeness, and Relationships: A Special Issue 20 Years After Williamson (1993a)», *Journal of Trust Research*, vol. 4, n.º 1 (2014). Otros autores enfatizan la vulnerabilidad en el análisis del comportamiento en las organizaciones (Mayer *et al.*, «An integrative model of organizational trust», *op. cit.*) o en la economía experimental (Fehr, «On the Economics and Biology of Trust», *op. cit.*). P. Dasgupta destaca tanto la dificultad de supervisar a la persona en la que se confía como el hecho de que esta puede no ser sincera en la relación (véase «Trust as a Commodity», en D. Gambetta, ed., *Trust: Making and Breaking Cooperative Relations* [edición electronica], 1988, pp. 49-72).

24. Dunn, «Trust and Political Agency», *op. cit.*

25. Véase Johnson *et al.*, «Leonard Cohen goes broke», *Maclean*, 22 de agosto de 2005 [última edición en línea, 7 de julio de 2014].

26. Véase J. Williamson, «Calculativeness, Trust and Economic Organization», *Journal of Law and Economics*, vol. 36, n.º 1 (1993), pp. 453-486.

27. Arrow, *The Limits of Organization*, *op. cit.*, p. 23.

28. Dunn sigue a Hume al definir la confianza como un sentimiento, algo que no se puede escoger, al menos de manera inmediata. Dunn tam-

bién distingue la confianza estratégica de la confianza como pasión. Para él, la confianza como pasión es la expectativa confiada en las intenciones benignas de otra persona libre. Véase, «Trust and Political Agency», *op. cit.*

29. Baier, «Trust», *op. cit.*, p. 111.

30. K. T. Dirks y B. Jong, «Trust Within the Workplace: A Review of Two Waves of Research and a Glimpse of the Third», *Annual Review of Organizational Psychology and Organizational Behavior*, vol. 9, n.° 1 (2022), pp. 247-276.

31. Axelrod, *The Evolution of Cooperation*, *op. cit.*

32. El propio Williamson menciona a Kreps («Corporate Culture and Economic Theory», *op. cit.*) como un ejemplo temprano de tratamiento de la confianza usando teoría de juegos en un análisis de la cooperación en juegos repetidos. Dasgupta («Trust as a Commodity», *op. cit.*, pp. 15-16) presenta un esbozo de modelo de construcción de reputación, aunque reconoce la dificultad de construirlo y que típicamente tiene multiplicidad de equilibrios.

33. C. Camerer y R. Thaler, «Anomalies: Ultimatums, Dictators and Manners», *Journal of Economic Perspectives*, vol. 9, n.° 2 (1995), pp. 209-219. Para este juego véase también M. Rabin, «Incorporating Fairness into Game Theory and Economics», *The American Economic Review*, vol. 83, n.° 5 (1993), p. 1284.

34. Es interesante resaltar que la reacción de la persona receptora de la oferta implica una penalización menor (hay menos reciprocidad negativa) en experimentos en los que la oferta le viene determinada exógenamente al ofertante. Es decir, lo que hace el receptor es penalizar al ofertante no tanto por la oferta efectivamente hecha, sino por la intención que manifiesta al efectuarla. El papel de la intención se revela fundamental, de nuevo, en la generación de un ambiente cooperativo. Véase M. Rabin, «Psychology and Economics», *Journal of Economic Literature*, vol. 36, n.° 1(1998), p. 22.

35. Kreps, «Corporate Culture and Economic Theory», *op. cit.*

36. J. Berg *et al.*, «Trust, Reciprocity, and Social-History», *Games and Economic Behavior*, vol. 10, n.° 1 (1995), pp. 122-142. A continuación, usaremos una versión de su juego.

37. *Ibid.*, p. 131. En dicho caso, el jugador 1 obtiene, en promedio, una ganancia neta de cooperar.

38. Véanse Glaeser *et al.*, «Measuring Trust», *op. cit.*, p. 814; A. Alesina y E. la Ferrara, «Who trusts others?», *Journal of Public Economics*, vol. 85 (2002), p. 210.

39. Greene, *The Ministry of Fear op. cit.*, p. 262.

2. No confiamos lo suficiente

1. Arrow, *The Limits of Organization*, *op. cit.*, p. 23.

2. Mayer *et al.*, «An integrative model of organizational trust», *op. cit.*

3. Véase Glaeser *et al.*, «Measuring Trust», *op. cit.* De todos modos, E. Fehr examina también la relación entre las medidas de confianza reportadas en encuestas y las mediciones experimentales con otros resultados. Argumenta que las encuestas captan la disposición a arriesgarse a depositar la confianza en terceros, así como la aversión a sentirse traicionado; véase Fehr, «On the Economics and Biology of Trust», *op. cit.* Según otros estudios recientes (véase Organización para la Cooperación y el Desarrollo Económicos «Trust and its determinants», *op. cit.*) la confianza en terceros en encuestas capta la confiabilidad esperada y el altruismo propio.

4. Glaeser *et al.*, «Measuring Trust», *op. cit.*

5. Mayer *et al.*, «An integrative model of organizational trust», *op. cit.*

6. Véase Baier, «Trust», *op. cit.*, p. 116.

7. Este extremo, la aversión a la traición, se ha comprobado con métodos experimentales; véase I. Bohnet y R. Zeckhauser, «Trust, risk and betrayal», *Journal of Economic Behavior and Organization*, vol. 55 (2004), pp. 467-484.

8. Fehr, «On the Economics and Biology of Trust», *op. cit.*

9. A. O. Hirschman, «Against Parsimony: Three, Easy Ways of Complicating Some Categories of Economic Discourse», *The American Economic Review*, vol. 74, n.° 2 (1984), pp. 89-96. Por otra parte, la fiabilidad y reputación de una persona no es comparable a la de una empresa. Veremos, en el capítulo 4, que la confianza en las empresas se puede deteriorar con inusitada rapidez.

10. Véase Baier, «Trust», *op. cit.*, pp. 114-115.

11. Véase, por ejemplo, R. D. Luce y H. Raiffa, *Games and Decisions*, Nueva York, John Wiley and Sons, 1957, p. 95.

12. El trabajo de P. Dasgupta, «Trust as a Commodity», ya citado, es pionero al tratar de modelar con teoría de juegos la confianza del cliente en el vendedor de un producto de calidad incierta.

13. K. Binmore, *Rational Decisions*, Princeton, Princeton University Press, 2009, p. 29. Dasgupta llega a conclusiones parecidas cuando analiza la adopción de compromisos basados en la confianza mutua; véase «Trust as a Commodity», *op. cit.*, p. 6. En su modelo, constituyen un mecanismo para modificar los pagos del juego y, por tanto, favorecer la cooperación.

14. Dasgupta también reconoce en su modelo de confianza en el vendedor basado en la teoría de juegos no cooperativos repetidos que en la relación se puede desarrollar una «sensación de obligación» o de deuda con la contraparte, así como lazos afectivos; véase «Trust as a Commodity», *op. cit.*

15. R. H. Frank muestra cómo el porcentaje de casos de no cooperación disminuye conforme es mayor el conocimiento y la interacción entre las partes; véase *Passions Within Reason. The Strategic Role of Emotions*, Nueva York, Norton, 1988, tabla 11.2.

16. Véase *The Economist*, «The state of France's relationship with Britain», *op. cit.*

17. L. Guiso *et al.*, «Cultural Biases in Economic Exchange», *The Quarterly Journal of Economics*, vol. 124, n.º 3 (2009), pp. 1095-1131.

18. Bowles, *The Moral Economy*, *op. cit.*, p. 45.

19. Una revisión general de estos experimentos se encuentra en Fehr, «On the Economics and Biology of Trust», *op. cit.* En cuanto a la racionalidad, es preciso tener en cuenta los múltiples sesgos cognitivos que han documentado diversos investigadores, por ejemplo, Rabin, «Psychology and Economics», *op. cit.*

20. Véase Rabin, «Psychology and Economics», *op. cit.*, pp. 16-17; M. Dewatripont y J. Tirole, «The Morality of Markets and the Nature of Competition», *Mimeo*, 18 de diciembre de 2020.

21. Véase la discusión de Rabin en «Psychology and Economics», *op. cit.*, pp. 18-20.

22. *Ibid.*, p. 21.

23. Esta es una alternativa compleja. El propio Rabin desarrolla un modelo de este tipo. Sin embargo, lo hace en juegos simultáneos y, como el mismo autor reconoce, en juegos en forma secuencial (o extensiva, en terminología de teoría de juegos), la propia historia del juego puede revelar elementos importantes sobre la intencionalidad de los jugadores, y afectar a sus creencias o expectativas. Para un ejemplo de un juego en el que la reciprocidad positiva conllevaría una situación de probable cooperación que su propio concepto de solución no puede captar adecuadamente, véase Rabin, «Incorporating Fairness into Game Theory and Economics», *op. cit.*, p. 1296.

24. Fukuyama, *Identity*, *op. cit.*, cap. 2.

25. R. Benabou y J. Tirole, «Incentives and Prosocial Behavior», *The American Economic Review*, vol. 96, n.º 5 (2006), pp. 1652-1678.

26. G. Akerlof y R. Kranton, *Identity Economics: How Our Identities Shape Our Work, Wages and Well-Being*, Princeton, Princeton University Press, 2010.

27. *Ibid.*

28. E. Fehr y I. Furstenberger, «Normative Foundations of Human Cooperation», *Nature Human Behavior*, n.º 2 (julio de 2018), pp. 458-468.

29. Algo parecido sucede en contextos que no son bilaterales, sino que se refieren a la toma de decisiones colectivas, por ejemplo, sobre bienes públicos. El examen experimental de estos juegos indica que no es apropiado suponer que todos los agentes son altruistas, pero tampoco que todos ellos son egoístas. De hecho, la evidencia muestra que si el diseño institucional es correcto (y permite la penalización explícita de los comportamientos egoístas), es posible originar situaciones en las que el comportamiento es cooperativo, con contribuciones positivas al bien público. Véase Fehr y Fischbacher, «The Nature of Human Altruism», *op. cit.*

30. G. Akerlof, «The Market for 'Lemons': Quality Uncertainty and the Market Mechanism», *Quarterly Journal of Economics*, vol. 84, n.º 3 (1970), p. 500. Un ejemplo de lo que Akerlof detectó lo encontramos en la relación cliente-proveedor cuando la calidad del producto es incierta. Véase la contribución de Dasgupta antes mencionada en «Trust as a Commodity», *op. cit.*

31. James Wilson argumentó con ahínco, hace años, que la moralidad de la persona, que él consideraba innata, era una poderosa fuente de compromiso; véase *The Moral Sense*, Nueva York, Simon and Schuster, 1993.

32. Ilustres economistas, como Robert Solow, mostraron en su día su escepticismo sobre el concepto de capital social, al tiempo que reconocían la importancia del papel de la confianza en la sociedad y la necesidad y dificultad de incorporarlo al análisis económico; véase R Solow, «Notes on social capital and economic performance», en P. Dasgupta y I. Serageldin, eds., *Social Capital: A Multifaceted Perspective*, Washington, Banco Mundial, 2000.

33. Hirschman («Against Parsimony», *op. cit.*) argumenta que la benevolencia, el espíritu cívico y el comportamiento ético (conceptos todos ellos similares a la confianza social) no son un recurso escaso. También explica que ese espíritu cívico puede ser excesivo o insuficiente en función del contexto institucional. Ya en los años setenta economistas como Fred Hirsch advirtieron que el sistema capitalista fracasa si se extiende la idea de que para que funcione bien sólo es preciso la búsqueda del interés propio por parte de los agentes económicos. Si esto ocurre, precisamente faltan algunas virtudes (resumidas en la confianza social) que son fundamentales para su buen funcionamiento. Este tipo de ideas han sido luego exploradas por investigadores como Samuel Bowles (*The Moral Economy*, *op. cit.*), que muestra

cómo los incentivos de mercado pueden modificar las preferencias sociales, disminuyendo el altruismo. Véase también Benabou y Tirole, «Incentives and Prosocial Behavior», *op. cit.*

34. Putnam (*Bowling Alone*, *op. cit.*, cap. 8, p. 139) discute ya la idea de círculos virtuosos y viciosos. Las economías o externalidades de red surgen por la vertiente de oferta o demanda en sectores como el de las comunicaciones o las redes sociales, en los cuales el intercambio entre las personas tiene lugar a través de una red, de tal modo que, al unirse una nueva persona a dicha red, el valor aumenta no sólo para esa persona sino también para todos los miembros de la red.

35. Véase Fukuyama, *Political Order and Political Decay*, *op. cit.*, cap. 7.

36. R. Nozick, *The Examined Life: Philosophical Meditations*, Nueva York, Simon & Schuster, 1989, pp. 76-86. [Hay trad. cast.: *Meditaciones sobre la vida*, trad. de Carlos Gardini, Barcelona, Gedisa, 2018].

37. Véase M. C. Nussbaum, *Political Emotions: Why Love Matters for Justice*, Boston, Harvard University Press, 2013, cap. 8. [Hay trad. cast.: *Emociones políticas. ¿Por qué el amor es importante para la justicia?*, trad. de Albino Santos Mosquera, Barcelona, Paidós, 2014].

38. Fukuyama, *Identity*, *op. cit.* Este autor enfatiza el papel del reconocimiento por terceros como un elemento clave que determina el bienestar y la felicidad de las personas más allá del bienestar económico.

39. Para la relación positiva entre felicidad y pertenencia a una comunidad véase J. F. Helliwell y S. Wang, «Trust and wellbeing», *International Journal of Wellbeing*, vol. 1, n.º 1 (2011), pp. 42-78.

40. Otra manera de verlo es que, en la confianza calculadora, alguien que obtenga beneficios no pecuniarios de pertenencia a un grupo estará dispuesto a otorgar mayor confianza que la que se derivaría de una posición puramente calculadora.

3. La confianza promueve el progreso

1. R. Fisman y E. Miguel, «Corruption, norms and legal enforcement: evidence from diplomatic parking tickets», *Journal of Political Economy*, vol. 115, n.º 6 (2007).

2. Putnam ya enfatiza el concepto de reciprocidad generalizada, y resalta que es necesario que la honestidad sea correspondida. Es entonces cuando se genera fiabilidad (*trustworthiness*); véase *Bowling Alone*, *op. cit.*, cap. 8.

3. Véase Dunn, «Trust and Political Agency», *op. cit.*, p. 81.

4. Putnam, *Bowling Alone*, *op. cit.*, p. 146.

5. R. La Porta *et al.*, «Trust in Large Organizations», *The American Economic Review Papers and Proceedings*, vol. 87, n.º 2 (1997), pp. 333-338.

6. Esta definición coincide con las que utilizan Guiso *et al.* («Cultural Biases in Economic Exchange», *op. cit.*), Alesina y Giuliano («Culture and Institutions», *Journal of Economic Literature*, vol. 53, n.º 4 (2015), pp. 898-944) y Mokyr (*A Culture of Growth: The Origins of the Modern Economy*, Princeton, Princeton University Press, 2016), si bien la dimensión moral recoge los aspectos enfatizados por Fukuyama (*Trust: The Social Virtues and the Creation of Prosperity*, Nueva York, Free Press, 1995. [Hay trad. cast.: *Confianza*, Buenos Aires, Atlántida, 2000]).

7. Véase, por ejemplo, la discusión en L. E. Harrison y S. P. Huntington, eds., *Culture Matters. How Values Shape Human Progress*, Nueva York, Basic Books, 2000. [Hay trad. cast.: *La cultura es lo que importa. Cómo los valores dan forma al progreso humano*, Buenos Aires, Planeta, 2001]; en particular, en el mismo volumen, la contribución del antropólogo R. A. Shweder («Moral Maps, "First World" Conceits, and the New Evangelists»). Véase también S. Pinker, *The Blank Slate: The Modern Denial of Human Nature*, Nueva York, Penguin Books, 2002.

8. Putnam (*Bowling Alone*, *op. cit.*, cap. 8) ya argumenta que la honestidad, el compromiso cívico y la confianza social se refuerzan mutuamente. Sobre capital social, véase Dasgupta, «Economic Progress and the Idea of Social Capital», *op. cit.*, una aproximación pionera que trata de incorporar los conceptos de confianza y capital social en el análisis económico contemporáneo. La definición usada en el texto es de Putnam (*Making Democracy Work: Civic Traditions in Modern Italy*, Princeton, Princeton University Press, 1993, p. 167).

9. Existen otras maneras de conceptualizar la cultura y los valores de una sociedad. Hofstede (1984), por ejemplo, habla de cultura como la programación colectiva de la mente que distingue a un grupo humano de otro. Una cultura comprende distintos programas mentales que se transmiten lentamente de generación en generación. Incluye los sistemas de valores, las actitudes y las creencias. Los sistemas de valores son especialmente importantes, dado que influyen en actitudes y creencias. Los sistemas de valores son las preferencias, las tendencias amplias a preferir un determinado estado de las cosas frente a otros. Hofstede habla de cuatro dimensiones que pueden caracterizar los diferentes sistemas de valores y, por tanto, las diversas culturas: 1) En

qué medida predomina el individuo frente a la colectividad; 2) el grado de jerarquización social; 3) el papel de la masculinidad en la sociedad y 4) la actitud frente a la incertidumbre; véase *Culture's Consequences: international differences in work-related values*, 2.ª ed., Beverly Hills, Sage Publications, 1984. En los trabajos con este marco analítico, España salía clasificada como una sociedad en la que prima el individualismo, la jerarquización social y la aversión al riesgo. Esta es una configuración que, en conjunto, no favorece mucho la competitividad de una economía, ni su acumulación de capital social.

10. Véanse D. S., Landes, *The Wealth and Poverty of Nations: Why Some Are So Rich and Some So Poor*, Nueva York, Norton, 1998. [Hay trad. cast.: *La riqueza y la pobreza de las naciones*, trad. de Santiago Jordán Sempere, Barcelona, Crítica, 2018]; «Culture makes all the difference», en L. Harrison y S. P. Huntington, eds., *Culture Matters. How Values Shape Human Progress*, Nueva York, Basic Books, 2000.

11. Véase Mokyr, *A Culture of Growth*, *op. cit*.

12. Harrison y Huntington, *Culture Matters*, *op. cit.*, intr., p. xxvi.

13. D. North, «Institutions», *Journal of Economic Perspectives*, vol. 5, n.º 2 (1991), pp. 97-112.

14. Véase D. Acemoğlu, S. Johnson y J. A. Robinson, «The Colonial Origins of Comparative Development: An Empirical Investigation», *The American Economic Review*, vol. 91, n.º 5 (2001), pp. 1369-1401.

15. R. Inglehart, «Culture and Democracy», en L. Harrison y S. P. Huntington, eds., *Culture Matters. How Values Shape Human Progress*, Nueva York, Basic Books, 2000.

16. Un primer grupo de países reunía a la Europa protestante, un segundo grupo a la Europa católica, un tercer grupo a países de habla inglesa, un cuarto grupo estaba asociado a las religiones derivadas de las doctrinas de Confucio, un quinto grupo correspondía a países con predominio de la Iglesia ortodoxa, un sexto grupo a los países bálticos que, al igual que los dos grupos anteriores, tendría influencia de los años vividos bajo regímenes comunistas, y finalmente tres grupos con determinantes básicamente geográficos, correspondientes al Sudeste Asiático, Latinoamérica y África.

17. Inglehart, «Culture and Democracy», *op. cit.*, gráfs. 7.1. y 7.2. Véase también el análisis efectuado en *The Economist* a partir de los datos de la Ola 2017-2022 de la encuesta: «Western values are steadily diverging from the rest of the World», 3 de agosto de 2023, <https://www.economist.com/interactive/international/2023/08/03/western-values-are-steadily-diverging-from-the-rest-of-the-world>.

18. Para un resumen de este corpus de investigación, véase Alesina y Giuliano, «Culture and Institutions», *op. cit.* Una aplicación concreta se encuentra en P. Aghion *et al.*, «Regulation and Distrust», *The Quarterly Journal of Economics*, vol. 125, n.° 3 (2010), pp. 1015-1049.

19. Henrich discute también el estudio de Fisman y Miguel y destaca que los funcionarios con un comportamiento más transgresor procedían de culturas en las que los lazos familiares pesaban significativamente; véase *The Weirdest People in the World*, *op. cit.*, pp. 215 y ss.

20. Véanse G. Tabellini, «Institutions and culture», *Journal of the European Economic Association*, vol. 6, n.ºs 2-3 (2008), pp. 255-294; «Culture and Institutions: Economic Development in the Regions of Europe», *Journal of the European Economic Association*, vol. 8, n.° 4 (2010), pp. 677-716.

21. El trabajo de Henrich otorga también gran importancia a la religión, en concreto al cristianismo, como factor que facilitó la desaparición de los clanes y las relaciones sociales basadas en el parentesco en muchas partes de Europa. Para Henrich este fue un elemento determinante en el despegue económico del continente, ya que al debilitarse los lazos familiares se pudo extender la confianza interpersonal y florecieron los artesanos y el comercio. Es la época del Renacimiento en el norte de Italia y de la expansión de las ciudades hanseáticas; véase *The Weirdest People in the World*, *op. cit.*

22. Alesina y Giulano («Culture and Institutions», *op. cit.*) ofrecen un resumen de la evidencia. Véase también Glaeser *et al.* («Measuring Trust», *op. cit.*); Alesina y La Ferrara («Who trusts others?», *op. cit.*); los resultados del Trustlab de la OECD («Trust and its determinants», *op. cit.*); las encuestas del Pew Research Center y el resumen de la Encuesta Mundial de Valores de Ortiz-Espina y Roser («Trust», *op. cit.*).

23. Alesina y Giuliano («Culture and Institutions», *op. cit.*, p. 923) describen el caso del judaísmo a partir de los trabajos de Botticini y Eckstein.

24. Como veremos en el capítulo 11, el efecto del crecimiento económico en la confianza social dependerá también de la efectividad de las políticas de redistribución.

25. Y. Algan y P. Cahuc controlan la causalidad utilizando datos culturales de inmigrantes de segunda generación en Estados Unidos; véase «Inherited Trust and Growth», *The American Economic Review*, vol. 100, n.° 5 (2010), pp. 2060-2092.

26. La relación entre la confianza y el progreso material individual es positiva (las personas que confían disponen de más oportunidades), pero podría devenir negativa si un exceso de confianza en terceros conlleva correr

demasiados riesgos; véase Alesina y Giuliano, «Culture and Institutions», *op. cit.*, p. 906.

27. *Ibid.*, p. 902.

28. Putnam resalta que la confianza social y la confianza en las instituciones públicas deben mantenerse separadas teóricamente y que la confianza en las instituciones públicas puede ser tanto causa como consecuencia de la confianza social; véase *Bowling Alone*, *op. cit.*, p. 137.

29. Williamson, «Calculativeness, Trust and Economic Organization», *op. cit.*

30. Hirschman, «Against Parsimony», *op. cit.*

31. Véase el capítulo 5, así como Ortiz-Espina y Roser, «Trust», *op. cit.*

32. El trabajo de Fisman y Miguel ofrece también un ejemplo del efecto de las instituciones públicas en la cultura. Según los autores, al no tener que pagar las multas, los diplomáticos de los países con normas sociales exigentes frente a la corrupción a la larga fueron modificando —en sentido negativo— su comportamiento. Nótese, de todos modos, que la institución —la exención de las multas— no se hubiera desarrollado en su país de origen, de ahí que predomine el efecto de la cultura sobre las instituciones públicas y no de estas últimas sobre la cultura; véase «Corruption, norms and legal enforcement», *op. cit.*

33. Ortiz-Espina y Roser, «Trust», *op. cit.* En el caso de los países europeos, véanse los comentarios de la tabla 5.1, así como la nota 14 del capítulo 5. España e Italia son dos países que, en términos de *ranking* a nivel europeo, se posicionan mucho mejor en confianza interpersonal que en confianza en las instituciones públicas.

34. P. Collier y J. Kay, *Greed is Dead: Politics After Individualism*, Londres, Allen Lane, 2020, p. 107.

35. Putnam y Garret, *The Upswing*, *op. cit.* Véase también la excelente discusión de la cultura del *me* en D. Brooks, *The Road to Character*, Londres, Penguin Books, 2016, cap. 1.

36. Para una discusión de la contraposición entre liberalismo y comunitarismo con diversos matices, véase M. J. Sandel *Public Philosophy: Essays on Morality in Politics*, Cambridge, Harvard University Press, 2005, ensayos 28 y 30. [Hay trad. cast.: *Filosofía Pública. Ensayos sobre moral en política*, trad. de Albino Santos Mosquera, Barcelona, Debate, 2020]; *What Money Can't Buy*, *op. cit.*

37. Fukuyama, *Identity*, *op. cit.*, p. 56.

38. R. Riemen, *To Fight Against this Age: On Fascism and Humanism*, Nueva York, Norton, 2018, pp. 37-50.

39. Como hemos visto (Alesina y La Ferrara, «Who trusts others?», *op. cit.*), en un entorno de alta diversidad cultural es más difícil la generación de confianza social y la correspondiente acumulación de capital social. Richard Layard destaca también la relación entre baja felicidad y la diversidad étnica de la comunidad; véase *Can we be happier? Evidence and Ethics*, Londres, Pelican Books, 2020, p. 185. Por último, movimientos políticos en alza, como la ideología *woke*, al apoyar colectivos culturales o étnicos históricamente discriminados, pueden, en la práctica, estar reforzando la desconfianza entre las distintas culturas e identidades (véase la discusión en Yascha Mounk, *The Identity Trap. A Story of Ideas and Power in Our Time*, Nueva York, Penguin Press, 2023).

40. Véase Tabellini, «Institutions and culture», *op. cit.*

41. Collier y Kay (*Greed is Dead*, *op. cit.*, caps. 9 y ss.) ofrecen un análisis de interesantes propuestas comunitarias, compatibles con un marco general de carácter liberal. Asimismo, R. Rajan ha escrito recientemente en esta línea; véase *The Third Pillar: How Markets and the State Leave the Community Behind*, Nueva York, Penguin Press, 2019. Véase también la contribución de Y. Mounk, *The Great Experiment: Why Diverse Democracies Fall Apart and How They Can Endure*, Londres, Bloomsbury Publishing, 2022.

4. ¿Cómo pueden las empresas generar confianza?

1. M. Bassets, «El presidente de Danone: "Una empresa que sólo sirva a los accionistas es una herejía"», *El País,* 5 de mayo de 2019, <https://elpais.com/economia/2019/05/03/actualidad/1556877937_522057.html>.

2. Véase *The Economist*, «Danone rethinks the idea of the firm», 9 de agosto de 2018 <https://www.economist.com/business/2018/08/09/danone-rethinks-the-idea-of-the-firm?>.

3. Véase *Financial Times*, «Danone adopts legal status to reflect social mission», 26 de junio de 2020, <https://www.ft.com/content/1eff9241-ef11-4a38-8b5c-bb825fa108ca>.

4. *Ibid.*

5. Véase *Financial Times*, «German 30-year bund sale faces weakest demand since 2011», 21 de agosto de 2019, <https://www.ft.com/content/00e67164-c3fd-11e9-a8e9-296ca66511c9>; «German lender Berlin Hyp sells €1bn covered bond with record negative yield», 22 de agosto de 2019, <https://www.ft.com/content/87f8a672-c3ee-11e9-a8e9-296ca

66511c9>. Para un análisis de la relación entre Danone y los fondos activistas, véase J. Canals, *Danone in 2021: Dealing with Activist Investors* [estudio de caso], Barcelona, IESE, enero de 2022.

6. Véase C. Mayer, *Prosperity: Better Business Makes Greater Good*, Oxford, Oxford University Press, 2018, p. 12.

7. El concepto de empresa *stakeholder* tiene una larga tradición en la literatura de estrategia empresarial; véase E. R. Freeman, *Strategic Management: A Stakeholder Approach*, Cambridge, Cambridge University Press, 2010. En los últimos años ha cobrado un fuerte impulso a partir de trabajos como los de L. Stout (*The Shareholder Value Myth*, San Francisco, Berrett-Koehler Publishers, 2012) y C. Mayer (*Firm Commitment*, Cambridge, Cambridge University Press, 2015).

8. Véase Business Roundtable, «Business Roundtable Redefines the Purpose of a Corporation to Promote An Economy that Serves All Americans», 19 de agosto de 2019 <https://www.businessroundtable.org/business-roundtable-redefines-the-purpose-of-a-corporation-to-promote-an-economy-that-serves-all-americans>. El Foro Económico Mundial propuso también hace años la adopción de este nuevo modelo y lo ha reiterado recientemente; véase K. Schwab, «Manifiesto de Davos 2020: El propósito universal de las empresas en la Cuarta Revolución Industrial», Foro Económico Mundial, 2 de diciembre de 2019, <https://es.weforum.org/agenda/2019/12/manifiesto-de-davos-2020-el-proposito-universal-de-las-empresas-en-la-cuarta-revolucion-industrial/>.

9. Council of Institutional Investors, «Council of Institutional Investors Responds to Business Roundtable Statement on Corporate Purpose», 19 de agosto de 2019, <https://www.cii.org/aug19_brt_response#>. Véase *The Economist*, «What companies are for», 24 de agosto de 2019, <https://www.economist.com/leaders/2019/08/22/what-companies-are-for>.

10. Véase M. Friedman, «The Social Responsibility of Business Is to Increase Its Profits», *The New York Times*, 13 de septiembre de 1970.

11. Véase *Financial Times*, «How to build a more responsible capitalism», 13 de octubre de 2019, <https://www.ft.com/content/8b282346-eaa3-11e9-85f4-d00e5018f061>.

12. La terminología en inglés es *enlightened shareholder value*. Véase L. Bebchuk y R. Tallarita, «The Illusory Promise of Stakeholder Governance», *Cornell Law Review*, vol. 106, n.º 91 (2020), pp. 91-177. Véase también J. Gual, «Capitalisme il·lustrat?», *ARA*, 1 de abril de 2023.

13. Algo parecido sugiere Rebecca Henderson cuando propone una

combinación de regulación y la actuación conjunta de la comunidad empresarial; véase *Reimagining Capitalism in a World on Fire*, Nueva York, PublicAffairs, 2020. [Hay trad. cast.: *Reinventando el capitalismo*, Barcelona, Profit, 2021].

14. Véase L. Fink, «Letter to CEOs: The Power of Capitalism», *BlackRock*, 18 de enero de 2022, <https://www.blackrock.com/corporate/investor-relations/larry-fink-ceo-letter».

15. Para una visión contraria al paradigma del valor para los *stakeholders* con argumentos teóricos y evidencia empírica, véase Bebchuk y Tallarita, «The Illusory Promise of Stakeholder Governance», *op. cit.*

16. Véase *Financial Times*, «Fired P&O seafarers recall "shocking" sackings as they face an uncertain future», 1 de abril de 2022, <https://www.ft.com/content/493a14a9-d332-4673-93b5-bfb7dc2ed04b>.

17. *Ibid.*

18. Véase *Financial Times*, «Dubai owner of P&O Ferries hails management's 'amazing job' over sackings», 29 de mayo de 2022, <https://www.ft.com/content/be0734b3-35a7-4930-a21f-a631d664e862>.

19. Los resultados financieros y los valores corporativos de DPWorld se pueden consultar en www.dpworld.com. La cita del texto (traducción propia) procede de la p. 50 del informe anual de 2022. La empresa es propiedad de la Autoridad Portuaria de Dubái y está controlada por el jeque de Dubái Mohamed bin Rashid Al Maktoum. Véase DPWorld, *Annual Report and Accounts 2022*, 2022, <https://www.dpworld.com/investors/annual-report-2022>.

20. *Financial Times*, «Europe Express», 18 de abril de 2023, <https://www.ft.com/europe-express>.

21. Siguiendo las tesis de Mayer, *Firm Commitment*, *op. cit.*

22. Véanse A. Argandoña, *La empresa, una comunidad de personas*, Barcelona, Plataforma, 2021; J. Canals, *Boards of Directors in Disruptive Times*, Cambridge, Cambridge University Press, 2023. [Hay ed. cast.: *Transformarse para perdurar. Consejos de administración y gobierno de la empresa en épocas de cambios disruptivos*, Barcelona, Deusto, 2023].

23. «While many CEOs may want to do the right thing (or have family and friends who do), they know they have competitors who don't». Citado por G. Hinks, «Debate over 'shareholder' or 'stakeholder' primacy goes global», *Board Agenda*, 28 de agosto de 2019, <https://boardagenda.com/2019/08/28/debate-over-shareholder-or-stakeholder-primacy-goes-global/>.

24. En el caso de las contribuciones de las empresas a objetivos sociales, el argumento de Friedman es, naturalmente, que esta es una decisión que pueden y deben tomar por su cuenta los accionistas de la compañía, si así lo desean. Sin embargo, este planteamiento obvia que la empresa puede desempeñar un papel clave de coordinación entre muchos inversores y acometer unos proyectos y objetivos que difícilmente pueden plantearse por sí mismos de manera individual. Véase O. Hart y L. Zingales, «Companies Should Maximize Shareholder Welfare and not Market Value», *Journal of Law, Finance and Accounting*, n.º 2 (2017), pp. 247-274.

25. Véase Mayer, *Firm Commitment*, *op. cit.*

26. Véase M. Porter, G. Serafeim y M. Kramer, «Where ESG fails», *Institutional Investor*, 16 de octubre de 2019, <https://www.institutionalinvestor.com/article/2bswdin8nvg922puxdzwg/opinion/where-esg-fails>.

27. Véase R. G. Eccles y S. Klimenko, «The Investor Revolution. Shareholders are getting serious about sustainability», *Harvard Business Review*, mayo-junio de 2019.

28. M. Porter, G. Serafeim y M. Kramer («Where ESG fails», *op. cit.*) argumentan que sólo existen ganancias reales de rentabilidad asociadas a tener objetivos no financieros cuando las acciones ESG forman parte integral de la estrategia de la empresa. Naturalmente, esta tesis encaja con su modelo de «valor compartido».

29. Véanse S. Thomsen, *The Danish Industrial Foundations*, Copenhague, DJOF Publishing, 2017; Mayer, *Prosperity*, *op. cit.*, p. 41.

30. Véase L. Strine, «Corporate Power is Corporate Purpose I: evidence from my hometown», *Oxford Review of Economic Policy*, vol. 33, n.º 2 (2017), pp. 176-187.

31. Véase el análisis que hace *Financial Times* en «Europe Express», *op. cit.*

32. Véase, sobre esta cuestión, J. Gual, «Foundations are an answer to the problem of short-termism», *Financial Times*, 3 de febrero de 2020. Es interesante comprobar que, en empresas de nueva creación, por ejemplo, en el campo de la inteligencia artificial, compañías como OpenAI han pasado a ser sociedades anónimas para poder captar capital y así crecer, pero al mismo tiempo han introducido una gobernanza especial para intentar mantener el control de la compañía por sus fundadores y de este modo garantizar que se preserva la misión de la empresa.

33. Véase J. Gual, «Ulises y el gobierno de la empresa», *La Vanguardia*, 5 de enero de 2014.

34. Para un panorama reciente, véase G. Gorton, J. Grennan y A. K. Zentefis, «Corporate Culture», *NBER Working Paper Series*, National Bureau of Economic Research, octubre de 2021 <https://www.nber.org/system/files/working_papers/w29322/w29322.pdf>. Kreps («Corporate Culture and Economic Theory», *op. cit.*) fue pionero en el análisis teórico del concepto desde la perspectiva de la teoría de juegos, enfatizando cómo la cultura puede servir para determinar el punto focal en los múltiplos equilibrios posibles de un juego repetido.

35. L. Guiso, *et al.*, «The Value of Corporate Culture», *Journal of Financial Economics*, n.º 117 (2015), pp. 60-76.

36. *Ibid.*, p. 62.

37. Véase J. Ewing, «Dieselgate: Inside the air pollution scandal of the century», *Medium*, 4 de agosto de 2019, <https://medium.com/dyson-on/dieselgate-inside-the-air-pollution-scandal-of-the-century-2e462f430025>.

38. Véase por ejemplo I. Lapowsky, «How Cambridge Analytica Sparked the Great Privacy Awakening», *WIRED*, 17 de marzo de 2019, <https://www.wired.com/story/cambridge-analytica-facebook-privacy-awakening/>.

39. Un ejemplo de ámbito internacional es el Edelman Trust Barometer.

40. Véase *The Economist*, «Mars Inc gets the purpose v profit balance right», 30 de junio de 2022, <https://www.economist.com/business/2022/06/30/mars-inc-gets-the-purpose-v-profit-balance-right>.

41. <www.mars.com>.

5. ¿Podemos confiar en las instituciones públicas?

1. Véase la discusión en el capítulo 11.

2. Fukuyama, *Political Order and Political Decay*, *op. cit.*, caps. 1, 36. Como hemos visto en el capítulo 3, Henrich (*The Weirdest People in the World*, *op. cit.*) también destaca la dificultad que ha supuesto para muchas sociedades desarrollar organizaciones sociales que no se fundamentan en el parentesco.

3. Hayek, *The Constitution of Liberty*, *op. cit.*, caps. 14 y 16.

4. Carlos Sebastián examina numerosos ejemplos de la provisión de servicios públicos y la regulación en España, y muestra que la Administración, o bien no ha sido eficiente, o bien ha violado el principio de no

discriminación entre administrados con frecuentes episodios de clientelismo o corrupción; véase *España estancada. Por qué somos poco eficientes*, Barcelona, Galaxia Gutenberg, 2016.

5. Fukuyama ofrece un análisis histórico interesante de cómo la evolución política en Estados Unidos y el Reino Unido permitió la erradicación gradual del clientelismo; véase *Political Order and Political Decay*, *op. cit.*, caps. 8, 10.

6. En «The Political Economy of Government Debt» (en J. Taylor y H. Uhlig, eds., *Handbook of Macroeconomics*, North Holland, Elsevier, 2015), A. Alesina y A. Passalacqua revisan la literatura académica en la que se han creado modelos que captan la idea de que los políticos pueden introducir distorsiones para de este modo captar rentas. Sobre este tema véase también el capítulo 11. Para el caso de España, véase la contribución de P. Sorribas-Navarro, «Corrupción y confianza en los políticos en España», *Papeles de Economía Española*, n.º 168 (2021), pp. 157-170, <https://www.funcas.es/wp-content/uploads/2021/05/PEE-168_11.pdf>. Véase también el artículo de C. Sanz, «¿Más o menos impuestos?, Renta, confianza en las Instituciones y preferencias impositivas», *Papeles de Economía Española*, n.º 172 (2022), pp. 58-68, <https://www.funcas.es/wp-content/uploads/2022/06/PEE_172_Carlos-SANZ.pdf>.

7. La literatura sobre este tema es muy extensa. En el caso español, quisiera destacar los análisis que ha llevado a cabo Ginés de Rus sobre la rentabilidad social de las inversiones en los trenes de alta velocidad (los informes relevantes se pueden encontrar en www.fedea.es).

8. *The Economist*, «African governments are trying to collect more taxes», 11 de enero de 2020, <https://www.economist.com/middle-east-and-africa/2020/01/11/african-governments-are-trying-to-collect-more-tax>.

9. Es preciso advertir, naturalmente, que correlación no implica causalidad. Por otro lado, es importante que los datos de economía informal, puesto que son estimaciones indirectas, no se basen en estadísticas de confianza o corrupción. El método usado por L. Medina y F. Schneider se sirve de múltiples indicadores y sólo uno de ellos se refiere a la calidad de las instituciones públicas; véase «Shedding Light on the Shadow Economy: A Global Database and the Interaction with the Official One», *CESifo Working Papers Series*, n.º 7981, diciembre de 2019.

10. Véase un análisis alternativo interesante en I. Sánchez-Cuenca, *El desorden político. Democracias sin intermediación*, Madrid, Catarata, 2022, pp. 100-106.

11. La Encuesta Mundial de Valores corresponde al periodo 2017-2022. El coeficiente de correlación entre ambas encuestas es 0,8 para la confianza en el Gobierno; 0,7 para la Administración; 0,9 para la justicia y 0,8 para la policía. Para los partidos políticos es sólo 0,5. La correlación entre ambas encuestas es también similar si, en lugar de usar los datos de confianza, utilizamos la ordenación que efectúan ambas encuestas de los quince países que estamos considerando. En el caso de la Encuesta Mundial de Valores se agregan los porcentajes de mucha confianza y bastante confianza, como hicimos en las tablas 1.1 y 4.1.

12. De los quince mayores países de la Unión Europea por población sólo faltan Bélgica y Austria. Si consideramos los quince mayores por superficie, sólo faltarían Austria e Irlanda. Como ya indiqué en el capítulo 1, los datos de confianza en los demás no están disponibles para Bélgica e Irlanda.

13. Estas conclusiones se mantienen si en lugar del Eurobarómetro se usa la Encuesta Mundial de Valores.

14. Las principales excepciones son España, Italia y Holanda como países en los que la confianza interpersonal es claramente mayor que la confianza en las instituciones públicas. La situación contraria sucede en Francia y, en menor medida, en Hungría.

15. Organización para la Cooperación y el Desarrollo Económicos, *OECD Guidelines on Measuring Trust*, *op. cit.*

16. Véase www.transparecy.org. Los datos para la edición de 2023 son los siguientes para los quince países examinados. Tras cada país incluyo su posición en el *ranking* y la puntuación. Dinamarca: 1,90; Finlandia: 2, 87; Suecia: 5, 83; Holanda: 8, 80; Alemania: 9, 79; Francia: 21, 72; Portugal: 33, 62; España: 35, 60; República Checa: 41, 56; Italia: 41, 56; Polonia: 45, 55; Grecia: 51, 52; Rumanía: 63, 46; Bulgaria: 72, 43 y Hungría: 77, 42.

17. Organización para la Cooperación y el Desarrollo Económicos, «Trust and its determinants», *op. cit.* Los países que comprende el Trustlab de la OCDE son Francia, Corea del Sur, Eslovenia, Estados Unidos, Alemania e Italia.

18. Véase Ortiz-Espina y Roser, «Trust», *op. cit.*

19. Véase Alesina y Giuliano, «Culture and Institutions», *op. cit.*

20. D. Ziblatt y S. Levitsky, *How Democracies Die: What History Reveals About Our Future*, Nueva York, Penguin Random House, 2018.

21. Véase, por ejemplo, el interesante reportaje sobre Italia en *La Vanguardia*, «Italia: ¿Un país del Este?», 25 de septiembre de 2022.

22. El director general del BIS, Agustín Carstens, se hizo eco recientemente del riesgo que supone la falta de confianza en las políticas económicas; véase «Discurso de aceptación del Premio de Economía Rey de España 2022», Madrid, Fundación José Celma Prieto y Banco de España, 2023.

23. J. Dieleman *et al.*, «Pandemic preparedness and COVID-19: an exploratory analysis of infection and fatality rates, and contextual factors associated with preparedness in 177 countries, from Jan 1, 2020 to Sept 30, 2021», *The Lancet*, 1 de febrero de 2022, <https://www.thelancet.com/journals/lancet/article/PIIS0140-6736(22)00172-6/fulltext>.

6. ¿Son de fiar las finanzas?

1. Si el sector está muy reglamentado, como sucedió entre el fin de la Segunda Guerra Mundial y el inicio de la liberalización del sector en los años ochenta, es posible conseguir una incidencia mucho menor de crisis financieras y quiebras bancarias. La excesiva regulación tiene, naturalmente, costes en términos de eficiencia y este fue el argumento para proceder a la desregulación del sector (véanse los capítulos 7 y 8).

2. Aunque el mundo de las criptomonedas aporta innovación, algunos de los problemas que se plantean en él son muy viejos. Por ejemplo, las denominadas *stablecoins* prometen ser convertibles bajo demanda en monedas de curso legal, a una paridad determinada. Sin regulación y supervisión por parte de las autoridades, esta promesa exige que los tenedores de estas monedas digitales tengan una elevadísima confianza en los emisores.

3. Los escritos de John Maynard Keynes compilados en sus *Essays in Persuasion* de 1931 constituyen un fascinante análisis contemporáneo de estos acontecimientos; véase *Essays in Persuasion, The Collected Writings of John Maynard Keynes*, vol. IX, Cambridge, The MacMillan Press, 1972. [Hay trad. cast.: *Ensayos de persuasión*, trad. de Jordi Pascual, Barcelona, Crítica, 1988]. Para una discusión moderna, véase B. Eichengreen y O. Jeanne, «Currency Crisis and Unemployment: Sterling in 1931», en P. Krugman, ed., *Currency Crises*, Chicago, University of Chicago Press, 2000.

4. Véase P. Seabright, *The Company of Strangers. A Natural History of Economic Life*, Princeton, Princeton University Press, 2004, cap. 4).

5. Véanse *The Economist*, «In dollars we trust», 27 de abril de 2013, <https://www.economist.com/finance-and-economics/2013/04/27/in-dollars-they-trust>; «Why Zimbabweans buy pensions denominated in

cows», 14 de mayo de 2022, <https://www.economist.com/middle-east-and-africa/2022/05/14/why-a-zimbabwean-firm-offers-pensions-denominated-in-cows>.

6. En cuanto a la evidencia sobre la importancia de la credibilidad de reguladores y supervisores, véase N. Fraccaroli *et al.*, «Does regulatory and supervisory independence affect financial stability?», *Staff Working Paper* n.º 893, Londres, Banco de Inglaterra, noviembre de 2020, <https://www.bankofengland.co.uk/-/media/boe/files/working-paper/2020/does-regulatory-and-supervisory-independence-affect-financial-stability.pdf>.

7. Para una discusión detallada, véase J. Gual, «El carácter procíclico del sistema financiero», *Estabilidad Financiera*, n.º 16 (mayo de 2009); J. Gual y S. Jódar-Rosell, «La prociclicidad del sistema financiero tras las reformas», *Papeles de la Fundación, Fundación de Estudios Financieros*, n.º 52 (2014), pp. 65-84.

8. Incluso se resucitó el Plan de Chicago de los años treinta; véase J. Benes y M. Kumhof, «The Chicago Plan Revisited», documento revisado, *IMF*, 7 de febrero de 2013. Este tipo de propuestas aparecen recurrentemente en momentos de crisis bancarias, como sucedió de nuevo con la crisis de Silicon Valley Bank y la banca regional americana en 2023; véase, entre otros, M. King, «We need a new approach to banking regulation», *Financial Times*, 12 de mayo de 2023, <https://www.ft.com/content/43b926a6-b1ba-47a6-91f7-9ad5f776f8f8>.

9. Sobre la propuesta de banca estrecha, véase J. Kay, «Should we have narrow banking?», *The Future of Finance: The LSE Report*, Londres, The London School of Economics and Political Science, 2011. Sobre la banca de propósito limitado, véase C. Chamley, L. Kotlikoff y H. Polemarchakis, «Limited Purpose Banking – Moving from "Trust me" To "Show me" Banking», *American Economic Review*, vol. 102, n.º 3 (2012), pp. 113-119.

10. Véase J. Gual, «Lliçons de la crisi: economia productiva vs. economia financera», *Renovació de la industria i sortida de la crisis*, Document d'Economia Industrial, n.º 34 (abril de 2009), pp. 53-81.

11. El detalle de este incremento de peso del sector financiero se discute en el capítulo 7.

12. Esto no significa que el dinero bancario se cree según la libre discreción de las entidades financieras como algunos han querido dar a entender; véase, por ejemplo, M. McLeay, *et al.*, «Money Creation in the Modern Economy», *Quarterly Bulletin*, Q1, Londres, Banco de Inglaterra, 2014, pp. 14-27, <https://www.bankofengland.co.uk/quarterly-bulletin/2014/

q1/money-creation-in-the-modern-economy>. Las restricciones en términos de ratios de liquidez y solvencia lo impiden; al respecto, véase Deutsche Bundesbank, «The role of banks, non-banks and the central bank in the money creation process», *Monthly Report*, abril de 2017, pp. 13-33, <https://www.bundesbank.de/resource/blob/654284/df66c4444d065a7f519e2ab0c476df58/mL/2017-04-money-creation-process-data.pdf>.

13. Para tener cierta perspectiva es bueno comparar la burbuja estadounidense con la española. El fenómeno en España fue más acusado, si bien no estuvo acompañado de aspectos de innovación financiera como sí sucedió en Estados Unidos. En España los precios se multiplicaron por 2,5 y en Estados Unidos por 2. En España, el peso de la inversión residencial en el PIB se incrementó en 3,5 puntos porcentuales y en Estados Unidos en 2.

14. Entre otros, las *Collateralized Debt Obligations.*

15. Véanse L. Ball, «The Fed and Lehman Brothers» [ponencia], NBER Monetary Economics Program, John Hopkins University, 14 de julio de 2016, <https://back.nber.org/appendix/w22410/The%20Fed%20and%20Lehman%20Brothers.pdf>; H. Kaufman, *Tectonic Shifts in Financial Markets: People, Policies, and Institutions*, Nueva York, Springer, 2017.

16. En *Stress Test. Reflections on Financial Crises* (Nueva York, Penguin Random House, 2014, pp. 273-274), T. F. Geithner reconoce que el posicionamiento contrario a los rescates del Gobierno, en concreto del secretario del Tesoro Hank Paulson, sólo tenía sentido como una posición negociadora, para controlar el gasto en ayudas a un posible comprador de Lehman. Tanto el Gobierno como el regulador estaban preocupados por lo que podía suceder a continuación, puesto que se sabía que también Merrill y AIG podían necesitar apoyo. La crisis era sistémica y no se hubiera detenido sin la intervención gubernamental; véase también H. Paulson, *On the Brink: Inside the Race to Stop the Collapse of the Global Financial System*, Nueva York, Hachette Book Group, 2010; H. Scott, *Connectedness and Contagion: Protecting the Financial System from Panics,* Cambridge, The MIT Press, 2016. Posteriormente, el 8 de septiembre, se anunció un enorme paquete para Freddy Mac y Fanny Mae, entidades sistémicas por su papel clave en el mercado de vivienda estadounidense.

17. Según Ball («The Fed and Lehman Brothers», *op. cit.*), las autoridades ni tan siquiera se interesaron en examinar hasta qué punto el banco disponía de suficiente colateral para recibir liquidez y de este modo proceder a una liquidación gradual y ordenada de la entidad. La visión de las autori-

dades involucradas es otra. Geithner en particular (*Stress Test*, *op. cit.*, p. 285), dice explícitamente que creían que no tenían autoridad legal para garantizar algunos de los pasivos de Lehman.

18. Las recapitalizaciones generalizadas y rápidas fueron especialmente efectivas, al no provocar un efecto estigma en el mercado y evitar un deterioro adicional del valor de los activos. Asimismo, la efectividad del uso de compañías de tenencia de activos dañados (conocidos como bancos malos) dependió en gran medida de los detalles de diseño.

19. Autores como Rajan, Mian y Sufi han destacado que, desde ámbitos políticos, se favoreció el acceso a la vivienda de las capas más humildes de la población con políticas inapropiadas basadas en el endeudamiento; véanse R. Rajan, *Fault Lines: How Hidden Fractures Still Threaten the World Economy*, Princeton, Princeton University Press, 2010; A. Mian y A. Sufi, *House of Debt: How They (and You) Caused the Great Recession, and How We Can Prevent It from Happening Again*, Chicago, University of Chicago Press, 2015.

20. El debate sobre las causas de la Gran Recesión continúa abierto. J. Tirole enfatiza los enormes fallos de la regulación y el problema de los incentivos y la información que tenían los agentes, y no tanto el comportamiento malévolo de actores concretos; véase «Lessons from the Crisis», en M. Dewatripont, J.-C. Rochet y J. Tirole, *Balancing the Banks*, Princeton, Princeton University Press, 2010, p. 10. Algo similar argumenta W. Lo, quien revisa una amplia lista de posibles culpables analizados en la literatura; véase *Adaptive Markets. Financial Evolution at the Speed of Thought*, Princeton, Princeton University Press, 2017, p. 301.

21. Existe, naturalmente, una fuerte corriente de opinión que es crítica con el capitalismo y, en especial con las finanzas, desde una perspectiva moral. Se argumenta que el sistema capitalista favorece los comportamientos egoístas, el materialismo y el «amor del dinero» del que hablaba Hirschman («Against Parsimony», *op. cit.*, pp. 89-96). El autor explora la idea de que una de las justificaciones del capitalismo fue la creencia de que mediante el comercio y los negocios se podían canalizar aquellas pasiones de la naturaleza humana que de otra manera serían autodestructivas. No es una justificación moral del capitalismo, sino eminentemente práctica. Para una justificación moral sólida del capitalismo solo hace falta acudir a los escritos de A. Smith y F. von Hayek.

22. Véase sobre esta cuestión Lo, *Adaptive Markets*, *op. cit.* El autor examina los problemas de gobernanza en Lehman Brothers, así como las insufi-

ciencias de un organismo regulador como la SEC. Véase también la conferencia de la que fuera la primera presidenta del nuevo supervisor bancario europeo Danielle Nouy, «Ethics in Banking. From Gordon Gekko to George Bailey», VII Congress of the Solvay Schools and their Alumni, Bruselas, 15 de octubre de 2018, <https://www.bankingsupervision.europa.eu/press/speeches/date/2018/html/ssm.sp181015.en.html>.

23. El ejemplo paradigmático de una cultura tóxica es la que dominaba en Lehman, que condujo a que los problemas de la institución fueran ignorados incluso dentro de ella con la connivencia de algunas prestigiosas firmas de abogacía y auditoría (Lo, *Adaptive Markets*, *op. cit.*, p. 24). A título de ejemplo, la directora general de riesgos de Lehman Brothers advirtió a su primer ejecutivo de los riesgos en los que estaba incurriendo su compañía, pero su opinión no fue tenida en cuenta; véase L. McDonald y P. Robinson, *A Colossal Failure of Common Sense: The Inside Story of the Collapse of Lehman Brothers*, Nueva York, Three River Press, 2009.

24. J. W. Shiller, «Understanding Recent Trends in House Prices and Home Ownership», *NBER Working Paper Series*, n.º 13553, National Bureau of Economic Research, agosto de 2007, <https://www.nber.org/system/files/working_papers/w13553/w13553.pdf>.

25. P. Krugman, «Safe as Houses», *The New York Times*, 12 de agosto de 2005.

26. R. Rajan en el encuentro de Jackson Hole, la meca veraniega de los principales banqueros centrales del planeta; véase «Has Financial Development Made the World Riskier», *The Greenspan Era: Lessons for the Future: A Symposium*, Kansas, Federal Reserve of Kansas City, 2005.

27. M. Nakamoto y D. Whigton, «Citigroup Chief Stays Bullish on Buyouts», *Financial Times*, 9 de julio de 2007, <https://www.ft.com/content/80e2987a-2e50-11dc-821c-0000779fd2ac>.

28. Véase, por ejemplo, la lista de beneficiarios que incluye W. Lo en *Adaptive Markets*, *op. cit.*, p. 301.

7. Las políticas que provocaron la gran crisis financiera

1. *Financial Times*, «Who went to jail for their role in the financial crisis», 20 de septiembre de 2018, <https://ig.ft.com/jailed-bankers/>.

2. K. Rogoff, «Debt Supercycle, not Secular Stagnation», *CEPR Vox*^{EU}, 22 de abril de 2015.

3. Véase J. B. Taylor, «Discretion versus policy rules in practice», *Carnegie-Rochester Conference Series on Public Policy*, vol. 39 (1993), pp. 195-214.

4. Véase *id.*, *Monetary Policy Rules*, Chicago, University of Chicago Press, 1999.

5. Véase *id.*, *Getting off Track. How Government Actions and Interventions Caused, Prolonged and Worsened the Financial Crisis*, Stanford, Hoover Institution Press, 2009.

6. Véase la estimación para el periodo 1995-2014 publicada en el gráfico V.3 del informe anual 85 del Banco de Pagos Internacionales, *Annual Economic Report*, Basilea, junio de 2015. Véase también B. Hofmann y B. Bogdanova, «Taylor Rules and monetary policy: a global "Great Deviation"?», *BIS Quarterly Review*, septiembre de 2012, <https://www.bis.org/publ/qtrpdf/r_qt1209f.pdf>, gráfs. 1, 2.

7. Véase B. Bernanke, «The Taylor Rule: A benchmark for monetary policy?», *Brookings*, 28 de abril de 2015, <https://www.brookings.edu/blog/ben-bernanke/2015/04/28/the-taylor-rule-a-benchmark-for-monetary-policy/>; «The New Tools of Monetary Policy», *American Economic Review*, vol. 110, n.º 4 (abril de 2020), pp. 943-983; *21st Century Monetary Policy*, Nueva York, Norton, 2022. Existen estimaciones más recientes de la regla de Taylor. El propio Taylor las ha publicado con motivo de su contribución a las discusiones sobre la revisión de la política monetaria del BCE; véase V. Wieland, *Contributions to the Strategy Review of the European Central Bank*, Frankfurt, Institute for Monetary and Financial Stability, 2020.

8. Existe una larga tradición investigadora que examina este fenómeno en el Banco Mundial, con contribuciones de, entre otros autores, Ross Levine y Thorsten Beck. Es lo que denominamos la profundización financiera, habitualmente medida, por ejemplo, con indicadores como el stock de crédito con relación al PIB.

9. Hyman Minsky ya enfatiza que la capacidad de control de la creación de dinero bancario por parte de la Reserva Federal era limitada en los años sesenta, puesto que, con la introducción de los certificados de depósito y los repos, se permitió la expansión de los activos de los bancos mucho más allá de lo que lo hicieron las reservas. Estas, en Estados Unidos, pasaron de ser un 13,6 por ciento en 1946 a un 2 por ciento en 1984 del balance de los bancos; véase H. Minsky, *Stabilizing an unstable Economy*, Nueva York, McGraw Hill, 1986, tabla 4.2, p. 85. [Hay trad. cast.: *Estabilizando una economía inestable*, trad. de Pep Solà, Barcelona, Profit, 2020].

10. Véase A. Turner, «Debt, Money and Mephistopheles: How do We

Get Out of This Mess?», *Group of Thirty Occasional Paper*, n.º 87 (2013), gráf. 2, p. 52. Cuando se calculan los niveles de endeudamiento del sector financiero es importante contabilizar sólo la deuda en forma no monetaria (bonos y obligaciones) y no la deuda monetaria (depósitos y otros instrumentos similares). Gran parte de los depósitos se convierten en préstamos y de contarse como deuda se incurriría en una doble contabilización para el conjunto de la economía. Por otro lado, la deuda no monetaria no se genera a través de la creación de dinero bancario inherente al proceso de política monetaria.

11. Véase los datos de titulización en M. A. Segoviano *et al.*, «Securitization: The Road Ahead», *IMF Discussion Notes*, SDN/15/01, enero de 2015, gráfs. 2b, 3, <https://www.elibrary.imf.org/view/journals/006/2015/001/article-A001-en.xml>.

12. Véase Z. Pozsar *et al.*, «Shadow Banking», *Economic Policy Review*, vol. 19, n.º 2 (2013), gráf. de la p. 7.

13. M. Singh y P. Stella, «Central Bank reserve creation in the era of negative money multipliers», *CEPR Vox*^{EU}, 7 de mayo de 2012, < https://cepr.org/voxeu/columns/central-bank-reserve-creation-era-negative-money-multipliers>.

14. Para una muestra amplia de países desarrollados, véase M. Schularick y A. M. Taylor, «Credit Booms Gone Bust: Monetary Policy, Leverage Cycles and Financial Crises, 1870-2008», *The American Economic Review*, vol. 102, n.º 2 (2012), pp. 1029-1061.

15. C. W. Calomiris y S. H. Haber muestran que el proceso de liberalización de 1986 en el Reino Unido (el denominado *Big Bang*) provocó un rápido crecimiento de esta ratio; véase *Fragile by Design; the Political Origins of Banking Crisis and Scarce Credit*, Princeton, Princeton University Press, 2014, p. 145. De manera similar, Estados Unidos dejó de comportarse como Canadá a partir de 1982-1983 (*ibid.*, p. 320) coincidiendo con la nueva era de la banca estadounidense (liberalización y crisis de las *Savings and Loans*).

16. Véase el editorial del Banco de Pagos Internacionales, *Annual Economic Report*, Basilea, junio de 2018.

17. El concepto de ciclo financiero y la existencia de los ciclos recurrentes encaja con la perspectiva del largo ciclo de deuda de Rogoff, antes mencionado, puesto que la repetición de ciclos financieros significa un proceso gradual de endeudamiento si no tienen lugar etapas de desapalancamiento en la fase bajista del ciclo; véase, por ejemplo, Banco de Pagos Internacionales, *Annual Economic Report*, Basilea, junio de 2016, cap. 1.

18. Véanse los correspondientes informes de perspectivas de otoño del Fondo Monetario Internacional, *Challenges to Steady Growth*, *World Economic Outlook Series*, Washington, FMI, octubre de 2018, <https://www.imf.org/en/Publications/WEO/Issues/2018/09/24/world-economic-outlook-october-2018>; *Countering the Cost-of-Living Crisis*, *World Economic Outlook Series*, Washington, FMI, octubre de 2022, <https://www.imf.org/en/Publications/WEO/Issues/2022/10/11/world-economic-outlook-october-2022>.

19. IIF Global Debt Monitor Database.

20. Los datos de deuda global para la última parte del siglo XX son algo más difíciles de analizar. La deuda global aumentó ininterrumpidamente desde 1970 hasta 2000 en aproximadamente 80 puntos porcentuales del PIB. El grueso del aumento, 50 puntos porcentuales aproximadamente, correspondió al sector privado. La base de datos del FMI no incluye la deuda de las entidades financieras que, como hemos visto, se incrementó también significativamente en este periodo; véase Fondo Monetario Internacional, *War Set Back the Global Recovery*, *World Economic Outlook Series*, Washington, FMI, abril de 2022, gráf. 2.1 <https://www.imf.org/en/Publications/WEO/Issues/2022/04/19/world-economic-outlook-april-2022>. Véase también V. Gaspar, P. Medas y R. Perrelli, «Global Debt Reaches a Record $236 Trillion», *IMF Blog*, 5 de diciembre de 2021, <https://www.imf.org/en/Blogs/Articles/2021/12/15/blog-global-debt-reaches-a-record-226-trillion>. Para los datos del sector público en economías avanzadas, véase el capítulo 10.

21. C. Borio, *The financial cycle and macroeconomics: what have we learnt?*, *BIS Working Papers*, n.º 395, Banco de Pagos Internacionales, diciembre de 2012.

22. Véase H. S, Shin, «Macroprudential tools, their limits and their connection with monetary policy», *Panel remarks at the IMF Spring Meeting*, Bank for International Settlement, 15 de abril de 2015, <https://www.bis.org/speeches/sp150415.pdf>; Borio, *The financial cycle and macroeconomics*, *op. cit.*; H. Rey «Dilemma not Trilemma: The Global Financial Cycle and Monetary Policy Independence», Proceedings - Economic Policy Symposium - Jackson Hole, Kansas, Federal Reserve of Kansas City, 2013, pp. 285-333. Véase también Taylor, *Getting off Track*, *op. cit.*, donde el autor enfatiza algo similar, examinando cómo las políticas monetarias devienen laxas en varios países.

23. El análisis detallado de los errores de regulación exigiría contem-

plar también otras categorías que no se abordaron, como los conflictos de interés. Ejemplos claros de esta categoría se dieron en la actuación de las agencias de calificación de títulos de deuda y en las tasadoras de inmuebles.

24. Véase Kashyap *et al.*, «An Analysis of the Impact of "Substantially Heightened" Capital Requirements on Large Financial Institutions», *Mimeo*, mayo de 2010, fig. 1, <https://www.hbs.edu/faculty/Pages/item.aspx?num=41199>; G. Gorton presenta cifras similares en *Misunderstanding Financial Crises: Why We Don't See Them Coming*, Nueva York, Oxford University Press, 2012, fig. 11.3, p. 161. El periodo de fuerte aumento del apalancamiento en banca tiene lugar entre 1840 y 1940 debido a diversos cambios institucionales importantes, entre ellos la desaparición de la responsabilidad ilimitada.

25. J. Gual, «Los requisitos de capital de Basilea III y su impacto en el sector bancario», *Papeles de Economía Española*, n.° 130 (2011), pp. 78-84.

26. A. Haldane, «Capital Discipline», discurso en la American Economic Association, Denver, 9 de enero de 2011, gráf. 5, p. 18.

27. J. Danielsson, «Blame the models», *CEPR Vox*^{EU}, 8 de mayo de 2018.

28. Véase F. A. Hayek, «The Pretence of Knowledge», Nobel Lectures and 1989 Survey of Members, *The American Economic Review*, vol. 79, n.° 6 (1989), pp. 3-7, discurso también disponible en <https://www.nobelprize.org/prizes/economic-sciences/1974/hayek/lecture/>.

29. Véase H. S. Shin, «Reflections on Northern Rock: The Bank Run that Heralded the Global Financial Crisis», *Journal of Economic Perspectives*, vol. 23, n.° 1 (2009), pp. 101-119.

30. A. Haldane, «Everyday Economics», discurso en la Nishkam High School, Birmingham, 27 de noviembre de 2017, p. 3.

31. Para un análisis del capitalismo «amañado», que implica, según el autor, la extracción de rentas por parte de agentes en posiciones de poder en la economía, véase M. Wolf, «Why rigged capitalism is damaging liberal democracy», *Financial Times*, 17 de septiembre de 2019, <https://www.ft.com/content/5a8ab27e-d470-11e9-8367-807ebd53ab77>; «How to reform today's rigged capitalism», *Financial Times*, 3 de diciembre de 2019, <https://www.ft.com/content/4cf2d6ee-14f5-11ea-8d73-6303645ac406>. Véase también el vol. 37, n.° 4, invierno de 2021 de la *Oxford Review of Economic Policy*, dedicado al capitalismo.

32. Keynes, *Essays in Persuasion*, *op. cit.*, p. 156. [Trad. propia].

8. La respuesta a la crisis aumenta la desconfianza

1. Véase J. Gual, «¿Economistas en crisis?», *La Vanguardia*, 2 de septiembre de 2009; J. Estefanía, «La justa autocrítica», *El País*, 6 de septiembre de 2009.

2. Disponible en <https://www.ma.imperial.ac.uk/~bin06/M3A22/queen-lse.pdf>.

3. Además de la expansión cuantitativa, algunos bancos centrales pusieron en marcha una política de comunicación de orientación de tipos (*forward guidance* en inglés) encaminada a convencer a los agentes de los mercados financieros del compromiso de la autoridad monetaria de mantener los tipos de interés muy bajos por mucho tiempo.

4. Cuando la economía se encuentra en dicho límite (*Zero Lower Bound*, o ZLB por sus siglas en inglés), el dinero es prácticamente equivalente a los títulos del Gobierno a corto plazo. Desde la perspectiva de los tenedores de dichos activos, ambos ofrecen un rendimiento y una liquidez similar. Por ello, la demanda de dinero pasa a ser muy inestable.

5. La efectividad de las políticas monetarias depende, además, de la naturaleza de la recesión que provoca el estallido de una burbuja de activos. Es menor cuando nos encontramos en presencia de una recesión provocada por el exceso de deuda (en *The financial cycle and macroeconomics*, *op. cit.*, p. 21, C. Borio resume los resultados de las investigaciones del BIS sobre este tema).

6. Estrictamente hablando, los bancos centrales también introdujeron medidas puras de estabilización de los mercados financieros, que fueron retiradas cuando se logró superar la situación de grave inestabilidad. En el caso de Estados Unidos fueron las Emergency Credit Facilities y los *swaps* de divisas; en la zona euro fue la intervención con compra de deuda (Securities Markets Program) pero esterilizada, lo que significa que se impidió de manera expresa su efecto en la creación de reservas; véase Bernanke, «The New Tools of Monetary Policy», *op. cit.*

7. Una discusión completa de los canales de transmisión por los que se esperaba que la expansión cuantitativa afectase a la economía se encuentra, por ejemplo, en Bernanke «The New Tools of Monetary Policy», *op. cit.*

8. En Estados Unidos, las políticas de expansión cuantitativa asociadas a la gran crisis financiera de 2007-2008 tuvieron lugar en los periodos 2008-2009, 2011-2012 y 2013-2014, como se puede observar en la gráfica 8.1 en la expansión de la base monetaria del país y, consecuentemente,

del balance de su banco central. En la zona euro los instrumentos utilizados son distintos y el balance del BCE se expande sólo muy gradualmente entre 2008 y 2012. Posteriormente incluso se contrae hasta 2015, para iniciar luego una expansión considerable hasta 2018.

9. Un debate distinto e importante se centra en la dificultad de medir bien la inflación y la tendencia a sobreestimarla (un punto porcentual según el informe Boskin; véase R. J. Gordon, «The Boskin Commission report: a retrospective one decade later», *NBER Working Paper Series*, n.º 12311, junio de 2006, <https://www.nber.org/papers/w12311>). Si la inflación se sobreestimó, el crecimiento real se infraestimó. Ello supuso que la política monetaria fuera más laxa de lo debido, ya que se creía que el tipo real era muy bajo (se infraestimaba dicho tipo al sobreestimar la inflación). Si la inflación es en realidad más baja de lo que los indicadores de IPC reflejan (por las mejoras en la calidad de los productos que no se incorporan en el IPC), entonces ello explica una política más expansiva de lo debido. En una línea complementaria, gestores experimentados, como Jacques de Larosière, argumentan que la presión a la baja en los precios que ejercía el comercio internacional debía ser un argumento para bajar los objetivos de inflación del 2 al 1 por ciento. Con ese objetivo revisado, las políticas no hubieran sido tan laxas; véase J. de Larosière, «The Monetary Policy Challenge», Nueva York, Center for Financial Stability, 25 de noviembre de 2019, <https://centerforfinancialstability.org/research/de_Larosiere_MPC_112519.pdf>.

10. Véase M. Wolf, «How addiction to debt came even to China», *Financial Times*, 25 de febrero de 2015; y McKinsey Global Institute, *Debt (and not much) deleveraging*, McKinsey and Company, febrero de 2015, Exhibit E1, <https://www.mckinsey.com/featured-insights/employment-and-growth/debt-and-not-much-deleveraging>.

11. Véase Fondo Monetario Internacional, *War Set Back the Global Recovery*, *op. cit.*, fig. 2.1 y la nota 20 del capítulo 7.

12. Los estudios tienen en cuenta tanto los niveles de tipos antes de las intervenciones como la anticipación de estas por parte de los operadores del mercado; véase Bernanke, «The New Tools of Monetary Policy», *op. cit.* Para un análisis del impacto en toda la curva de plazos, véase P. R. Lane, «The yield curve and monetary policy» [discurso], Centre for Finance and the Department of Economics, Londres, University College, 25 de noviembre de 2019, <https://www.ecb.europa.eu/press/key/date/2019/html/ecb.sp191125~b0ecc8e6f0.en.htm>. Para el impacto global de todas las políticas no convencionales, véase nota 21 del capítulo 10.

13. Véase una síntesis en Bernanke, «The New Tools of Monetary Policy», *op. cit.*

14. Eurofi, 11 de septiembre de 2020, Berlín, si bien al estar en situación de pandemia el encuentro fue en parte en línea.

15. Esta discusión recuerda el debate que tuvo lugar en 2013-2014 con relación al uso de las políticas de «expansión cuantitativa» (EC) frente a otras alternativas, como la *forward guidance*. Esta política pretendía reducir los tipos de interés a largo plazo basándose en la credibilidad de la autoridad monetaria. El propio Ben Bernanke en cierta ocasión contrastó de un modo elocuente esta política con la de la EC. Para Bernanke la *forward guidance* funcionaba en los modelos teóricos, pero no en la práctica, mientras que sucedía exactamente lo contrario con la EC. Efectivamente, en los modelos teóricos la *forward guidance* funciona debido a que se asumen agentes con expectativas racionales, aunque en la práctica esto no es muy realista. De manera similar, la EC no es viable teóricamente debido a que en los modelos los agentes sustituyen perfectamente unos activos por otros (la denominada neutralidad de Wallace). Sin embargo, este supuesto teórico es improbable que se cumpla en la práctica, por lo que la EC, de hecho, puede ser efectiva en la realidad, aunque no lo sea en el mundo ideal presentado por el modelo.

16. Estos resultados los reportan B. Fabo *et al.*, «Fifty Shades of QE: comparing findings of central bankers and academics», *Working Paper Series*, n.º 2584, Banco Central Europeo, agosto de 2021. Para una discusión de las críticas recibidas, véase B. Fabo *et al.*, «Fifty Shades of QE: Robust evidence», *Policy Brief*, n.º 667, SUERF, agosto de 2023. Sea cual sea el final de este debate, es bueno que exista un contraste abierto de esta cuestión, dada la incertidumbre que rodea a este tipo de simulaciones contrafactuales.

17. Estos efectos adversos han sido documentados por el BIS en diversas ocasiones. W. White, quien en su día fue el jefe de estudios monetarios de la institución, tiene diversas contribuciones. Véase, por ejemplo, W. White, «The Ultra-Easy Money Experiment», *V Lectio Minghetti*, Roma, Bruno Leoni Institute, 20 de octubre de 2015.

18. Este fenómeno se detectó ya muy temprano en el inicio de la crisis financiera (véase J. Gual, «Guerras de divisas», *La Vanguardia*, 15 de octubre de 2010) y también la discusión en R. Rajan, «Going Bust for Growth», en O. Blanchard, R. Rajan, K. Rogoff y L. H. Summers, eds., *Progress and Confusion: The State of Macroeconomic Policy*, Cambridge, The MIT Press, 2016.

19. Véase Rey, «Dilemma not Trilemma», *op. cit.*

20. La discusión que sigue no considera, por el momento, la diferencia entre el tipo nominal y el tipo real.

21. Incluso con el tipo negativo, aún es posible trasladar consumo del presente al futuro, pero en este caso la tasa marginal de sustitución entre el consumo presente y el futuro (la tasa de descuento) debe ser aún más baja. Es decir, para que esta situación sea posible es necesario que la disponibilidad a renunciar al consumo presente para obtener consumo futuro sea muy alta. C. Molinas presenta un análisis sugerente de cómo la agregación de tasas individuales de descuento puede conllevar, en una sociedad en envejecimiento, a una situación de tipos de interés negativos; véase C. Molinas, «Preventing Deflation», *CEPR Vox*^{EU}, 1 de abril de 2009; «Impuestos contra la deflación», *El País*, 18 de enero de 2015, <https://elpais.com/elpais/2015/01/07/opinion/1420636952_888778.html>.

22. Para John Kay, la tesis de que no existen proyectos de inversión con rentabilidad positiva es absurda para un país avanzado como el Reino Unido. Para el economista británico, las necesidades de vivienda, mejores infraestructuras y nuevos proyectos en salud y educación son elevadas, y se frenan únicamente por los obstáculos institucionales y políticos; véase «Investment opportunities abound but we must get over the barriers», *Financial Times*, 22 de marzo de 2016, <https://www.ft.com/content/4c178634-ef97-11e5-9f20-c3a047354386>.

23. Estos datos proceden del Banco Mundial y comparan la cifra media de los años setenta con la media del periodo 2010-2021. El único país del G7 cuya tasa de inversión (formación bruta de capital fijo en porcentaje del PIB) no se reduce es Canadá.

24. La inversión en intangibles, dado que se contabiliza en muchas ocasiones como gasto corriente, supone que se tienda a infraestimar las cifras de inversión en la contabilidad nacional. J. Haskel y S. Westlake llevan a cabo un análisis detallado de las consecuencias de la inversión en intangibles en muchas dimensiones de las economías modernas; véase *Capitalism without Capital: The Rise of the Intangible Economy*, Princeton, Princeton University Press, 2018. Otro elemento que podría explicar que la inversión registrada en la contabilidad nacional haya sido menor en los últimos años es la caída del precio relativo de los bienes de capital.

25. El artículo de referencia sobre esta cuestión es de R. E. Lucas, «Why Doesn't Capital Flow from Rich to Poor Countries?», *The American Economic Review*, vol. 80, n.º 2 (1990), pp. 92-96.

26. Rajan, «Going Bust for Growth», *op. cit.*

27. Véase R. Reis, «The Burst of High Inflation in 2021-22: How and Why Did we Get Here?», *BIS Working Papers Series*, n.º 1060, Bank for International Settlement, diciembre de 2022 <https://www.bis.org/publ/work1060.pdf>.

28. La ratio CAPE de Shiller relaciona el precio de las acciones con el promedio de los beneficios de los diez años previos. La serie histórica se retrotrae a más de ciento cincuenta años (exactamente a 1871). La media histórica de este indicador es de 16,99 y el ultimo máximo alcanzado (en medias mensuales) fue de 38,58, en noviembre de 2021. En septiembre de 2023 la ratio estaba en 30,81. Es decir, aún con una sobrevaloración de un 81 por ciento respecto de su media histórica.

29. *The Economist*, «Housing Markets face a brutal squeeze», 20 de octubre de 2022, <https://www.economist.com/finance-and-economics/2022/10/20/housing-markets-face-a-brutal-squeeze>.

30. El bono del Tesoro a diez años marcó un máximo en septiembre de 1981 del 15,8 por ciento y un mínimo de 0,2 por ciento en julio de 2020 (datos de tradingeconomics.com).

31. El grueso del balance de la Fed es la base monetaria mostrada en la gráfica 8.1, por lo que para simplificar me referiré a los datos de dicha gráfica. La base monetaria se estabiliza en cuatro billones de dólares entre finales de 2014 y principios de 2018, para descender luego hasta algo más de tres billones en el verano de 2019. Un nuevo máximo se alcanza a finales de 2021 acercándose a los 6,4 billones de dólares. La expansión por la pandemia tiene lugar desde febrero de 2020, y en sólo dos años de nuevo se dobla la magnitud de este agregado monetario.

32. Estos requisitos se denominan «requerimientos mínimos de recursos propios y pasivos elegibles para la recapitalización interna» (MREL, por las siglas en inglés). Posteriormente también se introdujo una ratio relacionada, denominada la «capacidad total de absorción de pérdidas» (TLAC, por las siglas en inglés).

33. En función de la jurisdicción, esta legislación adoptó diversas formas. Estados Unidos fue la regla Volcker y en el Reino Unido el aislamiento (*ring fencing*) de la banca minorista. En Europa continental el problema era menos importante por el menor desarrollo de la banca de inversión.

34. Véase Fondo Monetario Internacional, *A Decade after the Global Financial Crisis: Are We Safer?*, *Global Financial Stability Report Series*, Washington, FMI, octubre de 2018, cap. 2, <https://www.imfconnect.org/content/dam/imf/Spring-Annual%20Meetings/AM18/Public%20Docu

ments/V3%20GFSR%202018.pdf>. Véase también Gual y Jódar-Rosell, «La prociclicidad del sistema financiero tras las reformas», *op. cit.*

35. Un análisis de esta cuestión en los años en que se gestaban los cambios regulatorios se encuentra en J. Gual, «Los requisitos de capital de Basilea III», *op. cit.*

36. Gual, «Los requisitos de capital de Basilea III», *op. cit.*

37. El vendedor de un activo tiene un precio mínimo por debajo del cual no quiere vender (*ask*) y el comprador un precio máximo que no quiere superar (*bid*). El intermediario o creador de mercado compra al precio *ask* y vende al precio *bid*. Este diferencial es el coste de transacción, un indicador de hasta qué punto el mercado es líquido y eficiente.

38. La Unión Europea cuenta con una institución, el Mecanismo Europeo de Estabilidad (MEDE) que dispone de fondos para la recapitalización directa de entidades sistémicas. Sin embargo, su magnitud —sesenta mil millones de euros— podría resultar insuficiente ante una crisis sistémica.

39. La compra del Banco Popular por parte del Banco de Santander es el único caso significativo de aplicación del nuevo marco de regulación, y seguramente su uso fue exitoso debido la existencia de un comprador que no precisó ayudas públicas, algo que de ninguna manera está garantizado en general.

40. Véase J. Gual, «The post-COVID-19 recovery: what challenges and roadmap for the banking industry?», *SUERF Policy Note,* n.º 217, enero de 2021.

41. La provisión de liquidez en los mercados de deuda a corto plazo ha pasado a ser protagonizada por la banca en la sombra. Además, los *hedge funds* llevan a cabo en este mercado actividades arriesgadas de arbitraje con elevado apalancamiento. Es un ejemplo más de cómo la regulación de una parte del sector financiero puede tener efectos indeseados.

42. En lenguaje técnico, las variables aleatorias no son estacionarias; véase J. Kay y M. Knight, *Radical Uncertainty. Decision-making for an unknowable future*, Londres, The Bridge Street Press, 2020.

43. Kay y Knight, *Radical Uncertainty*, *op. cit.* Como discute el premio Nobel Paul Romer en un controvertido texto, esta no es, ni mucho menos, la única variable teórica no observable que desempeña un papel importante en los modelos macroeconómicos y financieros modernos; véase «The Trouble with Macroeconomics» [discurso], Commons Memorial Lecture of the Omicron Delta Epsilon Society, 14 de septiembre de 2016, <https://paulromer.net/trouble-with-macroeconomics-update/WP-Trouble.pdf>.

44. G. Akerlof, «The missing motivation in macroeconomics», *The American Economic Review*, vol. 97, n.° 1 (2007), pp. 3-36.

45. Romer, «The Trouble with Macroeconomics», *op. cit.*

46. Véase la nota 8 de la introducción.

9. La confianza en los bancos centrales en riesgo

1. J. Nagel, «Speech at the ceremony to mark the inauguration of the new President of the Deutsche Bundesbank», Frankfurt del Meno, 11 de enero de 2022, <https://www.bundesbank.de/en/press/speeches/speech-883330>.

2. En la zona euro la política de adquisición de bonos públicos estaba sometida a restricciones técnicas en cuanto a la naturaleza de los activos y su distribución por países, así como a una fuerte presión política, especialmente a través de las demandas presentadas ante el Tribunal Constitucional de Alemania.

3. Los tipos de intervención y del mercado monetario se pueden situar en negativo, pero existe un límite inferior ya que a partir de cierto nivel los agentes preferirán mantener efectivo antes que colocarlo en el sistema bancario. Se estima que este límite se sitúa entre el -0,5 por ciento y el -0,75 por ciento.

4. *Financial Times*, «Danish bank slaps sub-zero rates on deposits», 21 de agosto de 2019. Otros países con tipos negativos fueron Suecia, Suiza, y Japón.

5. *Id.*, «In charts: Bonds with negative yields around the world», 27 de septiembre de 2021, <https://www.ft.com/content/1bcfde6e-753d-4096-addc-e8545c89c7a9>.

6. *Id.*, «German lender Berlin Hyp sells €1bn covered bond with record negative yield», *op. cit.*

7. *Id.*, «German 30-year bund sale faces weakest demand since 2011», *op. cit.*

8. Para una exposición desde esta perspectiva, véase C. Bean *et al.*, «Low for Long? Cause and consequences of Persistently Low Interest Rates», *Geneva Reports on the World Economy*, n.° 17, Londres, International Center for Monetary and Banking Studies and CEPR, 2015.

9. Naturalmente, existen muchas exposiciones de la teoría neoclásica del crecimiento. El análisis de la teoría desde la perspectiva de las diferencias

de bienestar entre generaciones se puede encontrar en P. Dasgupta, «Ramsey and Intergenerational Welfare Economics», *Stanford Encyclopedia of Philosophy*, 1 de junio de 2019, <https://plato.stanford.edu/entries/ramsey-economics/>.

10. La literatura sobre las causas de los bajos tipos naturales es muy amplia. Bean *et al.* («Low for Long?», *op. cit.*), por ejemplo, utilizan el esquema keynesiano de ahorro e inversión. Con una técnica narrativa, analizan los factores que desplazan la demanda y oferta de ahorro y examinan en qué medida la evolución de los tipos y las cantidades son compatibles con dichos factores. También consideran los elementos que determinan la oferta y demanda de los activos libres de riesgo. Sin embargo, su análisis no tiene en cuenta que la oferta de estos activos está estrechamente vinculada a la evolución del saldo de los presupuestos públicos, puesto que el ahorro público es uno de los componentes significativos del ahorro nacional. En «Are Low Real Interest Rates Here to Stay?» (*International Journal of Central Banking*, septiembre de 2017, <https://www.ijcb.org/journal/ijcb17q3a1.htm>), L. Rachel y T. D. Smith, del Banco de Inglaterra, defienden la tesis del origen real de la tendencia a los tipos naturales bajos. Por su parte, en *Why so low for so long? A long-term view of real interest rates* (*BIS Working Papers*, n.° 685, Banco de Pagos Internacionales, diciembre de 2017), C. Borio *et al.* llevan a cabo un trabajo empírico en el que muestran que, en la práctica, los factores reales pueden ser menos importantes que los factores monetarios. Estos factores son, en este trabajo, los diferentes regímenes monetarios (patrón oro, Bretton Woods y moneda fiduciaria). M. Kumhof *et al.* presentan una perspectiva interesante puesto que con un modelo de flujos de capital brutos (es decir, teniendo en cuenta los flujos entre países en ambas direcciones), llegan a la conclusión que el exceso de ahorro global (*savings glut*) es de hecho el resultado del exceso de crédito generado en Estados Unidos; véase M. Kumhof *et al.*, «How does international capital flow?», *Working Paper Series*, n.° 884, Londres, Banco de Inglaterra, noviembre de 2020.

11. R. J., Gordon, «Secular Stagnation: A Supply-Side View», *The American Economic Review*, vol. 105, n.° 5 (2015), pp. 54-59.

12. L. H. Summers, «Demand Side Secular Stagnation», *The American Economic Review: Papers and Proceedings*, vol. 105, n.° 5 (2015), pp. 60-65.

13. Para una exposición breve del contraste entre estas dos visiones de la crisis, véase J. Gual, «Dos visiones de la crisis», *La Vanguardia*, 6 de septiembre de 2015. Para una explicación de cómo la propia política monetaria provoca los tipos bajos y la expansión de la deuda, véase *id.*, «La espiral de deuda

y la Fed», *La Vanguardia*, 16 de diciembre de 2015. Véase también *id.*, «Keynes frente a Hayek», *Informe Mensual CaixaBank Research*, 31 de marzo de 2016; así como J. de Larosière, *Fifty Years of Financial Crisis*, París, Odile Jacob, 2018, caps. 2-3. Para una discusión temprana de la dicotomía entre el *money glut* y el *savings glut*, véase M. Wolf, «Villains and victims of global capital flows», *Financial Times*, 12 de junio de 2007, <https://www.ft.com/content/f7d97f0c-1901-11dc-a961-000b5df10621>.

14. R. Rajan, «A step in the dark: Unconventional monetary policy after the crisis», Andrew Crockett Memorial Lecture, Bank for International Settlement, 23 de junio de 2013, <https://www.bis.org/events/agm2013/sp130623.pdf>.

15. Véase, entre otros, C. M. Reinhart y K. S. Rogoff, *This Time is Different. Eight Centuries of Financial Folly*, Princeton, Princeton University Press, Princeton, 2009. [Hay trad. cast.: *Esta vez es distinto. Ocho siglos de necedad financiera*, trad. de Óscar Figueroa, Madrid, FCE, 2011]; A. Taylor, «Credit Financial Stability and the Macroeconomy», *Annual Review of Economics*, vol. 7 (2015), pp. 309-339, <https://www.annualreviews.org/doi/pdf/10.1146/annurev-economics-080614-115437>.

16. Véanse T. Laubach y J. C. Williams, «Measuring the Natural Rate of Interest», *The Review of Economics and Statistics,* vol. 85, n.º 4 (2003), pp. 1063-1070; C. Brand *et al.*, *The natural rate of interest: estimates, drivers and challenges to monetary policy*, *ECB Occasional Paper Series*, n.º 217, diciembre de 2018.

17. R. C. M. Beyer y V. Wieland, «Instability imprecision and inconsistent use of equilibrium real interest rate estimates», documento de trabajo 11927, CEPR, 2017; y John Taylor (2009).

18. El Institute of International Finance ha resaltado el carácter cíclico de las estimaciones del tipo natural, lo que en su opinión se ha puesto de relieve en 2022, año en el que el tipo estaría aumentando significativamente; véase «Remember that thing called R★?», *Global Macro Views*, 14 de abril de 2022.

19. Una primera aproximación sería utilizar los tipos de interés correspondientes a la deuda indexada, dado que en este tipo de deuda se compensa por la tasa de inflación. Sin embargo, estos productos financieros no siempre tienen mercados suficientemente líquidos. Por ello, nos hemos centrado en los tipos nominales, descontando la inflación. Con este enfoque existen dos alternativas: una basada en el tipo *expost*, calculado con la inflación efectivamente observada, otra con el tipo *exante*, es decir, detrayendo la tasa de

inflación esperada para el periodo en consideración. Aunque existen mecanismos de mercado mediante los cuales cotizar las expectativas de inflación, se trata también de una alternativa controvertida, por lo que he optado por la inflación *expost*.

20. Véase O. Jordà *et al.*, «Macrofinancial History and the New Business Cycle Facts», en M. Eichenbaum y J. A. Parker, eds., *NBER Macroeconomics Annual 2016*, Chicago: University of Chicago Press, 2017. La base de datos está disponible en: <https://www.nber.org/research/data/jorda-schularick-taylor-macrohistory>.

21. Jordà *et al.* utilizan tanto al tipo a corto como el tipo a largo. Sin embargo, ambos se comportan de manera similar puesto que, para disminuir la volatilidad de la serie y analizar las tendencias, se usan medias móviles de diez años; véase «The rate of return on everything 1870-2015», *The Quarterly Journal of Economics*, vol. 134, n.º 3 (2019), fig. III, p. 1252. Los mismos autores emplean los rendimientos totales de los bonos (incluyendo, por tanto, plusvalías y minusvalías) en lugar de los tipos de interés. Pero, de nuevo, esto no afecta significativamente al análisis de tendencia, y aún menos en el tipo a corto plazo.

22. Durante la gran crisis financiera de 2007-2008, Estados Unidos gestionó el estallido de la burbuja de deuda con una menor generación de deuda pública que en el caso europeo. En parte ello se debió al menor coste del rescate en Estados Unidos, puesto que se llevó a cabo con mayor rapidez, al igual que el mejor funcionamiento del sistema de quiebras permitió que se cancelaran las deudas de manera más ágil y de este modo el flujo de crédito se restableció con mayor celeridad.

23. Jordà *et. al.*, «The rate of return on everything 1870-2015», *op. cit.*, fig. IV, p. 1255.

24. Taylor, *Monetary Policy Rules*, *op. cit.*, pp. 332-334. Para un análisis del papel de los regímenes monetarios, véase Borio *et al.*, *Why so low for so long?*, *op. cit.*, pp. 21-36. El abandono de la convertibilidad del dólar en oro fue el último eslabón en un proceso gradual de transición hacia un régimen monetario totalmente fiduciario, sin vínculo alguno con el metal precioso.

25. Es importante precisar que la inflación es un fenómeno monetario para una unión monetaria concreta. En el seno de dicha unión, por ejemplo, en las distintas comunidades autónomas españolas en la época de la peseta, se trata naturalmente de un fenómeno real que obedece fundamentalmente a las distintas tendencias en los crecimientos y niveles de productividad. Por

lo general, las comunidades más productivas, y por tanto más ricas, tienden a tener mayores niveles de rentas y un mejor nivel de vida, a pesar de los niveles de precios más elevados, asociados al mayor coste de los servicios.

26. N. Ferguson, «The Fed Hasn't Fixed Its Worst Blunder Since the 1970s», *The Washington Post*, 19 de junio de 2022.

27. Véase por ejemplo la contribución de Otmar Issing, con motivo de la revisión de la estrategia de política monetaria del BCE, en Wieland, ed., *Contributions to the Strategy Review of the European Central Bank*, *op. cit.*

28. Estos trabajadores son menos productivos que los de las economías avanzadas, pero la diferencia es más que compensada por el menor coste laboral. Para un examen de la magnitud de esta incorporación al mercado laboral global véase, por ejemplo, Fondo Monetario Internacional, *Spillovers and Cycles in the Global Economy, World Economic Outlook Series*, Washington, FMI, abril de 2007, cap. 5, <https://www.imf.org/en/Publications/WEO/Issues/2016/12/31/Spillovers-and-Cycles-in-the-Global-Economy>. Entre 1980 y 2005 los precios de importación de las economías avanzadas descendieron un 40 por ciento (véase *Spillovers and Cycles in the Global Economy*, *op. cit.*, gráf. 5.3). Para la discusión del impacto en la tasa de inflación, véase Fondo Monetario Internacional, *Globalization and Inflation, World Economic Outlook Series*, Washington, FMI, abril de 2006, cap. 3, <https://www.imf.org/en/Publications/WEO/Issues/2016/12/31/Globalization-and-Inflation>. Las estimaciones empíricas indican que el impacto anual de la caída de precios puede oscilar entre el 0,1 por ciento y el 0,5 por ciento para el periodo 1990-2005; véase un resumen de los resultados en A. Bowen y K. Mayhew, «Globalization, import prices and inflation: how reliable are the tailwinds?», *Bank of England Quarterly Bulletin Q3*, (2008), pp. 283-291. La cuestión no está exenta de polémica, como resumo en la nota siguiente.

29. La teoría económica indica que la incorporación de China y otros países del Sudeste Asiático al comercio mundial no debiera impactar en la inflación, en determinadas condiciones teóricas; véase, por ejemplo, C. Bean, «Globalization and Inflation», *Bank of England Quarterly Bulletin*, Q4 (otoño de 2006); Fondo Monetario Internacional, *Globalization and Inflation*, *op. cit.* En primer lugar, porque se trata de un cambio de precios relativos. Conforme baja el precio de las importaciones del Sudeste Asiático, esto mejora el poder adquisitivo de la población local, que por tanto demandará más bienes y servicios domésticos, lo que conllevará un aumento de su precio. En segundo lugar, la inflación es un fenómeno monetario. Si la política

monetaria se mantiene con un objetivo de inflación (o de crecimiento de la demanda agregada nominal), la inflación no cambiará. Finalmente, esa capacidad de controlar la inflación dependerá también de que el país acepte que su moneda flote libremente frente a los demás países desarrollados. Sin embargo, es improbable que estas tres condiciones se cumplieran perfectamente en la práctica. En primer lugar, los precios de los bienes y servicios domésticos se ajustan lentamente a lo largo del tiempo. Además, es muy probable que los países no deseen que su moneda experimente una apreciación frente a sus competidores. Por último, y tal vez lo más importante, cuando se registra una inflación moderada, el banco central puede interpretarla como un éxito de su política monetaria, lo que en la práctica implica que lleve a cabo una política más expansiva, bajando tipos, sin afectar a la inflación.

30. Véase Banco de Pagos Internacionales, *Annual Economic Report*, Basilea, junio de 2021.

31. Como ocurrió en la gran crisis financiera de 2007-2008, también con la covid-19 hubo intervenciones puntuales de estabilidad financiera (marzo de 2020) orientadas a garantizar el correcto funcionamiento de los mercados, especialmente el mercado de bonos del Tesoro estadounidense.

32. Datos del Fondo Monetario Internacional, *Fiscal Monitor Database of Country Fiscal Measures in Response to the COVID-19 Pandemic*, octubre de 2021, <https://www.imf.org/en/Topics/imf-and-covid19/Fiscal-Policies-Database-in-Response-to-COVID-19>.

33. Para un examen del papel de la expansión de la oferta monetaria en la gran inflación pospandemia, véase C. Borio *et al.*, *Does money growth help explain the recent inflation surge?*, *BIS Bulletin*, n.º 67, Banco de Pagos Internacionales, 26 de enero de 2023. Posteriormente, las autoridades monetarias también empezaron a reconocer públicamente la importancia de las explicaciones monetarias de la inflación; véase I. Schnabel, «Money and Inflation» [discurso], Verein für Socialpolitik, Regensburg, 25 de septiembre de 2023.

34. Larry Summers (2021) fue uno de los economistas que más claramente se opuso a la magnitud de los paquetes fiscales, a finales de 2020 y principios de 2021; véase «The Biden stimulus is admirably ambitious. But it brings some big risks, too», *The Washington Post*, 4 de febrero de 2021, <https://www.washingtonpost.com/opinions/2021/02/04/larry-summers-biden-covid-stimulus/>. En pleno estallido de la pandemia, abril-mayo de 2020, economistas como Olivier Blanchard asignaban una muy baja

probabilidad al resurgir de la inflación sin tener prácticamente en consideración los aspectos monetarios; véase «High inflation is unlikely but not impossible in advanced economies», *PIIEE*, 24 de abril de 2020, <https://www.piie.com/blogs/realtime-economic-issues-watch/high-inflation-unlikely-not-impossible-advanced-economies>. Por el contrario, Martin Wolf ya indicaba la rápida expansión de la oferta monetaria provocada por la lucha contra la covid-19; véase «Why Inflation might follow the pandemic», *Financial Times*, 20 de mayo de 2020, <https://www.ft.com/content/cdae43be-9901-11ea-adb1-529f96d8a00b>. En diciembre, *The Economist* se preguntaba si la inflación volvía, indicando que aún era una visión minoritaria entre los expertos; véase «Housing Markets face a brutal squeeze», *op. cit.*

35. Datos del Banco de Pagos Internacionales, *Annual Economic Report*, Basilea, junio de 2021, p. 18.

36. Como vimos, si las expectativas de inflación se desanclan, los tipos reales a corto plazo vuelven a estar determinados por la evolución de la inflación y no por los tipos nominales.

37. Véase *The Economist*, «Interest rates have risen sharply but is monetary policy truly tight?», 10 de noviembre de 2022, <https://www.economist.com/finance-and-economics/2022/11/10/interest-rates-have-risen-sharply-but-is-monetary-policy-truly-tight>.

38. Véanse Banco de Pagos Internacionales, *Annual Economic Report*, Basilea, junio de 2022; Akerlof, «The missing motivation in macroeconomics», *op. cit.*, sobre los regímenes de inflación y el papel de la indiciación de precios y salarios.

39. De hecho, las expectativas de los inversores, calculadas a partir de los precios de mercado de títulos financieros, mostraban que se había producido una segmentación en las expectativas de inflación de los mercados. Una parte del mercado seguía pensando que los bancos centrales serían capaces de regresar a sus objetivos de inflación alrededor del 2 por ciento, pero otra parte aún más significativa creía que a largo plazo la inflación quedaría anclada en una cifra más alta, alrededor del 4 por ciento. Este fenómeno era algo más acusado para la zona euro; Véase Fondo Monetario Internacional, *Navigating the High-Inflation Environment*, *Global Financial Stability Report Series*, Washington, FMI, octubre de 2022, p. XII, <https://www.imf.org/en/Publications/GFSR/Issues/2022/10/11/global-financial-stability-report-october-2022>.

40. Para la Fed son datos de Gallup, de aquellos encuestados que con-

fían mucho o en gran medida en el presidente de la Fed; véase M. Brenan, «Confidence in US economic leadership flagging», *Gallup*, 2 de mayo de 2022, <https://news.gallup.com/poll/392306/confidence-economic-leaders-flagging.aspx>. Para el BCE son datos del Eurobarómetro en términos netos, sustrayendo los que desconfían de los que confían; véase I. Schnabel, «The importance of trust for ECB's monetary policy» [discurso], Hamburg Institute for Social Research, Frankfurt del Meno, 16 de diciembre de 2020, <https://www.ecb.europa.eu/press/key/date/2020/html/ecb.sp201216_1~9caf7588cd.en.html>.

41. J. Nagel, «Monetary policy in times of geopolitical crises and high inflation» [discurso], European School of Management and Technology, Berlín, 30 de agosto de 2022, <https://www.bundesbank.de/en/press/speeches/monetary-policy-in-times-of-geopolitical-crises-and-high-inflation-896410>.

42. Para una revisión de la literatura sobre el tema y un examen de los resultados de las encuestas hasta julio de 2020, véase Schnabel, «The importance of trust for ECB's monetary policy», *op. cit.*

43. Andy Haldane (2014) economista jefe del Banco de Inglaterra, llevó a cabo un ejercicio de autocrítica interesante, examinando cuáles son los sesgos de criterio y el pensamiento «de grupo» que puede tener lugar en el seno de un banco central, e incluso en la comunidad internacional de banqueros centrales; véase «Central Bank Psychology», discurso en la Royal Society of Medicine, Londres, 17 de septiembre de 2014.

44. Véanse Bernanke, *21st Century Monetary Policy*, *op. cit.*, p. 26; I. Schnabel, «Monetary Policy and Inequality» [conferencia virtual], *Diversity and Inclusion in Economics, Finance, and Central Banking*, Frankfurt del Meno, 9 de noviembre de 2021, <https://www.ecb.europa.eu/press/key/date/2021/html/ecb.sp211109_2~cca25b0a68.en.html>.

10. La deuda pública y la credibilidad de los estados

1. Piketty, Narbona *et al.*, «Anular la deuda pública mantenida por el BCE para que nuestro destino vuelva a estar en nuestras manos», *El País*, 5 de febrero de 2021, <https://elpais.com/opinion/2021-02-04/anular-la-deuda-publica-mantenida-por-el-bce-para-que-nuestro-destino-vuelva-a-estar-en-nuestras-manos.html>.

2. Sobre la monetización, véase el capítulo 6.

3. Datos procedentes del FMI. Base de datos del World Economic Outlook.

4. Estas cifras son medias no ponderadas de deuda pública bruta, usando los datos del Fondo Monetario Internacional.

5. La elección de 2021 en lugar de un año más reciente se explica por varias razones. En primer lugar, a fin de disponer de datos ya definitivos para todos los países. En segundo lugar, para evitar el impacto de la inflación del periodo 2022-2023 en las ratios de deuda. Y, finalmente, para tener en cuenta, al menos en parte, la recuperación de las economías tras la covid-19, dado que 2020 presenta cifras muy distorsionadas por la fuerte caída del PIB.

6. Las investigaciones de Reinhart y Rogoff (2010) situaron los niveles de deuda pública (en porcentaje del PIB) que podían ser demasiado elevados y acabar limitando el crecimiento económico en un 90 por ciento; véase «Growth in a Time of Debt», *The American Economic Review*, vol. 100, n.º 2 (2010), pp. 573-578. Un error en sus cálculos motivó una importante controversia mediática, que no invalida sus resultados, pero muestra hasta qué punto la cuestión era objeto del debate político. Reinhart y Rogoff incluso publicaron un artículo en *The New York Times* para explicar su posición; véase «Debt, Growth and the Austerity Debate», *The New York Times*, 25 de abril de 2013, <https://www.nytimes.com/2013/04/26/opinion/debt-growth-and-the-austerity-debate.html>.

7. Reinhart *et al.* ofrecen una explicación sencilla de la política óptima asociada con las contribuciones pioneras de Robert Barro y otros autores; véase «Dealing with Debt», *Journal of International Economics*, vol. 96, n.º S1 (2015), pp. 43-55.

8. Véase la nota 7 del capítulo 5.

9. Véase *The Economist*, «Tie your hands, please», 10 de diciembre de 2011, <https://www.economist.com/europe/2011/12/10/tie-your-hands-please>.

10. Sin embargo, como hemos visto en el capítulo 5, sí es cierto que cuanto mayor es la presencia del Estado mayor es el riesgo de clientelismo y de *patrimonialización* de los órganos de la Administración por parte de los partidos políticos.

11. Las restricciones se establecen en normativas legales o reglas fiscales, de mayor o menor rango, que restringen la libertad de maniobra de los gobiernos y los parlamentos. En otros casos, se han creado autoridades fiscales independientes de los poderes Ejecutivo y Legislativo. No toman de-

cisiones, pero emiten opiniones apartidistas sobre el equilibrio de las cuentas públicas y las perspectivas presupuestarias, aportando así transparencia y claridad al debate político.

12. Véase Reinhart y Rogoff, *This Time is Different*, *op. cit.*

13. Para una revisión en profundidad de la literatura académica, véase Véase Alesina y Passalacqua, «The Political Economy of Government Debt», *op. cit.*

14. Las investigaciones académicas también han tratado de analizar el papel de las instituciones políticas en la generación de deuda elevada. No obstante, la cuestión de la causalidad es compleja. El tipo de instituciones políticas incide estadísticamente en el nivel de déficit y de deuda. Sin embargo, es probable que las propias instituciones sean en sí mismas el resultado de las tensiones sociales y la polarización de la sociedad que dificultan los acuerdos presupuestarios y la contención del endeudamiento; véase Alesina y Passalacqua, «The Political Economy of Government Debt», *op. cit.*

15. L. Rojo, «Presentación del Informe Anual del Banco de España» de 1994, en *Discursos y Conferencias de Luis Ángel Rojo*, Gobernador del Banco de España, Madrid, Banco de España, 2012.

16. Los cálculos de estas magnitudes están efectuados siguiendo la metodología de la Unión Europea para el procedimiento de déficit excesivo, con datos publicados por el Banco de España.

17. Cuando hablamos de deuda en poder de no residentes, es importante tener en cuenta si la deuda está denominada en divisa local o extranjera, así como la jurisdicción en la que se dirimen posibles problemas con relación al pago de los intereses y el principal.

18. Normalmente, cuando el nivel de deuda de un país es más elevado, la rentabilidad exigida por los mercados es mayor. Un examen somero de los datos de los países de la zona euro en comparación con los de otros países desarrollados muestra que para los primeros la relación se atenúa significativamente (agradezco los gráficos proporcionados por el Institute of International Finance, con datos procedentes del Fondo Monetario Internacional).

19. El término en inglés, *Bond vigilantes*, fue acuñado, al parecer, en los años ochenta por Ed Yardeni en Wall Street; véase T. Nangle, «Who's afraid of the gilt market?», *Financial Times*, 15 de junio de 2023, <https://www.ft.com/content/d71d0f43-c5a0-4945-b6c9-ef3dce7f806a>.

20. Véase, por ejemplo, Banco de Pagos Internacionales, *Annual Economic Report*, Basilea, junio de 2023, gráf. 5B, p. 52. En el caso de España, por ejemplo, la deuda en poder del BCE a fecha de marzo de 2023 era de qui-

nientos once mil millones de euros, lo que suponía una tercera parte de la deuda total, que según el Banco de España ascendía en el primer trimestre de 2023 a mil quinientos treinta y cinco mil millones de euros (un 113 por ciento del PIB). Datos de deuda en poder del BCE disponibles en <https://www.ecb.europa.eu/mopo/implement/pepp/html/index.en.html> y <https://www.ecb.europa.eu/mopo/implement/app/html/index.en.html>. Datos de deuda total procedentes del Banco de España en <https://www.bde.es/webbde/es/estadis/infoest/series/be0704.xlsx>.

21. Las propias estimaciones del BCE para evaluar el impacto de sus políticas no convencionales cuantificaban este efecto en 200 puntos básicos para los tipos a diez años; véase Rostagno *et al.*, «Combining negative rates, forward guidance and asset purchases: identification and impacts of ECB's unconventional policies», *ECB Working Paper Series*, n.° 2564, Banco Central Europeo, 2021, <https://www.ecb.europa.eu/pub/pdf/scpwps/ecb.wp2564~e02f3aad4c.en.pdf>.

22. Banco de Pagos Internacionales, *Annual Economic Report*, Basilea, junio de 2023.

23. Las opiniones contrarias a la consolidación fiscal seguían abundando incluso en la prensa financiera; véanse A. Haldane, «The case for rethinking fiscal rules is overwhelming», *Financial Times*, 16 de mayo de 2023, <https://www.ft.com/content/d57567c3-cd97-4cbe-be00-6cf50886b308>; A. Tooze, «We are living through a trillion-dollar rebalancing», *Financial Times*, 31 de marzo de 2023, <https://www.ft.com/content/4d519cc7-5959-4749-a892-dc8bd5cf1014>.

24. Para simplificar la exposición, no considero la deuda que pueda vencer en el ejercicio y que, naturalmente, se debe refinanciar.

25. La relación entre crecimiento y tipos de interés es válida tanto para variables nominales como para variables reales. Evidentemente, si el déficit público primario es más elevado, la reconducción de la deuda llevará más tiempo o exigirá que el crecimiento sea mucho mayor que el tipo de interés; véase Banco Central Europeo, *Análisis de la sostenibilidad de la deuda de la zona euro*, boletín mensual, abril de 2012. <https://www.bde.es/f/webbde/SES/Secciones/Publicaciones/PublicacionesBCE/BoletinMensualBCE/12/Fich/bm1204.pdf>.

26. Véase Reinhart y Rogoff, *This Time is Different*, *op. cit.*

27. Véase, por ejemplo, el debate suscitado por O. Blanchard en «Public Debt and Low Interest Rates» (*The American Economic Review Papers and Proceedings*, vol. 109, n.° 4 (2019), pp. 1197-1229) y la reacción de autores

como C. Wyplosz en «Olivier in Wonderland» (*CEPR Vox*^{EU}, 17 de junio de 2019, <https://cepr.org/voxeu/blogs-and-reviews/olivier-wonder land>) o J. Cochrane en «r-g» (*Mimeo*, 1 de marzo de 2021).

28. Véase Banco de Pagos Internacionales, *Annual Economic Report*, Basilea, junio de 2023, pp. 57-58. El organismo concluye —como no podía ser de otro modo— que incluso si *r* fuera inferior por lo general a *g*, ello no significa que cualquier nivel de deuda pueda ser sostenible.

29. En «¿Austeridad o crecimiento?» (*El Periódico*, 27 de diciembre 2011) argumenté la necesidad de una política monetaria más acomodaticia, y que los países menos endeudados de la Unión Económica y Monetaria debían llevar a cabo una política fiscal más expansiva que compensase, para el conjunto de la Unión Europea, la consolidación fiscal de los países de la periferia. Así, la posición fiscal global de la Unión Europea no sería excesivamente contractiva.

30. Véase A. Alesina, C. Favaro y F. Giavazzi, *Austerity: When it Works and When it Doesn't*, Princeton, Princeton University Press, 2019. [Hay trad. cast.: *Austeridad. Cuándo funciona y cuándo no*, trad. de Diego Sánchez de la Cruz, Barcelona, Deusto, 2020].

31. Reinhart *et al.*, «Dealing with Debt», *op. cit.*

32. Véase P. Thomsen, «The IMF and the Greek Crisis: Myths and Realities» [discurso], Fondo Monetario Internacional, 2019, <https://www.imf.org/en/News/Articles/2019/10/01/sp093019-The-IMF-and-the-Greek-Crisis-Myths-and-Realities September 30th>.

33. Reinhart *et al.*, «Dealing with Debt», *op. cit.*

34. Para 2022 la AIReF estima que la deuda pública española se redujo en 5,0 puntos en porcentaje del PIB. El desglose de los componentes de dicha caída muestra la importancia de los precios, que explican la reducción de 4,7 puntos en porcentaje del PIB. También actúa en positivo el crecimiento real (6 puntos en porcentaje del PIB), pero en sentido contrario el déficit público (4,8 puntos y otros ajustes por 0,9 puntos en porcentaje del PIB); véase *Informe sobre la Actualización del Programa de Estabilidad 2023-2026*, Madrid, 11 de mayo de 2023, gráf. 54, <https://www.airef.es/es/centro-documental/informes/informe-sobre-la-actualizacion-del-progra ma-de-estabilidad-ape-2023-2026/>.

35. C. M. Reinhart y M. B. Sbrancia, «The liquidation of government debt», *NBER Working Paper Series*, n.º 16893, National Bureau of Economic Research, marzo de 2011, <https://www.imf.org/external/np/seminars/eng/2011/res2/pdf/crbs.pdf>.

36. En aquellos momentos, a lo largo de los años de tipos bajos o nulos e inflación baja, en ámbitos académicos y financieros se llegó a hablar del «dinero helicóptero», esto es, un caso de dominancia fiscal perfecta.

37. El señoreaje son las ganancias que obtiene el banco central por el hecho de poder emitir moneda a coste cero y adquirir con ella activos de rendimiento positivo.

38. Este banco fue adquirido por su rival UBS gracias a la concesión de importantes ayudas públicas por parte de las autoridades suizas, en una operación de rescate en la que no se llegaron a aplicar las normativas de resolución bancaria aprobadas tras la gran crisis financiera de 2007-2008.

39. Véase Reinhart *et al.*, «Dealing with Debt», pp. 13, 28-31.

40. La tabla 1.1 reporta la confianza en los demás de diez países de la zona euro incluidos en la tabla 10.1. Todos los países frugales tienen mayores niveles de confianza que los manirrotos. La cifra media de los primeros es 61,0 y la de los segundos 23,8.

11. La insatisfacción con las políticas redistributivas

1. La segunda y la tercera posición, con cifras cercanas a las de Macron, fueron para los candidatos de extrema derecha (Marine Le Pen, de la Reagrupación Nacional, con un 23,3 por ciento) y extrema izquierda (Jean-Luc Mélenchon, de Francia Insumisa, con un 20,3 por ciento).

2. Según la OCDE, en 2020 el gasto representaba un 14,5 por ciento del PIB, sólo detrás de Italia y Grecia entre los países que forman parte de la Organización (datos de 2019 para estos dos países).

3. Según los datos de la Comisión Europea en su *Pension Adequacy Report* de 2021, el gasto por beneficiario en Francia era un 50 por ciento del PIB per cápita del país. En la Unión Europea, este porcentaje sólo lo superaban Grecia, España, Italia y Austria.

4. Para el caso español, la generosidad del sistema no sólo se desprende del alto porcentaje que representa el gasto por beneficiario en relación con el PIB per cápita (véase la nota previa), además esto ha sido corroborado por investigaciones del Banco de España que muestran que la tasa de retorno del sistema en prestaciones es claramente superior al rendimiento del factor trabajo, que es el resultado de sumar la productividad del trabajo y el crecimiento del empleo; véase Moragas y Ramos, «Una estimación del rendimiento financiero del sistema de pensiones», *Boletín Económico 3/2020*, Banco de

España, 2020, <https://repositorio.bde.es/bitstream/123456789/13383/1/be2003-art24.pdf>.

5. Como vimos en el capítulo 9, algunos analistas creen que las políticas monetarias ultraexpansivas son también un factor que explica el aumento de las desigualdades. Sin embargo, esta no parece una explicación suficientemente relevante dado que, si bien es verdad que los tenedores de activos bursátiles tienden a ser personas de elevado patrimonio, lo que las burbujas bursátiles provocan no es un enriquecimiento generalizado sino una gran redistribución de la riqueza puesto que, cuando estallan, algunas personas obtienen grandes plusvalías mientras otras sufren minusvalías también muy significativas. Otro factor que se aduce para explicar la desigualdad tiene que ver con el poder creciente de los monopolios. Dos libros importantes lo han abordado recientemente; véanse T. Philippon, *The Great Reversal: How America Gave up on Free Markets*, Cambridge, Belknap Press, 2019, y J. Eeckhout, *The Profit Paradox. How Thriving Firms Threaten the Future of Work*, Princeton, Princeton University Press, 2021.

6. Los trabajos de Piketty son especialmente importantes en el aspecto empírico, pero más discutidos desde el punto de vista teórico, en particular su tesis de que la desigualdad tiene su raíz en el hecho de que el factor capital permite una acumulación de sus rendimientos, que excede al ritmo de crecimiento económico. Como indicó en su día L. H. Summers en su revisión del libro de Piketty *El capital en el siglo XXI*, para comparar estas dos variables lo relevante no es el rendimiento bruto del capital, sino el rendimiento neto, teniendo en cuenta que parte de los rendimientos del capital deben dedicarse a la reposición del stock de capital que, lógicamente, se deprecia con el tiempo; véase «The Inequality Puzzle: Piketty Book Review», *Democracy: a Journal of Ideas*, n.º 32 (2014). Si consideramos la rentabilidad neta del capital es mucho menos plausible que dicha tasa supere a la del crecimiento económico. (Un breve resumen del debate puede verse J. Gual, «Sobre la desigualdad», *La Vanguardia*, 27 de agosto de 2014).

7. Véanse B. Milanovic y C. Lakner, «Global Income Distribution. From the Fall of the Berlin Wall to the Great Depression», *Policy Research Working Paper Series*, n.º 6719, Banco Mundial, diciembre de 2013; C. Milanovic, «The three eras of global inequality 1820-2020 with a focus on the past thirty years», *Working Paper Series*, n.º 59, Stone Center on Socio-Economic Inequality, diciembre de 2022. Véase también la carta al *Financial Times* en C. Lakner y B. Milanovic, «Substantial differences that give elephant graph its shape», *Financial Times*, 27 de septiembre de 2016,

<https://www.ft.com/content/61045c0a-7108-11e6-9ac1-1055824ca 907>. Para una síntesis reciente, véase C. Milanovic, «The Great Convergence. Global Equality and its Discontents», *Foreign Affairs,* 14 de junio de 2023.

8. Véase E. Helpman, *Globalization and Inequality*, Boston, Harvard University Press, 2018.

9. Véase, por ejemplo, D. H. Autor, «Why Are There Still So Many Jobs? The History and Future of Workplace Automation», *Journal of Economic Perspectives,* vol. 29, n.° 3 (2015), pp. 3-30.

10. Esta base de datos cubre una variedad de indicadores para periodos anteriores al 2015. Las tendencias históricas resaltadas en el texto comprenden el periodo aproximado 1980-2015; véase *The Chartbook of Economic Inequality*, Oxford, Universidad de Oxford, 2017. J. C. Rodríguez detecta tendencias similares utilizando una base de datos alternativa; véase «Desigualdades económicas en España (y en Europa): una visión de conjunto», en E. Bandés, J. C. Rodríguez y J. Carabaña, *Tres aproximaciones a la desigualdad social en España: rentas disponibles, rentas ampliadas y ocupaciones*, Madrid, Funcas, 2023, pp. 47-48.

11. La controversia sobre la evolución del grado de desigualdad, sin embargo, llega a afectar incluso a los resultados relativos al 1 por ciento de mayor renta. Véase al respecto G. Auten y D. Splinter, «Income Inequality in the United States: Using Tax Data to Mesure Long-Term Trends», *Journal of Political Economy*, n.° 1, vol. 132, enero de 2024. Véase un resumen del debate en *The Economist* (30 de noviembre de 2023) y Chris Giles (23 de noviembre de 2023).

12. Los índices *exante* (a veces denominados como «de mercado») calculan la desigualdad de rentas antes del efecto de los impuestos y las subvenciones. Los índices *expost* tienen en cuenta esta intervención del Estado, pero no consideran otros factores redistributivos, como las prestaciones directas de sanidad o educación pública; véase Rodríguez, «Desigualdades económicas en España (y en Europa)», *op. cit.*, p. 79. El mismo autor calcula que las prestaciones directas reducen los índices de Gini en los países europeos en aproximadamente cinco puntos, lo que constituye un impacto significativo.

13. Los datos usados para delimitar los niveles son las medias del periodo 2018-2021 con los índices de Gini publicados por la OCDE, para treinta y un países desarrollados. Los treinta y ocho países de la OCDE, excluidas Colombia, Suiza, Israel, Islandia, Chile, Costa Rica, Luxemburgo, México y Turquía, pero con Bulgaria y Rumanía. Para facilitar la exposición, repor-

taremos aquí los índices de Gini en porcentaje y no en tanto por uno, como se deriva de la definición técnica del índice.

14. Véase Atkinson *et al.*, *The Chartbook of Economic Inequality*, *op. cit.*, p. 4.

15. Datos del INE de renta neta media por hogar imputando el coste del alquiler.

16. Cuando es posible, los periodos de referencia incluyen varios años para evitar que el dato concreto de un año introduzca distorsiones puntuales.

17. Véase, por ejemplo, la discusión en M. Wolf, *The Crisis of Democratic Capitalism*, cap. 4.

18. Para una exposición ilustrativa del estado de la cuestión, véase M. Guasch y A. Morrón, «El sueño americano de Jay Gatsby: entre la desigualdad y la movilidad social», *Informe Mensual CaixaBank Research*, marzo de 2018, pp. 34-35.

19. Véase el capítulo 4.

20. La confianza de los ciudadanos en el Estado tiene, naturalmente, dimensiones no económicas, ligadas por ejemplo a la protección de las libertades individuales y la justicia (véase el capítulo 5).

21. Véanse Djankov *et al.*, «The Regulation of Entry», *The Quarterly Journal of Economics*, vol. 117, n.º 1 (2002); Sebastián, *España estancada*, *op. cit.* Investigadores como A. Shleifer, R.W. Vishny, D. Acemoğlu y J.A. Robinson han examinado el papel de las élites extractivas y el uso del Estado para apropiar rentas.

22. Véanse Aghion *et al.*, «Regulation and Distrust», *op. cit.*; P. Pinotti, «Trust, Regulation and Market Failures», *The Review of Economics and Statistics*, vol. 94, n.º 3 (2012), pp. 650-658.

23. Alesina y La Ferrara examinan el caso de Estados Unidos y analizan si las desigualdades de renta son un factor que pueda explicar el nivel de confianza en terceros. En su modelo econométrico la desigualdad de renta es estadísticamente significativa, pero deja de serlo si se tienen en cuenta también las desigualdades de raza. Para evitar la endogeneidad, los autores utilizan variables instrumentales y concluyen que las desigualdades de renta son un factor relevante, aunque no el más importante; véase «Who trusts others?», *op. cit.* Los datos internacionales sobre confianza y desigualdad recopilados por Ortiz-Espina y Roser («Trust», *op. cit.*) sí muestran una correlación negativa, pero tienen una muestra de países con niveles de desarrollo económico muy diferentes.

24. Véase T. Hellmann, P. Schmidt y S. Matthias Heller, *Social Justice in the EU and the OECD. Index Report 2019*, Gütersloh, Bertelsmann Stiftung,

2019, pp. 129-135, <https://www.bertelsmann-stiftung.de/en/publications/publication/did/social-justice-in-the-eu-and-oecd>.

25. Esta es la hipótesis que A. Meltzer y S. Richard exponen en «A Rational Theory of the Size of Government», *Journal of Political Economy*, vol. 89 (1981), pp. 914-927.

26. Véase A. Alesina y G.-M. Angeletos, «Fairness and redistribution», *The American Economic Review*, vol. 95, n.º 4 (2005), pp. 960-980.

27. El papel del mercado de trabajo como elemento determinante en la desigualdad de renta es claro en mercados de trabajo como el español (véase, por ejemplo, E. Bandrés, «Desigualdad, mercado de trabajo y redistribución», en *Tres aproximaciones a la desigualdad social en España: rentas disponibles, rentas ampliadas y ocupaciones*, Madrid, Funcas, 2023). Sin embargo, las consecuencias para el bienestar van más allá de la renta. El Informe de Desarrollo Humano de la ONU de 2021-2022 ofrece un interesante análisis de cómo la precariedad y la incertidumbre generan ansiedad en la población y provocan pérdidas de bienestar.

28. Para una discusión contemporánea del impacto en los valores de la crisis financiera, véase J. Gual, «Crisis financiera y crisis de valores», *Revista de Occidente*, n.º 348 (mayo de 2010), pp. 115-124.

29. Véase la nota 11 de este mismo capítulo.

30. Véase O. Galland, «Retraites et retraités: quelles injustices?», *Telos*, 2 de febrero de 2023, <https://www.telos-eu.com/fr/societe/retraites-et-retraites-quelles-injustices.html>. Agradezco a Antonio de Lecea la discusión de esta cuestión. Véase también Y. Coatanlem y A. de Lecea, *Le capitalisme contre les inégalités*, París, PUF, 2023. En el caso de España, el efecto redistributivo de las regulaciones sectoriales lo aborda C. Sebastián en *España estancada, op. cit.* Naturalmente, en el caso español la dualidad del mercado de trabajo ha sido durante muchos años un elemento clave, regulatorio, para explicar la insuficiente inclusión social.

12. La Unión Europea: un reto de confianza mutua

1. Véanse M. Xafa, «The case of Andreas Georgiou», *World Economic Journal*, 26 de agosto de 2021; M. Greene, «Greece must show robust data matters and stop persecuting Georgiou», *Financial Times*, 23 de enero de 2023, <https://www.ft.com/content/1c1fa1bc-a620-4b5e-9495-6fde0417b7bc>.

2. M. Monti, «Germany, do your duty and save the euro today», *Financial Times*, 28 de septiembre de 2011, <https://www.ft.com/content/41e92410-ea24-11e0-b997-00144feab49a>.

3. O. Scholz, «Address to the European Parliament as part of the plenary debates "This is Europe"», Estrasburgo, 9 de mayo de 2023, <https://www.bundesregierung.de/breg-en/news/address-by-olaf-scholz-2189412>.

4. J. Gual, «European Integration at the Crossroads», Conferencia en memoria de Luis Ángel Rojo, Madrid, Banco de España, 2012, pp. 85-106.

5. Véase *id.*, «Unión Bancaria: ¿de hormigón o de paja?», *Papeles de Economía Española*, n.º 137 (2013), pp. 107-120.

6. Véase *id.*, «European Integration at the Crossroads», *op. cit.* La convergencia real de los países de la Unión Europea no necesariamente supuso la convergencia entre las regiones en el seno de un mismo Estado. De hecho, la gran disparidad de niveles de renta en el seno de los estados es indicativa de la medida en la que se generan fenómenos de concentración territorial de la renta en condiciones de mercados integrados sin riesgo de tipo de cambio. Naturalmente, la concentración territorial de la renta tiene también otros muchos determinantes.

7. J. Almunia y R. Marimon, «El diseño de la Unión Monetaria y Económica», *El País*, 8 de octubre de 2020.

8. La aprobación del plan NextGeneration EU podría suponer un primer paso hacia un presupuesto común. Sin embargo, de momento es sólo un mecanismo temporal.

9. Véase J. Gual, «Soplar y sorber», *La Vanguardia*, 19 de junio de 2022.

10. J. Pisani-Ferry, «Reinventing the European Union», *Project Syndicate*, 27 de febrero de 2023, <https://www.project-syndicate.org/commentary/to-survive-the-european-union-must-reinvent-itself-again-by-jean-pisani-ferry-2023-02>.

11. Véase J. Gual, «¿Por qué Europa genera poco crecimiento y empleo?», *Documentos de Economía «la Caixa»*, n.º 28 (julio de 2014); M. Monti, «Europe must not forget about the single market», *Financial Times*, 22 de mayo de 2023, <https://www.ft.com/content/510ee7d7-a356-430a-989d-579ad309b751>.

12. Véanse Sapir, «Globalization and the Reform of European Social Models», *op. cit.*; Gual, «¿Por qué Europa genera poco crecimiento y empleo?», *op. cit.*

13. Véase Gual, «¿Por qué Europa genera poco crecimiento y empleo?», *op. cit.*

14. Véase *Financial Times*, «Policing of EU market rules drops under Von der Leyen's commission», 9 de mayo de 2023, <https://www.ft.com/content/b81c0d86-4837-42a5-bf01-d4768791f2cf>.

15. Véase, por ejemplo, G. C. Hufbauer y E. Jung, «Scoring 50 years of US industrial policy, 1970-2020», *PIIE Briefings*, n.º 21, 5 de noviembre de 2021, <https://www.piie.com/publications/piie-briefings/scoring-50-years-us-industrial-policy-1970-2020.

16. Véase Baier, «Trust», *op. cit.*, como hemos discutido en el capítulo 1.

17. La revisión del Pacto de Estabilidad y Crecimiento de la Unión Monetaria Europea y las exigencias de los países frugales en relación con las propuestas de la Comisión son un ejemplo concreto de estas tensiones.

18. Véase *Financial Times*, «The week Macron's grand diplomatic project floundered», 14 de abril de 2023, <https://www.ft.com/content/a54ce654-e3f7-403c-8603-cce9efa5c03f>.

19. *El País*, «La migración reabre la tensión entre Francia e Italia», 5 de mayo de 2023 <https://elpais.com/internacional/2023-05-05/la-migracion-reabre-la-tension-entre-francia-e-italia.html>.

20. Algunos analistas han destacado que es no es fácil avanzar en la construcción europea porque existe una profunda desconfianza entre los países miembros, así como con respecto de las instituciones europeas; véanse Pisani-Ferry, «Reinventing the European Union», *op. cit.*; y M. Wolf, «The EU's Future in a World of Deep Disorder», *Financial Times*, 7 de marzo de 2023, <https://www.ft.com/content/1107ff75-87b5-4764-82f2-fa450e5cf820>. Esta es una perspectiva preocupante, ya que la mayoría de los países de la Unión Europea son socios desde hace mucho tiempo. Sin embargo, a pesar de todo, lo acontecido en los últimos años nos permite ser optimistas, tras la reacción de la Unión Europea a las diferentes crisis.

21. Para una crónica perceptiva de la evolución política en estos países tras la caída del muro de Berlín, véase A. Applebaum, *Twilight of Democracy. The failure of politics and the parting of friends*, Londres, Penguin Books, 2020. [Hay trad. cast.: *El ocaso de la democracia. La seducción del autoritarismo*, trad. de Francisco J. Ramos Mena, Barcelona, Debate, 2021]. El caso de Polonia es un ejemplo de una sociedad en la que la polarización política ha sucedido a pesar de unos resultados económicos globalmente positivos a lo largo de los últimos decenios.

22. D. Ziblatt y S. Levinsky, *How Democracies Die: What History Reveals About Our Future*, Nueva York, Penguin Random House, 2018, cap. 6.

23. Estas tensiones, naturalmente, también tiene lugar en el seno de los Estados nación. Por ejemplo, en España con las comunidades autónomas, las transferencias interterritoriales y las leyes de mercado único. La regulación local no siempre es proteccionismo, pero claramente puede ser una excusa fácil para proteger al operador local.

24. Smith ya discute «el orden en el que los grupos son encomendados a nuestra beneficencia»; *The Theory of Moral Sentiments*, *op. cit.*, pte. VI, sec. II.

25. Greene, *The Ministry of Fear*, *op. cit.*, p. 233. [Trad. propia].

26. C. Taylor, *Multiculturalism and «The politics of recognition». An Essay*, Princeton, Princeton University Press, 1992, sec. IV. [Hay trad. cast.: *El multiculturalismo y «la política del reconocimiento»*, Madrid, FCE, 2003].

27. Véase Mounk, *The Great Experiment*, *op. cit.*

28. L. van Middelaar, *The Passage to Europe. How A Continent Became a Union*, Yale University Press, 2013.

Epílogo

1. M. Ignatieff, *En busca de consuelo*, trad. de Jordi Ainaud, Barcelona, Taurus, 2023, p. 189.

2. G. Greene, *A Sort of Life*, Londres, Penguin, 1971. [Hay trad. cast.: *Una especie de vida*, Barcelona, Seix Barral, 1987]. [Trad. propia].

3. La cita, del capítulo 3 del *Tratado teológico-político* de B. Spinoza, procede de Sacks, *Morality*, *op. cit.*, p. 107. [Trad. propia].

4. Kay y Knight, *Radical Uncertainty*, *op. cit.*, p. 382.

5. Reinhart y Rogoff, *This Time is Different*, *op. cit.*, p. XXXIX.

6. A. Marshall, «Towards the Close, 1903-1924», en J. K. Whitaker, ed., *The correspondence of Alfred Marshall Economist*, Cambridge, Cambridge University Press, 1996, vol. 3, p. 130, carta a Arthur Lyon Bowley, 27 de febrero de 1906. [Trad. propia].

Bibliografía

Acemoğlu, D., S. Johnson y J. A. Robinson, «The Colonial Origins of Comparative Development: An Empirical Investigation», *The American Economic Review*, vol. 91, n.° 5 (2001), pp. 1369-1401.

Aghion, P., *et al.*, «Regulation and Distrust», *The Quarterly Journal of Economics*, vol. 125, n.° 3 (2010), pp. 1015-1049.

AIReF, *Informe sobre la Actualización del Programa de Estabilidad 2023-2026*, Madrid, 11 de mayo de 2023, <https://www.airef.es/es/centro-documental/informes/informe-sobre-la-actualizacion-del-programa-de-estabilidad-ape-2023-2026/>.

Akerlof, G., «The Market for 'Lemons': Quality Uncertainty and the Market Mechanism», *Quarterly Journal of Economics*, vol. 84, n.° 3 (1970), pp. 488-500.

—, «The Missing Motivation in Macroeconomics», *The American Economic Review*, vol. 97, n.° 1 (2007), pp. 3-36.

— y R. Kranton, *Identity Economics: How Our Identities Shape Our Work, Wages and Well-Being*, Princeton, Princeton University Press, 2010.

Alesina, A., y E. la Ferrara, «Who trusts others?», *Journal of Public Economics*, vol. 85 (2002), pp. 207-234.

— y A. Passalacqua, «The Political Economy of Government Debt», en J. Taylor y H. Uhlig, eds., *Handbook of Macroeconomics*, North Holland, Elsevier, 2015.

— y P. Giuliano, «Culture and Institutions», *Journal of Economic Literature*, vol. 53, n.° 4 (2015), pp. 898-944.

— y G.-M. Angeletos, «Fairness and redistribution», *The American Economic Review*, vol. 95, n.° 4 (2005), pp. 960-980.

—, C. Favaro y F. Giavazzi, *Austerity: When it Works and When it Doesn't*,

Princeton, Princeton University Press, 2019. [Hay trad. cast.: *Austeridad. Cuándo funciona y cuándo no*, trad. de Diego Sánchez de la Cruz, Barcelona, Deusto, 2020].

Algan, Y., y P. Cahuc, «Inherited Trust and Growth», *The American Economic Review*, vol. 100, n.º 5 (2010), pp. 2060-2092.

Almunia, J., y R. Marimon, «El diseño de la Unión Monetaria y Económica», *El País*, 8 de octubre de 2020.

Applebaum, A., *Twilight of Democracy. The failure of politics and the parting of friends*, Londres, Penguin Books, 2020. [Hay trad. cast.: *El ocaso de la democracia. La seducción del autoritarismo*, trad. de Francisco J. Ramos Mena, Barcelona, Debate, 2021].

Argandoña, A., *La empresa, una comunidad de personas*, Barcelona, Plataforma, 2021.

Arrow, K., *The Limits of Organization*, Nueva York, Norton, 1974.

Atkinson, T., *et al.*, *The Chartbook of Economic Inequality*, Oxford, Universidad de Oxford, 2017.

Auten, G., y D. Splinter, «Income Inequality in the United States: Using Tax Data to Mesure Long-Term Trends», *Journal of Political Economy*, n.º 1, vol. 132, enero de 2024.

Autor, D. H., «Why Are There Still So Many Jobs? The History and Future of Workplace Automation», *Journal of Economic Perspectives,* vol. 29, n.º 3 (2015), pp. 3-30.

Axelrod, R. M., *The Evolution of Cooperation*, Nueva York, Basic Books, 1984. [Hay trad. cast.: *La evolución de la cooperación*, trad. de Luis Bou, Madrid, Alianza, 1986].

Baier, A. C., «Trust» [conferencia], The Tanner Lectures on Human Values, Universidad de Princeton, 6-8 de marzo de 1991, <https://tannerlectures.utah.edu/_resources/documents/a-to-z/b/baier92.pdf>.

Ball, L., «The Fed and Lehman Brothers», [ponencia], NBER Monetary Economics Program, John Hopkins University, 14 de julio de 2016, <https://back.nber.org/appendix/w22410/The%20Fed%20and%20Lehman%20Brothers.pdf>.

Banco Central Europeo, *Análisis de la sostenibilidad de la deuda de la zona euro*, boletín mensual, abril de 2012. <https://www.bde.es/f/webbde/SES/Secciones/Publicaciones/PublicacionesBCE/BoletinMensualBCE/12/Fich/bm1204.pdf>.

Banco de Pagos Internacionales, *Annual Economic Report*, Basilea, BIS, junio de 2015.

—, *Annual Economic Report*, Basilea, BIS, junio de 2016.

—, *Annual Economic Report*, Basilea, BIS, junio de 2018.

—, *Annual Economic Report*, Basilea, BIS, junio de 2021.

—, *Annual Economic Report*, Basilea, BIS, junio de 2022.

—, *Annual Economic Report*, Basilea, BIS, junio de 2023.

Bandrés, E., «Desigualdad, mercado de trabajo y redistribución», en *Tres aproximaciones a la desigualdad social en España: rentas disponibles, rentas ampliadas y ocupaciones*, Madrid, Funcas, 2023.

Barber, L., *The Powerful and the Damned*, Londres, WH Allen, 2020. [Hay trad. cast.: *Vencedores y vencidos. Un diario privado en tiempos turbulentos*, trad. de Ramón González y Marta Valdivieso, Barcelona, Deusto, 2022].

Bassets, M., «El presidente de Danone: "Una empresa que solo sirva a los accionistas es una herejía"», *El País,* 5 de mayo de 2019, <https://elpais.com/economia/2019/05/03/actualidad/1556877937_522057.html>.

Bean, C., «Globalization and Inflation», *Bank of England Quarterly Bulletin*, Q4 (otoño de 2006).

—, C. Broda, T. Ito y R. Kroszner, «Low for Long? Cause and consequences of Persistently Low Interest Rates», *Geneva Reports on the World Economy* 17, Londres, International Center for Monetary and Banking Studies y CEPR, 2015.

Bebchuk, L., y R. Tallarita, «The Illusory Promise of Stakeholder Governance», *Cornell Law Review*, vol. 106, n.º 91 (2020), pp. 91-177.

Benabou, R., y J. Tirole, «Incentives and Prosocial Behavior», *The American Economic Review*, vol. 96, n.º 5 (2006), pp. 1652-1678.

Benes, J., y M. Kumhof, «The Chicago Plan Revisited», documento revisado, *IMF*, 7 de febrero de 2013.

Berg, J., J. Dickhout y K. McCabe, «Trust, Reciprocity, and Social-History», *Games and Economic Behavior*, vol. 10, n.º 1 (1995), pp. 122-142.

Bernanke, B., «The Taylor Rule: A benchmark for monetary policy?», *Brookings*, 28 de abril de 2015, <https://www.brookings.edu/blog/ben-bernanke/2015/04/28/the-taylor-rule-a-benchmark-for-monetary-policy/>.

—, «The New Tools of Monetary Policy», *American Economic Review*, vol. 110, n.º 4 (2020), pp. 943-983.

—, *21st Century Monetary Policy*, Nueva York, Norton, 2022.

Beyer, R. C. M., y V. Wieland, «Instability imprecision and inconsistent use of equilibrium real interest rate estimates», documento de trabajo 11927, CEPR, 2017.

Binmore, K., *Rational Decisions*, Princeton, Princeton University Press, 2009.

Blanchard, O., «Public Debt and Low Interest Rates», *The American Economic Review Papers and Proceedings*, vol. 109, n.° 4 (2019), pp. 1197-1229.

—, «High inflation is unlikely but not impossible in advanced economies», *PIIEE*, 24 de abril de 2020, <https://www.piie.com/blogs/realtime-economic-issues-watch/high-inflation-unlikely-not-impossible-advanced-economies>.

Bohnet, I., y R. Zeckhauser, «Trust, risk and betrayal», *Journal of Economic Behavior and Organization*, vol. 55 (2004), pp. 467-484.

Borio, C., *The financial cycle and macroeconomics: what have we learnt?, BIS Working Papers*, n.° 395, Banco de Pagos Internacionales, diciembre de 2012.

— *et al.*, *Why so low for so long? A long-term view of real interest rates, BIS Working Papers*, n.° 685, Banco de Pagos Internacionales, diciembre de 2017.

— *et al.*, *Does money growth help explain the recent inflation surge?, BIS Bulletin*, n.° 67, Banco de Pagos Internacionales, 26 de enero de 2023.

Bowen, A., y K. Mayhew, «Globalization, import prices and inflation: how reliable are the tailwinds?», *Bank of England Quarterly Bulletin Q3*, (2008), pp. 283-291.

Bowles, S., *The Moral Economy: Why Good Incentives Are No Substitute for Good Citizens*, New Haven, Yale University Press, 2016.

Brand, C., *et al.*, *The natural rate of interest: estimates, drivers and challenges to monetary policy, ECB Occasional Paper Series*, n.° 217, diciembre de 2018.

Brenan, M., «Confidence in US economic leadership flagging», *Gallup*, 2 de mayo de 2022, <https://news.gallup.com/poll/392306/confidence-economic-leaders-flagging.aspx>.

Brooks, D., *The Road to Character*, Londres, Penguin Books, 2016.

Business Roundtable, «Business Roundtable Redefines the Purpose of a Corporation to Promote An Economy that Serves All Americans», 19 de agosto de 2019 <https://www.businessroundtable.org/business-roundtable-redefines-the-purpose-of-a-corporation-to-promote-an-economy-that-serves-all-americans>.

Calomiris, C.W., y S. H. Haber, *Fragile by Design; the Political Origins of Banking Crisis and Scarce Credit*, Princeton, Princeton University Press, 2014.

Camerer, C., y R. Thaler, «Anomalies: Ultimatums, Dictators and Manners», *Journal of Economic Perspectives*, vol. 9, n.° 2 (1995), pp. 209-219.

Camps, V., *El gobierno de las emociones*, Barcelona, Herder, 2011.

Canals, J., *Danone in 2021: Dealing with Activist Investors* [estudio de caso], Barcelona, IESE, enero de 2022.

—, *Boards of Directors in Disruptive Times*, Cambridge, Cambridge University Press, 2023. [Hay ed. cast.: *Transformarse para perdurar. Consejos de administración y gobierno de la empresa en épocas de cambios disruptivos*, Barcelona, Deusto, 2023].

Carstens, A., «Discurso de aceptación del Premio de Economía Rey de España 2022», Madrid, Fundación José Celma Prieto y Banco de España, 2023.

Chamley, C., L. Kotlikoff y H. Polemarchakis, «Limited Purpose Banking – Moving from "Trust me" To "Show me" Banking», *American Economic Review*, vol. 102, n.º 3 (2012), pp. 113-119.

Coatanlem, Y., y A. de Lecea, *Le capitalisme contre les inégalités*, París, PUF, 2023.

Cochrane, J., «r-g», *Mimeo*, 1 de marzo de 2021.

Collier, P., y J. Kay, *Greed is Dead: Politics After Individualism*, Londres, Allen Lane, 2020.

—, D. Coyle, C. Mayer y M. Wolf, «Capitalism: what has gone wrong, what needs to change, and how it can be fixed», *Oxford Review of Economic Policy*, vol. 37, n.º 4 (2021), pp. 637-649. <https://academic.oup.com/oxrep/article-abstract/37/4/637/6423486?redirectedFrom=fulltext>.

Council of Institutional Investors, «Council of Institutional Investors Responds to Business Roundtable Statement on Corporate Purpose», 19 de agosto de 2019, <https://www.cii.org/aug19_brt_response#>.

Danielsson, J., «Blame the models», *CEPR Vox*^{EU}, 8 de mayo de 2018.

Dasgupta, P., «Ramsey and Intergenerational Welfare Economics», *Stanford Encyclopedia of Philosophy*, 1 de junio de 2019, <https://plato.stanford.edu/entries/ramsey-economics/>.

—, «Trust as a Commodity», en D. Gambetta, ed., *Trust: Making and Breaking Cooperative Relations* [edición electrónica], 1988, pp. 49-72.

—, «Economic Progress and the Idea of Social Capital» en P. Dasgupta y I. Serageldin, *Social Capital: a Multifaceted Perspective*, Washington, The World Bank, 2000.

— y I. Serageldin, *Social Capital: A Multifaceted Perspective*, Washington, The World Bank, 2000.

De Larosière, J., *Fifty Years of Financial Crisis*, París, Odile Jacob, 2018.

—, «The Monetary Policy Challenge», Nueva York, Center for Financial Stability, 25 de noviembre de 2019, <https://centerforfinancialstability.org/research/de_Larosiere_MPC_112519.pdf>.

Deutsche Bundesbank, «The role of banks, non-banks and the central bank in the money creation process», *Monthly Report*, abril de 2017, pp. 13-33, <https://www.bundesbank.de/resource/blob/654284/df66c4444d065a7f519e2ab0c476df58/mL/2017-04-money-creation-process-data.pdf>.

Dewatripont, M., y J. Tirole, «The Morality of Markets and the Nature of Competition», *Mimeo*, 18 de diciembre de 2020.

Dieleman, J., *et al.*, «Pandemic preparedness and COVID-19: an exploratory analysis of infection and fatality rates, and contextual factors associated with preparedness in 177 countries, from Jan 1, 2020 to Sept 30, 2021», *The Lancet*, 1 de febrero de 2022, <https://www.thelancet.com/journals/lancet/article/PIIS0140-6736(22)00172-6/fulltext>.

Dirks, K. T., y B. Jong, «Trust Within the Workplace: A Review of Two Waves of Research and a Glimpse of the Third», *Annual Review of Organizational Psychology and Organizational Behavior*, vol. 9, n.º 1 (2022), pp. 247-276.

Djankov, S., R. la Porta, F. Lopez de Silanes y A. Shleifer, «The Regulation of Entry», *The Quarterly Journal of Economics*, vol. 117, n.º 1 (2002).

DPWorld, *Annual Report and Accounts 2022*, 2022, <https://www.dpworld.com/investors/annual-report-2022>.

Dunn, J., «Trust and Political Agency», en D. Gambetta, ed., *Trust: Making and Breaking Cooperative Relations* [edición electrónica], 1988.

Eccles, R. G., y S. Klimenko, «The Investor Revolution. Shareholders are getting serious about sustainability», *Harvard Business Review*, mayo-junio de 2019.

Economist, The, «Tie your hands, please», 10 de diciembre de 2011, <https://www.economist.com/europe/2011/12/10/tie-your-hands-please>.

—, «In dollars we trust», 27 de abril de 2013, <https://www.economist.com/finance-and-economics/2013/04/27/in-dollars-they-trust>.

—, «Danone rethinks the idea of the firm», 9 de agosto de 2018 <https://www.economist.com/business/2018/08/09/danone-rethinks-the-idea-of-the-firm?>.

—, «What companies are for», 24 de agosto de 2019, <https://www.economist.com/leaders/2019/08/22/what-companies-are-for>.

—, «African governments are trying to collect more taxes», 11 de enero de

2020, <https://www.economist.com/middle-east-and-africa/2020/01/11/african-governments-are-trying-to-collect-more-tax>.

—, «Inflation: prognostication and prophecy», 12 de diciembre de 2020, <https://www.economist.com/briefing/2020/12/12/a-surge-in-inflation-looks-unlikely>.

—, «French fury over the American-Australian sub deal», 18 de septiembre de 2021, <https://www.economist.com/europe/2021/09/18/french-fury-over-the-american-australian-sub-deal>.

—, «The state of France's relationship with Britain», 27 de noviembre de 2021, <https://www.economist.com/europe/2021/11/27/the-state-of-frances-relationship-with-britain>.

—, «Why Zimbabweans buy pensions denominated in cows», 14 de mayo de 2022, <https://www.economist.com/middle-east-and-africa/2022/05/14/why-a-zimbabwean-firm-offers-pensions-denominated-in-cows>.

—, «Mars Inc gets the purpose v profit balance right», 30 de junio de 2022, <https://www.economist.com/business/2022/06/30/mars-inc-gets-the-purpose-v-profit-balance-right>.

—, «Housing markets face a brutal squeeze», 20 de octubre de 2022, <https://www.economist.com/finance-and-economics/2022/10/20/housing-markets-face-a-brutal-squeeze>.

—, «Interest rates have risen sharply but is monetary policy truly tight?», 10 de noviembre de 2022, <https://www.economist.com/finance-and-economics/2022/11/10/interest-rates-have-risen-sharply-but-is-monetary-policy-truly-tight>.

—, «Western values are steadily diverging from the rest of the World», 3 de agosto de 2023, <https://www.economist.com/interactive/international/2023/08/03/western-values-are-steadily-diverging-from-the-rest-of-the-world>.

—, «Why economists are at war over inequality», 30 de noviembre de 2023, <https://www.economist.com/finance-and-economics/2023/11/30/income-gaps-are-growing-inexorably-arent-they>.

Eeckhout, J., *The Profit Paradox. How Thriving Firms Threaten the Future of Work*, Princeton, Princeton University Press, 2021. [Hay. trad. cast.: *La paradoja del beneficio*, Madrid, Taurus, 2022].

Eichengreen, B., y O. Jeanne, «Currency Crisis and Unemployment: Sterling in 1931», en P. Krugman, ed., *Currency Crises*, Chicago, University of Chicago Press, 2000.

Estefanía, J., «La justa autocrítica», *El País*, 6 de septiembre de 2009.

Ewing, J., «Dieselgate: Inside the air pollution scandal of the century», *Medium*, 4 de agosto de 2019, <https://medium.com/dyson-on/dieselgate-inside-the-air-pollution-scandal-of-the-century-2e462f430025>.

Fabo, B., *et al.*, «Fifty Shades of QE: comparing findings of central bankers and academics», *Working Paper Series*, n.º 2584, Banco Central Europeo, agosto de 2021.

—, «Fifty Shades of QE: Robust evidence», *Policy Brief*, n.º 667, SUERF, agosto de 2023.

Fehr, E., «On the Economics and Biology of Trust», *Journal of the European Economic Association*, vol. 7, n.os 2-3 (2009), pp. 235-266.

— y I. Furstenberger, «Normative Foundations of Human Cooperation», *Nature Human Behavior*, n.º 2 (julio de 2018), pp. 458-468.

— y U. Fischbacher, «The Nature of Human Altruism», *Nature*, n.º 667 (noviembre de 2023), pp. 785-791.

Ferguson, N., «The Fed Hasn't Fixed Its Worst Blunder Since the 1970s», *The Washington Post*, 19 de junio de 2022.

Financial Times, «Who went to jail for their role in the financial crisis», 20 de septiembre de 2018, <https://ig.ft.com/jailed-bankers/>.

—, «Danish bank slaps sub-zero rates on deposits», 21 de agosto de 2019.

—, «German 30-year bund sale faces weakest demand since 2011», 21 de agosto de 2019, <https://www.ft.com/content/00e67164-c3fd-11e9-a8e9-296ca66511c9>.

—, «German lender Berlin Hyp sells €1bn covered bond with record negative yield», 22 de agosto de 2019, <https://www.ft.com/content/87f8a672-c3ee-11e9-a8e9-296ca66511c9>.

—, «How to build a more responsible capitalism», 13 de octubre de 2019, <https://www.ft.com/content/8b282346-eaa3-11e9-85f4-d00e5018f061>.

—, «Danone adopts legal status to reflect social mission», 26 de junio de 2020, <https://www.ft.com/content/1eff9241-ef11-4a38-8b5c-bb825fa108ca>.

—, «Danone's activist coup reveals tricky quest to match ESG goals with profits», 19 de marzo de 2021.

—, «Spirited boutique led call to arms against Danone boss», 24 de marzo de 2021.

—, «In charts: Bonds with negative yields around the world», 27 de septiembre de 2021, <https://www.ft.com/content/1bcfde6e-753d-4096-addc-e8545c89c7a9>.

—, «Fired P&O seafarers recall "shocking" sackings as they face an uncertain future», 1 de abril de 2022, <https://www.ft.com/content/493a14a9-d332-4673-93b5-bfb7dc2ed04b>.

—, «Dubai owner of P&O Ferries hails management's 'amazing job' over sackings», 29 de mayo de 2022, <https://www.ft.com/content/be0734b3-35a7-4930-a21f-a631d664e862>.

—, «The Struggle for the Soul of the B Corp movement», 19 de febrero de 2023, <https://www.ft.com/content/0b632709-afda-4bdc-a6f3-bb0b02eb5a62>.

—, «The week Macron's grand diplomatic project floundered», 14 de abril de 2023, <https://www.ft.com/content/a54ce654-e3f7-403c-8603-cce9efa5c03f>.

—, «Europe Express», 18 de abril de 2023, <https://www.ft.com/europe-express>.

—, «Policing of EU market rules drops under Von der Leyen's commission», 9 de mayo de 2023, <https://www.ft.com/content/b81c0d86-4837-42a5-bf01-d4768791f2cf>.

—, «Christine Lagarde: "I should have been bolder"», 27 de octubre de 2023, <https://www.ft.com/content/c916c994-492c-4639-84ae-4a6dc2cb7426>.

Fink, L., «Letter to CEOs: The Power of Capitalism», *BlackRock*, 18 de enero de 2022, <https://www.blackrock.com/corporate/investor-relations/larry-fink-ceo-letter».

Fisman, R., y E. Miguel, «Corruption, norms and legal enforcement: evidence from diplomatic parking tickets», *Journal of Political Economy*, vol. 115, n.º 6 (2007), pp. 1020-1048.

Fondo Monetario Internacional, *Globalization and Inflation*, *World Economic Outlook Series*, Washington, FMI, abril de 2006, <https://www.imf.org/en/Publications/WEO/Issues/2016/12/31/Globalization-and-Inflation>.

—, *Spillovers and Cycles in the Global Economy*, *World Economic Outlook Series*, Washington, FMI, abril de 2007, <https://www.imf.org/en/Publications/WEO/Issues/2016/12/31/Spillovers-and-Cycles-in-the-Global-Economy>.

—, *A Decade after the Global Financial Crisis: Are We Safer?*, *Global Financial Stability Report Series*, Washington, FMI, octubre de 2018, <https://

www.imfconnect.org/content/dam/imf/Spring-Annual%20 Meetings/AM18/Public%20Documents/V3%20GFSR%202018. pdf>.

—, *Challenges to Steady Growth, World Economic Outlook Series*, Washington, FMI, octubre de 2018, <https://www.imf.org/en/Publications/WEO/ Issues/2018/09/24/world-economic-outlook-october-2018>.

—, *Fiscal Monitor Database of Country Fiscal Measures in Response to the COVID-19 Pandemic*, octubre de 2021, <https://www.imf.org/en/ Topics/imf-and-covid19/Fiscal-Policies-Database-in-Response-to-COVID-19>.

—, *War Set Back the Global Recovery, World Economic Outlook Series*, Washington, FMI, abril de 2022, <https://www.imf.org/en/Publica tions/WEO/Issues/2022/04/19/world-economic-outlook-april-2022>.

— *Countering the Cost-of-Living Crisis, World Economic Outlook Series*, Washington, FMI, octubre de 2022, <https://www.imf.org/en/Publica tions/WEO/Issues/2022/10/11/world-economic-outlook-octo ber-2022>.

—, *Navigating the High-Inflation Environment, Global Financial Stability Report Series*, Washington, FMI, octubre de 2022, <https://www.imf.org/en/ Publications/GFSR/Issues/2022/10/11/global-financial-stability-report-october-2022>.

Fraccaroli, N., *et al.*, «Does regulatory and supervisory independence affect financial stability?», *Staff Working Paper*, n.º 893, Londres, Banco de Inglaterra, noviembre de 2020, <https://www.bankofengland.co.uk/ -/media/boe/files/working-paper/2020/does-regulatory-and-supervisory-independence-affect-financial-stability.pdf>.

Frank, R. H., *Passions Within Reason. The Strategic Role of Emotions*, Nueva York, Norton, 1988.

Freeman, E. R., *Strategic Management: A Stakeholder Approach*, Cambridge, Cambridge University Press, 2010.

Friedman, M., «The Social Responsibility of Business Is to Increase Its Profits», *The New York Times*, 13 de septiembre de 1970.

Fukuyama, F., *Trust: The Social Virtues and the Creation of Prosperity*, Nueva York., Free Press, 1995. [Hay trad. cast.: *Confianza*, Buenos Aires, Atlántida, 2000].

—, *Political Order and Political Decay: From the Industrial Revolution to the Globalization of Democracy,* Nueva York, Farrar, Strauss and Giroux, 2014.

—, *Identity. The demand for dignity and the politics of resentment,* Nueva York, Farrar, Strauss and Giroux, 2018. [Hay trad. cast.: *Identidad. La demanda de dignidad y las políticas de resentimiento*, Barcelona, Deusto, 2019].

Galland, O., «Retraites et retraités: quelles injustices?», *Telos*, 2 de febrero de 2023, <https://www.telos-eu.com/fr/societe/retraites-et-retraites-quelles-injustices.html>.

Gaspar, V., P. Medas y R. Perrelli, «Global Debt Reaches a Record $236 Trillion», *IMF Blog*, 5 de diciembre de 2021, <https://www.imf.org/en/Blogs/Articles/2021/12/15/blog-global-debt-reaches-a-record-226-trillion>.

Geithner, T. F., *Stress Test. Reflections on Financial Crises*, Nueva York, Penguin Random House, 2014.

Giles, Chris, «What if income inequality has not risen?», *Financial Times*, 22 noviembre de 2023.

Glaeser, E. L., D. L. Laibson, J. A. Scheinkman y C. L. Soutter, «Measuring Trust», *The Quarterly Journal of Economics*, agosto de 2000, pp. 811-846. <https://scholar.harvard.edu/files/laibson/files/measuring_trust.pdf>.

Gordon, R. J., «The Boskin Commission report: a retrospective one decade later», *NBER Working Paper Series,* n.º 12311, junio de 2006, <https://www.nber.org/papers/w12311>.

—, «Secular Stagnation: A Supply-Side View», *The American Economic Review*, vol. 105, n.º 5 (2015), pp. 54-59.

Gorton, G., *Misunderstanding Financial Crises: Why We Don't See Them Coming*, Nueva York, Oxford University Press, 2012.

—, J. Grennan y A. K. Zentefis, «Corporate Culture», *NBER Working Paper Series*, National Bureau of Economic Research, octubre de 2021 <https://www.nber.org/system/files/working_papers/w29322/w29322.pdf>.

Greene, G., *The Ministry of Fear*, Londres, McMillan, 1940. [Hay trad. cast.: *El ministerio del miedo*, Barcelona, Edhasa, 2009].

—, *A Sort of Life*, Londres, Penguin, 1971. [Hay trad. cast.: *Una especie de vida*, Barcelona, Seix Barral, 1987].

Greene, M., «Greece must show robust data matters and stop persecuting Georgiou», *Financial Times*, 23 de enero de 2023, <https://www.ft.com/content/1c1fa1bc-a620-4b5e-9495-6fde0417b7bc>.

Gual, J., «Lliçons de la crisi: economia productiva vs. economia financera», *Renovació de la industria i sortida de la crisis, Document d'Economia Industrial*, n.º 34 (abril de 2009), pp. 53-81.

—,«El carácter procíclico del sistema financiero», *Estabilidad Financiera*, n.º 16 (mayo de 2009).

—, «¿Economistas en crisis?», *La Vanguardia*, 2 de septiembre de 2009.

—, «Crisis financiera y crisis de valores», *Revista de Occidente*, n.º 348 (mayo de 2010), pp. 115-124.

—, «Guerras de divisas», *La Vanguardia*, 15 de octubre de 2010.

—, «¿Austeridad o crecimiento?», *El Periódico*, 27 de diciembre 2011.

—, «Los requisitos de capital de Basilea III y su impacto en el sector bancario», *Papeles de Economía Española*, n.º 130 (2011), pp. 78-84.

—, «European Integration at the Crossroads», Conferencia en memoria de Luis Ángel Rojo, Madrid, Banco de España, 2012, pp. 85-106.

—, «Unión Bancaria: ¿de hormigón o de paja?», *Papeles de Economía Española*, n.º 137 (2013), pp. 107-120.

—, «Ulises y el gobierno de la empresa», *La Vanguardia*, 5 de enero de 2014.

—, «¿Por qué Europa genera poco crecimiento y empleo?», *Documentos de Economía «la Caixa»*, n.º 28 (julio de 2014).

—, «Sobre la desigualdad», *La Vanguardia*, 27 de agosto de 2014.

—, «Dos visiones de la crisis», *La Vanguardia*, 6 de septiembre de 2015.

—, «La espiral de deuda y la Fed», *La Vanguardia*, 16 de diciembre de 2015.

—, «Keynes frente a Hayek», *Informe Mensual CaixaBank Research*, 31 de marzo de 2016.

—, «Foundations are an answer to the problem of short-termism», *Financial Times*, 3 de febrero de 2020.

—, «The post-COVID-19 recovery: what challenges and roadmap for the banking industry?», *SUERF Policy Note,* n.º 217, enero de 2021.

—, «Soplar y sorber», *La Vanguardia*, 19 de junio de 2022.

—, «Capitalisme il·lustrat?», *ARA*, 1 de abril de 2023.

— y S. Jódar-Rosell, «La prociclicidad del sistema financiero tras las reformas», *Papeles de la Fundación, Fundación de Estudios Financieros*, n.º 52 (2014), pp. 65-84. También disponible en *Documentos de Economía «la Caixa»*, n.º 27 (enero de 2014), <https://www.caixabankresearch.com/sites/default/files/content/file/2016/09/1401DE-27-es.pdf>.

Guasch, M., y A. Morrón, «El sueño americano de Jay Gatsby: entre la desigualdad y la movilidad social», *Informe Mensual CaixaBank Research*, marzo de 2018.

Guiso, L., P. Sapienza y L. Zingales, «The Value of Corporate Culture», *Journal of Financial Economics*, n.º 117 (2015), pp. 60-76.

—, «Cultural Biases in Economic Exchange», *The Quarterly Journal of Economics*, vol. 124, n.° 3 (2009), pp. 1095-1131.

Haidt, J., *The Righteous Mind*, Londres, Penguin Books, 2012. [Hay trad. cast.: *La mente de los justos*, trad. de Antonio García Maldonado, Barcelona, Deusto, 2020].

Haldane, A., «Capital Discipline», discurso en la American Economic Association, Denver, 9 de enero de 2011.

—, «Central Bank Psychology», discurso en la Royal Society of Medicine, Londres, 17 de septiembre de 2014.

—, «Everyday Economics», discurso en la Nishkam High School, Birmingham, 27 de noviembre de 2017.

—, «The case for rethinking fiscal rules is overwhelming», *Financial Times*, 16 de mayo de 2023, <https://www.ft.com/content/d57567c3-cd97-4cbe-be00-6cf50886b308>.

Harrison, L. E., y S. P. Huntington, eds., *Culture Matters. How Values Shape Human Progress*, Nueva York, Basic Books, 2000. [Hay trad. cast.: *La cultura es lo que importa. Cómo los valores dan forma al progreso humano*, Buenos Aires, Planeta, 2001].

Hart, O., y L. Zingales, «Companies Should Maximize Shareholder Welfare and not Market Value», *Journal of Law, Finance and Accounting*, n.° 2 (2017), pp. 247-274.

Haskel, J., y S. Westlake, *Capitalism without Capital: The Rise of the Intangible Economy*, Princeton, Princeton University Press, 2018.

Hayek, F. A., *The Constitution of Liberty*, Londres, Routledge, 1960. [Hay trad. cast.: *Los fundamentos de la libertad*, trad. de José Vicente Torrente, Madrid, Alianza, 2022].

—, *The Fatal Conceit: the errors of socialism*, Chicago, University of Chicago Press, 1988.

—, «The Pretence of Knowledge», Nobel Lectures and 1989 Survey of Members, *The American Economic Review*, vol. 79, n.° 6 (1989), pp. 3-7, discurso también disponible en <https://www.nobelprize.org/prizes/economic-sciences/1974/hayek/lecture/>.

Helliwell, J. F., y S. Wang, «Trust and wellbeing», *International Journal of Wellbeing*, vol. 1, n.° 1 (2011), pp. 42-78.

— *et al.*, «Social Environments for World Happiness», *World Happiness Report 2020*, 2020, cap. 2, <https://worldhappiness.report/ed/2020/social-environments-for-world-happiness/>.

Hellmann, T., P. Schmidt y S. Matthias Heller, *Social Justice in the EU and the*

OECD. Index Report 2019, Gütersloh, Bertelsmann Stiftung, 2019, <https://www.bertelsmann-stiftung.de/en/publications/publication/did/social-justice-in-the-eu-and-oecd>.

Helpman, E., *Globalization and Inequality*, Boston, Harvard University Press, 2018.

Henderson, R., *Reimagining Capitalism in a World on Fire*, Nueva York, PublicAffairs, 2020. [Hay trad. cast.: *Reinventando el capitalismo*, Barcelona, Profit, 2021].

Henrich, J., *The Weirdest People in the World. How the West became Psychologically Peculiar and Particularly Prosperous*, Londres, Allan Lane, 2020.

Hinks, G., «Debate over 'shareholder' or 'stakeholder' primacy goes global», *Board Agenda*, 28 de agosto de 2019, <https://boardagenda.com/2019/08/28/debate-over-shareholder-or-stakeholder-primacy-goes-global/>.

Hirschman, A. O., «Against Parsimony: Three, Easy Ways of Complicating Some Categories of Economic Discourse», *The American Economic Review*, vol. 74, n.º 2 (1984), pp. 89-96.

Hofmann, B., y B. Bogdanova, «Taylor Rules and monetary policy: a global "Great Deviation"?», *BIS Quarterly Review*, septiembre de 2012, <https://www.bis.org/publ/qtrpdf/r_qt1209f.pdf>.

Hofstede, G., *Culture's Consequences: international differences in work-related values*, 2.ª ed., Beverly Hills, Sage Publications, 1984.

Hufbauer, G. C., y E. Jung, «Scoring 50 years of US industrial policy, 1970-2020», *PIIE Briefings*, n.º 21, 5 de noviembre de 2021, <https://www.piie.com/publications/piie-briefings/scoring-50-years-us-industrial-policy-1970-2020>.

Ignatieff, M., *En busca de consuelo*, trad. de Jordi Ainaud, Barcelona, Taurus, 2023.

Inglehart, R., «Culture and Democracy», en L. Harrison y S. P. Huntington, eds., *Culture Matters. How Values Shape Human Progress*, Nueva York, Basic Books, 2000.

Institute of International Finance, «Remember that thing called R★?», *Global Macro Views*, 14 de abril de 2022.

Johnson, B. D., K. Macklem y C. Gillis, «Leonard Cohen goes broke», *Maclean*, 22 de agosto de 2005 [última edición en línea, 7 de julio de 2014].

Jordà, O., M. Schularick y A. M. Taylor, «Macrofinancial History and the New Business Cycle Facts», en M. Eichenbaum y J. A. Parker, eds.,

NBER Macroeconomics Annual 2016, Chicago, University of Chicago Press, 2017.

—, K. Knoll, D. Kuvshinov, M. Schularick y A. M. Taylor, «The rate of return on everything 1870-2015», *The Quarterly Journal of Economics*, vol. 134, n.° 3 (2019), pp. 1225-1298.

Kashyap, A., J. C. Stein y S. Hanson, «An Analysis of the Impact of "Substantially Heightened" Capital Requirements on Large Financial Institutions», *Mimeo*, mayo de 2010, <https://www.hbs.edu/faculty/Pages/item.aspx?num=41199>.

Kaufman, H., *Tectonic Shifts in Financial Markets: People, Policies, and Institutions*, Nueva York, Springer, 2017.

Kay, J., «Should we have narrow banking?», *The Future of Finance: The LSE Report*, Londres, The London School of Economics and Political Science, 2011.

—, «Investment opportunities abound but we must get over the barriers», *Financial Times*, 22 de marzo de 2016, <https://www.ft.com/content/4c178634-ef97-11e5-9f20-c3a047354386>.

— y M. Knight, *Radical Uncertainty. Decision-making for an unknowable future*, Londres, The Bridge Street Press, 2020.

Keynes, J. M. [1931], *Essays in Persuasion, The Collected Writings of John Maynard Keynes*, vol. IX, Cambridge, The MacMillan Press, 1972. [Hay trad. cast.: *Ensayos de persuasión*, trad. de Jordi Pascual, Barcelona, Crítica, 1988].

King, M., «We need a new approach to banking regulation», *Financial Times*, 12 de mayo de 2023, <https://www.ft.com/content/43b926a6-b1ba-47a6-91f7-9ad5f776f8f8>.

Kreps, D., «Corporate Culture and Economic Theory», en J. E. Alt y K. A. Shepsle, eds., *Perspectives on Positive Political Economy*, Cambridge, Cambridge University Press, 1990, pp. 90-143.

Krugman, P., «Safe as Houses», *The New York Times*, 12 de agosto de 2005.

Kumhof, M., P. Rungcharoenkitkul y A. Sokol, «How does international capital flow?», *Working Paper Series*, n.° 884, Londres, Banco de Inglaterra, noviembre de 2020.

La Porta, R., *et al.*, «Trust in Large Organizations», *The American Economic Review Papers and Proceedings*, vol. 87, n.° 2 (1997), pp. 333-338.

Lakner, C., y B. Milanovic, «Substantial differences that give elephant graph its shape», *Financial Times*, 27 de septiembre de 2016, <https://www.ft.com/content/61045c0a-7108-11e6-9ac1-1055824ca907>.

Landes, D. S., *The Wealth and Poverty of Nations: Why Some Are So Rich and*

Some So Poor, Nueva York, Norton, 1998. [Hay trad. cast.: *La riqueza y la pobreza de las naciones*, trad. de Santiago Jordán Sempere, Barcelona, Crítica, 2018].

—, «Culture makes all the difference», en L. Harrison y S. P. Huntington, eds., *Culture Matters. How Values Shape Human Progress*, Nueva York, Basic Books, 2000.

Lane, P. R., «The yield curve and monetary policy» [discurso], Centre for Finance and the Department of Economics, Londres, University College, 25 de noviembre de 2019, <https://www.ecb.europa.eu/press/key/date/2019/html/ecb.sp191125~b0ecc8e6f0.en.htm>.

Lapowsky, I., «How Cambridge Analytica Sparked the Great Privacy Awakening», *WIRED*, 17 de marzo de 2019, <https://www.wired.com/story/cambridge-analytica-facebook-privacy-awakening/>.

Laubach, T., y J. C. Williams, «Measuring the Natural Rate of Interest», *The Review of Economics and Statistics,* vol. 85, n.° 4 (2003), pp. 1063-1070.

Layard, R., *Can we be happier? Evidence and Ethics*, Londres, Pelican Books, 2020.

Levine, M., «The Crypto Story. Where it came from, what it all means, and why still matters», *Bloomberg*, 25 de octubre de 2022.

Levitsky S., y D. Ziblatt, D., *How Democracies Die: What History Reveals About Our Future*, Nueva York, Penguin Random House, 2018. [Hay trad. cast.: *Cómo mueren las democracias*, trad. de Gemma Deza Guil, Barcelona, Ariel, 2018].

Lo, A. W., «The Gordon Gekko effect: the role of culture in the financial industry», *NBER Working Paper Series*, n.° 21267, National Bureau of Economic Research, junio de 2015, <https://www.nber.org/papers/w21267>.

—, *Adaptive Markets. Financial Evolution at the Speed of Thought*, Princeton, Princeton University Press, 2017.

Lucas, R. E., «Why Doesn't Capital Flow from Rich to Poor Countries?», *The American Economic Review*, vol. 80, n.° 2 (1990), pp. 92-96.

Luce, R. D., y H. Raiffa, *Games and Decisions*, Nueva York, John Wiley and Sons, 1957.

Marshall, A., «Towards the Close, 1903-1924», en J. K. Whitaker, ed., *The correspondence of Alfred Marshall Economist*, vol. 3, Cambridge, Cambridge University Press, 1996.

Mayer, C., *Firm Commitment*, Cambridge, Cambridge University Press, 2015.

—, *Prosperity: Better Business Makes Greater Good*, Oxford, Oxford University Press, 2018.

Mayer, R., J. H. Davis y F. D. Schoorman, «An integrative model of organizational trust», *Academy of Management Review*, vol. 20, n.º 3 (1995), pp. 709-734.

McDonald, L., y P. Robinson, *A Colossal Failure of Common Sense: The Inside Story of the Collapse of Lehman Brothers*, Nueva York, Three River Press, 2009.

McKinsey Global Institute, *Debt (and not much) deleveraging*, McKinsey and Company, febrero de 2015, <https://www.mckinsey.com/featured-insights/employment-and-growth/debt-and-not-much-deleveraging>.

McLeay, M., *et al.*, «Money Creation in the Modern Economy», *Quarterly Bulletin*, Q1, Londres, Banco de Inglaterra, 2014, pp. 14-27, <https://www.bankofengland.co.uk/quarterly-bulletin/2014/q1/money-creation-in-the-modern-economy>.

Medina, L., y F. Schneider, «Shedding Light on the Shadow Economy: A Global Database and the Interaction with the Official One», *CESifo Working Papers Series*, n.º 7981, diciembre de 2019.

Meltzer, A., y S. Richard, «A Rational Theory of the Size of Government», *Journal of Political Economy*, vol. 89 (1981), pp. 914-927.

Mian, A., y A. Sufi, *House of Debt: How They (and You) Caused the Great Recession, and How We Can Prevent It from Happening Again*, Chicago, University of Chicago Press, 2015.

Milanovic, B., «The three eras of global inequality 1820-2020 with a focus on the past thirty years», *Working Paper Series*, n.º 59, Stone Center on Socio-Economic Inequality, diciembre de 2022.

—, «The Great Convergence. Global Equality and its Discontents», *Foreign Affairs,* 14 de junio de 2023.

— y C. Lakner, «Global Income Distribution. From the Fall of the Berlin Wall to the Great Depression», *Policy Research Working Paper Series*, n.º 6719, Banco Mundial, diciembre de 2013.

Minsky, H., *Stabilizing an unstable Economy*, Nueva York, McGraw Hill, 1986. [Hay trad. cast.: *Estabilizando una economía inestable*, trad. de Pep Solà, Barcelona, Profit, 2020].

Mokyr, J., *A Culture of Growth: The Origins of the Modern Economy*, Princeton, Princeton University Press, 2016.

Molinas, C., «Preventing Deflation», *CEPR Vox*^{EU}, 1 de abril de 2009.

—, «Impuestos contra la deflación», *El País*, 18 de enero de 2015, <https://elpais.com/elpais/2015/01/07/opinion/1420636952_888778.html>.

Möllering, G., «Trust, Calculativeness, and Relationships: A Special Issue 20 Years After Williamson (1993a)», *Journal of Trust Research*, vol. 4, n.º 1 (2014).

Monti, M., «Germany, do your duty and save the euro today», *Financial Times*, 28 de septiembre de 2011, <https://www.ft.com/content/41e92410-ea24-11e0-b997-00144feab49a>.

—, «Europe must not forget about the single market», *Financial Times*, 22 de mayo de 2023, <https://www.ft.com/content/510ee7d7-a356-430a-989d-579ad309b751>.

Moragas, M., y R. Ramos, «Una estimación del rendimiento financiero del sistema de pensiones», *Boletín Económico 3/2020*, Banco de España, 2020, <https://repositorio.bde.es/bitstream/123456789/13383/1/be2003-art24.pdf>.

Mounk, Y., *The Great Experiment: Why Diverse Democracies Fall Apart and How They Can Endure*, Londres, Bloomsbury Publishing, 2022.

—, *The Identity Trap. A Story of Ideas and Power in Our Time*, Nueva York, Penguin Press, 2023.

Nagel, J., «Speech at the ceremony to mark the inauguration of the new President of the Deutsche Bundesbank», Bundesbank, Frankfurt del Meno, 11 de enero de 2022, <https://www.bundesbank.de/en/press/speeches/speech-883330>.

—, «Monetary policy in times of geopolitical crises and high inflation» [discurso], European School of Management and Technology, Berlín, 30 de agosto de 2022, <https://www.bundesbank.de/en/press/speeches/monetary-policy-in-times-of-geopolitical-crises-and-high-inflation-896410>.

Nakamoto, M., y D. Whigton, «Citigroup Chief Stays Bullish on Buyouts», *Financial Times*, 9 de julio de 2007, <https://www.ft.com/content/80e2987a-2e50-11dc-821c-0000779fd2ac>.

Nangle, T., «Who's afraid of the gilt market?», *Financial Times*, 15 de junio de 2023, <https://www.ft.com/content/d71d0f43-c5a0-4945-b6c9-ef3dce7f806a>.

Narbona, J., «La confianza, el ingrediente mágico de las relaciones», *Nuestro Tiempo*, n.º 712 (diciembre de 2021–enero de 2022), < https://nuestrotiempo.unav.edu/es/grandes-temas/la-confianza-el-ingrediente-magico-de-las-relaciones>.

Norris, P., y R. Inglehart, *Cultural Backlash. Trump, Brexit and Authoritarian Populism*, Cambridge, Cambridge University Press, 2019.

North, D., «Institutions», *Journal of Economic Perspectives*, vol. 5, n.º 2 (1991), pp. 97-112.

Nouy, D., «Ethics in Banking. From Gordon Gekko to George Bailey» [conferencia], VII Congress of the Solvay Schools and their Alumni, Bruselas, 15 de octubre de 2018, <https://www.bankingsupervision.europa.eu/press/speeches/date/2018/html/ssm.sp181015.en.html>.

Nozick, R., *The Examined Life: Philosophical Meditations*, Nueva York, Simon & Schuster, 1989. [Hay trad. cast.: *Meditaciones sobre la vida*, trad. de Carlos Gardini, Barcelona, Gedisa, 2018].

Nussbaum, M. C., *Political Emotions: Why Love Matters for Justice*, Boston, Harvard University Press, 2013. [Hay trad. cast.: *Emociones políticas. ¿Por qué el amor es importante para la justicia?*, trad. de Albino Santos Mosquera, Barcelona, Paidós, 2014].

Organización para la Cooperación y el Desarrollo Económicos, *OECD Guidelines on Measuring Trust*, París, *OECD* Publishing, 2017.

—, «Trust and its determinants: Evidence from the Trustlab experiment», *OECD Statistics Working Papers*, 2018/02, n.º 89, París, OECD, 2018.

Ortiz-Espina, E., y M. Roser, «Trust», 2016, <http://ourworldindata.org/trust>.

País, El, «La migración reabre la tensión entre Francia e Italia», 5 de mayo de 2023, <https://elpais.com/internacional/2023-05-05/la-migracion-reabre-la-tension-entre-francia-e-italia.html>.

Paulson, H., *On the Brink: Inside the Race to Stop the Collapse of the Global Financial System*, Nueva York, Hachette Book Group, 2010.

Philippon, T., *The Great Reversal: How America Gave up on Free Markets*, Cambridge, Belknap Press, 2019.

Piketty, T., C. Narbona *et al.*, «Anular la deuda pública mantenida por el BCE para que nuestro destino vuelva a estar en nuestras manos», *El País*, 5 de febrero de 2021, <https://elpais.com/opinion/2021-02-04/anular-la-deuda-publica-mantenida-por-el-bce-para-que-nuestro-destino-vuelva-a-estar-en-nuestras-manos.html>.

Pinker, S., *The Blank Slate: The Modern Denial of Human Nature*, Nueva York, Penguin Books, 2002.

Pinotti, P., «Trust, Regulation and Market Failures», *The Review of Economics and Statistics*, vol. 94, n.º 3 (2012), pp. 650-658.

Pisani-Ferry, J., «Reinventing the European Union», *Project Syndicate*, 27 de febrero de 2023, <https://www.project-syndicate.org/commentary/

to-survive-the-european-union-must-reinvent-itself-again-by-jean-pisani-ferry-2023-02>.

Porter, M., G. Serafeim y M. Kramer, «Where ESG fails», *Institutional Investor*, 16 de octubre de 2019, <https://www.institutionalinvestor.com/article/2bswdin8nvg922puxdzwg/opinion/where-esg-fails>.

Pozsar, Z., *et al.*, «Shadow Banking», *Economic Policy Review*, vol. 19, n.º 2 (2013), pp. 1-16.

Putnam, R. D., *Making Democracy Work: Civic Traditions in Modern Italy*, Princeton, Princeton University Press, 1993.

—, *Bowling Alone: The Collapse and Revival of American Community*, Nueva York, Simon and Schuster, 2001.

— y Garret S. R, *The Upswing: How We Came Together a Century Ago and How We Can Do It Again*, Londres, Swift, 2020.

Rabin, M., «Incorporating Fairness into Game Theory and Economics», *The American Economic Review*, vol. 83, n.º 5 (1993), pp. 1281-1302.

—, «Psychology and Economics», *Journal of Economic Literature*, vol. 36, n.º 1 (1998), pp. 11-46.

Rachel, L., y T. D. Smith, «Are Low Real Interest Rates Here to Stay?», *International Journal of Central Banking*, septiembre de 2017, <https://www.ijcb.org/journal/ijcb17q3a1.htm>.

Rajan, R., «Has Financial Development Made the World Riskier», *The Greenspan Era: Lessons for the Future: A Symposium*, Kansas, Federal Reserve of Kansas City, 2005.

—, *Fault Lines: How Hidden Fractures Still Threaten the World Economy*, Princeton, Princeton University Press, 2010.

—, «A step in the dark: Unconventional monetary policy after the crisis», Andrew Crockett Memorial Lecture, Bank for International Settlement, 23 de junio de 2013, <https://www.bis.org/events/agm2013/sp130623.pdf>.

—, «Going Bust for Growth», en O. Blanchard, R. Rajan, K. Rogoff y L. H. Summers, eds., *Progress and Confusion: The State of Macroeconomic Policy*, Cambridge, The MIT Press, 2016.

—, *The Third Pillar: How Markets and the State Leave the Community Behind*, Nueva York, Penguin Press, 2019.

Reinhart, C. M., y K. S. Rogoff, *This Time is Different. Eight Centuries of Financial Folly*, Princeton, Princeton University Press, Princeton, 2009. [Hay trad. cast.: *Esta vez es distinto. Ocho siglos de necedad financiera*, trad. de Óscar Figueroa, Madrid, FCE, 2011].

— y —, «Growth in a Time of Debt», *The American Economic Review*, vol. 100, n.° 2 (2010), pp. 573-578.

— y —, «Debt, Growth and the Austerity Debate», *The New York Times*, 25 de abril de 2013, <https://www.nytimes.com/2013/04/26/opinion/debt-growth-and-the-austerity-debate.html>.

— y M. B. Sbrancia, «The liquidation of government debt», *NBER Working Paper Series*, n.° 16893, National Bureau of Economic Research, marzo de 2011, <https://www.imf.org/external/np/seminars/eng/2011/res2/pdf/crbs.pdf>.

— *et al.*, «Dealing with Debt», *Journal of International Economics*, vol. 96, n.° S1 (2015), pp. 43-55.

Reis, R., «The Burst of High Inflation in 2021-22: How and Why Did we Get Here?», *BIS Working Papers Series*, n.° 1060, Bank for International Settlement, diciembre de 2022 <https://www.bis.org/publ/work1060.pdf>.

Rey, H., «Dilemma not Trilemma: The Global Financial Cycle and Monetary Policy Independence», Proceedings - Economic Policy Symposium - Jackson Hole, Kansas, Federal Reserve of Kansas City, 2013, pp. 285-333.

Riemen, R., *To Fight Against this Age: On Fascism and Humanism*, Nueva York, Norton, 2018.

Rodríguez, J. C., «Desigualdades económicas en España (y en Europa): una visión de conjunto», en E. Bandrés, J. C. Rodríguez y J. Carabaña, *Tres aproximaciones a la desigualdad social en España: rentas disponibles, rentas ampliadas y ocupaciones*, Madrid, Funcas, 2023.

Rogoff, K., «Debt Supercycle, not Secular Stagnation», *CEPR Vox*^{EU}, 22 de abril de 2015.

Rojo, L. A., «Presentación del Informe Anual del Banco de España» de 1994, en *Discursos y Conferencias de Luis Ángel Rojo*, Gobernador del Banco de España, Madrid, Banco de España, 2012.

Romer, P., «The Trouble with Macroeconomics» [discurso], Commons Memorial Lecture of the Omicron Delta Epsilon Society, 14 de septiembre de 2016, <https://paulromer.net/trouble-with-macroeconomics-update/WP-Trouble.pdf>.

Rostagno, M., *et al.*, «Combining negative rates, forward guidance and asset purchases: identification and impacts of ECB's unconventional policies», *ECB Working Paper Series*, n.° 2564, Banco Central Europeo, 2021, <https://www.ecb.europa.eu/pub/pdf/scpwps/ecb.wp2564~e02f3aad4c.en.pdf>.

Sacks, J., *Morality. Restoring the Common Good in Divided Times*, Londres, Hodder, 2020.

Sánchez-Cuenca, I., *El desorden político. Democracias sin intermediación*, Madrid, Catarata, 2022.

Sandel, M. J., *Public Philosophy: Essays on Morality in Politics*, Cambridge, Harvard University Press, 2005. [Hay trad. cast.: *Filosofía Pública. Ensayos sobre moral en política*, trad. de Albino Santos Mosquera, Barcelona, Debate, 2020].

—, *What Money Can't Buy, The moral limits of markets*, Londres, Allen Lane, Penguin, 2012. [Hay trad. cast.: *Lo que el dinero no puede comprar*, trad. de Joaquín Chamorro Mielke, Barcelona, Debate, 2013].

—, *El descontento democrático. En busca de una filosofía pública*, Barcelona, Debate, 2023.

Sanz, C., «¿Más o menos impuestos?, Renta, confianza en las Instituciones y preferencias impositivas», *Papeles de Economía Española*, n.º 172 (2022), pp. 58-68, <https://www.funcas.es/wp-content/uploads/2022/06/PEE_172_Carlos-SANZ.pdf>.

Sapir, A., «Globalization and the Reform of European Social Models», *Journal of Common Market Studies*, vol. 44, n.º 2 (2006), pp. 369-390.

Schnabel, I., «The importance of trust for ECB's monetary policy» [discurso], Hamburg Institute for Social Research, Frankfurt del Meno, 16 de diciembre de 2020, <https://www.ecb.europa.eu/press/key/date/2020/html/ecb.sp201216_1~9caf7588cd.en.html>.

—, «Monetary Policy and Inequality» [conferencia virtual], *Diversity and Inclusion in Economics, Finance, and Central Banking*, Frankfurt del Meno, 9 de noviembre de 2021, <https://www.ecb.europa.eu/press/key/date/2021/html/ecb.sp211109_2~cca25b0a68.en.html>.

—, «Money and Inflation» [discurso], Verein für Socialpolitik, Regensburg, 25 de septiembre de 2023.

Scholz, O., «Address to the European Parliament as part of the plenary debates "This is Europe"», Estrasburgo, 9 de mayo de 2023, <https://www.bundesregierung.de/breg-en/news/address-by-olaf-scholz-2189412>.

Schularick, M., y A. M. Taylor, «Credit Booms Gone Bust: Monetary Policy, Leverage Cycles and Financial Crises, 1870-2008», *The American Economic Review*, vol. 102, n.º 2 (2012), pp. 1029-1061.

Schwab K., «Manifiesto de Davos 2020: El propósito universal de las empresas en la Cuarta Revolución Industrial», Foro Económico Mundial,

2 de diciembre de 2019, <https://es.weforum.org/agenda/2019/12/manifiesto-de-davos-2020-el-proposito-universal-de-las-empresas-en-la-cuarta-revolucion-industrial/>.

Scott, H., *Connectedness and Contagion: Protecting the Financial System from Panics,* Cambridge, The MIT Press, 2016.

Seabright, P., *The Company of Strangers. A Natural History of Economic Life*, Princeton, Princeton University Press, 2004.

Sebastián, C., *España estancada. Por qué somos poco eficientes*, Barcelona, Galaxia Gutenberg, 2016.

Segoviano, M. A., *et al.*, «Securitization: The Road Ahead», *IMF Discussion Notes*, SDN/15/01, enero de 2015, <https://www.elibrary.imf.org/view/journals/006/2015/001/article-A001-en.xml>.

Shenk, J. W., «What makes us happy?», *The Atlantic*, junio de 2009, <https://www.theatlantic.com/magazine/archive/2009/06/what-makes-us-happy/307439/>.

Shiller, R. J., «Understanding Recent Trends in House Prices and Home Ownership», *NBER Working Paper Series*, n.º 13553, National Bureau of Economic Research, agosto de 2007, <https://www.nber.org/system/files/working_papers/w13553/w13553.pdf>.

Shin, H. S., «Reflections on Northern Rock: The Bank Run that Heralded the Global Financial Crisis», *Journal of Economic Perspectives*, vol. 23, n.º 1 (2009), pp. 101-119.

—, «Macroprudential tools, their limits and their connection with monetary policy», Panel remarks at the IMF Spring Meeting, Bank for International Settlement, 15 de abril de 2015, <https://www.bis.org/speeches/sp150415.pdf>.

Shweder, R. A., «Moral Maps, "First World" Conceits, and the New Evangelists», en L. Harrison y S. P. Huntington, eds., *Culture Matters. How Values Shape Human Progress*, Nueva York, Basic Books, 2000.

Singh, M., y P. Stella, «Central Bank reserve creation in the era of negative money multipliers», *CEPR Vox*^{EU}, 7 de mayo de 2012, < https://cepr.org/voxeu/columns/central-bank-reserve-creation-era-negative-money-multipliers>.

Smith, A. [1790], *The Theory of Moral Sentiments*, intr. de Amartya Sen, Nueva York, Penguin Books, 2009. [Hay trad. cast.: *La teoría de los sentimientos morales*, estudio preliminar de Carlos Rodríguez Braun, Madrid, Alianza, 1997].

Solow, R., «Notes on social capital and economic performance», en P. Dasgupta y I. Serageldin, eds., *Social Capital: A Multifaceted Perspective*, Washington, Banco Mundial, 2000.

Sorribas-Navarro, P., «Corrupción y confianza en los políticos en España», *Papeles de Economía Española*, n.° 168 (2021), pp. 157-170, <https://www.funcas.es/wp-content/uploads/2021/05/PEE-168_11.pdf>.

Stout, L., *The Shareholder Value Myth*, San Francisco, Berrett-Koehler Publishers, 2012.

Strine, L., «Corporate Power is Corporate Purpose I: evidence from my hometown», *Oxford Review of Economic Policy*, vol. 33, n.° 2 (2017), pp. 176-187.

Summers, L. H., «The Inequality Puzzle: Piketty Book Review», *Democracy: a Journal of Ideas*, n.° 32 (2014).

—, «Demand Side Secular Stagnation», *The American Economic Review: Papers and Proceedings*, vol. 105, n.° 5 (2015), pp. 60-65.

—, «The Biden stimulus is admirably ambitious. But it brings some big risks, too», *The Washington Post*, 4 de febrero de 2021, <https://www.washingtonpost.com/opinions/2021/02/04/larry-summers-biden-covid-stimulus/>.

Tabellini, G., «Institutions and culture», *Journal of the European Economic Association*, vol. 6, n.os 2-3 (2008), pp. 255-294.

—, «Culture and Institutions: Economic Development in the Regions of Europe», *Journal of the European Economic Association*, vol. 8, n.° 4 (2010), pp. 677-716.

Taylor, A., «Credit Financial Stability and the Macroeconomy», *Annual Review of Economics*, vol. 7 (2015), pp. 309-339, <https://www.annualreviews.org/doi/pdf/10.1146/annurev-economics-080614115437>.

Taylor, C., *Multiculturalism and «The politics of recognition». An Essay*, Princeton, Princeton University Press, 1992. [Hay trad. cast.: *El multiculturalismo y «la política del reconocimiento»*, Madrid, FCE, 2003].

Taylor, J. B., «Discretion versus policy rules in practice», *Carnegie-Rochester Conference Series on Public Policy*, vol. 39 (1993), pp. 195-214.

—, *Monetary Policy Rules*, Chicago, University of Chicago Press, 1999.

—, *Getting off Track. How Government Actions and Interventions Caused, Prolonged and Worsened the Financial Crisis*, Stanford, Hoover Institution Press, 2009.

Thomsen, P., «The IMF and the Greek Crisis: Myths and Realities» [discurso], Fondo Monetario Internacional, 2019, <https://www.imf.org/

en/News/Articles/2019/10/01/sp093019-The-IMF-and-the-Greek-Crisis-Myths-and-Realities September 30th>.

Thomsen, S., *The Danish Industrial Foundations*, Copenhagen, DJOF Publishing, 2017.

Tirole, J., «Lessons from the Crisis», en M. Dewatripont, J.-C. Rochet y J. Tirole, eds., *Balancing the Banks*, Princeton, Princeton University Press, 2010.

Tomasello, M., *Becoming Human: a theory of ontogeny*, Boston, Harvard University Press, 2019. [Hay trad. cast.: *Lo que nos hace humanos: una teoría de la ontogenia*, trad. de Isabel Hoyos Seijo, Ávila, Dr Buk, 2021].

Tooze, A., «We are living through a trillion-dollar rebalancing», *Financial Times*, 31 de marzo de 2023, <https://www.ft.com/content/4d519cc7-5959-4749-a892-dc8bd5cf1014>.

Turner, A., «Debt, Money and Mephistopheles: How do We Get Out of This Mess?», *Group of Thirty Occasional Paper*, n.º 87 (2013).

Van Middelaar, L., *The Passage to Europe. How A Continent Became a Union*, Yale University Press, 2013.

Vanguardia, La, «Entrevista a Richard Walfdfinger», *La Contra*, 20 de septiembre de 2021.

—, «Italia: ¿Un país del Este?», 25 de septiembre de 2022.

White, W., «The Ultra-Easy Money Experiment», *V Lectio Minghetti*, Roma, Bruno Leoni Institute, 20 de octubre de 2015.

Wieland, V., ed., *Contributions to the Strategy Review of the European Central Bank*, Frankfurt, Institute for Monetary and Financial Stability, 2020.

Williamson, J., «Calculativeness, Trust and Economic Organization», *Journal of Law and Economics*, vol. 36, n.º 1 (1993), pp. 453-486.

Wilson, J., *The Moral Sense*, Nueva York, Simon and Schuster, 1993.

Wolf, M., «Villains and victims of global capital flows», *Financial Times*, 12 de junio de 2007, <https://www.ft.com/content/f7d97f0c-1901-11dc-a961-000b5df10621>.

—, «How addiction to debt came even to China», *Financial Times*, 25 de febrero de 2015.

—, «Why rigged capitalism is damaging liberal democracy», *Financial Times*, 17 de septiembre de 2019, <https://www.ft.com/content/5a8ab27e-d470-11e9-8367-807ebd53ab77>.

—, «How to reform today's rigged capitalism», *Financial Times*, 3 de diciembre de 2019, <https://www.ft.com/content/4cf2d6ee-14f5-11ea-8d73-6303645ac406>.

—, «Why inflation might follow the pandemic», *Financial Times*, 20 de mayo de 2020, <https://www.ft.com/content/cdae43be-9901-11ea-adb1-529f96d8a00b>.

—, «The EU's future in a world of deep disorder», *Financial Times*, 7 de marzo de 2023, <https://www.ft.com/content/1107ff75-87b5-4764-82f2-fa450e5cf820>.

—, *The Crisis of Democratic Capitalism*, Nueva York, Penguin Press, 2023.

Wyplosz, C., «Olivier in Wonderland», *CEPR Vox*^{EU}, 17 de junio de 2019, <https://cepr.org/voxeu/blogs-and-reviews/olivier-wonderland>.

Xafa, M., «The case of Andreas Georgiou», *World Economic Journal*, 26 de agosto de 2021.

Ziblatt, D., y S. Levitsky, *How Democracies Die: What History Reveals About Our Future*, Nueva York, Penguin Random House, 2018.

«Para viajar lejos no hay mejor nave que un libro».

EMILY DICKINSON